# La Cour pénale internationale face à la crise en République démocratique du Congo

*Étude critique et prospective*

Christophe MUZUNGU

# La Cour pénale internationale face à la crise en République démocratique du Congo

*Étude critique et prospective*

Préface du Professeur Elykia Mbokolo

L'Harmattan

**Du même auteur :**

*La République démocratique du Congo : mondialisation et nationalisme*, Éditions L'Harmattan, 2013.


**5-7, rue de l'Ecole-Polytechnique, 75005 Paris**

http://www.harmattan.fr
diffusion.harmattan@wanadoo.fr

ISBN : 978-2-343-05361-5
EAN : 9782343053615

À mes frères et sœurs, mes compatriotes de la République démocratique du Congo, je dédie cet ouvrage en signe de partage des blessures intérieures que portent de nombreuses familles du fait de l'impérialisme capitaliste international.

# REMERCIEMENTS

Tout jeune chercheur, quelle que soit sa perspicacité, est un nain assis sur les épaules des géants que sont les précurseurs, les grands penseurs et les maîtres qui lui servent de guides et de réflecteurs. C'est convaincu de ma dette envers de nombreux éclaireurs que j'adresse mes remerciements à plusieurs personnalités et institutions.

Cet ouvrage étant à la fois le fruit et le prolongement des recherches menées et finalisées dans le cadre de notre thèse de doctorat présentée et défendue à l'Université de Bangui en octobre 2012, il me tient à cœur d'exprimer ma reconnaissance envers le professeur Mutunda Mwembo, directeur de mes dissertations de DES et de Doctorat, le professeur Lambert Mosoa et les autorités de l'Université de Bangui qui m'ont généreusement accueilli pour la défense de ma thèse, ainsi que des personnes-ressources comme les professeurs Labana Lasay' Abar, Mungala Assinde, Makiese Muanawanzambi, Nyabirungu Mwene Songa, Kalindye Byanjira, Akele Adau et Laurent Atsain Achi.

Le professeur Elykia Mbokolo m'a fait l'honneur de préfacer le présent ouvrage. Qu'il soit assuré de mon incommensurable gratitude.

Je suis heureux qu'aujourd'hui le capital de soutien et d'affection que ma famille m'a accordé soit récompensé par la récolte d'un fruit durable !

Que mes amis Dieudonné Mandza, Civic Bolodjua, Roger Gil Makolo Tshimanga, Roger Okou Vabe, Raphaëlle Ponce Molière, Judith et Louis Blaise Londole trouvent ici l'expression de ma reconnaissance.

Je ne voudrais pas être ingrat en omettant d'exprimer ma gratitude à madame Batoura Kane Niang, ambassadeur du Sénégal au Congo-Brazzaville, à son mari monsieur Khaly Niang, ainsi qu'à leurs enfants.

Que monsieur Mass M. Masivi qui a minuté cet ouvrage et l'Édition L'Harmattan Congo-Brazzaville trouvent ici l'expression de ma gratitude !

# PRÉFACE

La C.P.I. (Cour pénale internationale) est devenue, on le sait, la cible privilégiée d'attaques insidieuses ou de critiques frontales de la part de nombreux Africains, hommes de la rue et citoyens ordinaires, commentateurs et experts politiques, journalistes, intellectuels et, bien sûr, responsables politiques. Beaucoup ne voient dans ses actions menées jusqu'ici que la manifestation persistante de ces préjugés négatifs et de cet impérialisme rampant et impénitent, dont les racines séculaires ont valu à l'Afrique un douloureux passé impossible à oublier. Il est vrai que le spectacle des inculpés et des condamnés, tous exclusivement africains, a de quoi nourrir cette irrépressible répulsion. C'est néanmoins aller vite en besogne. Certes, personne ne niera la persistance de ces généralisations abusives, de ces clichés répandus *ad nauseam*, de ces simplifications à l'emporte-pièce, bref de tous ces signes accumulés d'un viscéral « afropessimisme », chaque fois que surgit quelque difficulté dans un obscur coin du continent africain. Mais il faut bien aussi avouer qu'en Afrique, comme dans le reste du monde, il se produit toutes sortes de crimes abominables et inadmissibles, dont les responsables doivent impérativement rendre compte. Reste à savoir dans quelles conditions, à qui et comment.

On ne pouvait mieux trouver que Christophe Muzungu pour amorcer, avec une crédibilité suffisante, ce nécessaire travail serein d'évaluation de la C.P.I. Ce n'est pas blesser sa modestie et sa discrétion que rappeler qu'il a été et reste personnellement marqué par les drames dont, à travers l'étude de la C.P.I., il trace ici le récit et l'analyse. Un autre Christophe Muzungu, son propre père, a été l'un des patriotes victimes de ces lâches assassinats – toujours impunis – qui, dès les premières heures de son indépendance, ont projeté le Congo au cœur de l'actualité internationale et ont durablement marqué toutes les péripéties de son devenir jusqu'à ce jour. Engagé en politique dans le camp des « patriotes », il a occupé des fonctions politiques de premier plan depuis les débuts de la 3e République congolaise en 1997 : une république dans laquelle sa figure ne manque pas de singularité. Je n'ai cessé, avec d'autres, de critiquer la propension du personnel politique de la R.D.C. à se cantonner dans le champ étroit de la politique politicienne où, au-delà des discours et des polémiques sans lendemain, il n'y a guère que des jeux de couloirs, des alliances obscures et sans lendemain, ainsi que la tristement célèbre *course au pouvoir* moquée à juste titre par les musiciens et les peintres congolais depuis les années 1960. Tout, absolument tout, manque ici pour fonder une vraie *politique* et une réelle *citoyenneté* dans un État et une république dignes de ce nom ! Aucun travail de connaissance véritable de la société congolaise et du monde qui nous entoure ; aucune perspective crédible d'action collective pour porter le destin national ; aucun parti ou formation politique digne de ce nom, capable de se doter d'une véritable stratégie, qu'il s'agisse de la participation effective des citoyens à la gestion de leurs affaires, de l'égalité formelle et réelle des Congolais(es), du bien-être collectif, de la solidarité sociale, de la sécurité de la nation, de la consolidation de l'État de droit ou de la promotion des productions culturelles et des savoirs distinctifs d'un État moderne...

On ne peut donc que louer la persévérance de ce politique revenu courageusement à l'Université pour passer sous les fourches caudines des autorités dont la seule légitimité réside dans la possession d'un savoir et d'un savoir-faire et pour se soumettre à leur autorité morale et intellectuelle en vue de convertir en thèse de doctorat une partie de son expérience et de ses préoccupations politiques.

Ce livre est, en effet, issu de cette thèse soutenue dans le cadre de la Chaire UNESCO à l'Université de Bangui en 2012. Un heureux choix que celui d'une université étrangère à la R.D.C., visiblement éloignée des obscures combines potentielles dont, à tous les niveaux de la vie nationale, Kinshasa a le secret et, par ailleurs, bien à l'abri des soupçons de complaisance qui n'épargnent plus la plupart des universités congolaises surgies comme des champignons au cours de la dernière décennie. Heureux, en outre, le choix d'une de ces stimulantes « Chaires UNESCO », connues pour leur ambition novatrice, dans le contexte africain, de coupler le savoir académique avec les préoccupations et les demandes des sociétés qui accueillent et abritent les institutions universitaires.

L'ambition est donc grande qui habite la démarche de Christophe Muzungu.

Il s'agit d'abord, pour lui, de dresser à grands traits, à partir du point de vue d'un acteur et analyste africain, un bilan équilibré de la CPI. Ce souci s'appuie sur l'utilisation combinée des ouvrages classiques en matière de relations internationales et, surtout, sur une exploitation systématique des travaux congolais, trop méconnus au Congo comme à l'étranger en dehors des cercles étroits liés aux universités et aux instituts supérieurs du pays. Cette valorisation du patrimoine intellectuel national est évidemment à mettre à son crédit : elle témoigne aussi de sa volonté de s'émanciper, autant que faire se peut, de l'hégémonisme des institutions scientifiques du « Nord ».

Cette démarche nous vaut le rappel nécessaire et utile, quoique bref encore, des multiples cheminements qui ont conduit, au cours des deux derniers siècles, à la création de la CPI. C'est une histoire dont le déroulement et le processus restent encore très largement « occidentaux », plus exactement « européens », mais dont la matière et l'évaluation sont ouvertes aux chercheurs du monde entier. Les Africains ont, bien sûr, leur mot à dire et combien ! Il s'agit d'abord de compléter et, surtout, d'enrichir *factuellement* cette histoire avec ce qu'on sait aujourd'hui de l'histoire militaire, diplomatique et idéologique du continent africain. Il s'agit aussi d'infléchir l'approche de cette histoire jusqu'à ses péripéties récentes (celles d'après la Deuxième Guerre mondiale et des conflits du dernier demi-siècle), dont est issue la CPI. Il faut enfin y introduire aussi ou, peut-être, y réintroduire l'Afrique, dans une démarche radicalement novatrice et évidemment iconoclaste : l'Afrique non plus en tant qu'objet ; mais, l'Afrique en tant que sujet à part entière de cette histoire dont, aujourd'hui, elle apparaît, à travers la CPI, comme un simple objet, voire comme une victime dont l'état de désespérance obligerait à des interventions salvatrices venues de l'extérieur.

Ce chantier, amorcé ici, a besoin de contributions multipliées, à partir des diverses régions du continent, et renouvelées, grâce aux chercheurs qui se mettent, comme Christophe Muzungu, à investir ce terrain.

Un premier constat. Sa démarche relève encore beaucoup de l'*histoire diplomatique*, une discipline *universitairement* institutionnalisée de longue date, celle-là même qui, par conséquent, fait la part belle ou laisse la part belle à ceux – les Européens et les grandes puissances – qui, aujourd'hui, détiennent ou semblent détenir tous les leviers du pouvoir au sein de la C.P.I. De Versailles (1919) à Nuremberg (1945-1946) et à Tokyo (1946), puis à San Francisco et à New York, cette *histoire diplomatique* à la fois narrative et largement descriptive est, en même temps, celle des vainqueurs des deux grandes guerres mondiales du XX^e^ siècle. Telle qu'elle est écrite jusqu'à ce jour, cette histoire ne saurait satisfaire ni les historiens professionnels, ni encore moins les spécialistes africains et les chercheurs panafricanistes. Toute la production intellectuelle du panafricanisme appelle d'ailleurs, depuis le début du XX^e^ siècle, à une révision profonde de cette historiographie.

Que dire alors des péripéties relativement récentes qui courent à partir de l'accession à l'indépendance des États africains ? Voici encore un chapitre qui reste entièrement à écrire ! Le livre y contribue en insistant, notamment, sur le fait paradoxal que plusieurs grandes puissances, dont les États-Unis d'Amérique, la Russie et la Chine, ont en 1997 voté contre le *Statut de Rome* créant la CPI : au contraire, 43 pays africains l'ont signé et 30 l'ont ratifié, ce qui fait de l'Afrique « la région la plus largement représentée parmi les membres de la CPI ». D'un autre côté, son « regard critique sur la CPI » relève une série d'« écueils et points faibles » parmi lesquels l'application du principe de complémentarité et de subsidiarité par rapport aux juridictions nationales, l'éloignement de la CPI des « terrains » critiques, l'absence de moyens de contrainte, le nombre limité des affaires sélectionnées et, bien sûr, les lourdeurs procédurales et bureaucratiques.

Néanmoins, c'est sur le cas de la R.D.C. qu'on attendait le plus les analyses de Christophe Muzungu. Et on ne sera pas déçu ! Deux parties entières, soit les deux tiers du livre, traitent, en effet, du cas congolais. La thèse fondamentale de ces parties est assurément la seule défendable du point de vue des Congolais dignes de ce nom. Alors qu'il se trouve, depuis de trop longues années, des activistes congolais pour plaider « la mise sous tutelle » de la R.D.C. sous l'autorité de l'ONU, voire d'un État quelconque supposé être exemplaire, « sans peur et sans reproche », lui soutient, au contraire, que « la justice internationale, à elle seule, ne peut pas résoudre tous les problèmes d'un État en turbulence comme la RD Congo » et que « l'implication » du Congo s'avère « impérieuse » pour imprimer à ce pays un autre cours des choses.

On ne s'étonnera donc pas que, parallèlement à des considérations théoriques et à des analyses juridico-institutionnelles, il s'appuie abondamment sur une lecture critique de l'histoire du Congo. La question centrale qu'il pose ici est de savoir comment le Congo indépendant « s'est laissé devancer économiquement par la Chine, l'Inde, le Brésil, l'Afrique du Sud, ses colistiers des années soixante » dans la course au développement et à la puissance.

Cette lecture critique doit être saluée. Depuis quelques années – on l'a constaté, en particulier, en 2010 lors de la célébration du « Cinquantenaire » de l'indépendance et pendant les « Concertations nationales » de 2012 –, on voit s'affirmer au sein de la « classe politique » congolaise des courants d'opinion favorables à une lecture soi-disant « consensuelle » de l'histoire du Congo indépendant. A les en croire, dans cette histoire de turbulences continues, « tout le monde, il est beau, tout le monde, il est gentil », si l'on peut dire. Il faudrait, selon eux, enterrer les querelles et oublier les conflits de toutes natures qui ont émaillé cette histoire et, s'il se pouvait faire, placer dans un panthéon unique les Lumumba, Mobutu, Tshombe, Kasa-Vubu et « *tutti quanti* » ! Une telle lecture apparaît en rupture totale, non seulement avec ce que les spécialistes ont établi sur ce pan du passé congolais, mais aussi avec les discours diffus qui parcourent la société congolaise sur son propre passé. D'une manière encore plus visible, cette lecture est en rupture totale avec ce moment clé de l'évolution sociale, politique et intellectuelle du Congo que fut la Conférence nationale souveraine (CNS, 1991-1993) : je pense ici aux remarquables débats généraux qui l'ont émaillée et, plus particulièrement, aux travaux de la Commission des Biens mal acquis et de la Commission des Assassinats et Violations des Droits de l'Homme[1]. En énumérant les « obstacles à la réalisation de L'État de droit en RDC », Christophe Muzungu se situe explicitement dans cette double tradition à la fois intellectuelle et politique. Mais il ne se contente pas de relever et d'analyser les nécessaires responsabilités individuelles du « mal » ci-devant « zaïrois », aujourd'hui « congolais ». Il stigmatise aussi la mise à l'écart du peuple congolais de la plupart des décisions qui ont engagé – on sait dans quel sens désastreux – son avenir. C'est dire que son analyse critique vise aussi ce qu'il est convenu d'appeler « la classe politique congolaise » : à juste titre, il en incrimine les pratiques, les usages, les atavismes qui, à l'évidence, ont fini par ruiner le Congo.

Les bons livres se lisent avec la finesse d'un gourmet. Quand on a fini de s'en abreuver, il reste encore des questions qui appelleraient d'autres livres et dont on souhaiterait débattre !

Telle est, par exemple, la question de la violence quasi structurelle qui caractérise le Congo contemporain : violence des affamés de pouvoir, mais aussi violence des affamés de justice ; violence des appareils de l'État et violence contre les appareils de l'État ! Presque toujours, c'est la violence venue d'en haut qui l'emporte et ce sont les peuples qui en font les frais, sauf dans ce moment fondateur où, en 1959-1960, l'insurrection populaire de Kinshasa a imposé l'agenda inattendu de l'indépendance aux colonisateurs désemparés et désorientés et, en même temps, aux tout nouveaux politiciens congolais jusqu'alors très majoritairement acquis à l'idéologie soi-disant civilisatrice et aux stratégies attentistes des colonisateurs.

Dans de telles conditions, faut-il se contenter, comme le fait la CPI et comme le font la plupart des observateurs et des analystes, d'imputer ces violences cycliques, leur récurrence et leur exacerbation à des responsabilités individuelles ? Mais on voit bien que la mise hors d'état de nuire de ces vautours successifs n'empêche pas l'hydre de ressurgir ailleurs ou sur les mêmes lieux, avec un appétit renouvelé et une violence accrue ! Faut-il se contenter, en outre, de l'inscrire dans le temps très court des deux ou trois dernières décennies ? On se condamnerait alors à rattacher cette violence, en réalité structurelle, à des initiatives éparses d'enfants perdus de la république ! Or, visiblement, le mal est beaucoup plus profond : en effet, la condamnation exemplaire des uns ne sert pas à contenir les ambitions meurtrières des autres !

---

[1] Yerodia Abdoulaye Ndombasi (dir.) *Rapport sur les assassinats et violations des droits de l'homme*. Livre 1 : *Première République*. Livre 2 : *Deuxième République*, Kinshasa, s.d.

Je parierais donc plutôt pour une inscription dans un temps beaucoup plus long : un temps qui, bien évidemment, embrasserait en amont la totalité des temporalités coloniales, liées entre elles par le déploiement permanent, et sous de multiples formes, d'une violence aussi absurde qu'illégitime ; et, en amont de la brutale intrusion coloniale, un temps plus long encore, dont la prise en charge obligerait à s'interroger sur les effets, apparemment occultés, mais toujours présents dans le corps social, de plusieurs siècles de cette mise en esclavage dont le Congo a probablement été l'un des principaux terrains en Afrique.

Ces observations appellent encore une autre question. L'« État de droit » que, non sans raison, le livre appelle de ses vœux apparaît encore, dans ces conditions, comme un modèle largement abstrait et purement théorique. La question demeure de savoir comment en assurer l'avènement. Faut-il se contenter de demander à « l'État », dont on connaît par ailleurs la grande part d'illégitimité et l'histoire caractérisée par la dépossession des personnes, de devenir un « État de droit » ? Ne faut-il pas prendre les choses par un bout radicalement différent ? Autrement dit, quelles sont, dans le contexte congolais d'aujourd'hui, les forces sociales susceptibles d'en porter la réalisation ? Comment les identifier ? Où sont-elles ? Et, enfin, que faire pour que ces forces deviennent désireuses, volontaires, déterminées et capables de mener à bien cette entreprise salutaire ?

Kinshasa, 14 janvier 2014.
Elikia M'Bokolo, professeur des universités

École des Hautes Études en Sciences sociales (Paris)
Université de Kinshasa

# Introduction

Le titre de la présente monographie, à savoir *La Cour pénale internationale face à la crise congolaise : Étude critique et prospective*, rappelle le sujet de la thèse de doctorat que nous avons soutenue et défendue publiquement en octobre 2012 à l'Université de Bangui.

Ce qu'il y a de nouveau, c'est que les résultats de nos recherches ont fait l'objet d'un enrichissement critique et autocritique, tandis que le rebondissement du débat sur le bien-fondé de l'existence, l'efficacité fonctionnelle et l'avenir de la Cour pénale internationale, spécialement à l'occasion du Sommet commémoratif du 50e anniversaire de l'Union africaine, ont semblé rendre impérieuse une *révisitation* des motivations originelles, de l'évolution historique, des réussites et des ratés de l'action de l'institution de justice internationale installée à la Haye, aux Pays-Bas.

Depuis son accession à la souveraineté nationale, la RD Congo est plongée dans une série de turbulences qui font d'elle un pays en constante crise. Ces turbulences ont la spécificité de revêtir une envergure internationale.

En RD Congo, comme partout au monde, les crises, les guerres et la violence s'accompagnent d'un lot de conséquences néfastes telles que d'innombrables pertes en vies humaines, des centaines de milliers de réfugiés et de déplacés…

Mais ce que l'opinion publique congolaise, faisant sienne la conscience de l'humanité, a décidé de ne plus tolérer, c'est de laisser impunis les crimes de génocide, les crimes de guerre et les crimes contre l'humanité.

On sait que depuis le 17 juillet 1998, les Nations-Unies ont organisé une conférence diplomatique, qui a abouti à la mise sur pied d'une institution indépendante dénommée « Cour pénale internationale », ayant son siège à la Haye, aux Pays-Bas, et dont le statut est entré en vigueur le 1er juillet 2002.

La RD Congo a ratifié le Statut de Rome le 30 mars 2002. Par cet acte, elle a marqué sa foi en l'efficience de la justice internationale, et placé sa confiance dans le fonctionnement efficace de la CPI.

Victime de guerres, de multiples violations massives des droits de l'homme et du droit international humanitaire, de massacres planifiés contre l'humanité, de violences faites aux couches vulnérables (femmes et enfants), la population congolaise a payé un lourd tribut tout au long des conflits à répétition qui l'endeuillent constamment et retardent son développement.

Certes, la CPI est une institution jeune, mais elle fait déjà l'objet de nombreuses études.

Parmi ces analyses, on peut signaler celle de William Bourdon et Emmanuelle Duverger[2], dont le mérite est de présenter de manière compétente un riche commentaire du Statut de Rome, assorti d'un exposé édifiant sur la genèse même de la CPI. Ce commentaire éclairant porte cependant une tare : il a été publié en quelque sorte trop top (en 2000), c'est-à-dire avant même sa ratification et son entrée en vigueur (1er juillet 2002) et sur la base seulement du texte français.

Antoine Garapon, dans son ouvrage intitulé *Des crimes qu'on ne peut ni punir ni pardonner*, fait ressortir la différenciation d'ordre pratique entre crime de guerre et crime contre l'humanité. La guerre, soutient-il, est le fruit d'un travail de représentation, de circonscription de la violence et donc de délimitation claire des gens, des lieux, des moments et des armes. On ne peut parler de guerre que si l'on identifie qui se bat contre qui, qu'à la condition de délimiter un champ de bataille et de respecter des trêves.[3]

Garapon affirme ne pas avoir la prétention de discuter philosophiquement l'idée d'humanité, ni de retracer l'histoire précise de l'affirmation de la justice internationale, ni de proposer une analyse juridique exhaustive de la jurisprudence pénale humanitaire ; le dessein de son ouvrage est d'éclairer ces nouveaux rapports entre droit et politique en confrontant les réalisations de cette justice avec son projet…

En ce qui nous concerne, ce livre demeure d'un intérêt politique, juridique et même moral considérable ; il faut cependant souligner qu'il a été publié trois mois seulement après l'entrée en fonction de la CPI, et selon le regard risqué de l'histoire immédiate.

Par ailleurs, Antonio Cassesse et Mireille Delmas-Marty, dans leur ouvrage intitulé *Juridictions nationales et crimes internationaux*, soutiennent que la répression des crimes internationaux reposerait largement sur une certaine mondialisation des prérogatives des juges nationaux. Toutefois, les auteurs n'élucident pas certaines difficultés tant politiques que juridiques que l'intégration du droit international aurait à rencontrer par rapport au droit interne ; raison pour laquelle ils analysent les interactions entre droit national et droit international et mesurent la place des juridictions nationales dans la poursuite des crimes de portée internationale. Ces auteurs font une étude comparée des principaux systèmes juridiques, tout en mesurant l'incidence du droit international sur le droit interne.[4]

Le lecteur ne peut résister à l'envie d'en savoir plus, car l'ouvrage d'Antonio Cassesse et Mireille Delmas-Marty privilégie le droit international par rapport au droit interne et voudrait que les juges nationaux,

---

[2] William Bourdon et Emmanuelle Duverger ????

[3] Antoine Garapon, *Des crimes qu'on ne peut ni punir ni pardonner*, Éd. Odile Jacob, novembre 2002, page 120.

[4] Antonio Cassesse et Mireille Delmas-Marty, *Juridictions nationales et crimes internationaux*, pages 557.

même en l'absence d'un traité international, recourent à certains mécanismes existants pour appliquer le droit international. L'ouvrage demeure instructif et plein d'informations en droit comparé.

On ne peut manquer de mentionner également l'ouvrage de Florence Hartmann, correspondante en ex-Yougoslavie pour le journal *Le Monde*, porte-parole du procureur en chef du Tribunal pénal international pour l'ex-Yougoslavie (Carla Del Ponte) et conseillère sur les Balkans au sein du Cabinet restreint du procureur.

En effet, Florence Hartmann a, dans son livre intitulé *Paix et châtiment, les guerres secrètes de la politique et de la justice internationales*, ouvert les portes interdites du Tribunal pénal international de La Haye et des chancelleries occidentales. L'auteur plonge le lecteur dans les coulisses de la haute politique et de la justice internationale, avec en toile de fond les révélations sur le procès de Slobodan Milosevic.

Le mérite de l'ouvrage de Florence Hartmann est de dévoiler certaines méthodes de la diplomatie secrète. Mais ce livre est aussi le récit inédit de l'attitude équivoque des puissances démocratiques face à une justice internationale émergeante, pourtant présentée comme le premier acte concret, depuis Nuremberg, de leurs engagements à faire reculer la barbarie.

La section de l'information publique et de la documentation de la CPI a diffusé le texte du Statut de Rome tel que publié en 2002. Ce texte a l'avantage d'être complet et définitif, mais ne comporte pas de commentaire. Toutefois, quelques années plus tard, c'est-à-dire en 2008, dans une brochure intitulée « Mieux comprendre la Cour pénale internationale, République démocratique du Congo », la même section de l'information publique et de la documentation de la CPI donne cette fois non seulement des informations sur l'institution internationale mais aussi et surtout fait un commentaire détaillé sur la situation de la RDC.

En ce qui concerne précisément la République démocratique du Congo, on peut signaler l'étude de Toussaint Muntazini intitulée *Les crimes internationaux en Droit congolais*.

Cette étude a l'avantage de faire remonter le lecteur aux origines de l'idée d'une justice pénale internationale avant de présenter brièvement la CPI et ses organes. Tout en insistant sur le principe de complémentarité entre le droit national et le droit international, il intéresse techniquement par le dégagement de quelques éléments de divergence entre le Statut de Rome et le droit congolais, notamment en ce qui concerne la définition du concept de crime, des crimes internationaux, du régime répressif, des principes généraux du droit (responsabilité, qualité officielle, âge de la majorité pénale, compétence à l'égard des crimes commis avant juillet 2002). Cependant, l'auteur n'esquisse pas, ne fût-ce qu'à titre prospectif, un jugement sur l'efficience et l'efficacité de la CPI devant des données réelles de la crise congolaise.

De son côté, Maître Ghislain Mabanga Monga Mabanga, avocat et conseiller à la Cour pénale internationale, dans son ouvrage intitulé *La victime devant la Cour pénale internationale*, s'interroge sur la question de savoir si la victime était ou non partie au procès devant la cour. Or, le Statut de Rome, aussi bien que le RPP de la cour, parle des parties sans toutefois préciser de qui il s'agit. Le règlement de la cour, quant à lui, qualifie tous les intervenants de « participants à la procédure ». Face à cette confusion, l'auteur soutient que la place de la victime serait donc à rechercher aussi bien parmi les parties au procès qu'entre les participants à la procédure.[5]

À son avis, la victime ne devrait pas être placée sur un pied d'égalité avec les autres participants à la procédure.

Le mérite de l'ouvrage de Ghislain Mabanga est de décrire de manière documentée que la victime est donc l'acteur clé du procès pénal international et qu'elle ne serait l'égale ni des autres parties au procès ni des autres participants à la procédure. Il faut cependant reconnaître que cette position de l'auteur en faveur de la victime serait peut-être due à ses origines congolaises, c'est-à-dire ressortissant d'un pays en constante crise où la violence sous toutes ses formes, les viols, les massacres, les assassinats ont conduit à la disparition de plusieurs millions de personnes et à la négation des victimes en tant qu'êtres humains.

Lwamba Katansi a poussé la critique à un niveau plus profond portant sa réflexion sur l'interprétation et l'application des mécanismes nombreux et variés de la responsabilité des criminels de guerre, en s'appuyant sur les crimes perpétrés dans la région africaine des Grands Lacs entre 1994 et 2002, dans son ouvrage intitulé *Crimes et châtiments dans la région des Grands Lacs, Cour pénale internationale, Tribunaux pénaux internationaux, Tribunaux pénaux nationaux*.

Quant à l'ouvrage de Jean-Pierre Fofe Djofia Malewa intitulé *La Cour pénale internationale : institution nécessaire aux pays des Grands Lacs africains, la justice pour la paix et stabilité en RD Congo, en Ouganda, au Rwanda et au Burundi*, il met en relief les atrocités commises aux pays des Grands Lacs.

L'auteur décrit le phénomène criminel qui sévit dans la région des grands lacs africains en démontrant qu'il se manifeste en trois temps successifs, à savoir le temps de l'instrumentalisation des crimes (1), le temps du blanchissement par le pouvoir (2), le temps du retour de la manivelle (3).

L'état des lieux et la revue de la littérature ci-dessus dévoilent non seulement l'importance et l'actualité du sujet que nous avons choisi pour notre travail, mais aussi et surtout, montre la valeur incontestable des études qui lui ont été consacrées. Toutefois, il manque jusqu'ici des études scientifiques d'envergure sur la CPI au regard de la situation de crise que

---

5 Ghislain Mabanga Monga Mabanga, *La victime devant la Cour pénale internationale*, Éd. L'Harmattan, 2009, pp. 23-24.

traverse la RDC. La spécificité de notre travail est de tenter de combler cette lacune.

Du reste, le lecteur ne peut manquer de percevoir des limites liées à la généralité des grilles de lecture respectives utilisées par les auteurs que nous avons passés en revue. Partant, plus que jamais, se fait sentir le besoin des études actualisées, capables de dégager des points de repère permettant de jauger l'efficience et l'efficacité de la CPI face à la crise que traverse la RD Congo.

Des pays comme la RD Congo, déchirés par la guerre, en proie aux crimes de génocide, aux crimes de guerre, aux crimes contre l'humanité, fondent des espoirs illimités sur l'efficience et l'efficacité de la CPI. Cette confiance est-elle justifiée ?

Cette interrogation peut être reformulée, avec Antoine Garapon, ainsi qu'il suit :

1. qu'est-ce que la CPI apporte réellement à la construction de la paix ?
2. les procès que la CPI instruit guérissent-ils les plaies des atrocités et les victimes ?
3. la justice peut-elle empêcher la guerre ?
4. les juges peuvent-ils supplanter la souveraineté des peuples ?

En rapport avec la crise congolaise, ce questionnement prend la formulation concrète ci-après :

> Quels espoirs le Congo peut-il fonder sur l'efficience et l'efficacité de la C.P.I. du moment où les exigences de la justice et celles de la paix révèlent un certain antagonisme et où la complémentarité entre le droit pénal national et le droit pénal international n'est pas suffisamment assurée ?

Les interrogations corollaires suivantes exigent une réponse :

- peut-on considérer que les victimes qui sont insatisfaites faute de justice sont réellement en paix, bien que les armes ne crépitent plus ?
- ces victimes ne seraient-elles pas tentées de prendre les armes pour se faire justice, surtout lorsqu'elles verront leurs bourreaux exercer des fonctions ?

Les interrogations sur l'efficience et l'efficacité de la CPI relaient un jugement critique qui dénonce entre autres :

- l'impuissance d'une justice internationale devant la non-adhésion, voire l'insoumission, de certains États, dont de grandes puissances, la ratification du Traité de Rome étant facultative ;
- l'impression répandue d'une justice internationale inégale qui ne s'acharnerait que sur les ressortissants des pays pauvres ou faibles…
  La session marquant le cinquantième anniversaire de l'Union africaine ne s'est-elle pas très clairement fait écho de cette opinion ? Et quel observateur peut rester indifférent devant l'adoption par le Parlement kenyan, en date du 5 septembre 2013, d'une décision en faveur du retrait du Statut de Rome ?

La spécificité de la plupart des critiques formulées contre la CPI est leur partialité. Tournées unilatéralement vers la CPI, elles laissent de côté d'importantes conditionnalités exigibles des États-parties, et dont doit sensiblement dépendre la réussite des missions de la cour. Parmi ces conditionnalités figurent :

- l'adhésion des États aux idéaux de la CPI et l'engagement à soutenir les missions de celle-ci par la ratification du Statut de Rome et l'harmonisation des justices nationales avec la justice internationale ;
- l'engagement des États à coopérer, activement, rapidement et sincèrement avec la CPI ;
- la capacité des États à s'organiser en espaces auto-domestiqués, en États de droit, capables de garantir le respect des lois et des droits, la paix sociale et la justice…

L'idée-force qui se dégage de ce qui précède est que tant qu'on fait reposer la réussite de la répression des crimes de guerre et des crimes contre l'humanité sur l'action de la CPI seule, et qu'on exclut la part des États-parties, l'efficience et l'efficacité de la justice internationale seront toujours sujettes à caution. En clair, l'efficience et l'efficacité du combat contre les crimes de génocide, les crimes de guerre et les crimes contre l'humanité, loin d'être le fruit de l'action exclusive de la CPI, ne peuvent être que la résultante de l'action conjuguée de celle-ci et des États-parties.

De manière concrète :

- à la CPI, incombe le devoir d'administrer une justice équitable ou égalitaire, sans discrimination pour la taille, le degré de puissance, l'appartenance régionale des pays coupables ou des individus justiciables ; au-delà de la dimension judiciaire, cette justice doit être capable de générer et de consolider la paix des nations et du monde, de répandre les éléments d'une didactique et d'une éthique de découragement et de prévention des crimes de génocide, des crimes de guerre et des crimes contre l'humanité ; la CPI doit pousser les poursuites jusqu'aux commanditaires des crimes de génocide, des crimes de guerre et des crimes contre l'humanité au lieu de s'arrêter aux exécutants de ceux-ci ou aux acteurs apparents ; elle doit remonter suffisamment dans le temps car les crimes, loin d'être des faits spontanés, font l'objet de préparatifs à court, à moyen et à long terme… ;
- aux États revient la tâche de maximiser la complémentarité entre le droit national et le droit international, en amenuisant les divergences ; d'exercer l'effectivité de leur imperium sur toute l'étendue de leur territoire ; d'intensifier le contrôle administratif et militaire pour éradiquer des îlots de génocide, des crimes de guerre et des crimes contre l'humanité ; d'identifier les criminels et saisir la CPI en temps réel ; d'intensifier la cohésion nationale de manière à

mettre au point des mécanismes internes de prévention et de règlement des conflits, avant leur exacerbation ou leur dégénérescence en guerre.

Ces conditionnalités, imposables à tout État, sont valables, de manière particulière, pour la RD Congo qui est notre champ d'étude.

Renoncer à la partialité et au procès unilatéral impose un regard croisé, une approche dialectique prenant en compte aussi bien la qualité du travail accompli par la CPI que la contribution des États-membres à la réussite de ce travail. Le lecteur comprendra donc pourquoi notre étude fait appel aux ressources d'une approche dialectique au sein de laquelle s'articulent une intelligence socio-historique des faits, des évènements et des phénomènes sociaux, une analyse juridique examinant ceux-ci au regard du prescrit du droit, une critique normative confrontant l'esprit du Statut de Rome aussi bien à la pratique qu'à la spécificité de la crise congolaise, et un regard prospectif déblayant, dans l'avenir, le champ d'une interaction efficiente et efficace de la justice internationale et de la justice nationale congolaise.

Il faut avouer que s'il est aisé de recourir à la technique documentaire, il n'en est pas de même pour la descente sur le terrain et l'observation directe lorsque les armes crépitent.

C'est ainsi que l'exploitation des ouvrages spécialisés mis à notre disposition par la représentation de la CPI en RDC et la direction générale de la bibliothèque nationale, des rapports, des revues, des textes officiels, des ouvrages généraux et des informations diffusées sur Internet… l'emporte sur des informations de terrain qui résultent des rencontres et entretiens avec quelques notables, religieux, chefs de villages, chefs de groupements, militants des ONG, défenseurs des droits humains, démobilisés (anciens Kadogo), résistants Maï-Maï, professeurs et enseignants, et même certaines victimes des atrocités, plus particulièrement à Bunia et ses environs en Ituri, à Goma et ses alentours au Nord-Kivu et à Bukavu dans le Sud-Kivu…

Quant à l'observation directe, elle repose principalement sur notre participation à la vie politique du Congo en tant qu'acteur et notre profession d'avocat qui nous ont permis d'amasser une quantité d'expérience et d'informations utiles à l'intelligence de la dynamique politico-juridique des événements sociaux de la RDC.

L'intérêt de notre investigation est double ; il est aussi bien scientifique que pratique.

Sur le plan scientifique, notre étude permettra une meilleure connaissance de la CPI, de ses textes, de ses missions, de ses modes opératoires, de la portée et des limites de son action.

Cette connaissance est censée améliorer nos informations en matière de droit international, de répression des crimes de guerre, de génocide, de crimes contre l'humanité ; elle est en même temps censée enrichir notre connaissance des droits de l'homme, des mécanismes de prévention, de médiation et de règlement des conflits.

Sur le plan pratique, notre étude apporte un éclairage utile sur l'importance et le rôle de la CPI et de la justice internationale ; elle permet d'écarter les préjugés et de faire la part entre le mythe et la réalité en matière de répression des crimes de guerre, de génocide et de crimes contre l'humanité. Elle dégage des éléments didactiques et éthiques utiles à la consolidation de la cohabitation entre les hommes, au respect des droits de l'homme et à l'articulation entre la justice nationale et la justice internationale.

Quant à l'actualité de notre investigation, elle tient à l'effectivité des crises, et à leur caractère répétitif et durable en terre congolaise. Notre planète est devenue un grand village où les séismes, quel que soit leur épicentre, ont, en temps réel, des répercussions sur tous les pays. Les juridictions nationales et régionales ne peuvent, dans ce contexte, que révéler leurs limites. D'où l'importance de la communauté mondiale, des instruments juridiques internationaux et des actions menées à l'échelle des institutions supra nationales.

Le présent ouvrage comporte, en plus d'une introduction et d'une conclusion générales, quatre parties.

La première présente la Cour pénale internationale dans sa genèse, son évolution, son essor et son fonctionnement. Elle met en exergue ses compétences et ses attributions, tout en procédant, au profit du lecteur, à une clarification conceptuelle des notions clés relatives à celles-ci.

La seconde dépeint les turbulences de la RD Congo durant les deux dernières décennies caractérisées par des guerres meurtrières, des crimes de génocide, des crimes de guerre et des crimes contre l'humanité ; elle dévoile l'étendue du champ des violations des droits de l'homme, avant d'épingler quelques violations spécifiques ainsi que les démarches effectuées par la RD Congo auprès de la CPI pour la répression de celles-ci.

La troisième partie procède à une évaluation critique de l'efficience et de l'efficacité de la CPI, relevant des points positifs qui la crédibilisent et des faiblesses qui risquent de la décrédibiliser.

La quatrième et dernière partie esquisse quelques perspectives pour solidifier l'efficience et l'efficacité de la collaboration entre la CPI et la RD Congo ; elle insiste surtout sur la lourde tâche qui incombe à l'État congolais de s'atteler d'urgence à l'instauration et à la matérialisation d'un État de droit, base de toute gestion démocratique apaisée et gage de crédibilité internationale en matière de coopération.

En ce qui concerne la délimitation de notre étude, signalons que notre analyse se concentre sur l'interaction de la justice nationale congolaise et la justice pénale internationale depuis l'année 2002 jusqu'à ce jour. L'année 2002 marque non seulement la ratification du Statut de Rome par la RD Congo, mais également l'entrée en vigueur de celui-ci. À ce jour, il est possible d'établir un bilan, quelque mitigé qu'il soit, du traitement des premiers dossiers judiciaires congolais pris en charge par la CPI.

Aujourd'hui, la RD Congo est en train d'écrire une nouvelle page de son histoire, qui exige, pour son intelligence, une approche prudente et calme, quelque recul et beaucoup de circonspection, afin d'éviter les écueils combinés d'une histoire immédiate précipitée et d'un journalisme myope.

Toutefois, l'étude ne s'empêche pas de poser sur les événements l'éclairage utile du passé, pour en saisir la dynamique. C'est le cas notamment de la genèse et du processus évolutif qui a mené de grandes idées humanistes à la création de la CPI, ainsi que du survol rétrospectif de l'histoire de la RD Congo.

# PARTIE I

# LA COUR PÉNALE INTERNATIONALE

Cette première partie de notre ouvrage se consacre à la présentation de la Cour pénale internationale.

Celle-ci, on le sait, est une fille du 21e siècle, du fait de sa création et de sa ratification très récentes. Mais elle est l'aboutissement d'un processus évolutif qui remonte à plus de trois siècles et dont la Déclaration des droits de l'homme et du citoyen (1789), le Comité international de secours aux blessés, les Tribunaux internationaux de Nuremberg et Tokyo, les Juridictions pénales internationales ad hoc, mixtes et spécialisées… sont des jalons précurseurs.

C'est à retracer cette genèse et cette évolution que se consacre le premier chapitre de la première partie de notre étude.

Le Statut de Rome, acte de naissance de la Cour pénale internationale, fait l'objet du second chapitre qui fait découvrir au lecteur la structure, les attributions, les compétences, les principes généraux du droit international, les modes de saisine et divers aspects pratiques du fonctionnement de la juridiction internationale de la Haye.

# CHAPITRE I
# GENÈSE ET ÉVOLUTION DE L'IDÉE D'UNE JUSTICE PÉNALE INTERNATIONALE

L'idée de juger les auteurs des crimes de guerre et de graves atteintes au droit des gens est très ancienne. Elle réapparut lors de la Première Guerre mondiale, notamment sous la pression de l'opinion publique française et anglaise choquée par les atrocités commises par les Allemands. Ce désir de juger la guerre n'est probablement pas étranger à la brutalité inouïe de la « grande guerre ».[6]

Pour Raymond Aron, la conception classique de la guerre devint inacceptable pour le commun des mortels : « Tant de morts, tant de destructions matérielles, tant d'horreurs ne pouvaient plus être acceptés comme conformes au train des affaires humaines ; la guerre ne devait plus être un épisode des rapports interétatiques. Elle devait être, au sens propre du terme, mise hors la loi. »[7]

L'idée d'une justice entre les nations et de la criminalisation de la violence extrême de la guerre ne procède donc pas uniquement d'une lubie de quelques belles âmes ou d'une poignée de pacifistes, mais prend ses racines dans l'expérience de la guerre par ceux qui l'ont vécue, au front ou à l'arrière, dans l'opinion populaire.[8]

Pour autant qu'il est vrai que c'est Gustave Moynier, membre fondateur du comité international de la Croix-Rouge, qui a émis en 1872 l'idée de créer une cour permanente pour la justice pénale internationale, il n'en demeure pas moins vrai que les penseurs de la création de la Cour pénale internationale se sont longuement inspirés de la *Déclaration des droits de l'homme et du citoyen* de 1789, sur laquelle s'appuiera, trois siècles plus tard, la *Déclaration universelle des droits de l'homme* (1945).

## 1. GENÈSE

### 1.1. La Déclaration des droits de l'homme et du citoyen (1789)

Cette déclaration est le manifeste de la Révolution française qui a fait basculer le règne de la monarchie à travers l'Europe de la fin du 18e siècle.

Son texte stipule notamment, à travers ses 17 articles, que les hommes naissent égaux et demeurent libres et égaux en droits.

---

[6] Antoine Garapon, Op.cit, page 20.

[7] Raymond Aron, *Paix et guerre entre les nations*, Paris, Calmann-Lévy, 1962, page 121.

[8] Antoine Garapon, Op.cit, page 21.

Les distinctions sociales ne peuvent être fondées que sur l'utilité commune qui est le but de toute association politique et de la conservation des droits naturels et imprescriptibles de l'homme.

Ces droits sont la liberté, la propriété, la sûreté et la résistance à l'oppression. Le principe de toute souveraineté réside essentiellement dans la nation : nul corps, nul individu ne peut exercer d'autorité qui n'en émane expressément ; nul ne doit être inquiété pour ses opinions même religieuses ; et la société a le droit de demander compte à tout agent public de son administration ; la liberté de communication, de pensée et d'opinion est un des droits les plus précieux de l'homme ; tout homme peut donc parler, écrire et imprimer librement.

### 1.2. Comité international de secours aux blessés

En 1859, rapporte Françoise Bory, Henry Dunant traversant la Lombardie à feu et à sang, arrive au soir d'une sanglante bataille à Solferino et constate avec horreur que des milliers de soldats blessés sont laissés à l'abandon, sans soins, voués à une mort atroce. De cette vision terrible est née l'idée de la Croix-Rouge.

Après avoir improvisé sur place, avec les moyens de fortune, une action de secours, Dunant entreprend de dire au monde ce qu'il a vu en publiant *Un souvenir de Solferino,* livre qui bouleversa l'Europe. Il proposa comme solution de pallier la carence des services sanitaires des armées en préparant des « secoureurs volontaires » en temps de paix et en obtenant leur action et leur neutralité sur le champ de bataille.

A Dunant vont alors se joindre quatre autres Genevois : Gustave Moynier, le général Guillaume Henri Dufour et les docteurs Louis Appra et Théodore Maunoir, pour créer le « Comité international de Secours aux Blessés » (le futur CICR). En 1864, ils arriveront à persuader le gouvernement suisse de réunir une conférence internationale à laquelle participeront douze États.

Le résultat le plus remarquable fut la signature, la même année, de la *Convention pour l'amélioration du sort des militaires blessés dans les armées en campagne*. Grâce à cette convention, les militaires blessés et malades pouvaient bénéficier du secours et des soins, sans aucune distinction de caractère défavorable, quel que soit leur camp. Le personnel sanitaire, le matériel et les établissements sanitaires devaient être respectés et signalés par un signe distinctif : une croix rouge sur fond blanc.

C'est en 1864 que sera signée la première Convention de Genève, créant le droit international humanitaire. En 1899, fut signé à La Haye une convention adaptant à la guerre maritime les principes de la Convention de Genève de 1864. Les dispositions de cette dernière seront améliorées et complétées en 1906.

La IVe Convention de La Haye de 1907 établit le cercle des combattants ayant droit au statut de prisonniers de guerre en cas de capture et bénéficiant d'un traitement particulier pendant toute la durée de leur captivité. Ces trois conventions seront ensuite réaffirmées et développées en 1929.[9]

Pour avoir été membre fondateur du Comité international de Secours aux Blessés, Gustave Moynier, fort de cette expérience, émit l'idée de créer déjà en 1872 une cour permanente de justice pénale internationale.

La justice pénale internationale trouve donc ses racines dans la Déclaration des droits de l'homme et du citoyen et dans le Comité international de Secours aux Blessés.

L'idée maîtresse est que la vie humaine est sacrée et mérite non seulement meilleure protection mais aussi et expose à correction exemplaire quiconque oserait l'ôter de force ou par quelque moyen que ce soit.

### 1.3. La Déclaration universelle des droits de l'homme

L'idée des droits de l'homme est antérieure à l'Organisation des Nations unies. Pourtant, ce n'est que depuis la création de celle-ci qu'elle est officiellement et universellement acceptée.[10]

C'est en effet en 1945, date de sa création, que l'ONU a proclamé la foi de ses peuples dans les droits de l'homme, en affirmant dans sa charte que ces droits étaient au centre de ses préoccupations. Les choses n'ont pas changé depuis.[11]

La Déclaration universelle des droits de l'homme sera adoptée en 1948 à Paris.

Elle stipule notamment, à travers ses 17 articles, que les hommes naissent égaux et demeurent libres et égaux en droits ; en conséquence, les distinctions sociales ne peuvent être fondées que sur l'utilité commune.

Le but de toute association politique est dès lors la conservation des droits naturels et imprescriptibles de l'homme. Ces droits sont la liberté, la propriété, la sûreté et la résistance à l'oppression. Le principe de toute souveraineté réside essentiellement dans la nation ; nul corps, nul individu ne peut exercer d'autorité qui n'en émane expressément ; de même, nul ne doit être inquiété pour ses opinions même religieuses… La société a le droit de demander compte à tout agent public de son administration. La liberté de communication, de pensée et des opinions est un des droits les plus précieux de l'homme ; tout homme peut donc parler, écrire et imprimer librement.

---

[9] Henri Mova Sakanyi, *Droit international humanitaire, protection des victimes de guerre ou droits d'ingérence humanitaires ?* Éd. Safari, 1998, page 96.

[10] Idem, page 10.

[11] Ibidem.

La Déclaration universelle des droits de l'homme a suscité de grands espoirs et continue d'en entretenir. Des conférences internationales s'y référent, des juristes en appelant, en son nom, à des jugements équitables, des organisations humanitaires et hommes de bonne volonté apprécient à son aune les politiques des États et des institutions.

Par droits de l'homme, on entend généralement les droits attachés à notre nature, sans lesquels nous ne saurions vivre en tant qu'êtres humains.[12]

Les droits de l'homme et les libertés fondamentales nous permettent de développer et d'utiliser pleinement nos qualités humaines, notre intelligence, nos dons et notre conscience, et de répondre à nos besoins spirituels et autres. Ils découlent de l'aspiration croissante de l'humanité à une vie où la dignité et la valeur de chacun soient respectées et protégées.[13]

Non seulement le refus des droits de l'homme et des libertés fondamentales est une tragédie personnelle, mais il porte aussi en lui les germes de l'agitation sociale et politique, de la violence et des conflits, que ce soit à l'intérieur des sociétés et des nations ou entre elles. Comme il est dit dans la première phrase de la Déclaration universelle des droits de l'homme, le respect des droits de l'homme et de la dignité humaine « constitue le fondement de la liberté, de la justice et de la paix dans le monde ».[14]

L'histoire des droits de l'homme est passionnante. Elle plonge les origines de ceux-ci dans tous les grands systèmes philosophiques du monde, et elle est à la base de la lutte pour la liberté et l'égalité dans le monde entier.[15]

La communauté internationale s'est développée et s'est profondément transformée au cours du 20e siècle, et c'est une convulsion particulièrement douloureuse, la Seconde Guerre mondiale, qui a incité les vainqueurs à tenter de réunir une assemblée, d'abord pour régler quelques-uns des problèmes résultant de la guerre, mais surtout pour chercher un moyen d'empêcher de se reproduire des événements aussi terrifiants dans l'avenir.[16]

Trop peu de gens ont conscience de l'ampleur des efforts déployés depuis 1945 pour parvenir à un accord général et du chemin qui a été parcouru.

Selon l'esprit même du texte, les droits fondamentaux énoncés dans la déclaration constituent un « idéal commun à atteindre », pour tous les

---

[12] Kalindye Byanjira D., *Traité d'Education aux Droits de l'Homme en RDC. Déclaration universelle des droits de l'homme en langage courant et français facile*, Tome I, 2004, page 9, 74 pages.

[13] Ibidem.

[14] Ibidem.

[15] Kalindye Byanjira D., Op.cit, *Traité d'Education aux Droits de l'Homme en RDC*, Tome I, page 10, 74 pages.

[16] Ibidem.

hommes, quels que soient leur race, leur couleur, leur sexe, leur langue, leur religion, leur opinion politique ou autres, leur origine nationale ou sociale, leurs biens, leur naissance ou leur situation.[17]

Cette déclaration est le premier instrument général, énonçant tous les droits reconnus à toute personne, qui ait été adopté par une organisation internationale à vocation universelle. Pour des raisons morales, juridiques et politiques, elle a acquis une importance qui la place dans la lutte pour la liberté et la renaissance de la dignité humaine auprès des grands textes historiques, telles la Magna Carta, la Déclaration américaine d'indépendance ou la Déclaration française des droits de l'homme et du citoyen. Parmi les sources d'inspiration de la Déclaration universelle, on trouve bien ces textes.[18]

La Déclaration universelle énumère les droits et libertés fondamentales entre deux principes qui, en quelque sorte, les encadrent. L'article 1er proclame que « tous les êtres humains naissent libres et égaux en dignité et en droits ». A la fin de la déclaration, l'article 28 ajoute que « toute personne a droit à ce que règne, sur le plan national et sur le plan international, un ordre tel que les droits et libertés énoncés dans la présente déclaration puissent y trouver plein effet ».[19]

## 2. ÉVOLUTION

L'idée de créer une juridiction internationale chargée de réprimer les crimes les plus attentatoires à l'espèce humaine remonte au 17e siècle. Mais elle a connu plusieurs étapes avant de se concrétiser avec la création de la Cour pénale internationale. Ces étapes sont les juridictions pénales internationales ad hoc, mixtes et spécialisées parmi lesquelles on peut citer le Tribunal pénal de Versailles, les Tribunaux militaires de Nuremberg et de Tokyo, les Tribunaux pénaux internationaux de l'ex-Yougoslavie et pour le Rwanda, les Tribunaux spéciaux pour la Sierra-Leone, pour le Cambodge et pour le Liban.

### 2.1. Le Tribunal pénal de Versailles

Après la guerre mondiale de 1914-1918, une commission d'enquête sur la responsabilité des auteurs des crimes commis au cours de celle-ci sera instituée en 1919.

Le Traité de Versailles du 28 juin 1919 qui mit fin définitivement à la grande guerre prévoyait déjà l'instauration d'une juridiction pénale

---

[17] Ibidem.

[18] Idem, page 65.

[19] Kalindye Byanjira D., Op.cit, *Traité d'Education aux Droits de l'Homme en RDC*, Tome I, page 65, 74 pages.

internationale destinée à juger l'ancien kaiser d'Allemagne Guillaume II pour offense suprême envers la morale internationale et l'autorité sacrée des traités.

Malheureusement, ce tribunal ne vit jamais le jour, car les Pays-Bas refusèrent de livrer Guillaume II qui avait trouvé refuge sur leur territoire, en plus de l'absence de volonté politique des pays vainqueurs de contraindre l'Allemagne à livrer ses 890 présumés criminels de guerre.

La première préoccupation des États était de soumettre l'Allemagne et de restaurer la paix.[20]

En introduisant dans le Traité de Versailles l'article 227 stipulant la répression des crimes de guerre, les dirigeants politiques étaient donc en phase avec leur opinion publique, parfois même au-delà de ce qu'ils auraient souhaité (l'opinion publique américaine était beaucoup plus enthousiaste à l'idée de juger le kaiser que ne l'était l'administration Wilson).

L'initiative de Versailles ne connut pas de succès dans l'immédiat : Guillaume II se réfugia aux Pays-Bas qui refusèrent de le livrer, et les procès de Leipzig qui s'ensuivirent, auxquels les Britanniques étaient très attachés, tournèrent au désastre. Les peines furent très faibles, et les accusés acclamés par le public.[21]

Cette juridiction internationale n'a pu aboutir, car, comme le souligne William Bourdon, la référence à une morale et à une juridiction internationale semblait n'être que la traduction d'une logique des vainqueurs qui a besoin de se parer du droit et de la morale internationale[22]. Cette première ébauche de juridiction internationale était d'une logique des pays affirmant leur suprématie politique et militaire et non pas le fruit d'une conscience collective et la nécessité d'instaurer une réponse juridictionnelle internationale aux crimes de même nature.[23]

En 1920, un comité consultatif de juristes fut mandaté par la Société des Nations pour préparer un projet de cour permanente de justice internationale, dans le respect des principes arrêtés par la commission de 1919. Ce comité d'experts devait élaborer deux conventions, l'une relative à la prévention et à la répression du terrorisme et l'autre relative à la création d'une cour pénale internationale en vue de juger des individus auteurs des crimes de terrorisme.

Bien que signées le 13 novembre 1937, ces deux conventions ne sont jamais entrées en vigueur faute de ratifications nécessaires ; ce qui n'empêcha pas le déclenchement de la Seconde Guerre mondiale de 1940-1945.

---

[20] William Bourdon, *La Cour pénale internationale*, Éd. Seuil, Paris, page 15.
[21] Antoine Garapon, Op.cit, page 22.
[22] Ibidem.
[23] Idem, page 16.

## 2.2. Le Tribunal militaire de Nuremberg

Les atrocités commises par les ténors du Reich allemand, dont le chef de file Adolphe Hitler, pendant la Seconde Guerre mondiale de 40 à 45 avaient rendu nécessaires des poursuites judiciaires contre les principaux criminels nazis après la victoire des alliés sur les pays de l'axe du mal.

Le procès de Nuremberg fut intenté contre vingt-quatre criminels de guerre nazis, du 20 novembre 1945 au 1er octobre 1946, pour crime contre l'humanité (l'un des quatre chefs d'accusation), et tenu à Nuremberg, en Allemagne.

Le Tribunal militaire international de Nuremberg a été créé en exécution de l'accord de Londres signé le 8 août 1945 par le gouvernement provisoire de la République française, les gouvernements des États-Unis d'Amérique, du Royaume-Uni, de la Grande-Bretagne et de l'Irlande du Nord, et de l'Union des Républiques socialistes soviétiques (URSS), pour juger et punir les grands criminels de guerre des pays européens de l'axe. Le tribunal s'est ouvert le 18 octobre 1945, à la Cour suprême de Berlin. Outre vingt-quatre grands criminels de guerre, le procès était intenté contre six organisations criminelles : le NSDAP (parti nazi), les SS, SD, la Gestapo, les SA et le Haut-Commandement de l'Armée. Les réquisitions ont porté sur quatre chefs d'accusation, à savoir : complot ou plan concerté, crimes contre la paix, crimes de guerre et crimes contre l'humanité.[24]

Le Tribunal militaire international de Nuremberg, institué par l'Accord de Londres du 8 août 1945, se vit attribuer compétence pour trois catégories de crimes : le crime contre la paix, qui consiste à « projeter, préparer, déclencher ou poursuivre une guerre d'agression ou une guerre faite en violation de traités, accords ou engagements internationaux » ; les crimes de guerre, c'est-à-dire les violations des lois et coutumes de la guerre ; le crime contre l'humanité défini comme « l'assassinat, l'extermination, la réduction en esclavage, la déportation ou tout autre acte inhumain commis contre toutes populations civiles, ou bien les persécutions pour des motifs politiques, raciaux ou religieux, lorsque ces actes ou persécutions sont commis à la suite d'un crime contre la paix ou d'un crime de guerre ou en liaison avec ces crimes ».[25]

Ce procès gigantesque, qui allait comporter quatre cent trois séances, entendre cent seize témoins, se tenir en quatre langues, et dont il restera

---

[24] « Procès des grands criminels de guerre devant le Tribunal militaire international » ; Nuremberg, 14 novembre 1945-1er octobre ; jugement ; Tome I, pp. 395 et 396 ; cité par Mayulu Mambiki, mémoire de licence, Université protestante, 2008-2009.

[25] Antoine Garapon, Op.cit, page 24.

quarante-deux volumes de documents et de retranscription de débats, marque incontestablement une rupture historique.[26]

Pourtant, les critiques qu'on peut adresser au Tribunal militaire international de Nuremberg ne manquent pas. On peut émettre quelque doute sur l'impartialité des juges, tous choisis parmi les vainqueurs, s'émouvoir de l'entorse au principe *nulla poena sine lege*, puisque la qualification du crime contre l'humanité n'existait pas avant la commission des crimes, ou encore s'indigner de l'exclusion des victimes qui ne furent pas admises à se constituer partie civile pour obtenir réparation.

Le grief le plus consistant est sans doute celui que les Anglo-saxons appellent *tu quoque* : comment pouvait-on accuser les troupes allemandes d'actes que leurs adversaires avaient également commis ? Il fut ainsi reproché à l'amiral Dönitz d'avoir coulé sans avertissement les bâtiments neutres naviguant dans les zones d'opération. Or, l'accusé rapporta la preuve que les alliés avaient fait de même.[27]

L'éclat de Nuremberg fait souvent oublier les procès qui se sont déroulés en Allemagne après la guerre et qui n'ont pas eu la même tenue comme celui des médecins ou des Einstzgruppen et d'autres qui répondaient plutôt à une vieille tradition de la justice expéditive, masquant avec plus ou moins de bonheur l'esprit de vengeance, comme le procès du massacre de Malmédy en Belgique.

En réalité, Anglais comme Américains durent s'avouer vaincus devant « l'absolue démesure du problème ». Ils ne montrèrent d'ailleurs pas un empressement particulier et consacrèrent infiniment plus de moyens pour mettre la main sur des scientifiques allemands que sur les criminels de guerre nazis. Outre les difficultés techniques, certains procès comme celui du maréchal Von Manstein, dont deux parlementaires travaillistes assurèrent la défense, tournèrent au désavantage de l'accusation.

La nouveauté, c'est qu'en raison précisément des promesses du procès de Nuremberg, les forces alliées se sentaient tenues d'appliquer des standards de jugement plus élevés. Ils s'étaient liés eux-mêmes à un droit nouveau : le droit international pénal.[28]

Le début de la guerre froide coupa court à l'enthousiasme né de cette idée de justice pénale internationale. Ce n'est plus tant en effet de la guerre passée que l'on se souciait des risques nouveaux qui naissaient. Il devenait crucial de réarmer l'Allemagne pour dresser un rempart contre la menace soviétique de façon à protéger l'Europe de l'Ouest. Il était essentiel pour cela de s'assurer de la fidélité des Allemands aux États-Unis et de ne pas répéter l'erreur de la République de Weimar. Or, dans ses négociations avec

---

[26] Ibidem.

[27] Ibidem.

[28] Antoine Garapon, Op.cit, page 27.

Washington, le Chancelier Adenauer avait fait de la fin du processus de Nuremberg une question de principe.[29]

La contribution de cette juridiction au droit international humanitaire et au droit pénal international réalisée dans le document intitulé « Principes de Nuremberg » est essentielle, car, pour la première fois dans l'histoire, une juridiction pénale internationale définit les notions de crimes de guerre, crimes contre la paix et de crimes contre l'humanité.[30]

Le principe de la non-rétroactivité de la loi pénale a été ébranlé par l'application du statut du Tribunal de Nuremberg à des faits antérieurs au 8 août 1945.[31]

Tel que nous l'avons dit ci-haut, le Tribunal de Nuremberg a tout à la fois reconnu qu'il y avait bien rétroactivité et justifié celle-ci. Au sujet des crimes de guerre, il a considéré que le statut est déclaratif d'un droit préexistant, et non créateur d'un droit nouveau, car « dès avant le statut les crimes de guerre étaient prévus par les articles 46, 50 et 56 de la Convention de La Haye de 1907… »[32]

À propos des crimes contre la paix, le tribunal a déclaré qu'« il faut rappeler que la maxime *Nullum crimen sine lege* ne limite pas la souveraineté des États ; elle ne formule qu'une règle généralement suivie ; or, il est faux de présenter comme injuste le châtiment infligé à ceux qui, au mépris d'engagements et de traités solennels, ont sans avertissement préalable assailli un État voisin.

En pareille occurrence, l'agresseur connaît le caractère odieux de son action…, les accusés connaissaient les traités signés par l'Allemagne qui proscrivaient le recours à la guerre pour régler les différends ; ils savaient que la guerre d'agression était mise hors la loi par la plupart des États du monde, y compris par l'Allemagne elle-même… C'est donc en pleine connaissance de cause qu'ils violaient le droit international. »[33]

Par ailleurs, si le tribunal a écarté la qualification de crimes contre l'humanité pour les brutalités et atrocités commises avant le 1er septembre 1939, ce n'est pas au motif que le principe de non-rétroactivité interdisait de prendre en compte les actes de cette nature, mais parce que ceux-ci n'étaient pas en rapport avec un complot ou un plan concerté en vue de déclencher ou de conduire une guerre d'agression.[34]

---

[29] Idem.

[30] « Procès des grands criminels de guerre devant le Tribunal militaire international » ; Nuremberg, 14 novembre 1945-1er octobre ; jugement ; Tome I, pp. 395 et 396 ; cité par Mayulu Mambiki, mémoire de licence, Université protestante, 2008-2009.

[31] André Huet et Renée Koering-Joulin, Op.cit, page 39.

[32] Ibidem.

[33] Ibidem.

[34] André Huet et Renée Koering-Joulin, Op.cit, page 39.

La doctrine par contre, quant à elle, est divisée :

- Glaser estimait que le principe de la non-rétroactivité n'avait nullement été méconnu, car le principe de la légalité des délits et des peines, dont il est le corollaire, n'est pas obligatoire en droit international : « Ce principe a été développé sur la base du droit écrit... Or, le droit international n'a pas été codifié » et, même dans les cas où il dresse une liste des crimes de guerre, sa « source se retrouve toujours dans la coutume... car le droit conventionnel... fixe seulement un état de choses antérieur, il précise, et peut-être complète, une coutume internationale préexistante. Donc, dans le droit international actuel, il n'y a pas de place pour le principe Nullum crimen ».[35]

- Donnedieu de Vabres qui avait été juge au Tribunal de Nuremberg s'est montré plus nuancé. L'exclusion du principe de la légalité des rapports internationaux lui apparaissait « d'emblée, comme inadmissible, car il y a, au fond de la règle Nullum crimen, une vérité générale et permanente ». Mais « il n'est pas vrai non plus de prétendre que cette règle a une valeur absolue » : son application ne doit pas être rigide et « il est normal que cette souplesse se rencontre à un degré plus haut dans l'évolution du droit pénal international étant donné que l'exigence d'incriminations précises et de sanctions nettement définies s'adapte mal aux aspects changeants de la vie et de la *délictuosité* internationales ».[36]

Aussi Donnedieu de Vabres pensait-il que l'application du statut du Tribunal de Nuremberg aux crimes contre la paix et aux crimes de guerre commis avant le 8 août 1945 n'a pas heurté le principe de la non-rétroactivité, car ces crimes étaient l'objet d'incriminations préexistantes au statut de 1945, puisqu'ils étaient déjà prohibés par le droit international.[37]

En revanche, Donnedieu de Vabres était plus réservé au sujet des crimes contre l'humanité, et spécialement de la réduction en esclavage, des persécutions pour des motifs politiques, raciaux ou religieux, car « ces termes ne retrouvent pas... des faits catalogués et réprimés dans les codes criminels des États » ; mais, estimait-il en définitif, « comme tous les faits que le tribunal a réprimés de ce chef (des crimes contre l'humanité) sont en même temps des crimes de guerre... la règle Nullum crimen sine lege est pratiquement inviolée ».[38]

- Enfin, pour une dernière fraction de la doctrine, au sein de laquelle se place André Huet et Renée Koering-Joulin, le principe de la non-rétroactivité du droit pénal a bel et bien été méconnu. Certes, le droit international antérieur au Statut de Nuremberg prohibait déjà les guerres d'agression et les crimes de guerre ; certes, de multiples déclarations faites par les alliés

[35] Idem, page 40.

[36] André Huet et Renée Koering-Joulin, Op.cit, page 40.

[37] Ibidem.

[38] Ibidem.

pendant la Seconde Guerre mondiale avaient dénoncé les atrocités allemandes et proclamé leur intention de traduire en justice les criminels de guerre. Mais ni le droit international ni ces déclarations n'avaient édicté la moindre sanction pénale. L'incrimination proprement dite ne date que du 8 août 1945 et la charte du Tribunal de Nuremberg d'où elle découle fut bien appliquée rétroactivement.[39]

### 2.3. Le Tribunal militaire de Tokyo

Le Tribunal de Tokyo créé le 19 janvier 1946 mit fin à ses travaux le 12 novembre 1946. Il avait pour mission de juger les grands criminels de guerre japonais de la Seconde Guerre mondiale conformément à l'ordonnance promulguée par le général américain Douglas Mc Arthur, qui était commandant des forces alliées en Extrême-Orient, et ce, au nom de la commission pour cette région.

Tout comme le Tribunal militaire international de Nuremberg, le Tribunal de Tokyo était destiné à juger les criminels de classe A, ceux qui occupaient les hautes sphères du pouvoir et qui avaient planifié et dirigé la guerre. Ce tribunal n'était pas au sens propre du terme un tribunal international, mais plutôt multinational. Il était composé de onze juges, un pour chaque pays victorieux (États-Unis, Union soviétique, Royaume-Uni, France, Pays-Bas, Chine, Australie, Nouvelle-Zélande, Canada, Inde et Philippine).

À cet égard, tout comme le Tribunal militaire international de Nuremberg, il est plus considéré comme un tribunal des vainqueurs contre les vaincus, que comme un tribunal équitable et indépendant. Les personnes visées par le tribunal étaient de trois catégories : les hauts responsables, les officiers militaires et des grades inférieurs.[40]

Au final, sur 80 suspects de crimes de classe A, 28 personnes furent poursuivies (19 militaires et 9 civils). Plusieurs personnels ne comparurent devant le tribunal, en raison de leurs appuis ou des informations qu'ils détenaient. Dans ce contexte, les condamnés font figure de boucs émissaires. Il y a eu aucun acquittement en procédure d'appel ; le commandement suprême a le 24 novembre 1948 confirmé les sentences.[41]

---

[39] André Huet et Renée Koering-Joulin, Op.cit, page 40.

[40] « International Military Tribunal For the Far East, T.I.A.S.N. », n° 1589, 4 Bevans 20 ; S. Glaser ; *Droit international pénal conventional* ; Volume 1 ; Bruyland ; Bruxelles ; 1970, page 225 ; R. Clark, p. 179 ; cité par Mayulu Mambiki, mémoire de licence, Université protestante, 2008-2009.

[41] Princhard (J.), *The Tokyo war crimes trials, the complete transcripts of the preceding of the international military of the Far East*, New York, 1981 ; cité par Mayulu Mambiki, mémoire de licence, Université protestante, 2008-2009.

Le procès de Tokyo n'a pas laissé la même empreinte peut-être en raison de l'éloignement, et aussi à cause des tensions très fortes qui marquaient le début de la décolonisation. Il y eut d'autres procès en Extrême-Orient, comme celui du général Yamashita à Manille. Ce dernier avait dû installer son quartier général à quelques dizaines de kilomètres de Manille. Le 3 février 1945, des marins japonais pénétrèrent dans la ville et se livrèrent à des atrocités. Lorsque Yamashita apprit cela, il donna l'ordre à l'amiral commandant la marine de se retirer immédiatement. Mais celui-ci était mort. À son procès, Yamashita plaida qu'il ne pouvait transmettre ses ordres à ses troupes puisque les voies de communication avaient été détruites par les Américains. Il fut néanmoins jugé de manière expéditive : le « César américain », le général MacArthur, choisit lui-même les juges (tous étaient sous ses ordres, et aucun n'était juriste) et arrêta la procédure à suivre par le tribunal.

Le général fut condamné puis exécuté.[42]

Mais si les Tribunaux militaires internationaux de Nuremberg et de Tokyo sont considérés comme une justice du vainqueur et contraires aux principes fondamentaux d'une justice internationale, il n'en demeure pas moins qu'ils sont les premiers actes posés en vue de l'instauration d'une justice pénale internationale. Certains de ces principes demeurent d'actualité jusqu'à ce jour, notamment :

a. La responsabilité pénale individuelle devant le droit international, quelles que soient les dispositions contraires du droit national ;

b. Le bénéfice de l'immunité d'un chef d'État ou d'un ministre doit céder devant les crimes dits internationaux dès lors que le jugement de ces crimes intervient au nom de la communauté internationale ;

c. L'obligation d'obéir aux ordres de la hiérarchie n'est pas une cause exonératoire des crimes de guerre, des crimes contre l'humanité et des crimes contre la paix.

Les mouvements créés à la suite des Tribunaux de Nuremberg et de Tokyo conduisirent l'Assemblée générale des Nations-Unies à amorcer en 1947 l'élaboration d'un code des crimes contre la paix et la sécurité de l'humanité.

---

[42] Antoine Garapon, Op.cit, page 26.

### 2.4. Le Tribunal pénal international pour l'ex-Yougoslavie

Cette juridiction a été établie en vertu de la résolution 827 du Conseil de Sécurité des Nations-Unies. Elle se situe à La Haye, aux Pays-Bas. C'est en réponse à la menace pour la paix et la sécurité internationales représentées par les violations graves du droit international humanitaire commises sur le territoire de l'ex-Yougoslavie que la résolution précitée fut adoptée le 25 mai 1993.

Au terme de la résolution l'instituant, les objectifs de ce tribunal étaient multiples. Ainsi, il avait pour objet de :

- traduire en justice les personnes présumées responsables de violations graves du droit international humanitaire ;
- rendre justice aux victimes ;
- prévenir la commission de nouvelles violations du droit international humanitaire ;
- imposer la vérité judiciaire afin d'empêcher le révisionnisme ;
- contribuer au rétablissement de la paix et favoriser la réconciliation dans l'ex-Yougoslavie.

Quant aux compétences dudit tribunal, elles étaient réparties de manière suivante :

- compétences *ratione temporis* : les crimes commis depuis 1991 ;
- compétences *ratione loci* : les crimes commis sur le territoire de l'ex-Yougoslavie ;
- compétences *ratione materiae* : quatre types de crimes, infractions graves aux Conventions de Genève de 1949, violation des lois et coutumes de guerre, crimes contre l'humanité et génocide ;
- compétences *ratione personnae* : ne juger que des personnes physiques.

Le tribunal exerçait sa compétence concomitamment avec les juridictions internes de l'ex-Yougoslavie. Toutefois, il avait la primauté sur celles-ci et pouvait, lorsque l'intérêt de la justice le demandait, dessaisir une juridiction interne dans une enquête ou une affaire donnée quelle que soit l'étape de sa procédure.

Antoine Garapon note que le crime commence avec une « politique officielle de discrimination à l'encontre d'un groupe déterminé de personnes ». Le TPIY, par exemple, relève certaines caractéristiques des actes perpétrés par le Parti nationaliste serbe en Bosnie et constate, entre autres, outre le viol systématique des femmes qui vise « dans certains cas, par la conception forcée, à la transmission à l'enfant d'une identité ethnique nouvelle », la destruction des édifices de culte, notamment des mosquées et des églises catholiques, recherchant « l'anéantissement de la présence séculaire du ou des groupes ». La destruction des bibliothèques s'attacherait à « l'annihilation d'une culture enrichie de la participation des diverses composantes nationales de la population »[43]

La jurisprudence du TPIY déclare que le crime contre l'humanité est constitué lorsqu'« il ressort de l'effet conjugué des discours ou projets préparant ou justifiant ces actes, de la massivité de leurs effets destructeurs ainsi que de leur nature spécifique, visant à miner ce qui est considéré comme les fondements du groupe ». Le sol, duquel est expulsée la victime, n'est pas seulement la terre natale mais « le soi, c'est-à-dire la reconnaissance mutuelle de leur individualité par les êtres vivants ensemble, ayant en commun d'être tous des "moi" reconnus comme tels »[44]

En ex-Yougoslavie, la purification ethnique a précédé la guerre, elle en a dévoilé le but. Au Kosovo, le nettoyage ethnique était bien l'objectif de l'offensive militaire lancée par l'armée fédérale, et non la conséquence des bombardements, comme on l'a soutenu à tort. La tragédie du Kosovo ne doit être analysée ni comme une guerre classique, ni, comme le prétendait le discours nationaliste serbe, comme le combat contre une guérilla irrédentiste, mais comme un crime d'État : la ségrégation de plus en plus violente d'une partie de la population, en commençant par ses élites (les professionnels, c'est-à-dire les médecins, les avocats et les ingénieurs), la *terrorisation* et la déportation des autres. En cessant de protéger ses ressortissants, l'État rompt aussi le fondement de l'association politique qui est à chercher, pour Hobbes, dans la quête de la sécurité. Cette mort ne vient plus de la guerre civile, pas même de la guerre tout court, mais du massacre d'innocents par les moyens les plus sophistiqués de l'État moderne.[45]

Relevons quelques jugements du TPIY :

### *2.4.1. Tihomir Blaskic, commandant régional du Conseil de défense croate*

Il a été reconnu coupable de crimes contre l'humanité et de crimes de guerre pour avoir, en mai 1992 et janvier 1994, « planifié et mis en œuvre une campagne systématique de bombardements, d'attaques et de destructions de villages et de hameaux dans la vallée de la rivière Lasva en Bosnie centrale », au terme de laquelle « la quasi-totalité de la population civile musulmane a été détruite ou déplacée ».[46]

158 témoins ont été entendus, permettant notamment de revenir en détail sur la destruction en avril 1993 du village d'Ahmici, ville-symbole de la culture musulmane, qui servit à la fois de signal d'expulsion pour les Bosniaques musulmans de la région et de modèle pour toutes les autres attaques de villages. En reconnaissant le général Blaskic également coupable

---

[43] Antoine Garapon, Op.cit, page 138.
[44] Idem, page 39.
[45] Idem, page 140.
[46] Antoine Garapon, Op.cit, page 140.

de violations des lois ou coutumes de la guerre et d'infractions aux Conventions de Genève, les juges admettent l'existence d'un conflit international impliquant la Croatie en Bosnie-Herzégovine dans le but de créer « un État croate commun ». Il a été condamné en première instance à 45 ans d'emprisonnement, une des peines les plus lourdes prononcées par le tribunal.[47]

*2.4.2. L'affaire du camp de détention de Celebic en Bosnie-Herzégovine*

Zdravko Mucic, commandant du camp ; Hazim Delic, commandant adjoint ; Esad Landzo, gardien.

Les trois accusés, deux musulmans et un Croate, ont été reconnus coupables pour leurs agissements dans le camp d'emprisonnement des Serbes bosniaques de la municipalité de Konjic. Mucic, le commandant du camp, a été condamné à 9 ans d'emprisonnement non pour avoir participé lui-même aux tortures et crimes, mais pour avoir « omis d'exercer son autorité de supérieur hiérarchique au bénéfice des prisonniers ». Son adjoint, Hazim Delic, a été condamné à 20 ans de réclusion pour sévices sur plusieurs détenus. Une cruauté comparable valut au gardien Landzo une peine de 15 ans, les juges n'ayant pas retenu l'altération des facultés mentales soutenue par la défense. Ils acquittèrent en revanche dans la même affaire Zejnil Delalic, chef d'une formation militaire de cette zone, en estimant que sa responsabilité n'était engagée ni directement ni hiérarchiquement.[48]

*2.4.3. Goran Jelisic, chef d'une équipe de gardiens du camp de détention de Luka en Bosnie-Herzégovine*

Ce responsable Bosno-serbe, surnommé « Adolph », fut reconnu coupable de crimes contre l'humanité et de violations des lois et coutumes de guerre, et condamné à 40 ans de prison. Plaidant initialement « non coupable », il avoua quand même avoir torturé et exécuté au moins 13 Bosniaques musulmans et croates. Si les juges reconnurent que les meurtres perpétrés par Jelisic visaient spécifiquement la population musulmane et que les crimes commis étaient constitutifs du génocide, ils ne retinrent pas ce chef d'accusation au motif que la preuve de « l'élément moral qui confère au génocide sa spécificité », à savoir le projet de destruction du groupe musulman à Broko, n'avait pas été rapportée par l'accusation.[49]

*2.4.4. Radislav Krstic, général de l'armée yougoslave*

[47] Idem, pp. 140-141.

[48] Antoine Garapon, Op.cit, page 141.

[49] Ibidem.

Le chef d'accusation de génocide sera par contre retenu à l'encontre de ce bras droit du commandant militaire des Serbes de Bosnie, Radko Mladic, pour son rôle dans la chute, en juillet 1995, de l'enclave internationalement protégée de Srebrenica et dans l'assassinat de huit mille Bosniaques musulmans. La défense chercha à minimiser sa responsabilité en plaidant la reprise en main totale des opérations par le général Mladic. Cinq survivants musulmans, le commandant adjoint du bataillon hollandais de la FORPRONU et Drazen Erdemovic, soldat de l'armée serbe qui servit lors de la prise de l'enclave et qui, le premier au TPIY, avait plaidé coupable pour crimes contre l'humanité, vinrent témoigner à sa charge. Il fut ainsi convaincu d'avoir voulu exterminer la population masculine de Srebrenica : « Ce qui était de la purification ethnique est devenu génocide ». Les juges ne condamnèrent pas Krstic à la perpétuité, comme le demandait l'accusation, mais à 46 ans de réclusion.[50]

*2.4.5. Les camps d'Omarska, Keraterm, Trnopolje et la région de Prijedor*

Ces cinq accusés furent condamnés à des peines de 5 à 25 ans d'emprisonnement pour leur participation à ce que la chambre qualifia d'« orgie *persécutoire* infernale » dans des camps de la mort qui furent « le résultat d'une politique délibérée visant à imposer un système de discrimination aux populations non serbes de Prijedor ». Les images qu'avait rapportées une équipe de journalistes britanniques de ces camps avaient révélé l'ampleur de la tragédie en cours. « Ce sont ces images... qui sont peut-être l'une des origines de la création de ce tribunal », dira le juge Rodrigues.[51]

*2.4.6. Affaire pendante : Slobodan Milosevic (ancien chef d'État)*

Affaire IT-02-54 : le procureur contre Slobodan Milosevic.

Le mercredi 3 juillet 2001, le juge britannique Richard May, qui préside la chambre constituée de trois juges, ouvre l'audience. Slobodan Milosevic vient de prendre place sur le banc des accusés... Milosevic n'a pas été invité pour présider la tribune, comme il en avait l'habitude, mais pour répondre de ses actes. Pour la première fois de l'histoire, un ancien chef d'État est jugé devant une juridiction internationale pour sa politique criminelle. Pour les liens qui unissent le palais aux champs de la mort.[52]

Des centaines de télévisions sont venues saisir l'instant historique. Elles ne découvrent pas un homme défait, rattrapé par son passé le plus sombre. L'homme n'affiche pas la moindre marque de déférence. Il arbore

[50] Antoine Garapon, Op.cit, page 142.
[51] Ibidem.
[52] Florence Hartmann, Op.cit, page 73.

une cravate aux couleurs de la Serbie et conserve sa fière allure de chef d'État, hautain et arrogant.[53]

Le jeudi 1er juillet 2004, Saddam Hussein adopte la même attitude lors de sa première comparution devant le Tribunal spécial irakien. Les dictateurs ne semblent pas craindre la confrontation avec la justice. Ils la récusent, brandissent le déni comme seule vérité.[54]

Le juge Richard May se tourne vers l'accusé : « Monsieur Milosevic, je vois que vous n'avez pas d'avocat-conseil aujourd'hui. C'est votre choix. Vous avez le droit de vous défendre vous-même, mais réfléchissez-y : est-ce vraiment dans votre intérêt ? La procédure sera longue et complexe… Vous pouvez peut-être reconsidérer votre position. Souhaitez-vous davantage de temps pour vous décider ? »[55]

Milosevic répond directement en anglais : « Je considère que ce tribunal est un faux tribunal, que cet acte d'accusation est un faux acte d'accusation. Ce tribunal est illégal, il n'a pas été établi par l'Assemblée générale des Nations-Unies. Je n'ai aucunement besoin par conséquent de désigner un avocat devant cette instance illégale. »[56]

À son arrivée à La Haye, Slobodan Milosevic n'est inculpé que pour ses crimes au Kosovo. Le parquet a été pris de court. Depuis la chute de Milosevic en octobre 2000, Carla Del Ponte a mis une équipe à temps complet sur le dossier avec pour mission de boucler l'enquête sur la Croatie et la Bosnie avant l'été 2001. Mais, à fin mars, lorsque le Président déchu est arrivé à Belgrade, l'équipe est encore loin du but.[57]

Comment expliquer que le parquet du TPI, la première juridiction internationale depuis Nuremberg et Tokyo, une juridiction qui a cherché sans cesse à s'émanciper de ses fondateurs, ait négligé jusqu'en 2001 de s'intéresser à la responsabilité pénale de Milosevic dans l'éclatement et le déroulement du conflit bosniaque et croate ? Les défaillances ne suffisent pas à l'expliquer, pas plus qu'elles n'expliquent le refus existant de certains membres du parquet de rechercher la vérité et d'envisager toutes les responsabilités lorsqu'il s'agit du carnage de Srebrenica ou du siège de 1350 jours de la capitale bosniaque, les deux volets les plus symboliques de la guerre en Bosnie.[58]

La logique voulait qu'après la mise en accusation, en 1995, de Radovan Karadzic et Ratko Mladic, ses affidés en Bosnie-Herzégovine, Milosevic soit la cible prioritaire du bureau du procureur.[59]

---

53 Ibidem.
54 Idem, page 74.
55 Ibidem.
56 Ibidem.
57 Florence Hartmann, Op.cit, page 74.
58 Idem, page 88.
59 Idem, page 89.

Le président du tribunal, l'Italien Antonio Cassesse, le vice-président, le Français Claude Jorda, et d'autres juges l'ont alors eux-mêmes fait remarquer à de nombreuses reprises au procureur. Depuis leur 5e assemblée plénière, mi-janvier 1995, les juges s'inquiètent ouvertement de l'inconsistance du programme des mises en accusation du parquet qui, à leurs yeux, ne répond « ni adéquatement, ni efficacement » à la mission du TPI, et soulignent l'urgence de remonter les chaînes de commandement afin d'éviter l'enlisement de la juridiction.[60]

Or, au vu des preuves qu'ils reçoivent lors de la confirmation des inculpations, ils ont constaté une conjonction d'éléments qui « laisse supposer que les responsabilités dans les crimes commis en Bosnie-Herzégovine pourraient être recherchées au sein des hautes autorités en Serbie ». Ils attendent donc voir le procureur Goldstone et son adjoint Blewitt enquêter sur l'éventuelle responsabilité de Milosevic.

Ce sabotage interne, conjugué à la rétention d'information des puissances occidentales, a fait perdre un temps considérable au parquet. Américains, Britanniques ou Français n'ont pas livré des informations en leur possession qui auraient permis, d'emblée, d'écarter tout doute. Ils s'y refuseront jusqu'au bout. Ce n'est pas Milosevic que les grandes puissances tentaient ainsi d'épargner. Elles cherchaient à se protéger elles-mêmes contre une vérité que le TPI, même s'il ne la recherchait pas, allait finir par faire resurgir en reconstituant l'action criminelle de Milosevic tout au long du conflit.[61]

Dès la première heure, elles ont su que Milosevic était l'incendiaire des Balkans. Elles n'en ont pas moins fait de lui un interlocuteur privilégié, sachant qu'elles allaient ainsi souffler sur la braise au lieu d'éteindre le feu.[62]

Les services de renseignements occidentaux ont épié les faits et gestes de l'armée serbe de Bosnie, et notamment ses communications avec Belgrade. Ces informations prouvent, au-delà de toute espérance, l'implication de Milosevic. Depuis 2002, Carla Del Ponte demande à Washington de lui fournir les écoutes effectuées pendant le printemps et l'été 1995. Devant les réticences de Geoffrey Nice, elle a demandé à son chef d'enquêtes de préparer cette requête. Mais le gouvernement américain l'a ignorée comme toutes les suivantes. Résultat : des années après les faits, Srebrenica est toujours perçue comme un « cas à part », un « acte de folie », conformément à la version défendue par toutes les chancelleries depuis 1995. Une thèse idéale pour les grandes puissances puisque, aussi brutal qu'imprévisible, un acte de folie est impossible à prévenir.[63]

---

60 Ibidem.

61 Florence Hartmann, Op.cit, page 106.

62 Ibidem.

63 Ibidem.

En ce qui concerne l'accusation de génocide, c'est la procureure Louise Arbour qui déposa le premier acte d'accusation (d'une série de trois) contre Slobodan Milosevic devant un juge de la chambre de première instance. Le 29 octobre 2001, ce dernier confirma l'acte d'accusation « Kosovo ». La procureure y stipule qu'entre le 1er janvier et le 20 juin 1999, les forces militaires de la République yougoslave et les forces de police de Serbie auraient mené une campagne de terreur et de violence contre les civils albanais de Kosovo. Sous la direction de Milosevic et bénéficiant de son soutien et de son encouragement, ces forces armées auraient eu pour objectif d'expulser du territoire de cette province une part importante d'Albanais afin de maintenir le Kosovo sous contrôle serbe. Cette opération minutieusement planifiée et coordonnée aurait entraîné l'expulsion de 800 000 civils albanais qu'on aurait tués, pillés, bombardés, privés de leurs papiers et massacrés, tous ces crimes justifiant l'intervention de l'OTAN en mars 1999. À ce titre, Milosevic est incriminé par un chef d'accusation pour violation des lois ou coutumes de la guerre (assassinat/meurtre) et par 4 chefs d'accusation de crimes contre l'humanité.

Le second acte d'accusation intitulé « Croatie » a été rédigé par la procureure Carla del Ponte, successeuse de Mme Arbour, et a été confirmé le 28 juillet 2004. Selon cette dernière, Milosevic aurait participé à une entreprise criminelle commune par le contrôle ou l'influence qu'il exerçait sur les forces armées serbes en Croatie. Entre le 1er août 1991 et juin 1992, ces troupes auraient contraint la quasi-totalité des populations non serbes à quitter le tiers du territoire croate par l'emploi de mesures tels l'expulsion, le meurtre, l'extermination, le transfert forcé, la destruction et le pillage. Les chefs d'accusation retenus contre Milosevic comportent 9 infractions graves aux Conventions de Genève de 1949 (2), 13 violations des lois ou coutumes de la guerre et 10 crimes contre l'humanité.

Le 21 avril 2004 est confirmé le dernier acte d'accusation, soit celui portant sur les événements s'étant produits en Bosnie-Herzégovine. La procureure Carla del Ponte y parle encore de l'entreprise criminelle commune menée par le contrôle effectif de Milosevic sur les forces armées pour la planification, l'élaboration, la préparation et l'exécution de plans destinés à chasser la population non serbe des vastes portions du territoire bosniaque. De plus, Milosevic aurait manipulé les médias publics pour répandre des informations erronées ou exagérées destinées à créer un climat de haine contre les populations non serbes des territoires en guerre. Cette propagande aurait contribué à l'entreprise de nettoyage ethnique en vue de créer un grand État strictement serbe. La procureure retient ainsi 2 chefs d'accusation pour génocide et complicité de génocide, 10 pour crimes contre l'humanité (5), 8 pour infractions aux Conventions de Genève (6) et 9 pour violations des lois ou coutumes de la guerre.

Ces trois actes d'accusation correspondant à trois aires géographiques distinctes devaient initialement être traités séparément. Toutefois, le 1er février 2002, la chambre d'appel a ordonné qu'ils soient jugés ensemble dans le cadre d'un procès unique, compte tenu que les actes reprochés à Milosevic faisaient tous partie de la même entreprise criminelle, soit le désir de créer une « Grande Serbie».

Le 27 mai 1999, suite au dépôt de l'acte d'accusation « Kosovo », un mandat d'arrêt a été émis contre Slobodan Milosevic. Une copie de ce mandat a été transmise au ministère de la Justice fédérale yougoslave. Ce n'est que le 1er avril 2001 que Milosevic a été arrêté par les autorités serbes pour des charges d'abus de pouvoir et de corruption. L'accusé a été transféré aux autorités de La Haye le 29 juin 2001, en vertu de la coopération obligatoire des États avec le TPIY. Depuis, Milosevic est détenu à la prison de Scheveningen de La Haye, sous observation constante et avec accès limité à sa famille, à ses avocats et aux journalistes.

Le procès a officiellement débuté le 12 février 2002, après la prononciation des plaidoyers de non-culpabilité pour les trois actes d'accusation. Le 26 septembre 2002, la procureure a débuté la présentation de ses éléments de preuve contre Slobodan Milosevic. Alors que Carla del Ponte avait estimé la durée du procès à moins de 2 ans, l'accusation a terminé ses travaux le 25 février 2004, rendant impossible sa résolution dans les délais prévus. Plusieurs éléments peuvent expliquer ce retard : Milosevic ne reconnaît pas la compétence du TPIY qu'il considère être la marionnette de l'OTAN, il a décidé d'assurer lui-même sa défense et souffre d'hypertension sévère et de problèmes cardiaques. Sous la recommandation des médecins, le tribunal a suspendu 13 fois le procès (66 jours de perte d'audience), a allégé le calendrier des audiences et a accordé des périodes de repos régulières à l'accusé.

Dans ces circonstances, il est compréhensible que la cour ait voulu aider Slobodan Milosevic à préparer sa défense. C'est pourquoi, entre le 30 août et le 23 novembre 2001, la chambre de première instance a délivré des ordonnances invitant le greffier à nommer un conseil pour porter assistance à l'accusé dans le cadre des trois affaires dirigées contre lui. Ces *Amici curiae* ne peuvent pas représenter l'accusé : ils aident plutôt la chambre en exposant les arguments de l'accusé, en exposant les arguments ou objections relatifs aux moyens de preuve, en attirant l'attention de la chambre sur les éléments de preuve de nature à disculper en tout ou en partie l'accusé et en entreprenant toute action que le conseil désigné estime judicieuse en vue d'assurer un procès équitable. Toutefois, Milosevic a toujours refusé d'avoir des consultations avec ses Amici curiae estimant qu'il était en mesure d'assurer lui-même une bonne défense.

Le 2 septembre 2004, tout de suite après le discours d'ouverture de la défense, les juges de la chambre de première instance ont décidé de commettre d'office deux conseils à la défense de Slobodan Milosevic, étant donné son état de santé très précaire. Estimant être brimé dans son droit fondamental d'assurer lui-même sa défense, Milosevic a contesté en chambre d'appel ces conseils à la défense. Cette dernière a confirmé le droit de la chambre de première instance à attribuer d'office un conseil à l'accusé pour assurer un procès juste et plus rapide. Toutefois, elle renvoie la question des règles à suivre devant ladite chambre afin qu'elle permette à Milosevic d'assurer lui-même sa défense par défaut, ne recourant aux conseils qu'aux seuls moments où l'accusé ne peut plus le faire en raison d'une détérioration de son état de santé.

Le 31 août 2004, Slobodan Milosevic a débuté la présentation des éléments de preuve de sa défense.[64]

### 2.5. Le Tribunal pénal international pour le Rwanda

Suite au génocide rwandais, la communauté internationale, à travers le Conseil de Sécurité des Nations-Unies s'était décidée à établir une juridiction chargée « de juger les personnes présumées responsables d'actes de génocide et d'autres violations du droit international humanitaire commises sur le territoire rwandais et les citoyens présumés responsables de tels actes ou violations du droit international commis sur le territoire d'États voisins entre le 1er janvier et le 31 décembre 1994. »

Le bureau du procureur et les chambres se trouvent à Arusha, tandis que la chambre d'appel siège à La Haye (Pays-Bas). Les premiers actes d'acquisition ont été émis en novembre 1995, après l'élection des premiers juges.

Ce tribunal avait pour suivantes compétences :

- Compétences ***ratione temporis*** : les crimes commis entre le 1er janvier et le 31 décembre 1994 ;
- Compétences ***ratione personnae et ratione loci*** : les crimes commis par des Rwandais sur le territoire du Rwanda et sur le territoire d'États voisins ainsi que les citoyens non rwandais pour les crimes commis au Rwanda ;
- Compétences ***ratione materiae*** : le génocide, les crimes contre l'humanité, les violations de l'article 3 commun aux Conventions de Genève de 1949, et du Protocole additionnel II de 1977 sont poursuivis (protection des civils en temps de guerre et violation des lois ou coutumes de la guerre).

Les Tribunaux pénaux internationaux pour l'ex-Yougoslavie et pour le Rwanda ont joué un rôle important dans le renforcement et la mise sur pied des règles du droit international humanitaire et de ses principes tels que :

- la comparution personnelle, quel que soit le rang politique, économique et social de la personne ;
- la responsabilité des chefs militaires et autres supérieurs hiérarchiques.

---

[64] Site internet : www.google.fr

Toutefois, ces juridictions révèlent aussi quelques faiblesses qu'il nous faudrait d'emblée relever, à savoir :

- ce sont des juridictions temporaires ;
- elles ont une compétence limitée et spéciale ;
- certaines n'ont pas été le fruit des conventions internationales.[65]

Il convient d'indiquer, dans le même ordre d'idées, que l'histoire des tribunaux pénaux internationaux a été jusqu'à très récemment marquée par la création des juridictions ad hoc, quant à l'issue de la Seconde Guerre mondiale pour les deux tribunaux pénaux militaires que pour les TPIY et les TPIR qui, du fait de leurs compétences ratione loci et ratione temporis, ne pouvaient être utiles à l'échelle planétaire en donnant autant que possible satisfaction à toute l'humanité, dans la répression des crimes contre l'humanité, pour défaut de permanence et d'une compétence ratione loci susceptible de couvrir le monde entier. Il en résulte le paradoxe qui a conduit à s'interroger sur l'efficacité et l'efficience de caractère provisoire des tribunaux pénaux ad hoc et la nécessité d'un organe permanent de la répression des crimes contre l'humanité et d'autres crimes du droit des gens au plan international. D'où, la communauté internationale a créé la Cour pénale internationale.[66]

D'après Antoine Garapon, au Rwanda, c'est la solution punitive intégrale qui a d'abord prévalu. La seule réponse au génocide qu'a pu apporter la communauté internationale a consisté à recopier purement et simplement les statuts du Tribunal pénal international pour l'ex-Yougoslavie (TPIY) pour instituer le Tribunal pénal international ad hoc pour le Rwanda (TPIR) en novembre 1994, sans se soucier de les adapter à la spécificité du contexte rwandais. Aucune étude préalable sur la différence des contextes, sur la spécificité de ce génocide, ni sur ses causes profondes, n'a été menée. Il fallait réagir en appliquant les canons juridiques occidentaux. Le gouvernement de Kigali adopta dans un premier temps une philosophie identique en incarcérant les personnes suspectées. Mais l'option du tout pénal n'a pas tardé à montrer ses limites. Jusqu'en 2004, le TPIR n'avait jugé qu'une poignée de personnes, et l'on dénombre 135 000 personnes dans les prisons rwandaises alors que l'appareil judiciaire ne peut en juger plus que quelques milliers par an. À ce rythme-là, il faudra plus d'un siècle pour les juger tous. Sans compter que le maintien d'un aussi grand nombre de prisonniers dans des conditions désastreuses, non seulement ne favorise pas la réconciliation, mais les dispense de se confronter à la souffrance qu'ils ont infligée, d'entendre les propres mots de leurs victimes, ce qui avive le sentiment d'injustice de celles-ci et donc l'appétit de vengeance.[67]

---

[65] Mayulu Mambiki, mémoire de licence. Faculté de droit, Université protestante au Congo, 2008-2009, page 15.
[66] Idem, page 16.
[67] Antoine Garapon, Op.cit, page 292.

En ce qui nous concerne, tout en condamnant le génocide, nous pensons que le gouvernement de Kigali a plus fait la diabolisation du peuple hutu et vendu le génocide rwandais comme une arme explicative à tout ce qui pourrait arriver à un Hutu où qu'il se trouverait. Il serait vrai que le génocide rwandais aurait occasionné plus ou moins un million de morts d'après Kigali, mais la guerre en RD Congo dont le Rwanda fait partie des agresseurs qui ont occasionné plus ou moins cinq millions de morts n'a pas connu autant d'engouement médiatique que celui-ci.

Faudrait-il, en dehors des crimes de guerre, des crimes contre l'humanité et des crimes de génocide dont un peuple serait victime, mobiliser l'arsenal médiatique mondial pour non seulement attirer l'attention du monde sur ce qui se passe chez-soi, mais aussi et surtout pour justifier toute vengeance qu'on aura à appliquer aux personnes suspectées ?

Ce qu'il faut souligner, c'est que plusieurs observateurs se sont plaints des ingérences du gouvernement rwandais qui n'aurait pas laissé totalement libres les organes de ce tribunal dans l'exécution de leur devoir.[68]

Quelques signaux donnent à penser que celles-ci ne sont pas étrangères à certaines imperfections perceptibles dans l'accomplissement par le procureur de ses fonctions d'instruction et de poursuite.[69]

Voyons les cas des interférences négatives du pouvoir de Kigali (1) et celui de la justice dite « gacaca » (2).

### *2.5.1. Interférences négatives du pouvoir de Kigali*

Les relations entre le TPIR et le gouvernement rwandais ont souvent été tendues. Le TPIR a eu à faire face, à plusieurs reprises, à des reproches contradictoires. « Un jour accusé de représenter une justice des vainqueurs, autrement dit d'être l'instrument des Tutsis rwandais, il est soupçonné le lendemain par ces derniers de dévier de son devoir de justice à l'égard des victimes du génocide… »[70]

Sans vouloir prendre la défense de quiconque, nous relevons, simplement en guise d'illustration, que ces relations tumultueuses ont été invoquées comme base du non-renouvellement du mandat de madame Carla del Ponte en qualité de procureur du TPIR.[71]

À ce sujet, Hervé Mbouguen a écrit : « Carla del Ponte va, contre sa volonté, devoir céder son poste de procureur du TPIR. Le mandat du magistrat suisse à la tête de l'institution chargée de juger les responsables de l'extermination de plus d'un demi-million de personnes en 1994 ne sera pas renouvelé. C'est en tout cas le souhait de Koffi Annan. Le Secrétaire général

---

[68] Jean-Pierre Fofe Djofia Malewa, Op.cit, page 159.
[69] Ibidem.
[70] Jean-Pierre Fofe Djofia Malewa, Op.cit, page 160.
[71] Ibidem.

de l'ONU a justifié sa recommandation au nom du rendement et de l'efficacité dans une lettre aux 15 membres du Conseil de Sécurité. »[72]

Koffi Annan n'a pas, en revanche, évoqué les démêlés récurrents entre Carla del Ponte et le gouvernement de Paul Kagamé qui ont pu pourtant influer sur sa décision. Régulièrement mis en cause par les autorités de Kigali, le juge était au centre d'une campagne de dénigrement qui montait en puissance à mesure que se rapprochait l'échéance du 15 septembre, date de remise en jeu de la direction du TPIR et du TPIY. Le régime de Kigali reprochait à Carla del Ponte de ne pas assez s'impliquer dans sa mission africaine. A en croire le Rwanda, le manque de pugnacité du TPIR assurait l'impunité aux planificateurs du génocide.[73]

De son côté, Carla del Ponte accusait ses détracteurs de vouloir se soustraire à des enquêtes sur des crimes contre l'humanité commis en marge des grands massacres lors de leur conquête du pouvoir.[74]

« L'objectif des autorités rwandaises est d'empêcher le procureur d'enquêter sur d'éventuels crimes commis par les membres de l'APR », avait prévenu Florence Hartmann, la porte-parole de Carla del Ponte.[75]

Marquées par de multiples incompréhensions, les relations entre le tribunal installé à Arusha, en Tanzanie, et le gouvernement rwandais s'étaient singulièrement tendues au printemps 2000 lorsque le procureur a ouvert une enquête sur les agissements de l'armée des vainqueurs à majorité tutsie.[76]

Ces relations s'étaient encore dégradées en novembre dernier lorsque le procureur avait reçu à La Haye une délégation d'opposants au Président Kagamé non impliqués dans le génocide.[77]

Le bras de fer entre Carla del Ponte et le gouvernement rwandais a finalement penché en faveur du Rwanda grâce au soutien des États-Unis et de la Grande-Bretagne, les alliés traditionnels de Kigali.

Ce type d'immixtion ne permet pas à la justice d'être efficace et d'atteindre tous les auteurs des crimes décriés. Celle-ci apparaît alors aux yeux de l'opinion comme une justice des vainqueurs. Ce qui ne peut manquer de la décrédibiliser. C'est à ce genre d'ingérence qu'est attribuée, en grande partie, la non-élucidation des événements clés qui se sont produits au Rwanda et qui continuent à faire couler beaucoup d'encre, en l'occurrence l'attentat contre l'avion du Président Juvénal Habyarimana le 6 avril 1994, considéré pourtant par certains comme le fait déclencheur du génocide ou comme l'étincelle ayant mis le feu au poudre, mais

---

[72] Ibidem.
[73] Ibidem.
[74] Jean-Pierre Fofe Djofia Malewa, Op.cit, page 160.
[75] Ibidem.
[76] Ibidem.
[77] Ibidem.

curieusement non élucidé jusqu'à ce jour, alors qu'il rentre dans le champ de compétence matérielle, territoriale et temporelle du TPIR.[78]

Colette Braeckman rapporte que : « Dans une série d'articles parus à la mi-mars 2004, le quotidien *Le Monde* a rendu public les événements de l'enquête conduite par le juge français Jean-Louis Bruguière au sujet de l'attentat qui, le 6 avril 1994, coûta la vie au Président rwandais, le Hutu Juvénal Habyarimana, ainsi qu'à son homologue burundais Cyprien Ntaryamira. D'après ces fuites, le dossier d'instruction a fait la lumière sur ce qui s'est passé ce jour-là : l'avion transportant les deux dirigeants aurait été abattu par des militants du Front patriotique rwandais, le mouvement politico-militaire majoritairement tutsi de Paul Kagamé, l'actuel Président du Rwanda… »[79]

Il est vrai qu'en l'absence de toute enquête qui instruirait à charge et à décharge et serait conduite par une instance réellement neutre aucune conclusion définitive ne peut encore être tirée sur les circonstances de cet événement majeur…[80]

Il n'en reste pas moins que l'une des assertions du juge Bruguière vient d'être à la surprise générale confirmée par les Nations-Unies : après avoir d'abord nié les faits, le porte-parole du Secrétaire général Koffi Annan, lequel était, en 1994, chargé des opérations de maintien de la paix aux Nations-Unies, a reconnu que, depuis dix ans, une boîte noire censée être celle de l'avion abattu se trouvait… au siège de l'ONU à New York, dans un placard fermé à clé, sans qu'aucune investigation n'ait été menée à son sujet, que ce soit pour l'authentifier ou pour en extraire d'éventuelles informations ![81]

Rappelons que, dans les minutes qui suivirent le crash de l'avion présidentiel, des barrages furent mis en place à Kigali et que, dans la nuit même, des groupes de tueurs se chargèrent d'exécuter toutes les personnalités politiques aussi bien hutues que tutsies qui auraient été susceptibles de prendre la relève du Président assassiné.[82]

Vers la fin de l'année 2004, a régné au sein du TPIR une vive tension due à la pression exercée par le gouvernement de Kigali pour obtenir le transfert au Rwanda de certaines personnes poursuivies ou condamnées pour génocide (celui de 1994). Il y a à craindre que la justice ne soit plus rendue à l'égard de ces personnes, une fois remises entre les mains des vainqueurs et que les membres du FPR soupçonnés d'avoir trempé dans ce génocide n'échappent définitivement à la répression.

---

[78] Jean-Pierre Fofe Djofia Malewa, Op.cit, page 162.

[79] Colette Braeckman, cité par Jean-Pierre Fofe Djofia Malewa, Op.cit, page 162.

[80] Ibidem.

[81] Jean-Pierre Fofe Djofia Malewa, Op.cit, page 162.

[82] Idem, pp. 162-163.

Face au danger les guettant d'être remis entre les mains du vainqueur qui accentuait sa pression sur le tribunal, les détenus du TPIR ont déclenché le lundi 20 septembre 2004 une grève qui a handicapé considérablement le cours normal du procès.[83]

Il est à souhaiter que pareilles interférences n'influent pas sur le travail de la CPI. Pour les vouer à l'échec, les animateurs de celle-ci doivent faire preuve de beaucoup de courage d'indépendance, de neutralité et de rigueur dans l'exécution de leurs missions. C'est de leur équation personnelle que dépendront l'efficacité et la crédibilité de cette institution judiciaire sur laquelle comptent tous les hommes et femmes épris de paix et de justice.

Qu'en est-il de la justice Gacaca ?

*2.5.2. La justice Gacaca*

Au Rwanda, c'est la solution punitive intégrale qui a d'abord prévalu. La seule réponse au génocide qu'a pu apporter la communauté internationale a consisté à recopier purement et simplement les statuts du Tribunal pénal international pour l'ex-Yougoslavie pour instituer le Tribunal pénal ad hoc pour le Rwanda en novembre 1994, sans se soucier de les adapter à la spécificité du contexte rwandais.[84]

Aucune étude préalable sur la différence des contextes, sur la spécificité de ce génocide, ni sur ses causes profondes, n'a été menée. Il fallait réagir en appliquant les canons juridiques occidentaux. Le gouvernement de Kigali adopta dans un premier temps une philosophie identique en incarcérant les personnes suspectées. Mais l'option du tout pénal n'a pas tardé à montrer ses limites.[85]

Huit ans après, le TPIR n'a jugé qu'une poignée de personnes, et l'on dénombre 135 000 détenues dans les prisons rwandaises alors que l'appareil judiciaire ne peut en juger plus que quelques milliers par an. A ce rythme-là, il faudra plus d'un siècle pour les juger tous.[86]

Aucune entreprise de justice ne peut faire l'économie d'une analyse de la spécificité du génocide rwandais. Il n'a pas été bureaucratisé et industrialisé comme l'Holocauste, mais a résulté d'une violence directe commise par des milliers d'auteurs, le plus souvent à l'arme blanche. Il serait beaucoup plus efficace de ramener les auteurs des crimes de génocide sur les lieux où les faits se sont déroulés. Le mouvement est alors à l'inverse de celui de la justice et, de centripète, devient centrifuge : il ne s'agit plus de

[83] Jean-Pierre Fofe Djofia Malewa, Op.cit, page 164.
[84] Antoine Garapon, Op.cit, page 291.
[85] Idem, pp. 291-292.
[86] Antoine Garapon, Op.cit, page 292.

centraliser tous les auteurs dans une salle d'audience mais de les renvoyer sur les lieux du crime.[87]

C'est une manière de briser la bonne conscience que se donnent un peu trop vite les détenus dans les prisons de Kigali qui, obnubilés par le traitement que leur inflige le pouvoir tutsi, refoulent ce qu'ils ont fait. Il est probable qu'ils n'auront pas la même réaction mis en présence des familles de leurs victimes. C'est la seule manière d'éroder le lien de complicité entre les auteurs et le déni généralisé.[88]

Maître Mark Drumbl, l'un des avocats de ces détenus, déclare : « Ces centaines de milliers de réintégration locale créeront des centaines de milliers d'occasions d'avoir des conversations, des discussions publiques et de débattre sur ce qui est arrivé. Des centaines de milliers d'histoires locales pourront être racontées, ce n'est donc pas nécessairement un grand récit national qui doit être écrit mais des milliers de récits décentralisés. Raconter ces histoires pourra déclencher chez celui qui les raconte l'intériorisation de ce qu'il a fait ainsi que la reconnaissance du mal qu'il a infligé ».[89]

D'où l'initiative prise par le gouvernement de réveiller une ancienne procédure coutumière, la *Gacaca* qui désigne littéralement la pelouse sur laquelle se tenaient ces juridictions, pour juger les infractions de moins de gravité liées au génocide. Écoutons les premières phrases du manuel destiné aux futurs membres de ces juridictions : « Faire émerger la vérité de ce qui s'est passé pendant le génocide et les massacres qui y sont liés…, reconnaître qui a été victime et quel est son dommage…, déterminer qui a participé et juger les personnes accusées…, ce sont les tâches des juridictions Gacaca… »[90]

Le grand principe des juridictions *Gacaca* est que tout fonctionne avec la population et par la population. Aucune décision n'est prise sans qu'il n'y ait d'abord une réunion avec la population. C'est la population qui compose les juridictions *Gacaca*. C'est la population qui donne les informations sur ce qui s'est passé et sur la responsabilité des accusés. C'est la population qui désigne les *Inyangamuyago* (juges traditionnels) qui prennent les décisions.[91]

La justice *Gacaca* qualifiée de « justice participative et réconciliatrice » a connu 254 152 juges, tous volontaires et bénévoles. Ils ont été élus par consensus en octobre 2001 dans les 9 189 cellules du pays. 43 000 personnes ont participé à l'organisation de cette opération, massivement soutenue par les associations des victimes. Chaque cellule s'est dotée de 19 « sages », désignés au sein des groupes de 10 ménages voisins sur la base de leur intégrité. Le taux de participation a été massif, plus de

---

[87] Ibidem.
[88] Idem, page 293.
[89] Maître Mark Drumbl, cité par Antoine Garapon, Op.cit, page 293.
[90] Antoine Garapon, Op.cit, page 293.
[91] Idem, pp. 293-294.

90% de la population adulte. Parmi les élus, toutes les catégories étaient représentées, aussi bien les femmes que les hommes, les classes moyennes que les classes populaires, les personnes de faible instruction que les diplômés.[92]

En juin 2002, 73 cellules pilotes ont commencé leurs travaux. Les premières réunions publiques ont permis d'établir la liste des victimes locales, celle des rescapés se portant « partie civile » et celle des accusés. Les procès furent menés au rythme d'une séance par mois avec un quorum minimal de 100 adultes. Trois à cinq ans d'activités étaient prévus pour traiter près de 100 000 dossiers classés en catégorie 2 (ceux de catégorie 1 relevant de la justice pénale classique). Les détenus qui ont demandé pardon à leurs victimes ont été les premiers à comparaître devant la justice *Gacaca*. En 2002, ils furent plus de 21 000 à plaider coupables. Ceux qui furent condamnés eurent la possibilité de convertir la moitié de leur peine en exécutant, trois jours par semaine, des travaux d'intérêt général.[93]

### 2.6. Le Tribunal spécial pour la Sierra-Leone

Le 14 août 2002, le Conseil de Sécurité des Nations-Unies avait voté la résolution 13-15 qui donnait un mandat au Secrétaire général de l'Organisation des Nations unies pour créer un tribunal des juridictions mixtes. Un accord signé en janvier 2002 entre l'ONU et le gouvernement sierra-léonais est ratifié par le Parlement de ce pays la même année. Le tribunal a officiellement été créé en juillet 2002. Les juges ont prêté serment le 2 décembre et les premiers actes d'acquisitions ont été confirmés en mars 2003.

Le Tribunal spécial pour la Sierra-Leone a été créé dans le but de juger les « principaux responsables des crimes contre l'humanité, crimes de guerre et certains crimes prévus par le droit sierra-léonais commis depuis le 30 novembre 1996 », date de la signature des accords qui devraient juguler la crise dans ce pays.

Contrairement à d'autres tribunaux cités précédemment, le Tribunal spécial pour la Sierra-Leone siège dans le pays où les crimes ont été commis, c'est-à-dire en Sierra-Leone et ce tribunal fait partie du système judiciaire sierra-léonais bien qu'il reçoive un important soutien international. Il est donc une juridiction hybride en ce sens qu'il associe le droit international et le droit national sierra-léonais.[94]

---

[92] La Fondation Hirondelle (Agence d'information, de documentation et de formation journalistique pour le Rwanda), citée par Antoine Garapon, Op.cit, page 295.

[93] Ibidem.

[94] www.wikipedia.org

Dans l'ordre chronologique, le Tribunal spécial pour la Sierra-Leone est le troisième des tribunaux pénaux internationaux ad hoc institués par l'Organisation des Nations unies sur la base, en thèse générale, d'une résolution pertinente du Conseil de Sécurité de cette organisation. [95]

Le Tribunal pénal international pour la Sierra-Leone, souligne Lansana Fofana, est certainement unique comparativement au Tribunal d'Arusha pour les suspects du génocide rwandais, par exemple. Le Tribunal pénal international pour la Sierra-Leone aurait, en première instance, trois juges, un Sierra-Léonais et les deux juges internationaux nommés par le Secrétaire général de l'ONU.[96]

Le procureur serait aussi un non-Sierra-Léonais tandis que parmi les cinq juges de la chambre d'appel, il y aurait trois juges internationaux nommés par le Secrétaire général de l'ONU. Le tribunal sera établi à Freetown, la capitale de la Sierra-Leone, où les crimes ont été commis.[97]

Avec le processus de paix ne tenant qu'à un fil, beaucoup de Sierra-Léonais doutent de l'opportunité du TPISL en se fondant sur le fait que les institutions de l'État sont encore fragiles et que ce tribunal pourrait simplement servir à susciter des conflits. « Comment, estime un fonctionnaire à Freetown, pouvons-nous parler de réconciliation nationale et en même temps poursuivre des gens en justice ? Je pense que nous devrions nous embrasser les uns les autres afin que le pays aille de l'avant. »[98]

Le point de vue d'une Organisation non gouvernementale dénommée Forum pour les Initiatives démocratiques, FORDI en sigle : « Notre position émane d'une question d'utilité. Nous ne croyons pas que le tribunal spécial sera la réponse à la culture de l'impunité en Sierra-Leone. Ce que nous voulons, c'est une justice reconstituante, c'est-à-dire utiliser les ressources destinées au tribunal pour aider les victimes à sortir des difficultés. »[99]

### 2.7. Le Tribunal spécial pour le Cambodge

Le gouvernement cambodgien avait sollicité de l'aide de l'Organisation des Nations unies au mois de juin 1997 afin de poursuivre les anciens dirigeants khmers rouges pour des crimes commis entre 1975-1979.

A l'idée d'instituer un troisième tribunal pénal international ad hoc, après les TPIY et TPIR par l'ONU, le gouvernement de Cambodge opposa une fin de non-recevoir, ce qui conduisit le parti à mettre en place un projet

[95] Lwamba Katansi, Op.cit, page 146.
[96] Fofana Lansana, « Sierra-Leone. L'ONU crée un tribunal pénal international », cité par Lwamba Katansi, Op.cit, page 146.
[97] Ibidem.
[98] Idem, page 147.
[99] Lwamba Katansi, Op.cit, page 147.

de mémorandum ayant trait à la coopération internationale avec les chambres extraordinaires au sein des tribunaux cambodgiens.

Ce sont donc ces chambres extraordinaires siégeant au sein des tribunaux cambodgiens (CETC), nom officiel du Tribunal spécial pour le Cambodge, qui jugent des responsables des crimes les plus graves commis sous le régime de Pol Pot (plus ou moins deux millions de morts).[100]

Un double constat paraît s'imposer d'emblée. En premier lieu, les discussions au sujet de la nécessité ou non d'un tribunal pénal international ad hoc pour tel ou tel pays en situation « poste conflit », en vue de punir les criminels de guerre, ne peuvent que laisser perplexe quant au choix objectif entre les juridictions internes et celles internationales.[101]

En second lieu, on observe au sein des Nations-Unies, depuis la mise en place de la CPI, une manière de mouvement de balancier que le caractère universel de la cour, c'est-à-dire, celui de sa compétence ne devrait pas permettre d'exister. Réunies les conditions de fond et de forme prévues par son statut, les présumés coupables de crimes internationaux, autrement dit de violations graves des droits de l'homme, devraient être d'office acheminés vers la CPI. Or, il n'en est rien.[102]

On constate, au contraire, deux groupes assez distincts d'États-membres des Nations-Unies. Il y a ceux qui soutiennent la poursuite de tels criminels devant la CPI. Mais il y a également ceux qui, persuadés que cette dernière en porte « in causa venenum », préfèrent à la grande rigueur un tribunal pénal ad hoc.[103]

En dernière instance, ces opinions et préférences diverses révèlent que ce qui est en cause c'est l'avenir même de ce type de juridictions. Quoi qu'il en soit, des pourparlers entamés depuis 1998 entre le gouvernement du Premier ministre Hun Sen et les Nations-Unies ont conduit, le 19 mai 2000, à un accord sur la création d'un tribunal spécial chargé de juger les anciens responsables khmers rouges.[104]

Cependant, le 8 février 2002, les Nations-Unies ont déclaré qu'elles se retiraient du processus de création du tribunal, le gouvernement de Phnom Penh n'offrant pas, à leurs yeux, les garanties suffisantes d'indépendance et d'objectivité.[105]

En 2005, les Nations-Unies ont, revenant sur leur décision de retrait, repris les négociations qui ont abouti à l'institution d'un tribunal qualifié

---

[100] www.trial.sp.fr-le, Cambodge, p. 1.
[101] Lwamba Katansi, Op.cit, page 148.
[102] Ibidem.
[103] Ibidem.
[104] Ibidem.
[105] Lwamba Katansi, Op.cit, pp. 148-149.

d'« internationalisé » par les uns et de « semi-international » par les autres, pour le Cambodge.[106]

### 2.8. Le Tribunal spécial pour le Liban

Le 13 décembre 2005, le gouvernement de la République libanaise a demandé à l'Organisation des Nations unies de créer un tribunal à caractère international chargé de juger les auteurs de l'attentat à la bombe qui, le 14 février 2005, a coûté la vie à M. Rafic Hariri, ancien Premier ministre, et à 22 autres personnes. Conformément aux dispositions de la résolution 1664 (2006) du Conseil de Sécurité, l'Organisation des Nations unies et la République libanaise ont négocié un accord visant la création du Tribunal spécial pour le Liban. Comme suite à la résolution 1757 (2007) du Conseil de Sécurité du 30 mai 2007, les dispositions du document figurant en annexe à celle-ci, y compris sa pièce jointe, relatives à la création et au statut du Tribunal spécial pour le Liban, sont entrées en vigueur le 10 juin 2007.

Le mandat du Tribunal spécial pour le Liban est de poursuivre les personnes responsables de l'attentat du 14 février 2005 qui a entraîné la mort de l'ancien Premier ministre libanais Rafic Hariri et d'autres personnes, et causé des blessures à d'autres personnes. La compétence du tribunal pourrait s'élargir au-delà de l'attentat du 14 février 2005 s'il estime que d'autres attentats terroristes survenus au Liban entre le 1er octobre 2004 et le 12 décembre 2005 ont, conformément aux principes de la justice pénale, un lien avec l'attentat du 14 février 2005 et sont de nature et de gravité similaires. Ce lien peut être, sans s'y limiter, une combinaison des éléments suivants : l'intention criminelle (le mobile), le but recherché, la qualité des personnes visées, le mode opératoire et les auteurs. Les crimes qui se sont produits après le 12 décembre 2005 peuvent relever de la compétence du tribunal en application des mêmes critères si le gouvernement de la République libanaise et l'Organisation des Nations unies en décident ainsi, avec l'assentiment du Conseil de Sécurité.[107]

Le survol ci-dessus a pu montrer que l'idée de mettre fin à l'impunité des crimes de guerre, des crimes de génocide, des crimes contre l'humanité plonge ses racines dans l'histoire de l'Europe moderne. En effet, la Révolution française et l'œuvre lancée par Henri Dunant sont des jalons pionniers, qui ont été renforcés par des tribunaux internationaux ad hoc et des juridictions internationales spécialisées.

Toutes ces étapes ont, malgré leurs imperfections, eu le mérite de préparer de manière irréversible l'avènement de la Cour pénale internationale que nous allons découvrir dans le deuxième chapitre de notre étude.

---

[106] Idem, page 149.
[107] www.un.org

# CHAPITRE II
# LE STATUT DE ROME ET L'AVÈNEMENT DE LA CPI

Le survol historique ci-dessus a montré l'enracinement historique de l'idée d'une justice internationale ayant pour mission de réprimer les crimes de guerre, le génocide et les crimes contre l'humanité. En dépit du progrès accompli sur cette voie, on ne peut manquer de constater le caractère temporaire et circonstanciel de ces juridictions, leur compétence restreinte, leur caractère militaire, et l'absence, pour certaines, d'une référence fonctionnelle aux conventions internationales.

Ce sont ces traits qui ont conduit à la nécessité de la mise en place de la Cour pénale internationale.

## 1. CARACTÉRISTIQUES GÉNÉRALES

En janvier 1997, l'Assemblée générale des Nations-Unies a retenu l'idée de la tenue d'une conférence diplomatique ayant pour but la création d'une Cour pénale internationale. Ce projet a abouti, le 17 juillet 1998, avec l'adoption dans la capitale italienne, du statut de cette cour. L'adoption du *Statut de Rome* avait comme résultat concret et immédiat la mise sur pied d'une institution indépendante dénommée *Cours pénale internationale.*

Sur 160 pays représentés, 120 ont voté pour, 7 contre, 21 se sont abstenus, tandis que 12 n'ont pas pris part au vote. Il n'est pas anodin de noter que la Chine, l'Inde, Israël, la Russie et les États-Unis figurent parmi les pays opposés à la signature du Statut de Rome, et qui refuseront plus tard de ratifier le texte fondateur de la Cour pénale internationale.

L'entrée en vigueur du Statut de Rome, conditionnée par la ratification préalable de soixante États, a toutefois eu lieu le 1$^{er}$ juillet 2002.

*Le Règlement de procédure et de preuve*, instrument d'application du Statut de la Cour pénale internationale, a été adopté par l'Assemblée des États-parties lors de sa première session tenue du 3 au 10 septembre 2002 à New York.[108]

La CPI est une institution permanente pouvant exercer sa compétence à l'égard des personnes pour les crimes les plus graves ayant une portée internationale au sens du Statut de Rome. La cour est complémentaire des juridictions pénales nationales et sa compétence et son fonctionnement sont

---

[108] Voir Règlement de procédure et de preuve, La Haye, Publication de la Cour pénale internationale, 2005.
Lire aussi Urbain Mutuale Nkasa, *La Cour pénale internationale au regard du système judiciaire congolais*, Annexe : Règlement de procédure et de preuve, Kinshasa, Éditions universitaires africaines, 2009.

régis par les dispositions d'un statut international, ratifié facultativement par des États. Elle est liée aux Nations-Unies par un accord approuvé par l'Assemblée des États-parties au Statut de Rome, puis conclu par le président de cette Assemblée de la CPI au nom de celle-ci.

La cour a son siège à La Haye, aux Pays-Bas (« l'État hôte »). La cour et l'État hôte conviennent d'un accord de siège qui doit être approuvé par l'Assemblée des États-Parties puis conclu par le président. Si elle le juge souhaitable, la cour peut siéger ailleurs selon les dispositions du Statut de Rome.[109]

Elle a aussi la capacité juridique qui lui est nécessaire pour exercer ses fonctions et accomplir sa mission. Elle peut exercer ses fonctions et pouvoirs, comme prévu dans le Statut de Rome, sur le territoire de tout État-partie et, par une convention à cet effet, sur le territoire de tout autre État.[110]

## 2. Structures, attributions et compétences de la CPI

La CPI est une juridiction fonctionnant à l'échelle internationale. Comment est-elle structurée ? Comment son champ de compétence et d'action se circonscrit-il ?

### 2.1. Structures de la CPI

La cour comprend trois organes principaux, à savoir :

- l'organe du jugement qui est constitué de la présidence de la cour et les chambres ;
- l'organe des enquêtes et des poursuites qui est le bureau du procureur ;
- et l'organe administratif qu'est le greffe.

#### *2.1.1. La présidence et les chambres*

La présidence comprend les présidents et les premier et second vice-présidents qui sont élus pour trois ans à la majorité absolue des juges. Ils sont rééligibles une fois. Le premier vice-président remplace le président lorsque celui-ci est empêché ou récusé. Le second vice-président remplace le président lorsque celui-ci et le premier vice-président sont tous deux empêchés ou récusés.[111]

---

109 Lire article 3 du Statut de Rome de la CPI.

110 Lire article 4 du Statut de Rome de la CPI.

111 Lire article 38 du Statut de Rome de la Cour pénale internationale.

Les chambres sont composées de tous les juges de la cour. Ils sont au nombre de 18 et sont élus par l'Assemblée des États-parties. Après l'élection des juges, la cour s'organise en sections. La section des appels est composée du président et de quatre autres juges ; la section de première instance et la section préliminaire sont composées chacune de six juges au moins.[112]

*2.1.2. Le bureau du procureur*

Le bureau du procureur agit indépendamment en tant qu'organe distinct au sein de la cour. Il est dirigé par le procureur qui est secondé par un ou plusieurs procureurs adjoints. Le procureur et les procureurs adjoints doivent être de nationalités différentes et exercent leurs fonctions en temps plein. Ils doivent jouir d'une haute considération morale et doivent avoir de solides compétences et une grande expérience pratique en matière de poursuites ou de procès dans les affaires pénales. Ils doivent par ailleurs avoir une excellente connaissance et une pratique courante d'au moins une des langues de travail de la cour. Le procureur est tenu au scrutin secret par l'Assemblée des États-parties à la majorité absolue des membres de celle-ci pour une durée de 9 ans et n'est pas rééligible. Les procureurs adjoints sont élus de la même façon sur une liste de candidats présentée par le procureur. Ils exercent leurs fonctions aussi pendant 9 ans et ne sont pas non plus rééligibles. Ni le procureur, ni les procureurs adjoints ne se livrent à une autre activité de caractère professionnel.[113]

*2.1.3. Le greffe*

Le greffe est dirigé par le greffier qui exerce ses fonctions sous l'autorité du président de la cour et qui est secondé par un greffier adjoint. Ces derniers doivent être des personnes d'une haute moralité ou d'une grande compétence, ayant une excellente connaissance et une pratique courante d'au moins une des langues de travail de la cour. Le greffier est élu par les juges à la majorité absolue et au scrutin secret, en tenant compte des recommandations éventuelles de l'Assemblée des parties. En cas de besoin, les juges élisent de la même manière le greffier adjoint sur recommandation du greffier. Le greffier et le greffier adjoint sont élus pour 5 ans et sont rééligibles une fois.[114]

---

[112] Lire article 39 du Statut de Rome de la Cour pénale internationale.
[113] Lire article 42 du Statut de Rome de la Cour pénale internationale.
[114] Lire article 43 du Statut de Rome de la Cour pénale internationale.

### 2.2. Attributions

*2.2.1. La présidence*

Elle assume les fonctions administratives et judiciaires ainsi que les relations avec l'extérieur. Elle est chargée de la coordination et de la bonne administration de la Cour pénale internationale.

Dans l'exercice de ses attributions, la présidence agit en coordination avec les procureurs, dont elle recherche l'accord pour toutes les questions d'intérêt commun.[115]

Dans chaque section, les fonctions judiciaires de la cour sont exercées à travers les chambres.

*2.2.2. Les chambres*

Dans chaque section à travers les chambres, les fonctions judiciaires de la cour sont exercées.

*2.2.3. Le bureau du procureur*

Il est chargé de recevoir les communications et tout renseignement dûment étayé concernant les crimes relevant de la compétence de la cour, de les examiner, de conduire les enquêtes et de soutenir l'accusation devant la cour. Ses membres ne sollicitent ni n'acceptent d'instructions d'aucune source extérieure.[116]

*2.2.4. Le greffe*

Il est responsable des aspects non judiciaires de l'administration et du service de la cour. Il est dirigé par un greffier qui est le responsable principal de l'administration de la cour et qui crée au sein du greffe une division d'aide aux victimes et aux témoins. Cette division est chargée, en consultation avec le bureau du procureur, de conseiller et d'aider de toute manière appropriée les témoins, les victimes qui comparaissent devant la cour…[117]

### 2.3. Compétences

La cour exerce sa compétence à l'égard des personnes pour les crimes les plus graves ayant une portée internationale.

---

[115] Lire article 38 du Statut de Rome de la Cour pénale internationale.
[116] Lire article 42 du Statut de Rome de la Cour pénale internationale.
[117] Lire article 43 du Statut de Rome de la Cour pénale internationale.

Cependant, elle n'a pas compétence pour juger les États, les Organisations non gouvernementales ou les organisations internationales. Elle est compétente à l'égard des personnes physiques. Elle est compétente pour juger les crimes commis après l'entrée en vigueur du Statut de Rome de la CPI, c'est-à-dire le 1er juillet 2002.[118]

En ce qui concerne le domaine, la compétence de la cour s'exerce pour les États-parties :

- dans l'État sur le territoire duquel le crime en cause a eu lieu ou, si le crime a été commis à bord d'un navire ou d'un aéronef, l'État du pavillon ou l'État d'immatriculation ;
- dans l'État dont la personne accusée du crime est un ressortissant.

Les précisions ci-après s'imposent :

- un État-partie a la possibilité de déclarer que, pour une période de 7 ans à partir de l'entrée en vigueur du statut à son égard, il n'accepte pas la compétence de la cour en ce qui concerne les crimes de guerre qui ont été commis sur son territoire ou par ses ressortissants. Il peut à tout moment retirer cette déclaration ;[119]
- la compétence de la cour ne s'exercera pas si l'affaire en cause fait l'objet d'une enquête ou des poursuites de la part d'un État-partie ayant compétence en l'espèce. Néanmoins, la cour pourrait retrouver sa compétence si elle arrivait à démontrer que les poursuites nationales ont été engagées dans le but de soustraire l'accusé à la compétence de la CPI, ou si la procédure nationale a été indûment retardée ou bien encore si elle n'a pas été menée de manière indépendante ou impartiale ;
- la cour pourra être compétente lorsqu'elle parviendra à prouver que l'État-partie au statut se trouve dans l'incapacité à procéder lui-même au jugement des crimes commis sur son territoire ;[120]
- un État qui n'est pas partie au Statut de Rome peut coopérer avec la cour en acceptant que la compétence de celle-ci s'exerce sur son territoire.[121]

Penchons-nous à présent sur divers aspects de la compétence.

### *2.3.1. Compétence matérielle*

La compétence de la cour est limitée aux crimes les plus graves qui touchent l'ensemble de la communauté internationale. La cour est donc

[118] Nguaba Sasumu (O.), « La procédure de la détention préventive à la Cour pénale internationale », cité par Mayulu Mambiki, mémoire de licence. Université protestante, 2008-2009, page 23.

[119] Lire article 124 du Statut de Rome de la Cour pénale internationale.

[120] Lire article 17 du Statut de Rome de la Cour pénale internationale.

[121] Lire article 12 du Statut de Rome de la Cour pénale internationale.

compétente pour connaître les crimes de génocide, les crimes contre l'humanité, et les crimes de guerre.[122]

- **Catégorisation**

**1. Crimes de génocide**

On entend par crime de génocide, un acte quelconque parmi ceux ci-après commis dans l'intention de détruire, en tout ou en partie, un groupe national, ethnique, racial ou religieux, comme tel :

- meurtre des membres d'un groupe ;
- atteinte grave à l'intégrité physique ou mentale des membres d'un groupe ;
- soumission intentionnelle d'un groupe à des conditions d'existence devant entraîner sa destruction physique, totale ou partielle ;
- mesures visant à entraver les naissances au sein d'un groupe ;
- transfert forcé d'enfants d'un groupe à un autre groupe.[123]

**2. Crime contre l'humanité**

On entend par crime contre l'humanité, un acte quelconque parmi ceux ci-après lorsqu'il est commis dans le cadre d'une attaque généralisée ou systématique lancée contre toute population civile et en connaissance de cette attaque :

- meurtre ;
- extermination ;
- réduction en esclavage ;
- déportation ou transfert forcé de population ;
- emprisonnement ou autre forme de privation grave de liberté physique en violation des dispositions fondamentales du droit international ;
- torture ;
- viol, esclavage sexuel, prostitution forcée, grossesse forcée, stérilisation forcée ou toute autre forme de violence sexuelle de gravité comparable ;
- persécution de tout groupe ou de toute collectivité identifiable pour des motifs d'ordre politique, racial, national, ethnique, culturel, religieux ou sexiste ; sens du paragraphe 3 ou en fonction d'autres critères universellement reconnus comme inadmissibles en droit international, en corrélation avec tout acte visé dans le présent paragraphe ou tout crime relevant de la compétence de la cour ;
- disparitions forcées ;

---

[122] Articles 6, 7 et 8 du Statut de Rome de la Cour pénale internationale.

[123] Article 6 du Statut de Rome de la Cour pénale internationale.

- crime d'apartheid ;
- autres actes inhumains de caractère analogue causant intentionnellement de grandes souffrances ou des atteintes graves à l'intégrité physique ou à la santé physique ou mentale.[124]

Il faut noter que la définition des crimes contre l'humanité a évolué et est devenue de plus en plus précise en dépit de l'absence actuelle d'harmonie internationale, depuis que ce concept a reçu en droit international un début de reconnaissance légale dans la déclaration de Saint-Pétersbourg de 1868 qui limitait l'utilisation des projectiles explosifs et incendiaires considérée comme contraire aux lois de l'humanité.[125]

La notion des crimes contre l'humanité est réapparue ensuite dans les préambules des Conventions de La Haye de 1899 et de 1907 concernant les lois et coutumes de la guerre sur terre, qui font à nouveau une référence explicite aux principes du droit des gens tels qu'ils résultent des lois de l'humanité. Par la suite, les références aux crimes contre l'humanité ont été renouvelées à plusieurs reprises dans différentes déclarations ou traités.[126]

En tout état de cause, l'incrimination pour crime contre l'humanité a été consacrée de façon formelle et internationale pour la première fois dans le statut du Tribunal militaire international de Nuremberg du 8 août 1945, désignant tout acte inhumain tel que l'assassinat, l'extermination, la réduction en esclavage, la déportation... commis contre toutes populations civiles, avant ou pendant la guerre, ou bien les persécutions pour des motifs politiques raciaux ou religieux dès lors que ces actes ou persécutions ont été commises à la suite de tous crimes ressortissant de la compétence du tribunal. Par la suite, devait entrer en vigueur, le 11 novembre 1970, la convention sur l'imprescriptibilité des crimes de guerre et des crimes contre l'humanité qui définit ceux-ci par simple référence au statut du Tribunal de Nuremberg, confirmé par les résolutions 3 (I) et 95 (I) de l'Assemblée générale de l'ONU, en date des 13 février et 11 novembre 1946.[127]

Enfin, il est important de souligner l'intégration dans les actes constitutifs des crimes contre l'humanité d'une catégorie générique qui prévoit « les autres actes inhumains de caractère analogue causant intentionnellement de grandes souffrances ou des atteintes graves à l'intégrité physique ou mentale. » Cette disposition a son importance, puisqu'elle permettra à la cour de juger éventuellement des crimes contre l'humanité qui ne sont pas prévus au statut mais qui seraient susceptibles d'intervenir dans le futur. Les États ont ainsi prévu des actes que n'avaient pas envisagés les rédacteurs des Statuts du TPI et du TPR.[128]

---

[124] Article 7 du Statut de Rome de la Cour pénale internationale.
[125] Idem, page 44.
[126] William Bourdon et Emmanuel Duverger, Op.cit, page 45.
[127] Ibidem.
[128] William Bourdon et Emmanuel Duverger, Op.cit, page 57.

### 3 Crimes de guerre

L'article 8 du Statut de Rome prévoit la compétence de la cour à l'égard de toute une énumération de crimes de guerre, et prévoit des distinctions entre les crimes de guerre perpétrés dans le cadre des conflits internationaux et ceux commis dans le cadre des conflits non internationaux.

Terme générique en quelque sorte, jusqu'à l'apparition du Statut de Rome du 17 juillet 1998 portant institution de la CPI, l'expression de « crimes de guerre » a été circonscrite par ce dernier instrument international, quand bien même les actes rentrant dans la définition de ces crimes forment une liste interminable. Ce qui n'empêche pas par ailleurs que le sens large, voire imprécis, de ce concept, notamment en droit interne, congolais en l'occurrence, demeure de la même manière qu'en droit international.[129]

C'est ainsi que le sens large de l'expression « crimes de guerre » n'est pas tout à fait absent du Statut de la CPI lui-même lorsque celui-ci stipule, à son article 8, alinéa 1 : « La cour a compétence à l'égard des crimes de guerre, en particulier lorsque ces crimes s'inscrivent dans un plan ou une politique, ou lorsqu'ils font partie d'une série de crimes analogues commis sur une grande échelle. » C'est en cela, finalement, que l'article 9 du Statut de Rome a établi une sorte de tableau d'« éléments constitutifs des crimes ».[130]

On entend par crimes de guerre :

a) Les infractions graves aux Conventions de Genève du 12 août 1949, à savoir un acte quelconque parmi ceux ci-après lorsqu'ils visent des personnes ou des biens protégés par les dispositions des Conventions de Genève :

1. L'homicide intentionnel ;
2. La torture ou les traitements inhumains, y compris les expériences biologiques ;
3. Le fait de causer intentionnellement de grandes souffrances ou de porter gravement atteinte à l'intégrité physique ou à la santé ;
4. La destruction et l'appropriation de biens, non justifiées par des nécessités militaires et exécutées sur une grande échelle de façon illicite et arbitraire ;
5. Le fait de contraindre un prisonnier de guerre ou une personne protégée à servir dans les forces d'une puissance ennemie ;
6. Le fait de priver intentionnellement un prisonnier de guerre ou toute autre personne protégée de son droit d'être jugé régulièrement et impartialement ;
7. La déportation ou le transfert illégal ou la détention illégale ;

---

[129] Lwamba Katansi, Op.cit, page 118.
[130] Lwamba Katansi, Op.cit, page 118.

8. La prise d'otage.

b) Les autres violations graves de lois et coutumes applicables aux conflits armés internationaux dans le cadre établi du droit international, à savoir un acte quelconque parmi ceux ci-après :

1. Le fait de diriger intentionnellement des attaques contre la population civile en tant que telle ou contre des civils qui ne participent pas directement aux hostilités ;
2. Le fait de diriger intentionnellement des attaques contre des biens de caractère civil, c'est-à-dire des biens qui ne sont pas des objectifs militaires ;
3. Le fait de diriger intentionnellement des attaques contre le personnel, les installations, le matériel, les unités et les véhicules employés dans le cadre d'une mission d'aide humanitaire ou de maintien de la paix conformément à la charte des Nations-Unies, pour autant qu'ils aient droit à la protection que le droit international des conflits armés garantit aux civils et aux biens de caractère civil ;
4. Le fait de diriger intentionnellement une attaque en sachant qu'elle causera incidemment des pertes en vies humaines dans la population civile, des blessures aux personnes civiles, des dommages aux biens de caractère civil ou des dommages étendus, durables et graves à l'environnement naturel qui seraient manifestement excessifs par rapport à l'ensemble de l'avantage concret et direct attendu ;
5. Le fait d'attaquer ou de bombarder, par quelque moyen que ce soit, des villes, villages, habitations ou bâtiments qui ne sont pas défendus et qui ne sont pas des objectifs militaires ;
6. Le fait de tuer ou de blesser un combattant qui, ayant déposé les armes ou n'ayant plus de moyens de se défendre, s'est rendu à discrétion ;
7. Le fait d'utiliser indûment le pavillon parlementaire, le drapeau ou les insignes militaires et l'uniforme de l'ennemi ou de l'organisation des Nations-Unies ainsi que les signes distinctifs prévus par les Conventions de Genève, et, ce faisant, de causer la perte des vies humaines ou des blessures graves ;
8. Le transfert, direct ou indirect, par une puissance occupante d'une partie de sa population civile dans le territoire qu'elle occupe, ou la déportation ou le transfert à l'intérieur ou hors du territoire occupé de la totalité ou d'une partie de la population de ce territoire ;
9. Le fait de diriger intentionnellement des attaques contre des bâtiments consacrés à la religion, à l'enseignement, à l'art, à la science ou à l'action caritative, des monuments historiques, des hôpitaux et des lieux où des malades ou des blessés sont

rassemblés, à condition qu'ils ne soient pas des objectifs militaires ;

10. Le fait de soumettre des personnes d'une partie adverse tombées en son pouvoir à des mutilations ou à des expériences médicales ou scientifiques quelles qu'elles soient qui ne sont ni motivées par un traitement médical, dentaire ou hospitalier, ni effectuer dans l'intérêt de ces personnes et qui entraînent la mort de celles-ci ou mettent sérieusement en danger leur santé ;
11. Le fait de tuer ou de blesser par traîtrise des individus appartenant à la nation ou à l'armée ennemie ;
12. Le fait de déclarer qu'il ne sera pas fait de quartier ;
13. Le fait de détruire ou de saisir les biens de l'ennemi, sauf dans le cas où ces destructions ou saisies seraient impérieusement commandées par les nécessités de la guerre ;
14. Le fait de déclarer éteints, suspendus ou non recevables en justice les droits et actions des nationaux de la partie adverse ;
15. Le fait pour un belligérant de contraindre les nationaux de la partie adverse à prendre part aux opérations de guerre dirigées contre leur pays, même s'ils étaient au service de ce belligérant avant le commencement de la guerre ;
16. Le pillage d'une ville ou d'une localité, même prise d'assaut ;
17. Le fait d'employer du poison ou des armes empoisonnées ;
18. Le fait d'employer des gaz asphyxiants, toxiques ou similaires, ainsi que tous liquides, matières ou procédés analogues ;
19. Le fait d'utiliser des balles qui s'épanouissent ou s'aplatissent facilement dans le corps humain, telles que des balles dont l'enveloppe dure ne recouvre pas entièrement le centre ou est percée d'entailles ;
20. Le fait d'employer des armes, projectiles, matières et méthodes de guerre de nature à causer des maux superflus ou des souffrances inutiles ou à frapper sans discrimination en violation du droit international des conflits armés, à condition que ces armes, projectiles, matières et méthodes de guerre fassent l'objet d'une interdiction générale et qu'ils soient inscrits dans une annexe au Statut de Rome par voie d'amendement ;
21. Les atteintes à la dignité de la personne, notamment les traitements humiliants et dégradants ;
22. Le viol, l'esclavage sexuel, la prostitution forcée, la grossesse forcée tels que définie à l'article 7 du Statut de Rome, la stérilisation forcée ou toute autre forme de violence sexuelle constituant une infraction grave aux Conventions de Genève ;
23. Le fait d'utiliser la présence d'un civil ou d'une autre personne protégée pour éviter que certains points, zones ou forces militaires ne soient la cible d'opérations militaires ;

24. Le fait de diriger des attaques contre les bâtiments, le matériel, les unités et le moyen de transport sanitaires et le personnel utilisant, conformément au droit international, les signes distinctifs prévus par les Conventions de Genève ;
25. Le fait d'affamer délibérément des civils comme méthode de guerre, en les privant des biens indispensables à leur survie, y compris en empêchant intentionnellement l'envoi des secours prévus par les Conventions de Genève ;
26. Le fait de procéder à la conscription ou à l'enrôlement d'enfants de moins de 15 ans dans les forces armées nationales ou de les faire participer activement à des hostilités.

c) En cas de conflit armé ne présentant pas un caractère international, les violations graves de l'article 3 commun aux quatre Conventions de Genève du 12 août 1949, à savoir un acte quelconque parmi ceux ci-après commis à l'encontre de personnes qui ne participent pas directement aux hostilités, y compris les membres des forces armées qui ont déposé les armes et les personnes qui ont été mises hors de combat par maladie, blessure, détention, ou par toute autre cause :
1. Les atteintes à la vie et à l'intégrité corporelle, notamment le meurtre sous toutes ses formes, les mutilations, les traitements cruels et la torture ;
2. Les atteintes à la dignité de la personne, notamment les traitements humiliants et dégradants ;
3. Les prises d'otages ;
4. Les condamnations prononcées et les exécutions effectuées sans un jugement préalable, rendu par un tribunal régulièrement constitué, assorti des garanties judiciaires généralement reconnues comme indispensables.

d) Le point c) du paragraphe 2 s'applique aux conflits armés ne présentant pas un caractère international et ne s'applique donc pas aux situations de troubles et de tensions internes telles que les émeutes, les actes isolés et sporadiques de violence ou les actes de nature similaire ;

e) Les autres violations graves des lois et coutumes applicables aux conflits armés ne présentant pas un caractère international, dans le cadre établi du droit international, à savoir un acte quelconque parmi ceux ci-après :
1. Le fait de diriger intentionnellement des attaques contre la population civile en tant que telle ou contre des personnes civiles qui ne participent pas directement aux hostilités ;

2. Le fait de diriger intentionnellement des attaques contre les bâtiments, le matériel, les unités et les moyens de transport sanitaires, et le personnel utilisant, conformément au droit international, les signes distinctifs des Conventions de Genève ;
3. Le fait de diriger intentionnellement des attaques contre le personnel, les installations, le matériel, les unités ou les véhicules employés dans le cadre d'une mission d'aide humanitaire ou de maintien de la paix conformément à la charte des Nations-Unies, pour autant qu'ils aient droit à la protection que le droit international des conflits armés garantit aux civils et aux biens de caractère civil ;
4. Le fait de diriger intentionnellement des attaques contre des bâtiments consacrés à la religion, à l'enseignement, à l'art, à la science ou à l'action caritative, des monuments historiques, des hôpitaux et des lieux où des malades et des blessés sont rassemblés, pour autant que ces bâtiments ne soient pas des objectifs militaires ;
5. Le pillage d'une ville ou d'une localité, même prise d'assaut ;
6. Le viol, l'esclavage sexuel, la prostitution forcée, la grossesse forcée, telle que définie à l'article 7, paragraphe 2, du point f), la stérilisation forcée, ou toute autre forme de violence sexuelle constituant une violation grave de l'article 3 commun aux quatre Conventions de Genève ;
7. Le fait de procéder à la conscription ou à l'enrôlement d'enfants de moins de 15 ans dans les forces armées ou dans des groupes armés ou de les faire participer activement à des hostilités ;
8. Le fait d'ordonner le déplacement de la population civile pour des raisons ayant trait au conflit, sauf dans le cas où la sécurité des civils ou des impératifs militaires l'exigent ;
9. Le fait de tuer ou de blesser par traîtrise un adversaire combattant ;
10. Le fait de déclarer qu'il ne sera pas fait de quartier ;
11. Le fait de soumettre des personnes d'une autre partie au conflit tombées en son pouvoir à des mutilations ou à des expériences médicales ou scientifiques quelles qu'elles soient qui ne sont ni motivées par un traitement médical, dentaire ou hospitalier, ni effectuées dans l'intérêt de ces personnes, et qui entraînent la mort de celles-ci ou mettent sérieusement en danger leur santé ;
12. Le fait de détruire ou de saisir les biens d'un adversaire, sauf si ces destructions ou saisies sont impérieusement commandées par les nécessités du conflit.

f) Le point e) du paragraphe 2 s'applique aux conflits armés ne présentant pas un caractère international et ne s'applique donc pas aux situations de troubles et de tensions internes telles que les émeutes, les actes isolés et sporadiques de violence ou les actes de nature similaire. Il s'applique aux conflits armés qui opposent de manière prolongée sur le territoire d'un État les autorités du gouvernement de cet État et des groupes armés organisés ou des groupes armés organisés entre eux.

Rien dans le paragraphe 2, les points c) et e), n'affecte la responsabilité d'un gouvernement de maintenir ou rétablir l'ordre public dans son État ou de défendre l'unité et l'intégrité territoriale de celui-ci par tous les moyens légitimes.[131]

La définition qui a été donnée par l'article 6 du Statut de Rome reprend mot à mot la définition qui en est donnée par l'article 2 de la Convention pour la prévention et la répression du crime de génocide du 9 décembre 1948. Il n'eût pas été anormal que soient incorporées dans l'article 6 du statut des dispositions relatives à l'incitation et, au-delà, à la complicité et à la tentative de crime de génocide.[132]

La majorité des États s'est ralliée pour incorporer ces dispositions sous le chapitre III du statut et notamment dans l'article 25. En effet, il y avait quelques arguments à spécifier, crime par crime, l'ensemble des circonstances susceptibles de permettre de caractériser la responsabilité pénale d'une personne présumée auteur d'un des crimes visés à l'article 5 du statut. Ces arguments n'ont pas été retenus, de sorte que, s'agissant du crime de génocide, il est prévu, sous l'article 25, qui définit la sphère de la responsabilité pénale individuelle, qu'une personne peut être poursuivie si elle incite directement et publiquement autrui à le commettre.[133]

Il est raisonnable de considérer que l'adoption du Statut de la CPI et son entrée en vigueur devront conduire les États à revisiter pour les réviser certaines conventions internationales et notamment la Convention du 9 décembre 1948, outre le fait qu'elle est la seule convention qui définit et qui organise à l'échelon international la répression, sans avoir prévu un mécanisme de compétence universelle...[134]

Quoi qu'il en soit, les États avaient été relativement unanimes pour qu'à l'occasion de la rédaction du statut ne soient pas entérinées des dispositions qui auraient pu être contraires aux conventions internationales existantes.[135]

---

131 Article 8 du Statut de Rome de la Cour pénale internationale.

132 William Bourdon et Emmanuel Duverger, Op.cit, page 40.

133 William Bourdon et Emmanuel Duverger, Op.cit, page 40.

134 Idem, page 41.

135 Ibidem.

- **Explicitation et clarification conceptuelle de quelques termes**

a) Extermination : c'est le fait d'imposer intentionnellement des conditions de vie, telles que la privation d'accès à la nourriture et aux médicaments, calculées pour entraîner la destruction d'une partie de la population.
b) Réduction en esclavage : c'est le fait d'exercer sur une personne un quelconque ou l'ensemble des pouvoirs liés au droit de propriété, y compris dans le cadre de la traite des êtres humains, en particulier des femmes et des enfants.
c) Déportation ou transfert forcé des populations : c'est le fait de déplacer de force des personnes, ou en les expulsant par d'autres moyens coercitifs, de la région où elles se trouvent légalement, sans motif admis en droit international.
d) La torture : c'est le fait d'infliger intentionnellement une douleur ou des souffrances aigües, physiques ou mentales, à une personne se trouvant sous sa garde ou sous son contrôle.
e) Crime d'apartheid : c'est la catégorie des actes inhumains commis dans le cadre d'un régime institutionnalisé d'oppression systématique et de domination d'un groupe racial sur tout autre groupe racial ou tous autres groupes raciaux et dont l'intention est de maintenir ce régime. Ce terme se réfère originairement à la politique de séparation raciale appliquée en Afrique du Sud de 1948 à 1991 et dans le Sud-ouest africain de 1959 à 1979.
f) Grossesse forcée : c'est le fait de mettre enceinte de force une femme, à la suite d'une détention illégale, dans l'intention de modifier la composition ethnique d'une population ou de commettre d'autres violations graves du droit international. Cette définition ne peut en aucune manière s'interpréter comme ayant une incidence sur les lois nationales relatives à la grossesse.
g) Persécution : c'est le déni intentionnel et grave des droits fondamentaux du droit international, pour des motifs liés à l'identité du groupe ou de la collectivité qui en fait l'objet.
h) Disparitions forcées des personnes : ce sont des cas où des personnes sont arrêtées, détenues ou enlevées par une organisation politique ou avec l'autorisation, l'appui ou l'assentiment de cet État ou de cette organisation, qui refuse ensuite d'admettre que ces personnes sont privées de liberté ou de révéler le sort qui leur est réservé ou l'endroit où elles se trouvent, dans l'intention de les soustraire à la protection de la loi pendant une période prolongée.

Une notion qui mérite d'être ajoutée est celle de crime d'agression. Ce terme désigne les crimes commis par les personnes ou États ayant préparé, accompli ou promu un conflit armé visant à déstabiliser un ou plusieurs États souverains.

Il faut noter que la définition d'un crime d'agression n'est pas encore fixée dans le Statut de Rome ; lorsqu'elle le sera, les personnes ayant commis un tel crime pourront être poursuivies devant la Cour pénale internationale (CPI).[136]

Toutefois, à la conférence de révision du Statut de Rome tenue à Kampala en date du 31 mai au 11 juin 2010, la question relative aux crimes d'agression a été soulevée et officieusement résolue[137]

*2.3.2. Compétence temporaire (ratione temporis)*

La cour n'a compétence qu'à l'égard des crimes qu'elle est apte à juger commis après l'entrée en vigueur du Statut de Rome, c'est-à-dire le 1er juillet 2002.[138]

Et donc, la cour n'a pas le pouvoir rétroactif sur les crimes commis avant cette date, peu importe que ceux-ci soient constitutifs des crimes prévus et punis par son statut.[139]

Par ailleurs, si un État devient partie au Statut de Rome après l'entrée en vigueur de celui-ci, la cour ne peut exercer sa compétence qu'à l'égard des crimes commis après l'entrée en vigueur du Statut de Rome pour cet État, sauf si ledit État fait la déclaration prévue à l'article 12, c'est-à-dire consentir à ce que la cour exerce sa compétence à l'égard des crimes commis à partir du 2 juillet 2002.[140]

Pour Grégory Berkovicz, la CPI n'exerce sa compétence que sur les crimes commis après la ratification du Statut de Rome par l'État-partie concerné, sauf si celui-ci a signé à titre d'État-non-partie une déclaration stipulant son consentement à l'exercice de la compétence de la cour pour le crime dont il s'agit (article 12-3).[141]

La cour est ainsi compétente pour les crimes commis après l'entrée en vigueur du statut, à savoir le 1er juillet 2002. Pour les États qui accéderont au statut après le 11 avril 2002, date à laquelle les 60 ratifications nécessaires à l'entrée en vigueur ont été atteintes, la CPI sera compétente à l'égard de leurs nationaux ou des crimes commis sur le territoire de ces États à partir du

---

[136] www.wikipedia.org

[137]http://www.icc-cpi.int/iccdocs/asp_docs/RC2010/RC-WGCA-2-FRA.pdf

[138] Lire article 11 du Statut de Rome de la Cour pénale internationale.

[139] Ali Moponda Saïdi Bruno, « La problématique de la compétence des juridictions pénales congolaises face aux crimes internationaux prévus dans le Traité de Rome portant création de la CPI », travail de fin du 1er cycle, Faculté de droit, Université de Kinshasa, 2005-2006, page 19.

[140] Lire article 11 du Statut de Rome de la Cour pénale internationale.

[141] Grégory Berkovicz, « La place de la Cour pénale internationale dans la société des États », thèse de doctorat, Université de Caen, Éd. L'Harmattan, 2005, page 106.

premier jour du mois suivant les 60 jours après la date de ratification de ceux-ci.[142]

L'auteur poursuit que l'article 29 de la Convention de Rome pose le principe de l'imprescriptibilité des crimes. En cela, elle reprend le principe déjà posé en droit international par la Convention du 26 novembre 1968 concernant les crimes de guerre et les crimes contre l'humanité. Le temps ne peut jouer en faveur des criminels, le procureur n'a pas de délai fixe pour poursuivre les auteurs d'un crime international quel qu'il soit, crime d'agression, crime de guerre, crime de génocide ou crime contre l'humanité.[143]

Cette solution, renchérit-il, est évidente : de par leur gravité, ces crimes ne pouvaient pas bénéficier du régime de prescription, celui-ci apparaissant comme incompatible. Aucune des raisons évoquées en droit interne ne milite en faveur de la prescription. En particulier, le temps ne peut faire oublier les atrocités même si le procès doit avoir lieu 50 ans après le crime...[144]

### *2.3.3. Compétence personnelle (ratione personae)*

Il s'agit de répondre à la question : « Qui peut faire l'objet des poursuites devant la CPI ? »[145] La cour est compétente à l'égard de toute personne physique qui a commis un crime relevant de sa compétence, à l'exception d'une personne qui avait moins de 18 ans au moment où elle commettait les faits.[146]

Le Statut de Rome prévoit aussi dans son article 28 la responsabilité des chefs militaires ou autres supérieurs militaires au moment où ils avaient le contrôle effectif des forces placées sous leur autorité.[147]

Antonio Cassesse fait quant à lui une distinction entre la compétence personnelle active et la compétence personnelle passive. En ce qui concerne la compétence personnelle active, l'auteur dit qu'elle peut prendre deux formes différentes.

Dans sa première variante, elle s'applique aux faits commis par un ressortissant d'un État hors de son territoire sans qu'il soit exigé que l'acte

---

142 Idem, page 107.

143 Ibidem.

144 Grégory Berkovicz, « La place de la Cour pénale internationale dans la société des États », thèse de doctorat, Université de Caen, Éd. L'Harmattan, 2005, page 107.

145 Ali Moponda Saïdi Bruno, « La problématique de la compétence des juridictions pénales congolaises face aux crimes internationaux prévus dans le Traité de Rome portant création de la CPI », travail de fin de 1er cycle, Faculté de droit, Université de Kinshasa, 2005-2006, page18.

146 Lire article 25 du Statut de Rome de la Cour pénale internationale.

147 Lire article 28 du Statut de Rome de la Cour pénale internationale.

constitue également une infraction selon la loi de l'État où il a été commis. Dans ce cas, la justification principale de la compétence personnelle active réside dans l'idée que l'État concerné a intérêt à ce que ses ressortissants obéissent à ses lois même quand ceux-ci se trouvent hors du territoire national. Il doit également réprimer les infractions de ses lois.[148]

Dans sa deuxième variante, elle exige au contraire que l'acte soit aussi une infraction d'après la lex loci. Ici, le refus d'extrader ses ressortissants vers d'autres États constitue la justification principale de ce principe. Qu'il s'agisse de la première ou de la deuxième variante, de tous les principes traditionnels, la compétence personnelle active est probablement la compétence traditionnelle la plus importante en ce qui concerne la répression des crimes internationaux commis dans d'autres États.[149]

L'auteur note qu'un nombre appréciable de conventions récentes concernant des crimes internationaux ou transnationaux obligent les parties contractantes à établir leur compétence pour des infractions commises par leurs ressortissants. Parmi ces conventions, l'on retient la Convention des Nations-Unies contre la torture et autres peines ou traitements cruels, inhumains ou dégradants de 1984.[150]

Quant à la compétence personnelle passive, Antonio Cassesse soutient qu'elle permet à un État d'appliquer la loi pénale nationale à des infractions commises à l'étranger contre ses propres ressortissants. Les rapports nationaux et régionaux montrent clairement que ce principe traditionnel de compétence n'a été adopté que par une minorité d'États...[151]

### *2.3.4. Compétence territoriale (ratione loci)*

Un État qui devient partie au Statut de Rome accepte, par là même, la compétence de la cour à l'égard des crimes de génocide, des crimes contre l'humanité et des crimes de guerre commis sur son territoire ou à bord d'un navire ou d'un aéronef battant pavillon ou immatriculé par son État. La compétence de la cour s'exercerait aussi si la personne accusée du crime était un ressortissant de cet État-partie.[152]

L'article 8 du Statut du TPI pour l'ex-Yougoslavie définit la compétence ratione loci dudit tribunal, ainsi la compétence ratione loci du tribunal international s'étend au territoire de l'ancienne république fédérative

---

[148] Antonio Cassesse et Mireille Delmas-Marty, Op.cit, page 573.
[149] Antonio Cassesse et Mireille Delmas-Marty, Op.cit, page 574.
[150] Idem, pp. 574-575.
[151] Idem, page 576.
[152] Lire article 12 du Statut de Rome de la Cour pénale internationale.

socialiste de Yougoslavie, y compris son espace terrestre, son espace aérien et ses eaux territoriales.[153]

L'article 12 du Statut de Rome pose les conditions préalables de l'exercice de la compétence ratione loci de la cour, à savoir :

a) Un État qui devient partie au statut reconnaît par là même la compétence de la cour à l'égard des crimes visés à l'article 5.

b) Dans les cas visés à l'article 13, la cour peut exercer sa compétence si l'un des États suivants ou les deux sont parties au présent statut ou ont reconnu la compétence de la cour :

- l'État sur le territoire duquel le comportement en cause s'est produit ou, si le crime a été commis à bord d'un navire ou d'un aéronef, l'État du pavillon ou l'État d'immatriculation ;
- l'État dont la personne accusée du crime est un national.

c) Si la reconnaissance de la compétence de la cour par un État qui n'est pas partie au présent statut est nécessaire, cet État peut, par déclaration déposée auprès du greffier, consentir à ce que la cour exerce sa compétence à l'égard du crime dont il s'agit. L'État ayant reconnu la compétence de la cour coopère avec celle-ci sans retard et sans exception conformément au chapitre IX.[154]

## 3. Renvois, analyses et enquêtes

Tout État-partie au Statut de Rome peut demander au procureur d'ouvrir une enquête. Un État qui n'est pas partie au statut peut aussi accepter la compétence de la cour pour des crimes commis sur son territoire ou par l'un de ses ressortissants et demander au procureur de mener une enquête. Le Conseil de Sécurité des Nations-Unies peut également renvoyer une situation devant la cour.[155]

Le procureur peut décider de sa propre initiative d'ouvrir une enquête. En effet, lorsque le bureau du procureur dispose d'informations fiables sur des crimes mettant en cause des ressortissants d'un État-partie ou d'un État qui a accepté la compétence de la cour, ou des actes commis sur le territoire d'un de ces États, s'il conclut qu'il existe une base raisonnable pour ouvrir une enquête, il décide alors de sa propre initiative de l'ouvrir.[156]

---

[153] Grégory Berkovicz, « La place de la Cour pénale internationale dans la société des États », thèse de doctorat, Université de Caen, Éd. L'Harmattan, 2005, page 110.
[154] Lire article 12 du Statut de Rome.
[155] CPI, « Mieux comprendre la Cour pénale internationale », RDC, 2008, page 22.
[156] Ibidem.

A ce jour, quatre situations ont été déférées au procureur. Trois États-parties ont demandé au procureur d'enquêter : la RDC, l'Ouganda et la République centrafricaine. Le Conseil de Sécurité, agissant en vertu du chapitre VII de la charte des Nations-Unies, a également demandé au procureur d'enquêter sur la situation concernant le Darfour, au Soudan.[157]

Lorsqu'un État demande à la cour d'enquêter sur une situation, le procureur détermine si, à son avis, la cour a compétence à l'égard des crimes évoqués. Après une analyse approfondie des informations disponibles, il décide s'il y a une base raisonnable pour ouvrir ou non une enquête. Il lui revient ainsi d'établir si des crimes de génocide, des crimes contre l'humanité ou des crimes de guerre auraient été commis et, si tel est le cas, s'ils auraient été perpétrés après le 1er juillet 2002. Il doit également vérifier si les autorités nationales ont entrepris d'enquêter ou de juger véritablement les personnes qui auraient commis ces crimes. Enfin, il doit notifier son intention d'ouvrir une enquête aux États-parties et aux autres États qui pourraient être compétents.[158]

Les enquêtes sont menées de la manière suivante : le bureau du procureur envoie ses enquêteurs pour rassembler des éléments de preuve dans les zones où les crimes auraient été commis. Les enquêteurs veillent à ne faire courir aucun risque aux victimes et témoins. Le bureau du procureur sollicite aussi la coopération et l'assistance des États et des organisations internationales. Les enquêteurs recherchent les preuves qui établissent la culpabilité ou l'innocence d'un suspect.[159]

Actuellement, le bureau du procureur mène des enquêtes dans quatre États, à savoir : le Soudan (pour la situation au Darfour), la République démocratique du Congo, l'Ouganda et la République centrafricaine.

La CPI, toutefois, ne pourra pas poursuivre toutes les personnes soupçonnées d'avoir commis les crimes les plus graves. La politique pénale du bureau du procureur consiste à concentrer ses enquêtes et ses poursuites sur les individus ayant la plus lourde responsabilité dans ces crimes les plus graves, sur la base des éléments de preuve collectés.[160]

Toutefois, en vertu du principe de complémentarité, les systèmes judiciaires nationaux gardent leur responsabilité pour juger les auteurs d'infraction.

La CPI peut juger des représentants des pouvoirs publics. Aucun individu ne saurait être à l'abri de poursuites en raison des fonctions qu'il exerce ou du poste qu'il occupait au moment où les crimes concernés ont été commis. Agir en qualité officielle de chef d'État, de membre d'un gouvernement, de député, de représentant élu ou d'agent public ne peut en

[157] CPI, Op.cit, page 22.
[158] Ibidem.
[159] Idem, page 23.
[160] CPI, Op.cit, page 23.

aucun cas permettre à une personne d'échapper à des poursuites ou de se soustraire à la responsabilité pénale qui lui incombe. Dans certaines circonstances, une personne en position d'autorité peut même être tenue responsable des crimes commis par les personnes qui travaillent sous sa direction ou ses ordres.[161]

La cour, signalons-le, n'a pas compétence à l'égard des personnes âgées de moins de 18 ans au moment de la commission des crimes considérés.

## 4. Arrestations, droits des suspects et confirmation des charges

- **Arrestations**

Après l'ouverture d'une enquête, seules les chambres préliminaires peuvent, sur requête du procureur, délivrer à tout moment un mandat d'arrêt ou une citation à comparaître, s'il existe des motifs raisonnables de croire que la personne visée a commis un crime relevant de la compétence de la cour.

Lorsqu'il sollicite la délivrance d'un mandat d'arrêt ou d'une citation à comparaître, le procureur doit fournir aux juges des informations suivantes :

- Le nom de la personne ;
- Une description des crimes qui lui sont imputés ;
- Un exposé succinct des faits (les actes qui sont présumés constituer des crimes) ;
- Un résumé des éléments de preuve à charge ;
- Les raisons pour lesquelles le procureur estime qu'il est nécessaire de procéder à l'arrestation de la personne.[162]

Les juges délivrent un mandat d'arrêt s'il apparaît nécessaire de garantir que la personne comparaîtra effectivement, qu'elle ne fera pas obstacle à l'enquête ou à la procédure devant la cour ni n'en compromettra le déroulement, et qu'elle ne continuera pas à commettre des crimes.[163]

Le greffier transmet, à tous les États concernés, en fonction de la décision prise par les juges dans chaque affaire, des demandes de coopération aux fins de l'arrestation et de la remise des suspects.

---

161 Ibidem.
162 CPI, Op.cit, page 26.
163 Ibidem.

Après qu'une personne a été arrêtée, la cour, une fois informée de son arrestation, veille à ce que cette personne reçoive une copie du mandat d'arrêt dans une langue qu'elle comprend et parle parfaitement.[164]

La cour ne disposant pas de sa propre police compte sur la coopération des États, indispensable en ce qui concerne l'arrestation et la remise des suspects. Toute personne arrêtée est déférée aussitôt à l'autorité compétente de l'État de détention qui vérifie que le mandat vise bien cette personne, que celle-ci a été arrêtée selon la procédure régulière et que ses droits ont été respectés.

Dès qu'une décision de remise a été prise, la personne est livrée à la cour et placée en détention au quartier pénitentiaire de la CPI situé dans la prison de Haaglanden, à Scheveningen (La Haye, Pays-Bas).[165]

Le quartier pénitentiaire de la CPI satisfait, pour le traitement des détenus, aux normes internationales les plus élevées en matière de droits de l'homme, comme, par exemple, l'Ensemble des règles minima des Nations-Unies. Des inspections inopinées sont régulièrement effectuées par une autorité indépendante chargée de contrôler les conditions de détention et le traitement réservé aux détenus.[166]

Tout détenu a le droit de recevoir des visites de sa famille plusieurs fois par an, y compris aux frais de la cour, dans la mesure du possible, si le détenu a été reconnu indigent.[167]

Les personnes déclarées coupables de crimes relevant de la cour ne purgent pas leur peine au quartier pénitentiaire de la CPI à La Haye, celui-ci n'étant pas prévu pour les emprisonnements de longue durée. Toute personne condamnée est donc transférée, pour y être emprisonnée, vers un établissement situé en dehors des Pays-Bas, selon l'accord en vigueur entre la cour et l'État chargé de l'exécution de la peine.[168]

- **Droits des suspects**

Le fait qu'ils soient transférés à la cour, les suspects ne sont pas déjà condamnés. Toute personne est présumée innocente tant que sa culpabilité n'a pas été établie par la cour. Il appartient au procureur d'apporter la preuve de cette culpabilité et une chambre de 1ère instance ne condamnera une personne que si elle a la certitude que les charges retenues sont établies au-delà de tout doute raisonnable.[169]

---

164 Ibidem.
165 CPI, Op.cit, pp. 26-27.
166 Ibidem.
167 Idem, page 28.
168 Ibidem.
169 CPI, Op.cit, page 30.

Le suspect est donc présumé innocent. Il est présent dans la salle d'audience lors des débats et il a le droit à ce que sa cause soit entendue publiquement, équitablement et de façon impartiale. À cette fin, une série de garanties est prévue, dont les documents juridiques de la cour. Pour n'en citer que quelques-unes :

- Etre défendu par le conseil (avocat) qu'il a désigné, présenter ses propres éléments de preuve, citer les témoins de son choix et s'exprimer dans une langue qu'il comprend et parle parfaitement ;
- Etre informé en détail des charges qui pèsent contre lui dans une langue qu'il comprend et parle parfaitement ;
- Disposer du temps et des facilités nécessaires à la préparation de sa défense et communiquer librement et confidentiellement avec son conseil ;
- Etre jugé sans retard excessif ;
- Ne pas être forcé de témoigner contre lui-même ou de s'avouer coupable, et pouvoir garder le silence, sans que ce silence soit pris en considération pour déterminer sa culpabilité ou son innocence ;
- Obtenir que le procureur communique à la défense les éléments de preuve en sa possession ou à sa disposition dont il estime qu'ils disculpent l'accusé ou tendent à le disculper ou à atténuer sa culpabilité, ou sont de nature à entamer la crédibilité des éléments de preuve à charge ;
- Etc.[170]

Le suspect a le droit de bénéficier de l'assistance d'un avocat chaque fois que les intérêts de la justice l'exigent, de se voir attribuer d'office un défenseur par la cour, s'il n'a pas les moyens de le rémunérer.[171]

Pour ce qui est des suspects de la RDC, le 31 mars 2006, le 23 novembre 2007 et le 22 février 2008, le greffier a provisoirement reconnu indigents Thomas Lubanga, Germain Katanga et Matthieu Ngudjolo sous réserve de vérification par la cour des informations contenues dans leurs requêtes respectives. Ainsi, pour l'instant, la cour prend en charge les frais de défense de chacun d'eux, conformément au programme d'aide judiciaire.[172]

Toute personne maintenue en détention a le droit de demander sa mise en liberté provisoire en attendant d'être jugée. Pour le moment, les chambres ont toujours décidé de maintenir en détention Thomas Lubanga, Germain Katanga et Matthieu Ngudjolo. Cette décision est réexaminée périodiquement par la chambre compétente, et ce, au moins tous les 120

---

170 CPI, Op.cit, page 30.

171 Ibidem.

172 Idem, page 31.

jours, et elle peut le faire aussi à tout moment à la demande du détenu ou du procureur.[173]

Il existe à la cour un bureau nommé Bureau du Conseil public pour la Défense (BCPD). Le BCPD sert la cause des droits de la défense et s'en fait l'interprète ; il effectue des recherches, s'emploie à mieux faire connaître les problèmes de fond qui se posent en matière de défense et s'efforce de faire prévaloir le principe de l'égalité des armes en faveur de la défense à toutes les étapes de l'enquête ou du procès. Bien que relevant du greffe sur le plan administratif, le BCPD exerce ses fonctions essentielles en toute indépendance.[174]

- **Confirmation des charges avant le procès**

Dès leur arrivée à La Haye, les suspects comparaissent devant la cour. En effet, dans un délai raisonnable suivant la remise ou la comparution volontaire du suspect, une chambre préliminaire tient une audience pour confirmer les charges qui pèsent sur lui, dont la date est fixée lors de l'audience de première comparution du suspect, qui a eu lieu immédiatement après son arrivée à La Haye.

L'audience de confirmation des charges se déroule en présence du procureur, de la personne faisant l'objet des poursuites et de son conseil. La chambre préliminaire peut, exceptionnellement, tenir une audience en l'absence de l'intéressé.[175]

Lors de cette audience, qui n'est pas une audience de jugement, le procureur doit présenter aux juges des éléments de preuve suffisants pour les convaincre qu'il existe des motifs substantiels de croire que la personne a commis les crimes qui lui sont imputés. Cette dernière peut par ailleurs contester les charges, récuser les éléments de preuve produits par le procureur et, également, présenter des éléments de preuve.[176]

À l'issue de l'audience de confirmation des charges, la chambre préliminaire peut :

- Refuser de confirmer les charges, sachant que cette décision n'empêche pas le procureur de formuler une nouvelle demande de confirmation des charges sur la base d'éléments de preuve supplémentaires ;
- Ajourner l'audience et demander au procureur d'envisager d'apporter des éléments de preuve supplémentaires ou de procéder à de nouvelles enquêtes ou de modifier des charges si les éléments de preuve disponibles montrent qu'un crime différent a été commis ;

---

173 Ibidem.
174 CPI, Op.cit, page 31.
175 Idem, page 34.
176 CPI, Op.cit, page 34.

- Confirmer les charges et renvoyer l'affaire en jugement. Dès que les charges ont été confirmées, la présidence de la cour constitue une chambre de 1ère instance chargée de conduire la phase suivante de la procédure : le procès.[177]

Le but de l'audience de confirmation des charges est de protéger les droits des suspects, en évitant que des charges qui ne sont pas suffisamment fondées soient portées contre eux. Le procureur doit durant cette phase préliminaire étayer chacune des charges avec des éléments de preuve suffisants pour établir l'existence de motifs substantiels de croire que la personne a commis le crime qui lui est imputé.[178]

Avant l'ouverture du procès, les juges de la chambre de 1ère instance tiennent des audiences en vue de la préparation du procès, pour régler des questions procédurales et dans le but de faciliter le déroulement équitable et diligent de la procédure. Ce sont ce qu'on appelle des « Conférences de mise en état ». Une fois ces questions tranchées, le procès commencera.

## 5. PROCÈS, JUGEMENT ET PEINE

- **Procès**

À moins qu'il n'en soit décidé autrement, le procès se tient à La Haye, siège de la cour. L'accusé doit être présent à son procès, qui est public, à moins que la chambre, pour assurer la sécurité des victimes et des témoins ou la confidentialité d'informations sensibles constitutives d'éléments de preuve, ne prononce le huis clos pour certaines audiences.[179]

La chambre de 1ère instance donne lecture à l'accusé des charges qui pèsent contre lui et lui demande s'il les a comprises. Elle lui donne ensuite la possibilité de plaider coupable ou non coupable.[180]

Tout d'abord, la chambre de 1ère instance s'assure que l'accusé a bien compris la nature et les conséquences de son aveu de culpabilité, que l'aveu a été fait volontairement après consultation suffisante avec le conseil de l'accusé et qu'il est étayé par les faits de la cause tels qu'ils ressortent des charges et des éléments de preuve présentés par le procureur et admis par l'accusé. Si la chambre de 1ère instance est convaincue que ces conditions sont réunies, elle peut reconnaître l'accusé coupable du crime qui lui est imputé. Si elle n'est pas convaincue que ces conditions sont réunies, elle considère qu'il n'y a pas eu aveu de culpabilité et, dans ce cas, elle ordonne que le procès se poursuive.[181]

---

177 Ibidem.
178 Idem, page 35.
179 CPI, Op.cit, page 38.
180 Ibidem.
181 CPI, Op.cit, page 38.

Le procès offre au procureur et au conseil de la défense l'occasion d'exposer leurs arguments. Le procureur doit fournir à la cour des éléments de preuve qui établissent la culpabilité de l'accusé au-delà de tout doute raisonnable. Ces preuves peuvent être des documents, d'autres objets ou des déclarations des témoins. Le procureur doit également communiquer à l'accusé toute pièce susceptible d'attester son innocence.[182]

Le procureur développe ses arguments le premier et invite les témoins qu'il a cités à déposer. Une fois qu'il a terminé d'interroger un témoin, la parole est donnée au conseil de la défense afin qu'il puisse à son tour poser des questions au témoin.[183]

Dès que le procureur a présenté l'ensemble des moyens de preuve dont il dispose, il revient à l'accusé, avec le concours de son conseil, de présenter sa défense.

Toutes les parties au procès peuvent présenter des preuves en rapport avec l'affaire. Toute personne, en droit, est présumée innocente tant que sa culpabilité n'a pas été établie. Il appartient au procureur d'apporter la preuve de la culpabilité de l'accusé au-delà de tout doute raisonnable. L'accusé a le droit d'interroger les témoins à charge et d'obtenir la comparution et l'interrogatoire des témoins à décharge dans les mêmes conditions que les témoins à charge.[184]

- **Jugement et peine**

Une fois que les parties ont achevé d'exposer leurs moyens de preuve, le procureur et la défense sont invités à présenter leurs conclusions orales. La défense a toujours la possibilité de parler en dernier. Les juges peuvent ordonner l'octroi d'une réparation aux victimes qui peut prendre la forme d'une restitution, d'une indemnisation ou d'une réhabilitation. Ils peuvent rendre directement une ordonnance à l'encontre d'une personne condamnée.[185]

Après avoir entendu les victimes et les témoins cités à comparaître par le procureur et par la défense, puis examiner les moyens de preuve, les juges décident si l'accusé est coupable ou non coupable. La sentence est prononcée en audience publique et, lorsque cela est possible, en présence de l'accusé, ainsi que des victimes ou de leurs représentants légaux si ces personnes ont participé à la procédure.[186]

Les juges peuvent prononcer une peine d'emprisonnement, à laquelle peut s'ajouter une amende ou la confiscation des profits, biens et avoirs tirés

---

182 Ibidem.
183 Ibidem.
184 CPI, Op.cit, page 39.
185 Idem, page 42.
186 Ibidem.

directement ou indirectement du crime commis. La cour ne peut prononcer de condamnation à la peine capitale. Une peine d'emprisonnement ne peut excéder 30 ans mais, si l'extrême gravité du crime le justifie, la cour peut prononcer une peine d'emprisonnement à perpétuité.[187]

Les personnes condamnées purgent leur peine d'emprisonnement dans un État désigné par la cour qui figure sur la liste des États qui ont fait savoir à la cour qu'ils étaient disposés à recevoir des condamnés.[188]

Les conditions de détention sont régies par la législation de l'État chargé de l'exécution et doivent être conformes aux règles conventionnelles du droit international généralement acceptées qui régissent le traitement des détenus. Elles ne peuvent être ni plus favorables ni moins favorables que celles que l'État chargé de l'exécution réserve aux détenus condamnés pour des infractions similaires.[189]

## 6. APPEL, RÉVISION, VICTIMES ET TÉMOINS

- **Appel et révision**

Chaque partie peut faire appel des décisions de la chambre préliminaire ou de la chambre de 1ère instance. Le procureur peut interjeter appel de la peine prononcée ou de la mesure d'acquittement pour l'un des motifs suivants :

- Vice de procédure ;
- Erreur de fait ;
- Erreur de droit.

Le condamné et le procureur peuvent également interjeter appel pour tout autre motif de nature à compromettre l'équité ou la régularité de la procédure ou de la décision, et notamment au motif d'une disproportion entre celle-ci et le crime.

Les représentants légaux des victimes, la personne condamnée ou le propriétaire de bonne foi d'un bien affecté par une ordonnance de réparation en faveur des victimes peuvent aussi interjeter appel de cette ordonnance.[190]

La chambre d'appel peut annuler ou modifier la décision ou la condamnation ou ordonner un nouveau procès devant une chambre de 1ère instance différente.

À moins que la chambre de 1ère instance n'en décide autrement, la personne condamnée reste détenue pendant la procédure d'appel. En règle générale, toutefois, elle est mise en liberté lorsque la durée de sa détention

[187] CPI, Op.cit, page 42.
[188] Ibidem.
[189] Ibidem.
[190] CPI, Op.cit, page 43.

dépasse la durée de la peine prononcée. En cas d'acquittement, l'accusé est immédiatement mis en liberté, sous réserve de conditions exceptionnelles.[191]

Quant à la révision, la personne déclarée coupable et le procureur peuvent saisir la chambre d'appel d'une requête en révision de la décision définitive sur la culpabilité ou la peine dans le cas suivant :

- Il a été découvert un fait nouveau important ;
- Il a été découvert qu'un élément de preuve décisif, retenu lors du procès et sur la base duquel la culpabilité a été établie, était faux, contrefait ou falsifié ;
- Un ou plusieurs des juges ont commis un acte constituant une faute lourde ou un manquement à leurs devoirs d'une gravité suffisante pour justifier qu'ils soient relevés de leurs fonctions en application du Statut de Rome.[192]

Quiconque a été victime d'une arrestation ou d'une mise en détention illégale a droit à réparation.[193]

- **Victimes et témoins**

Une victime est une personne physique qui a subi un préjudice du fait de la commission d'un crime relevant de la compétence de la cour. Peuvent également être considérées comme des victimes, les organisations ou institutions dont les biens consacrés à la religion, à l'enseignement, à l'art, à la science ou à l'action caritative ont été endommagés.[194]

Les juges de la CPI déterminent quels préjudices doivent être pris en compte :

- Les atteintes à l'intégrité physique ;
- Les atteintes à l'intégrité psychologique, c'est-à-dire les cas où l'esprit d'un individu est affecté en raison de ce qu'il a vécu ou de ce dont il a été témoin ;
- Les dommages matériels consistant en la perte ou la dégradation de marchandises ou de biens.[195]

La différence entre une victime et un témoin résulte en ce qu'une victime est une personne ayant subi un préjudice du fait de la commission d'un crime relevant de la compétence de la cour tandis qu'un témoin est une personne qui, par une déposition, produit devant la cour des éléments de preuve. Les victimes peuvent être témoins (mais ne sont pas obligées de témoigner) et les témoins peuvent être des victimes.[196]

---

[191] Ibidem.
[192] CPI, Op.cit, page 43.
[193] Idem, page 44.
[194] Idem, page 46.
[195] CPI, Op.cit, page 46.
[196] Ibidem.

Les victimes devant la CPI bénéficient des droits qui n'avaient encore jamais été accordés devant une juridiction pénale internationale. Les victimes peuvent être impliquées dans la procédure devant la CPI de différentes manières :

- Les victimes peuvent envoyer des informations au procureur et lui demander d'ouvrir une enquête ;
- Au cours d'un procès, une victime peut aussi témoigner de son plein gré devant la cour si elle est citée à comparaître en qualité de témoin pour le compte de la défense, de l'accusation ou d'autres victimes participant à la procédure ;
- Les victimes ont également le droit de participer aux procédures. Au cours de la procédure, une victime peut participer en exprimant ses vues et préoccupations aux juges. Cette participation est volontaire. Elle permet aux victimes d'exprimer une opinion indépendante du procureur ou de la défense et leur donne l'opportunité de parler de leurs propres préoccupations et perspectives ;
- Enfin, les victimes peuvent demander réparation du préjudice qu'elles ont subi.[197]

Lorsque la cour l'estime approprié, les victimes peuvent exposer directement aux juges leurs points de vue, aux différents stades de la procédure. Cette participation se fait normalement par l'intermédiaire d'un représentant légal (c'est-à-dire un avocat) chargé d'exposer leurs vues et leurs préoccupations à la cour, car les procédures pénales sont assez complexes.[198]

Toutes les victimes en RDC ne peuvent participer à la procédure. Les juges examinent chaque demande et décident si le demandeur peut ou non participer à la procédure devant la CPI et à quelles phases.[199]

Les victimes peuvent librement choisir leur représentant légal pour autant que celui-ci possède les qualifications nécessaires :

- Dix ans d'expérience du procès pénal en tant que juge, procureur ou avocat ;
- Parler couramment au moins une des deux langues de travail de la cour (anglais ou français).[200]

Le greffe de la CPI peut aussi aider les victimes à trouver un représentant légal en leur fournissant une liste d'avocats qualifiés. Il existe également au sein de la cour un Bureau du Conseil public pour les Victimes (BCPV), qui est en mesure de représenter les victimes et de leur fournir une assistance juridique ainsi qu'à leur représentant légal.[201]

---

[197] Ibidem.

[198] CPI, Op.cit, page 47.

[199] Ibidem.

[200] Idem, pp. 47-48.

[201] Ibidem.

Lorsque les victimes sont trop nombreuses, les juges peuvent demander aux victimes de choisir un ou plusieurs représentants légaux communs. Cela s'appelle une représentation légale commune, et a pour but d'assurer l'efficacité des procédures.[202]

De manière générale, les victimes n'ont pas à se rendre au siège de la cour si elles n'ont pas l'intention de le faire. Les représentants légaux des victimes se chargent de présenter à la cour leurs vues et préoccupations.[203]

Bien que la cour ne dispose que des ressources limitées pour l'aide judiciaire, elle est susceptible d'accorder une assistance financière. Le Bureau du Conseil public pour les Victimes peut aussi fournir gratuitement une aide judiciaire aux victimes. Le BCPV fournit à tous les stades de la procédure une assistance juridique aux victimes et à leurs représentants légaux, assurant ainsi leur participation effective à la procédure et la préservation de leurs droits. Le BCPV relève du greffe uniquement sur le plan administratif mais fonctionne comme un bureau totalement indépendant.[204]

Pour avoir droit à la réparation, une victime ne doit nécessairement pas avoir participé à la procédure. En effet, une victime qui n'a pas participé à la procédure peut très bien faire une demande de réparation et la cour peut même lui accorder une réparation d'office.[205]

En ce qui concerne le témoin, le bureau du procureur, la défense ou les victimes participant aux procédures peuvent demander aux victimes ou à toute autre personne ayant été témoin de crimes de témoigner devant la cour. Dans ce cadre, la cour les protège, les conseille et les assiste de manière appropriée.[206]

Le bureau du procureur choisit les témoins en fonction de la pertinence de leur témoignage, de leur fiabilité et de leur crédibilité. Afin de garantir la sécurité des témoins qui viennent déposer devant la cour, celle-ci met à leur disposition des moyens d'ordre administratif et logistique et elle veille à ce que cette expérience ne soit pas à l'origine d'autres préjudices, souffrances ou traumatisme. Par exemple, la cour peut, à titre exceptionnel, ne pas révéler leur identité à la presse et au public, en tenant une partie des audiences à huis clos, ou en utilisant des moyens électroniques ou d'autres moyens spéciaux pour camoufler les éléments de preuve dans la salle d'audience. Une attention particulière est accordée aux besoins spécifiques des enfants, des personnes âgées, des personnes handicapées et des victimes de violences sexuelles ou sexistes. Les sections concernées de la cour sont

---

[202] Idem, page 48.
[203] Ibidem.
[204] Ibidem.
[205] Idem, page 50.
[206] CPI, Op.cit, page 50.

informées, formées et assistées quant à la manière de garantir la sécurité et le bien-être des victimes et des témoins.[207]

Les témoins ne sont pas obligés de témoigner. La cour n'oblige pas un témoin à comparaître devant elle pour apporter, sans qu'il le veuille, son témoignage.[208]

Différentes mesures ont été mises en place afin de prévenir tout faux témoignage. Avant de témoigner, chaque témoin prend l'engagement de communiquer à la cour des éléments de preuve véridiques. Les juges ont le pouvoir d'évaluer librement l'ensemble des éléments de preuve produits, afin de déterminer leur pertinence ou leur recevabilité. La cour peut sanctionner un faux témoignage en condamnant son auteur à une peine d'emprisonnement, dont la durée ne peut excéder 5 ans, et/ou en lui imposant le paiement d'une amende.[209]

En ce qui concerne le procès, il est ici question d'un procès pénal international.

Pour mieux cerner ces termes, nous utiliserons une approche à la fois extensive et restrictive. L'approche extensive concerne le procès pénal. Nous l'entendrons dans un sens large qui comprend non seulement la phase du procès proprement dit, c'est-à-dire la phase de l'instruction à l'audience et des débats, mais aussi toutes les autres étapes de la procédure pénale. Concrètement, l'expression « procès pénal » prise au sens large englobe aussi bien la phase préparatoire que la phase juridictionnelle.[210]

L'approche restrictive concerne, elle, l'épithète « international ». Elle désigne un procès se déroulant devant une juridiction pénale internationale.[211]

Bref, il revient au procureur et non aux États, encore moins au Conseil de Sécurité de décider de l'opportunité d'ouvrir une enquête, d'engager des poursuites ou de ne pas engager des poursuites. Seul le procureur est compétent pour décider en fonction des intérêts de la justice. Il a cependant l'obligation d'informer la chambre préliminaire de sa décision. Le pouvoir d'appréciation sur la question de savoir si les présomptions de la commission d'un crime commis ou en train de se commettre sont sérieuses, ou si l'État ayant compétence peut et/ou veut mener à bien l'enquête ou les poursuites demeure de la compétence du procureur.

Les prérogatives du procureur sont importantes, l'emploi du vocable « tant à charge qu'à décharge de l'article 54, paragraphe 1, alinéa a, du Statut de Rome le rapproche de celles du juge d'instruction »[212]

---

[207] Ibidem.
[208] Ibidem.
[209] CPI, Op.cit, pp. 50-51.
[210] Ghislain Mabanga Monga Mabanga, Op.cit, page 21.
[211] Ibidem.

Le procureur peut dialoguer avec les États et des organisations, entendre qui il veut et maintenir confidentiels les éléments de preuve qu'il aurait recueillis tout en assurant la protection des témoins le cas échéant. Et, conformément à l'article 58, paragraphe 1 et paragraphe 7, alinéa 6, du statut, seule la chambre préliminaire délivre sur enquête du procureur un mandat d'arrêt ou une citation à comparaître.

En ce qui concerne la confirmation des charges, qui constitue une étape de la procédure, il s'agit d'une véritable audience au terme de laquelle tout doit être en place pour que le procès se déroule dans les meilleures conditions possibles. Cette audience met un point final à la phase préalable et sera vraisemblablement une étape importante. En effet, les juges devront veiller à ce que la défense du suspect soit organisée. La chambre préliminaire aura a priori en sa possession la copie de l'intégralité du dossier et, en fonction de sa consistance et des éléments de preuve qui seront présentés par les parties, elle décidera, le cas échéant, en vertu du paragraphe 7 confirmant les charges, de renvoyer le suspect devant une chambre de 1ère instance pour y être jugé. La procédure ne sera pas, en l'espèce, pilotée par le procureur mais par le juge.[213]

Le procès quant à lui constitue l'aboutissement de l'œuvre de la Cour pénale internationale, il se conclut par l'établissement de l'innocence ou de la culpabilité du présumé auteur des crimes internationaux. La conduite du procès revient exclusivement à la chambre de 1ère instance, et l'article 74 du Statut de Rome fait obligation aux juges de la chambre de 1ère instance d'assister personnellement à chaque phase du procès et à l'intégralité des débats. Cette chambre a aussi l'obligation de veiller à l'impartialité, à l'équilibre du procès, à l'équité et à la célérité du procès. Les droits des accusés, des témoins et des victimes doivent être respectés.

Enfin, le jugement doit être complet et suffisamment motivé. On y mettra les contestations de la chambre de 1ère instance sur les preuves et les conclusions, les vues de la majorité et de la minorité au cas où l'unanimité a fait défaut. Le jugement est lu et prononcé en audience publique.[214]

---

212 Lumpungu Nsukadi Musengo, « La justice pénale internationale dans la lutte contre l'impunité des crimes internationaux en RDC », mémoire de licence, Université protestante au Congo, Faculté de droit, 2008-2009, page 86.

213 Ibidem.

214 Lumpungu Nsukadi Musengo, Op.cit, page 87.

## 7. PRINCIPES GÉNÉRAUX DU DROIT PÉNAL

Au terme des articles 22 jusqu'à 33 du Statut de la CPI, il est énoncé une série de principes généraux du droit pénal dont la majeure partie est fort confortable à ceux du droit pénal interne des États.[215]

Le Statut de Rome prévoit dans son chapitre III les grands principes du droit pénal qui viennent bouleverser quelque peu les pratiques judiciaires.[216]

### 7.1. Nullum crimen sine lege

Une personne n'est responsable pénalement que si son comportement constitue un crime relevant de la compétence de la Cour pénale internationale au moment où ce crime se produisait.[217]

### 7.2. Nulla poena sine lege

Une personne qui a été condamnée par la cour ne peut être punie que conformément aux dispositions du Statut de Rome.[218]

Selon ce principe, une personne qui a été condamnée par la cour ne peut être punie que conformément aux dispositions prévues dans le Statut de Rome, c'est-à-dire ne peut être punie d'une peine qui n'existait pas au moment de la commission du crime.[219]

### 7.3. Non-rétroactivité ratione personae

Nul n'est pénalement responsable pour un comportement antérieur à l'entrée en vigueur du Statut de Rome. Si le droit applicable à une affaire est modifié avant le jugement définitif, c'est le droit le plus favorable à la

---

215 Ali Moponda Saïdi Bruno, « La problématique de la compétence des juridictions pénales congolaises face aux crimes internationaux prévus dans le Traité de Rome portant création de la CPI », travail de fin de 1er cycle, Faculté de droit, Université de Kinshasa, 2005-2006, page 16.

216 Mayulu Mambiki, « Lecture critique des actions de la justice pénale internationale en RDC : état de la question et perspectives d'avenir », Université protestante au Congo, Faculté de droit, 2008-2009, page 26.

217 Lire article 22 du Statut de Rome de la Cour pénale internationale.

218 Lire article 23 du Statut de Rome de la Cour pénale internationale.

219 Luzolo Bambi Lessa, « Le Statut de Rome instituant la Cour pénale internationale et le droit congolais », inédit, cité par Mayulu Mambiki, mémoire de licence en droit, Université protestante, 2008-2009, page 26.

personne faisant l'objet d'une enquête, des poursuites ou d'une condamnation qui s'applique.[220]

La cour ne pourra exercer sa compétence qu'à l'égard des crimes postérieurs à son entrée en vigueur, c'est-à-dire commis à partir du 1er juillet 2002.[221]

### 7.4. Responsabilité pénale individuelle

La cour est compétente à l'égard des personnes physiques, et quiconque commet un crime relevant de sa compétence est individuellement responsable et peut être puni conformément au Statut de Rome.[222]

La cour consacre, à la différence du Tribunal de Nuremberg qui admettait la responsabilité des personnes morales, la responsabilité individuelle des personnes physiques qui commettent un crime relevant de sa compétence. Selon ce principe, tout auteur d'un acte qui constitue un crime relevant de la compétence de la cour est responsable de ce crime et passible de son châtiment.[223]

### 7.5. Incompétence de la cour à l'égard des personnes de moins de dix-huit ans

La cour n'a pas compétence à l'égard d'une personne qui était âgée de moins de 18 ans au moment de la commission prétendue d'un crime.[224]

La cour fixe la majorité pénale à 18 ans. Est donc pénalement responsable au regard du Statut de Rome toute personne ayant 18 ans accomplis au moment de la commission du crime.[225]

### 7.6. Défaut de pertinence de la qualité officielle

La qualité officielle de chef d'État ou de gouvernement, de membre d'un gouvernement ou d'un Parlement, de représentant élu ou d'agent d'un État n'exonère en aucun cas de la responsabilité pénale au regard du Statut

---

220 Lire article 24 du Statut de Rome de la Cour pénale internationale.

221 Luzolo Bambi Lessa, « Le Statut de Rome instituant la Cour pénale internationale et le droit congolais », inédit, cité par Mayulu Mambiki, mémoire de licence en droit, Université protestante, 2008-2009, page 26.

222 Lire article 25 du Statut de Rome de la Cour pénale internationale.

223 Mayulu Mambiki, « Lecture critique des actions de la justice pénale internationale en RDC : état de la question et perspectives d'avenir », Université protestante au Congo, Faculté de droit, 2008-2009, page 26.

224 Lire article 26 du Statut de Rome de la Cour pénale internationale.

225 Luzolo Bambi Lessa, « Le Statut de Rome instituant la Cour pénale internationale et le droit congolais », inédit, cité par Mayulu Mambiki, mémoire de licence en droit, Université protestante au Congo, 2008-2009, page 27.

de Rome, pas plus qu'elle ne constitue en tant que telle un motif de réduction de peine.[226]

Les immunités ou règles de procédure spéciale qui peuvent s'attacher à la qualité officielle d'une personne, en vertu du droit interne ou du droit international, n'empêchent pas la cour d'exercer sa compétence à l'égard de cette personne.[227]

Le fait que l'auteur d'un acte qui constitue un crime relevant de la compétence de la cour a agi en qualité de chef d'État ou de gouvernement ne dégage pas sa responsabilité en droit international. Ce principe permet d'empêcher qu'un individu qui a commis un crime puisse invoquer sa qualité officielle de manière à bénéficier d'une immunité même s'il prétend avoir agi dans le cadre de ses fonctions.[228]

### 7.7. Responsabilité des chefs militaires et autres supérieurs hiérarchiques

Outre les autres motifs de responsabilité pénale, un chef militaire ou une personne faisant effectivement fonction de chef militaire, est pénalement responsable des crimes relevant de la compétence de la cour, commis par des forces placées sous son commandement et son contrôle effectif selon le cas, lorsqu'il ou elle n'a pas exercé le contrôle qui convenait sur ces forces…[229]

Le fait qu'un crime relevant de la compétence de la cour a été commis sur ordre d'un gouvernement ou d'un supérieur, civil ou militaire, n'exonère pas la personne qui l'a commis de sa responsabilité pénale, à moins que cette personne n'ait pas eu l'obligation légale d'obéir aux ordres du gouvernement ou du supérieur en question ; la personne n'a pas su que l'ordre était illégal ou l'ordre n'était manifestement pas illégal.[230]

Toutefois, l'ordre de commettre un génocide et un crime contre l'humanité est toujours manifestement illégal.[231]

Il est à noter que les crimes relevant de la compétence de la cour ne se prescrivent pas.[232]

Pour ce qui concerne la nature et la gravité des crimes prévus par le Statut de Rome, leur imprescriptibilité était évidente car la justice pénale

---

[226] Lire article 27 du Statut de Rome de la Cour pénale internationale.

[227] Ibidem.

[228] Luzolo Bambi Lessa, « Le Statut de Rome instituant la Cour pénale internationale et le droit congolais », inédit, cité par Mayulu Mambiki, mémoire de licence en droit, Université protestante au Congo, 2008-2009, page 27.

[229] Lire article 28 du Statut de Rome de la Cour pénale internationale.

[230] Luzolo Bambi Lessa, « Le Statut de Rome instituant la Cour pénale internationale et le droit congolais », inédit, cité par Mayulu Mambiki, mémoire de licence en droit, Université protestante au Congo, 2008-2009, page 27.

[231] Lire article 33 du Statut de Rome de la Cour pénale internationale.

[232] Lire article 29 du Statut de Rome de la Cour pénale internationale.

internationale est plus que jamais résolue d'en découdre avec la culture de l'impunité.[233]

## 8. Comment peut-on saisir la Cour pénale internationale ?

La CPI peut être saisie de trois manières :

- Saisine par un État-partie
  La CPI peut être saisie par une requête d'un État ayant ratifié le Statut de Rome créant la Cour pénale internationale.
- Saisine par le Conseil de Sécurité
  Le Statut de Rome créant la CPI permet au Conseil de Sécurité des Nations-Unies de saisir la cour pour des crimes commis sur le territoire d'un État. Le cas du conflit du Darfour au Soudan en est une illustration. Dans ce cas, la cour est compétente même si les crimes ont été commis sur le territoire d'un État qui n'a pas ratifié le Statut de Rome.
- Saisine par le procureur
  Le Statut de Rome créant la CPI permet aussi au procureur de la CPI de saisir la cour et d'ouvrir par son initiative des enquêtes.

Nous ne saurons clore ce chapitre ayant trait à la présentation de la CPI sans faire ressortir de manière claire et précise la différence et la relation qui existent entre d'une part la CPI et le Conseil de Sécurité (1) et d'autre part entre la CPI, l'ONU et l'Assemblée des États-parties (2).

## 9. Relations avec l'ONU et l'Assemblée des États-parties

### 9.1. La CPI et l'ONU

#### *9.1.1. La CPI et le Conseil de Sécurité*

Le principe d'une juridiction universelle indépendante s'est souvent heurté à la structure même de la société internationale, fondée sur la souveraineté étatique. C'est cette dernière qui a servi de fondement à l'organisation de la société internationale, aujourd'hui incarnée par l'Organisation des Nations unies.

---

[233] Ali Moponda Saïdi Bruno, « La problématique de la compétence des juridictions pénales congolaises face aux crimes internationaux prévus dans le Traité de Rome portant création de la CPI », travail de fin de 1er cycle, Faculté de droit, Université de Kinshasa, 2005-2006, page 14.

Or, si une justice indépendante peut, dans un système démocratique, émaner d'une communauté nationale, il lui est singulièrement plus difficile de le faire, à l'identique, au niveau d'une société composée d'entités souveraines que des intérêts peuvent, tour à tour, rapprocher ou séparer.[234]

La création d'une instance judiciaire internationale a toujours été confrontée à cette difficulté. La Cour internationale de Justice elle-même, organe judiciaire de l'ONU, en est un premier exemple : elle ne peut concerner que les États qui ont accepté sa création et sa juridiction, sachant qu'une soixantaine d'entre eux dont la France et les États-Unis ont, par déclaration, précisé qu'ils n'acceptaient plus a priori, après des décisions de la cour qu'ils avaient contestées, sa juridiction obligatoire.[235]

La Cour pénale internationale reflète cette contradiction, tant par certaines dispositions de son statut que par les conditions qui ont entouré sa négociation. Conçue pour transcender les blocages que pourraient poser certains États à la mise en jugement d'auteurs de crimes particulièrement odieux, elle n'en doit pas moins recourir, pour être efficace, à leur coopération. Surtout, le Conseil de Sécurité des Nations-Unies, qui incarne cette souveraineté des États et la prééminence de certains d'entre eux, et que certains des promoteurs de la cour entendaient contourner, tient un rôle non négligeable dans le dispositif final.[236]

### *9.1.2. Droit de saisine*

L'article 2 du Statut de Rome réaffirme clairement que : « La cour est liée aux Nations-Unies par un accord qui doit être approuvé par l'Assemblée des États-parties au présent statut, puis conclu par le président de la cour au nom de celle-ci. » Car il était clair, dès le départ, que la CPI ne devait pas être créée par le Conseil de Sécurité, cela pour éviter une justice sélective, où les membres permanents de celui-ci la contrôleraient tout en étant eux-mêmes exclus a priori de l'exercice de sa compétence en raison de leur droit de veto.[237]

Le Statut de la CPI reconnaît au Conseil de Sécurité un double rôle : il peut tout d'abord la saisir, ce qui confère d'ailleurs à la cour une compétence accrue par rapport aux autres cas de saisine. Il peut enfin suspendre les enquêtes et les poursuites qu'elle serait en train de conduire pour une période de 12 mois renouvelables.[238]

---

[234] Grégory Berkovicz, « La place de la Cour pénale internationale dans la société des États », thèse de doctorat, Université de Caen, Éd. L'Harmattan, 2005, page 313.
[235] Idem, pp. 313-314.
[236] Idem, page 314.
[237] Grégory Berkovicz, « La place de la Cour pénale internationale dans la société des États », thèse de doctorat, Université de Caen, Éd. L'Harmattan, 2005, page 314.
[238] Idem, page 315.

L'article 13 du statut précise que : « La cour peut exercer sa compétence à l'égard des crimes visés à l'article 5, conformément aux dispositions du présent statut : a) si une situation dans laquelle un ou plusieurs de ces crimes paraissent avoir été commis est déférée au procureur par un État-partie, comme prévu à l'article 14 ; b) si une situation dans laquelle un ou plusieurs de ces crimes paraissent avoir été commis est déférée au procureur par le Conseil de Sécurité agissant en vertu du chapitre VII de la charte des Nations-Unies ; ou c) si le procureur a ouvert une enquête sur un ou plusieurs de ces crimes en vertu de l'article 15. »

Cet article ne fait qu'énumérer les conditions dans lesquelles la cour peut exercer sa compétence à l'égard de quatre crimes visés à l'article 5. Cette disposition d'ordre général vise à rappeler que la cour peut être saisie par un État-partie dans les termes de l'article 14, par le Conseil de Sécurité, dès lors qu'il agit en vertu du chapitre VII de la charte des Nations-Unies ou d'office par le procureur dans les conditions déterminées à l'article 15.[239]

On observera que la saisine de la cour par le Conseil de Sécurité ne fait l'objet, contrairement à sa saisine par un État ou d'office, d'aucune disposition particulière. En effet, à l'origine, c'est au Conseil de Sécurité que les États ont pensé, et parfois de façon exclusive, pour détenir la faculté d'enclencher une procédure devant la cour. En outre, la primauté du Conseil de Sécurité provient du fait que sa saisine aura force obligatoire pour tous les États-membres de l'ONU, qu'ils soient ou non partie au Statut de Rome.[240]

Le Conseil de Sécurité ne peut saisir la cour que dans le cadre du chapitre VII de la charte des Nations-Unies, c'est-à-dire « en cas de menace contre la paix, de rupture de la paix et d'acte d'agression ».[241]

### *9.1.3. Pouvoir de suspension*

L'article 16 du Statut de Rome prévoit la possibilité pour le Conseil de Sécurité d'imposer à la cour de ne pas commencer ou continuer des enquêtes ou poursuites pendant une période de 12 mois, renouvelable sans limitation. La suspension doit se faire à la suite d'une résolution positive adoptée en vertu du chapitre VII de la charte des Nations-Unies. Autrement dit, pour que la cour se voie temporairement refuser la faculté d'exercer sa compétence, il faut une décision du Conseil de Sécurité en ce sens, ce qui veut dire qu'il suffit du veto d'un seul membre permanent pour que la cour ait compétence. D'une certaine manière, le rôle habituel du veto est ainsi inversé.[242]

---

[239] William Bourdon et Emmanuel Duverger, Op.cit, page 82.
[240] William Bourdon et Emmanuel Duverger, Op.cit, page 82.
[241] Grégory Berkovicz, « La place de la Cour pénale internationale dans la société des États », thèse de doctorat, Université de Caen, Éd. L'Harmattan, 2005, page 315.
[242] Idem, page 317.

La rédaction de cet article 16 du Statut de Rome est le fruit d'un compromis extrêmement difficile intervenu après de très longues et intenses discussions. Pour beaucoup d'organisations de défense des droits de l'homme, il s'agit d'une disposition funeste, les judiciaires étant battues en brèche par le politique qui, à tout moment, peut brider, pour une durée de 12 mois renouvelable, l'action de la cour.[243]

*9.1.4. Accord avec l'ONU*

L'article 2 du Statut de Rome réaffirme clairement que : « La cour est liée aux Nations-Unies par un accord qui doit être approuvé par l'Assemblée des États-parties au présent statut, puis conclu par le président de la cour au nom de celle-ci. »

Un tel accord a effectivement été signé entre la CPI et l'ONU, conformément aux dispositions de la charte des Nations-Unies, par lequel l'organisation reconnaît la cour en tant qu'institution judiciaire permanente indépendante. Cet accord rappelle également que les deux institutions, en vue de faciliter l'exercice effectif de leurs responsabilités respectives, conviennent de collaborer étroitement, en cas de besoin, et de se consulter sur les questions d'intérêt mutuel.[244]

Pour ce faire, la cour peut se faire assister et participer aux travaux de l'Assemblée générale des Nations-Unies en qualité d'observatrice. Et lorsque le Conseil de Sécurité examine des questions ayant trait aux activités de la cour, le président de celle-ci ou le procureur peuvent, à l'invitation du conseil, prendre la parole devant celui-ci pour lui apporter assistance à propos des questions relevant de la compétence de la cour.[245]

Sous réserve des dispositions applicables du RPP, l'ONU est invitée en permanence à assister aux audiences publiques des chambres de la cour ayant trait à des affaires qui intéressent l'organisation.[246]

De même, l'ONU et la CPI peuvent échanger dans toute la mesure du possible des informations et des documents d'intérêt mutuel. Par exemple, le Secrétaire général de l'ONU peut communiquer à la CPI des informations sur les éléments nouveaux concernant le statut qui intéressent les travaux de la cour, notamment des informations sur les communications reçues par le Secrétaire général en sa qualité de dépositaire du statut.[247]

---

[243] William Bourdon et Emmanuel Duverger, Op.cit, page 90.

[244] Grégory Berkovicz, « La place de la Cour pénale internationale dans la société des États », thèse de doctorat, Université de Caen, Éd. L'Harmattan, 2005, page 322.

[245] Idem, pp. 322-323.

[246] Idem, page 323.

[247] Grégory Berkovicz, « La place de la Cour pénale internationale dans la société des États », thèse de doctorat, Université de Caen, Éd. L'Harmattan, 2005, page 323.

L'ONU peut également lui fournir tous renseignements ou documents que la CPI peut demander conformément à l'article 87-6. En particulier, dans le cas où la divulgation des renseignements ou des documents, ou la fourniture d'autres formes de coopération pourraient mettre en danger la sécurité du personnel envoyé ou ayant été employé par l'ONU ou compromettraient autrement la sécurité ou le bon déroulement de toute opération ou activité de l'organisation, la cour peut ordonner, en particulier à la demande de l'ONU, des mesures de protection appropriées.[248]

Globalement, il est entendu que l'ONU et la CPI ne ménagent aucun effort pour coopérer au maximum afin d'éviter les doubles emplois dans la collecte, l'analyse, la publication et la diffusion d'informations sur des questions d'intérêt commun. Par cet accord, elles se sont engagées à conjuguer leurs efforts.[249]

### 9.2. La CPI et l'Assemblée des États-parties

L'Assemblée des États-parties, conformément à l'article 112 du Statut de Rome, est composée d'un représentant de chacun de ces États et, à titre d'observateur, d'un représentant de chacun des États signataires du statut ou de l'acte final. Elle examine et adopte les recommandations de la commission préparatoire, donne des orientations générales d'administration de la cour, examine et arrête le budget de celle-ci et étudie toute question relative à la non-coopération.[250]

Enfin, pour terminer ce chapitre, nous disons que la CPI est une cour indépendante ; ses décisions se fondent sur des critères juridiques et sont délivrées par des juges indépendants et impartiaux, conformément aux dispositions de son traité fondateur, le Statut de Rome, et d'autres juridiques régissant ses travaux.

La CPI s'intéresse à tous les pays qui ont accepté sa compétence ; ces pays se trouvent sur différents continents dont l'Afrique. C'est une cour fondée sur un traité, ce qui signifie qu'en devenant parties au statut les États acceptent volontairement la compétence de la cour. Trois des cinq situations sur lesquelles enquête actuellement la CPI ont été déférées à la cour par des gouvernements africains ; entre 2003 et 2005, les gouvernements de la RDC, de l'Ouganda et de la République centrafricaine ont renvoyé à la CPI des situations ayant lieu sur leurs propres territoires. La quatrième situation, le Darfour, a été déférée par une résolution du Conseil de Sécurité de l'ONU prise en vertu du chapitre VII de la charte de cette dernière et conformément à l'article 13 du Statut de Rome.[251]

---

[248] Ibidem.

[249] Idem, pp. 323-324.

[250] Idem, page 283.

[251] CPI, « Mieux comprendre la Cour pénale internationale », 2008, page 18.

Les pays africains ont largement contribué à l'instauration de la cour et ont influencé la décision de créer un bureau du procureur indépendant. En 1997, la Communauté de développement d'Afrique australe avait activement soutenu la proposition de créer la CPI ; son annonce sur cette question avait été endossée par les participants au Séminaire africain, à Dakar en février 1999, lors de leur déclaration sur l'instauration de la CPI. À la Conférence de Rome, les déclarations les plus significatives qui furent faites au sujet de la cour émanaient de l'Afrique. Plusieurs États africains ont vu dans cette cour un moyen de prévenir les crimes que d'autres États, voisins ou autres, seraient susceptibles de commettre sur leur territoire.[252]

Sans le soutien de nombreux pays africains, le Statut de Rome n'aurait peut-être jamais été adopté. Quarante-trois pays africains sont actuellement signataires du Statut de Rome dont plus de trente l'ont ratifié et sont donc parties au statut, faisant ainsi de l'Afrique la région la plus largement représentée parmi les membres de la CPI. La confiance et le soutien ne venaient pas seulement des gouvernements mais aussi, et c'est fondamental, des organisations de la société civile de ces pays.[253]

La cour a également bénéficié de l'expérience professionnelle d'Africains. Cinq des dix-huit juges actuels de la CPI sont des Africains : Fatoumata Dembélé Diara (Mali), Akua Kuenyehia (Ghana), Daniel David Ntanda Nsereko (Ouganda), Joyce Alouch (Kenya) et Sanji Mmasenono (Botswana). Plusieurs Africains occupent des postes de haute responsabilité à la CPI, dont le procureur adjoint Fatou Bensouda (Gambie) et le greffier adjoint Didier Preira (Sénégal).[254]

Pour nous résumer, rappelons que l'idée d'une justice internationale destinée à réprimer les crimes de génocide, de guerre et contre l'humanité a été matérialisée avec l'entrée en vigueur du Statut de Rome et le fonctionnement effectif de la Cour pénale internationale à partir du 1er juillet 2002.

Mais la genèse de cette idée remonte à plus de trois siècles et comporte comme jalon pionnier la Déclaration française des droits de l'homme et du citoyen qui, en 1789, a constitué le socle de la Révolution française. L'évolution de cette idée a été marquée par la naissance de la Croix rouge dans la foulée des guerres entre États européens dans la deuxième moitié du 19e siècle, et par l'initiative de la Société des Nations devant l'ampleur de l'horreur des guerres mondiales (la seconde surtout).

Le caractère militaire et temporaire, voire partial, des juridictions organisées dans ces contextes ne pouvait pas entièrement satisfaire la double exigence d'une justice applicable à tous les criminels – civils comme militaires – et d'un fonctionnement permanent et indépendant d'une

---

252 Ibidem.

253 CPI, « Mieux comprendre la Cour pénale internationale », 2008, page 18.

254 Idem, pp. 18-19.

juridiction tirant sa légitimité des conventions internationales. D'où la nécessité et la pertinence de la Cour pénale internationale.

Après la description de ses caractéristiques, le lecteur a découvert les structures, les attributions, les compétences, les modes de saisines de la CPI. Les relations entre celle-ci d'une part, l'ONU et l'Assemblée des États-parties d'autre part ont également été mises en relief, avant l'exposition des principes généraux du droit pénal à la fois dans leur harmonie et dans leur disharmonie avec le droit interne des États.

Le poids des États africains dans l'entrée en vigueur du Stat de Rome ne peut être négligé. Ce poids est le gage d'une confiance incontestable dans l'efficience et l'efficacité de la justice internationale.

La RD Congo, qui compte parmi les soixante États dont la ratification a permis l'entrée en vigueur du Statut de Rome, a saisi la CPI au sujet des crimes de génocide, des crimes de guerre et des crimes contre l'humanité dont son territoire est devenu un théâtre constant. La deuxième partie de notre étude a pour objet justement de décrire la crise congolaise, d'exposer le dossier de saisine de la CPI par les autorités congolaises et de faire le bilan des démarches de leur État auprès de la Haye.

# Partie II

# La crise congolaise et la Cour pénale internationale

La RD Congo est l'un des pays du monde qui sont presque constamment, depuis un demi-siècle, ballottés par des turbulences sociopolitiques à répétition. Crises politiques de légitimité, rébellions, guerres civiles, catastrophes humanitaires... sont autant de drames qui caractérisent l'histoire de ce pays qui, depuis son accession à l'indépendance, figure parmi ceux qu'on pourrait appeler les *pays de mauvaises nouvelles.*

La communauté internationale s'est, on s'en souvient, déjà à maintes reprises portée au secours et au chevet de la RD Congo, déléguant dès les années soixante une mission de la MONUCONGO, organisant de nombreuses missions humanitaires, dépêchant au lendemain des dernières crises le contingent le plus important des casques bleus sous le label de la MONUSCO.

Mais les turbulences secouant la RD Congo étant accompagnées de graves violations des droits de l'homme, des crimes de guerre, des crimes contre l'humanité et des atteintes à la souveraineté nationale, l'État congolais, dépourvu de moyens matériels pour mettre fin à tous ces fléaux et poursuivre les auteurs de diverses exactions, s'est tourné vers la justice pénale internationale. Il a non seulement ratifié le Statut de Rome, mais saisi la Cour pénale internationale pour la poursuite des auteurs des crimes qui ont tragiquement endeuillé sa population.

La genèse, l'évolution, l'avènement, les structures, les compétences et les mécanismes de fonctionnement de la CPI ont été exposés au long de la première partie de notre étude.

Dans cette deuxième partie de notre ouvrage, le lecteur est appelé à découvrir les grandes facettes de la crise congolaise (Chapitre I), ainsi que les démarches entreprises par l'État congolais auprès de la CPI en vue de la répression des crimes de guerre, des crimes contre l'humanité, et, peut-être bientôt, des crimes d'agression commis sur son territoire (Chapitre II). Un bref bilan rend compte de la suite réservée par la CPI aux dossiers congolais, permettant de distinguer ce qui a déjà été fait de ce qui reste à faire.

Dans cette deuxième partie de notre ouvrage, le lecteur est appelé à découvrir les démarches entreprises par l'État congolais auprès de la CPI en vue de la répression des crimes de guerre, des crimes contre l'humanité, et peut-être bientôt des crimes d'agression commis sur son territoire (Chapitre I). Ainsi que les dispositions internes envisagées par la RD Congo (Chapitre II).

# Chapitre I
# Les dossiers congolais devant la CPI

La lecture des horreurs décrites dans le chapitre précédent donne la mesure et l'ampleur des violations des droits de l'homme dont sont auteurs les seigneurs de guerre, les troupes d'invasion et des éléments des forces armées de la RD Congo. Mais ces horreurs ne sont que l'arbre qui cache la forêt, et la situation congolaise, à elle seule, aurait pu mériter l'instauration d'un tribunal pénal international ad hoc, les juridictions militaires s'avérant inappropriées pour juger les civils.

L'État congolais a donc saisi la CPI et présenté des dossiers incriminant des auteurs des crimes de guerre et des crimes contre l'humanité. Le présent chapitre fait découvrir les démarches effectuées par la RD Congo auprès de la juridiction pénale internationale de la Haye, ainsi que des dispositions prises sur le plan interne pour favoriser la collaboration entre la justice nationale congolaise et la CPI.

## 1. Actes posés par la RD Congo face au Statut de Rome

### 1.1. Les capotages du projet d'un Tribunal international ad hoc pour la RD Congo

Cette idée, émise par l'opinion congolaise, a été matière à controverse avant de révéler son infaisabilité suite à des difficultés matérielles et financières, et suite au manque d'engouement de la communauté internationale.

Les actes significatifs posés par la RD Congo à la suite de la naissance de la CPI sont principalement :

- la ratification du Statut de Rome : elle a eu lieu suite au Décret-loi n° 043/2002 du 30 mars 2002 ;
- la saisine de la CPI pour des violations commises sur le territoire congolais : elle a eu lieu à travers la requête introduite par le Président Joseph Kabila le 3 mars 2004, concernant l'ensemble de la situation prévalant sur le territoire congolais depuis le 1er juillet 2002, et dans laquelle il souligna que les tribunaux congolais n'avaient pas les moyens matériels pour s'occuper des crimes aussi graves ;
- la signature d'accords : un accord d'assistance judiciaire a été signé le 6 octobre 2004, tandis qu'un accord intérimaire sur les privilèges

et immunités de la CPI sur le territoire congolais a été signé le 12 octobre 2004.

## 2. Conséquences

### 2.1. Ratification du Statut de Rome

La ratification signifie l'approbation d'un traité par les organes internes compétents pour engager internationalement l'État. (Le plus souvent, le chef d'État avec l'autorisation du Parlement). La ratification, qui est discrétionnaire, doit être communiquée aux contractants : échange (traités bilatéraux) ou dépôt (traités multilatéraux) des ratifications.[255]

Le caractère discrétionnaire de la ratification résulte de l'époque moderne. Jusqu'au 18e siècle, la ratification apparaît comme la confirmation du mandat confié par le souverain à son plénipotentiaire. Et, sous réserve de l'excès du pouvoir commis par le représentant, le principe est de ratifier. Et, le refus de ratifier est considéré comme la méconnaissance du principe de bonne foi.[256]

Aujourd'hui, la ratification présente un caractère discrétionnaire. Toutefois, elle constitue toujours un moyen pour le chef de l'exécutif d'exprimer le consentement définitif de l'État après un certain délai de réflexion. Avec l'évolution des idées démocratiques, elle permet aux Parlements nationaux de contrôler l'action du gouvernement en matière de politique étrangère et d'engagements internationaux.

La ratification et les procédures équivalentes sont soumises à un régime particulier. En effet, si elle n'est pas obligatoire, et qu'aucun délai n'est prescrit, elle produit pourtant des effets contraignants.[257]

La procédure de ratification varie selon les ordres juridiques. Elle peut être l'œuvre exclusive de l'exécutif (régime d'exception), du législatif (régime d'assemblée) ou d'une compétence partagée entre l'exécutif et le législatif. Dans ce dernier cas, le législatif accorde l'autorisation de ratifier au moyen d'une loi, et l'exécutif ratifie au moyen d'un décret...[258]

En RDC, l'article 213 de la Constitution précise que : « le Président de la république négocie et ratifie les traités et accords internationaux. Le gouvernement conclut les accords internationaux non soumis à la ratification après délibération en conseil des ministres. Il en informe l'Assemblée nationale et le Sénat ».[259]

---

[255] Lexique des termes juridiques, 17e édition, Dalloz, 2010, page 594.

[256] Delphine Emmanuel Adouki, *Droit international public, Tome 1 : Les sources*, Éd. L'Harmattan, 2002, page 91.

[257] Ibidem.

[258] Delphine Emmanuel Adouki, Op.cit, page 91.

[259] Lire la Constitution de la RDC, article 213.

L'article 214 de la Constitution stipule : « les traités de paix, les traités de commerce, les traités et accords relatifs aux organisations internationales et au règlement des conflits internationaux, ceux qui engagent les finances publiques, ceux qui modifient les dispositions législatives, ceux qui sont relatifs à l'état des personnes, ceux qui comportent échange et adjonction de territoire ne peuvent être ratifiés ou approuvés qu'en vertu d'une loi. Nulle cession, nul échange, nulle adjonction de territoire n'est valable sans l'accord du peuple congolais consulté par voie de référendum ».[260]

La ratification, expression de son engagement définitif, relève de la compétence discrétionnaire de l'État. Il n'existe pas en l'état actuel du droit international public une obligation qui pèserait sur l'État et qui l'obligerait à ratifier un instrument international à l'élaboration duquel il a participé. Le principe s'applique malgré quelques tentatives faites en vue d'imposer le caractère obligatoire et inéluctable de la ratification.[261]

C'est donc en âme et conscience, et de manière libre et sans contrainte que, le 30 mars 2002, le chef d'État de la RD Congo a promulgué le Décret-loi n° 043/2002 autorisant la ratification du Statut de Rome de la Cour pénale internationale.

Promulguer signifie : « donner l'ordre d'exécuter une loi ou un traité dans la teneur où ils ont été adoptés après avoir vérifié la régularité de leur élaboration ; déclarer exécutoire la loi ou le traité, en encadrant le texte de formules consacrées ».[262]

Le professeur Francis Wodie Vanga de l'Université d'Abidjan dit que « la promulgation est un acte par lequel le Président de la république rend exécutoire une loi ou un traité ».[263]

Le 3 mars 2004, le chef d'État de la RD Congo a saisi par requête la CPI de l'ensemble de la situation sur son territoire pour des crimes commis depuis le 1er juillet 2002. Par situation, il nous faudrait comprendre plusieurs affaires en rapport avec les crimes de génocide, les crimes de guerre et les crimes contre l'humanité commis sur toute l'étendue du territoire de la RD Congo.

En principe, en ratifiant le Statut de Rome de la Cour pénale internationale, la RD Congo acceptait implicitement de se soumettre à la juridiction de celle-ci ; c'est-à-dire, elle acceptait le principe de la primauté du droit international sur le droit interne. Toutefois, ce principe est mis en échec par la règle de complémentarité du Statut de Rome.

---

260 Lire la Constitution de la RDC, article 214.

261 Delphine Emmanuel Adouki, Op.cit, page 92.

262 Gérard Cornu et Henri Capitant, *Vocabulaire juridique*, Quadrige/PUF, juin 2009, page 732.

263 Professeur Francis Wodie Vanga, « Cours de droit constitutionnel », Université d'Abidjan, 1ère année de DEUG, 1983-1984.

### Admission de la primauté du droit international sur le droit interne

Le droit international se considère comme un droit originaire, conditionnant par ses permissions, ses prescriptions et ses interdictions les auteurs et les normes du droit interne. Aussi se désintéresse-t-il du discours des États dans l'ordre interne lorsque ceux-ci déterminent les conditions et les modalités de son application concrète. Dès lors que le traité est signé, approuvé ou ratifié selon les cas, l'État est lié internationalement à compter de la date d'entrée en vigueur fixée.[264]

Au regard du droit international, l'engagement définitif de l'État au plan international suffit donc pour introduire le traité dans l'ordre interne. Les lois de l'État qui prétendent conférer au traité ou à l'accord la force juridique qui lui permettrait de prospérer dans l'ordre interne sont sans portée décisive en droit international.[265]

Toutefois, la supériorité du droit international est limitée à la sphère des relations internationales, puisque les organes de l'ordre juridique international n'ont pas compétence pour contrôler le fonctionnement des services publics d'un État souverain. Raison pour laquelle le droit international ne prescrit pas la nullité d'une règle de droit interne qui contredirait ses normes. En effet, quelle que soit sa volonté d'ouverture internationale, l'État souverain est par nature une réalité politico-juridique construite par contraste avec d'autres systèmes normatifs, et tenant par conséquent son identité de la relative clôture de son propre système juridique. Quoique le droit international ait contribué de manière décisive à préciser et développer les règles relatives au statut et aux compétences de l'État, il est de fait que ce n'est pas à lui que l'État doit son existence.[266]

L'État moderne est une sorte de mystère biblique. Il est la forme tangible de l'« acte de souveraineté », c'est-à-dire de la norme juridique ayant pour qualité d'être « suprême » et de spécifier la souveraineté d'un point de vue juridique, tout en étant l'auteur de cet acte. Se regardant comme originaire, le droit interne ne peut donc qu'affirmer lui aussi sa suprématie, et dès lors s'attribuer le pouvoir de décider du sort du droit international. Telle est en fait l'attitude de principe de tous les droits nationaux à l'égard du droit international.[267]

En effet, aucun État ne considère sa Constitution comme résultant d'une délégation de l'ordre international. Aussi, l'inscription dans la loi fondamentale d'une disposition par laquelle l'État accepte la supériorité du droit international ne consacre-t-elle pas que le triomphe contingent de celui-

---

[264] Marcel Sinkondo, *Introduction au droit international public*, Paris, Ellipses, 1999, page 68.
[265] Ibidem.
[266] Idem, page 70.
[267] Marcel Sinkondo, Op.cit, page 70.

ci, dès lors que cette reconnaissance « résulte d'une décision interne librement prise par l'État et librement révocable, et non pas d'une exigence extrinsèque au système juridique étatique ». Dans l'ordre juridique interne, le principe de supériorité du droit international tient donc à la volonté du Constituant et non à la portée intrinsèque des normes internationales.[268]

Le dépôt des instruments de ratification auprès du dépositaire (gouvernement ou organisation internationale), pour les traités multilatéraux, ou l'échange des instruments de ratification, pour les traités bilatéraux, expriment la volonté non équivoque de l'État d'être lié juridiquement par le traité. La ratification lie l'État pour l'intégralité du traité. Car il ne saurait y avoir de ratification conditionnelle ou partielle. Toute condition supplémentaire imposée par l'une des parties peut être considérée comme une nouvelle offre de négociation qui ne se justifie pas dans la mesure où le texte définitif a été arrêté avec la fin de la négociation.[269]

Conformément au principe de la primauté du droit international sur le droit interne, l'article 215 de la Constitution précise : « Les traités et accords internationaux régulièrement conclus ont, dès leur publication, une autorité supérieure à celle des lois, sous réserve pour chaque traité ou accord, de son application par l'autre partie ».[270]

Ainsi, les traités ou accords sous réserve de publication et de réciprocité ont, en droit interne congolais, une valeur juridique supérieure à celle des lois. Toutefois, le Statut de Rome dans son article 1er rejette la primauté du droit international en précisant que la CPI est complémentaire des juridictions criminelles nationales.

### 2.2. Principe de complémentarité ou rejet de la primauté du droit international

La CPI est une institution judiciaire créée par la volonté des États eux-mêmes, qui, en ratifiant le Statut de Rome, ont consenti à ce que la cour exerce sa compétence à leur égard. Ainsi, la RDC a accepté, par un acte souverain, la compétence de la cour en ratifiant le Statut de Rome le 11 avril 2002. La cour n'a pas vocation pour se substituer aux systèmes internes de la justice pénale, mais est fondée sur le principe de complémentarité.

La cour n'intervient qu'en dernier recours, lorsque le système judiciaire national n'a pas la volonté ou la capacité à rendre justice. Elle n'intervient que sur des crimes relevant de sa compétence, c'est-à-dire les crimes de guerre, les crimes contre l'humanité et le crime de génocide. En ce

---

268 Ibidem.

269 Delphine Emmanuel Adouki, Op.cit, pp. 95-96.

270 Lire l'article 215 de la Constitution de la RDC.

qui concerne les autres infractions commises sur son territoire, seule la justice congolaise demeure compétente.[271]

Le principe de complémentarité est le fruit d'une nécessité d'articulation entre la compétence d'une juridiction internationale et la compétence des juridictions nationales. Le droit pénal international connaît deux hypothèses de crimes internationaux :

1. le cas où les infractions et les sanctions correspondantes sont régies exclusivement par le droit international (il s'agit du droit international applicable devant les juridictions internationales) ;
2. le cas où la norme de comportement est fixée par le droit international alors que la norme de répression ou incrimination est régie par le droit national.[272]

En vertu du principe de complémentarité, la CPI n'exerce sa juridiction que lorsque les États-parties n'enquêtent pas et n'engagent pas de bonne foi des procédures judiciaires alors qu'un crime décrit au statut a été commis. La cour ne peut donc pas théoriquement se saisir d'une affaire lorsqu'un État décide de s'en occuper.[273]

La souveraineté des États fut un thème récurrent, quoique souvent sous-jacent, des négociations sur la CPI. La complémentarité constitue évidemment un empiétement sur cette souveraineté, d'autant plus mal acceptée par certains États non européens, moins habitués aux mécanismes d'appel devant des juridictions supranationales ou internationales. La possibilité de saisine sur une affaire même si l'État de nationalité n'est pas partie et n'a pas exprimé son consentement a également été ressentie par certains comme une atteinte inacceptable à la souveraineté nationale.[274]

Même s'il était donc apparu à Rome l'impératif de laisser aux États la priorité de juger et de punir les auteurs des crimes internationaux, il fallait également établir un mécanisme pour prévenir le cas où un État mènerait un procès truqué ou ne disposerait pas de moyens techniques nécessaires pour mener à bien une enquête et un procès…

Un État n'ayant pas la volonté de juger le responsable d'un crime pourrait, afin de s'assurer que l'accusé ne soit pas reconnu coupable, manipuler les procédures en provoquant l'arrêt de celles-ci, soudoyer les jurés, violer délibérément les droits fondamentaux du défendeur ou susciter des délais déraisonnables. Plus simplement, un État pourrait délibérément omettre de présenter certaines preuves de l'audition.[275]

Il existe donc certaines exceptions en vertu desquelles la cour pourra traiter une affaire dont les autorités étatiques sont déjà saisies. Ces

[271] CPI, Op.cit, page10.
[272] Grégory Berkovicz, Op.cit, page 192.
[273] Idem, page 193.
[274] Idem, page 194.
[275] Grégory Berkovicz, Op.cit, page 196.

exceptions sont prévues à l'article 17 du Statut de Rome et concernent d'une part le manque de volonté et d'autre part l'incapacité.[276]

Il existe toutefois dans le Statut de Rome une lacune qui pourrait permettre aux États de contourner la procédure. Si des poursuites apparemment authentiques sont menées et qu'une personne est condamnée pour un comportement couvert par le Statut de Rome, il semblerait qu'il n'y ait aucun moyen pour la cour d'assumer la compétence que la personne soit plus tard amnistiée ou graciée, ou encore libérée après une brève ou même aucune période d'incarcération.[277]

En principe, chaque État reste libre d'adopter les principes de compétence pénale internationale qu'il juge les meilleurs et les plus convenables. Chaque État détermine donc souverainement, sauf convention internationale, les cas dans lesquels ses tribunaux répressifs sont ou non compétents. À cet égard, s'applique la distinction traditionnelle entre les infractions commises dans l'État même et celles commises à l'étranger.[278]

La première hypothèse postule l'application du principe de la compétence territoriale selon lequel les juridictions d'un État donné sont compétentes pour traiter toute infraction commise sur leur territoire, même si l'auteur des faits est étranger. La compétence territoriale est d'abord une compétence générale mais c'est également une compétence exclusive prônant l'unique compétence des juridictions nationales quand bien même l'infraction relèverait-elle d'une compétence étrangère. Ainsi, l'exercice du jugement et de la sanction pénale par une juridiction internationale, au regard des fondements de la compétence territoriale, n'est pas d'une légitimité évidente, quand bien même celle-ci aurait les moyens de s'imposer.[279]

La seconde hypothèse, cas d'une infraction commise à l'étranger, voit se développer des compétences extraterritoriales aux fondements divers. Il s'agit principalement de la compétence personnelle attachée à la nationalité d'un des protagonistes de l'infraction et de la compétence réelle fondée sur la protection des intérêts supérieurs de l'État en cause. Ces principes élaborés afin d'éviter que toute infraction commise entièrement à l'étranger n'échappe à la compétence judiciaire d'un État doivent, à présent, se conjuguer avec les compétences propres de la CPI.[280]

Dans la mise en œuvre du principe de complémentarité, la CPI est l'arbitre de sa propre compétence. Évidemment, la cour est tenue par le Traité de Rome, comme l'article 1er du statut et d'autres dispositions l'indiquent clairement. Elle ne peut chercher, par exemple, à poursuivre des

---

276 Ibidem.
277 Idem, page 202.
278 Idem, page 203-204.
279 Grégory Berkovicz, Op.cit, page 204.
280 Ibidem.

crimes non inclus dans les articles 5 à 8 du Statut de Rome. Elle ne peut exercer sa compétence rétroactivement ou chercher à poursuivre un mineur. La cour ne peut exercer sa compétence si un cas est irrecevable.[281]

La RD Congo, en ratifiant le Statut de Rome portant création de la CPI, et en confiant sa situation auprès de la CPI, reconnaissait donc ne pas disposer de moyens techniques nécessaires pour mener à bien des enquêtes et des procès contre les personnes ayant commis des crimes de portée internationale sur son territoire. Outre l'acte de ratification, la RDC a signé avec la CPI les accords de coopération et d'assistance judiciaire.

*2.2.1. Accords de coopération judiciaire*

La première démarche de la cour résultera d'une demande de coopération adressée par voie diplomatique ou par voie appropriée, choisie par les États au moment de la ratification ou de l'approbation du statut. Cette demande peut être également transmise aux États par Interpol ou par toute organisation régionale compétente. La cour pourra en outre, en vertu du paragraphe 6 de l'article 87 du statut, solliciter toute organisation intergouvernementale pour l'appuyer dans ces demandes de coopération.[282]

La RD Congo devra désormais respecter le caractère confidentiel de la demande de coopération et des pièces justificatives y afférentes émanant de la CPI.[283]

Toutefois, la CPI peut prendre, notamment, en matière de protection des renseignements, les mesures qui peuvent être nécessaires pour garantir la sécurité et le bien-être physique ou psychologique des victimes, des témoins potentiels et des membres de leur famille. La cour peut demander que tous les renseignements fournis soient communiqués et traités de telle sorte que soient préservés la sécurité et le bien-être physique ou psychologique des victimes, des témoins potentiels et des membres de leur famille.[284]

Si la RDC n'accède pas à une demande de coopération de la cour et empêche celle-ci d'exercer les fonctions et les pouvoirs qui lui sont conférés par le Statut de Rome, la cour peut en prendre acte et en référer à l'Assemblée des États-parties ou au Conseil de Sécurité lorsque c'est celui-ci qui l'a saisie.[285] Le cas de Bosco Ntaganda pourrait devenir une illustration.

Conformément aux dispositions du Statut de Rome, les États-parties coopèrent pleinement avec la cour dans les enquêtes et poursuites que celle-ci mène pour les crimes de portée internationale.

---

[281] Ibidem.

[282] William Bourdon et Emmanuel Duverger, *La Cour pénale internationale*, Éd. du Seuil, mai 2000, page 244.

[283] Article 87 du statut, paragraphe 3.

[284] Article 87 du statut, paragraphe 4.

[285] Idem, paragraphe 7.

Un juge, sans le concours d'une force de police est un homme démuni. La fonction de juger implique, pour être efficace, que l'État délègue le monopole de la contrainte, et que certains de ses agents aient la possibilité d'appréhender et de perquisitionner. Aujourd'hui, aucune force de police internationale n'existe. Par conséquent, l'effectivité d'une juridiction internationale repose sur la capacité, la volonté et l'obligation des États à coopérer avec elle.[286]

Enfin, la RD Congo, outre les obligations de coopérer avec la CPI à chaque fois que celle-ci formule la demande, et d'exécuter les décisions de cette dernière, a l'ultime obligation de mettre en œuvre les réformes législatives internes pour que la législation congolaise soit en harmonie avec les dispositions du Statut de Rome. A titre d'exemple, la peine de mort n'existe pas au Statut de Rome, alors qu'elle est retenue dans l'arsenal juridique congolais.

Les demandes d'arrestation, aux fins de la remise à la CPI, ne sont valables que si la RDC n'a pas la volonté ou est incapable de mener véritablement les enquêtes ou les poursuites.

Le projet de loi de la mise en œuvre du Statut de Rome souligne que le procureur général de la république répond à toute demande d'arrestation et de remise conformément aux procédures prévues par le code de procédure pénale. Lorsque la demande d'arrestation est agréée, le procureur général de la république délivre un mandat d'arrêt, engage les recherches, ordonne l'arrestation et l'incarcération de la personne réclamée à une maison d'arrêt. Le mandat d'arrêt délivré par le procureur général de la république devra contenir :

- le signalement de la personne poursuivie et les faits qui lui sont reprochés ;
- la mention que la remise est demandée par la CPI ;
- l'indication que la personne bénéficie du droit de recours et du droit à l'assistance d'un conseil.

En cas d'urgence, et ce, conformément à l'article 92 du Statut de Rome, la CPI peut demander l'arrestation provisoire de la personne recherchée en attendant que soient présentées la demande de remise et les pièces justificatives. La demande d'arrestation provisoire est faite par tout moyen laissant une trace écrite et doit contenir :

- le signalement de la personne recherchée, suffisant pour l'identifier, et des renseignements sur le lieu où elle se trouve probablement ;
- un bref exposé des crimes pour lesquels la personne est recherchée et des faits qui seraient constitutifs de ces crimes, et, si possible, la date et le lieu où ils se seraient produits ;

---

[286] William Bourdon et Emmanuel Duverger, Op.cit, page 240.

- une déclaration affirmant l'existence à l'encontre de la personne recherchée d'un mandat d'arrêt ou d'un jugement établissant sa culpabilité ;
- une déclaration indiquant qu'une demande de remise de la personne recherchée suivra.[287]

Toutefois, si l'État requis n'a pas reçu la demande de remise et les pièces justificatives dans le délai prescrit, la personne provisoirement arrêtée pourrait être remise en liberté. Cette mise en liberté reste sans préjudice pour l'arrestation ultérieure et la remise si la demande de remise accompagnée des pièces justificatives est présentée par la suite.[288]

Une délégation du bureau du procureur et du greffe de la CPI a effectué au mois d'octobre 2004 une mission officielle en RDC. À l'issue de cette visite, les autorités congolaises et la délégation de la CPI ont procédé à la signature d'un accord de coopération judiciaire le 6 octobre 2004 et d'un accord intermédiaire sur les privilèges et immunités de la CPI sur le territoire de la RDC le 12 octobre 2004.[289]

Les moyens d'expression de la coopération judiciaire sont notamment : l'arrestation et la remise, le transit des personnes remises à la CPI à travers le territoire d'un État, l'assistance et la coopération des États dans les enquêtes initiées par la CPI, l'incrimination par les États-parties des atteintes à l'administration de la justice de la CPI. En ce qui concerne le dernier moyen, les États doivent ainsi incriminer dans leurs législations nationales les atteintes suivantes :

- le faux témoignage ;
- la production des éléments de preuve faux ou falsifiés ;
- la subordination de témoin ;
- les représailles exercées contre un témoin en raison de sa déposition ;
- la destruction ou la falsification d'éléments de preuve ou l'entrave au rassemblement de tels éléments ;
- l'intimidation d'un membre ou agent de la CPI, entrave à son action ou trafic d'influence afin de l'amener, par la contrainte ou la persuasion, à ne pas exercer ses fonctions ou à ne pas les exercer comme il convient ;
- les représailles contre un membre ou un agent de la CPI dans le cadre de ses fonctions officielles.

La cour aura donc compétence pour juger les auteurs de ces atteintes à son administration de la justice, au cas où ces auteurs auraient agi intentionnellement.[290]

---

[287] Lire article 92 du Statut de Rome de la CPI.
[288] Lire article 92 du Statut de Rome de la CPI.
[289] Lumpungu Nsukadi Musengo, Op.cit, page 83.
[290] Lire article 70 du Statut de Rome.

Ayant la personnalité juridique internationale, la CPI peut solliciter la coopération des États et des organisations intergouvernementales pour l'accomplissement de ses missions. Ainsi, par exemple, dans le cadre de l'exercice de ses devoirs d'enquêtes et d'instructions préparatoires, le procureur de la CPI peut :

- rechercher la coopération de tout État ou Organisation non gouvernementale ou accord intergouvernemental conformément à leurs compétences ou leurs mandats respectifs ;
- conclure tous arrangements ou accords qui ne sont pas contraires aux dispositions du Statut de Rome et qui peuvent être nécessaires pour faciliter la coopération d'un État, d'une organisation intergouvernementale ou d'une personne...[291]

De même, dans l'exercice de ses fonctions et pouvoirs, la chambre préliminaire peut solliciter la coopération des États en vertu de l'article 93, lorsqu'un mandat d'arrêt ou une citation à comparaître a été délivrée en vertu de l'article 58 du statut. Toutefois, il faudrait tenir dûment compte de la force des éléments de preuve et de droit des parties concernées comme prévu dans le Statut de Rome et dans le Règlement de procédure et de preuve, pour qu'ils prennent des mesures conservatoires aux fins de confiscation, en particulier dans l'intérêt supérieur des victimes.[292]

L'article 86 du Statut de Rome dispose : « ... les États-parties coopèrent pleinement avec la cour dans les enquêtes et poursuites qu'elle mène pour les crimes relevant de sa compétence ».

On mesure ainsi l'importance de la coopération qui doit exister entre la CPI et les États-parties, coopération sans laquelle la cour ne saurait accomplir de façon efficiente ses missions. Si un État-partie, agissant contrairement aux dispositions du statut de la cour, refuse d'accéder à une demande de coopération formulée par celle-ci et l'empêche d'exercer ses fonctions et pouvoirs statutaires, la cour peut en prendre acte et en référer à l'Assemblée des États-parties ou au Conseil de Sécurité lorsqu'elle a été saisie par celui-ci. Il y a là un mécanisme qui permet de garantir une bonne collaboration entre les États-parties et la cour, et d'exercer une certaine pression morale sur ces derniers.[293]

Le même type de coopération est prévu entre la cour, les États-non-parties et les Organisations non gouvernementales. Ceci ressort de l'article 87 du Statut de Rome qui porte ce qui suit :

- la cour peut inviter tout État-non-partie à prêter son assistance sur la base d'un arrangement ad hoc ou d'un accord conclu avec cet État ou sur toute autre base appropriée ;

---

[291] Jean-Pierre Fofe Djofe Malewa, Op.cit, page 139.
[292] Ibidem.
[293] Jean-Pierre Fofe Djofe Malewa, Op.cit, page 141.

- si, ayant conclu avec la cour un arrangement ad hoc ou un accord, un État-non-partie n'apporte pas l'assistance qui lui est demandée en vertu de cet arrangement ou de cet accord, la cour peut en informer l'Assemblée des États-parties, ou le Conseil de Sécurité lorsque c'est celui-ci qui l'a saisie ;
- la cour peut demander des renseignements ou des documents à toute organisation intergouvernementale. Elle peut également solliciter d'autres formes de coopération et d'assistance dont elle est convenue avec une organisation intergouvernementale et qui sont conformes aux compétences ou au mandat de celle-ci.[294]

L'article 89 du Statut de Rome vise spécialement l'arrestation et la remise de certaines personnes à la cour. Aux termes de cet article, la cour peut présenter à tout État sur le territoire duquel une personne est susceptible de se trouver une demande, accompagnée des pièces justificatives indiquées à l'article 91 du Statut de Rome, tendant à ce que cette personne soit arrêtée et lui soit remise, et sollicite la coopération de cet État pour l'arrestation et la remise de la personne. Les États-parties répondent à toute demande d'arrestation et de remise conformément aux dispositions du Statut de Rome et aux procédures prévues par leur législation nationale.[295]

Voilà autant de pouvoirs dont les organes judiciaires nationaux ne peuvent disposer vis-à-vis de certains auteurs des crimes commis, par exemple, en RDC et se trouvant au Rwanda, au Burundi ou en Ouganda. Les tensions qui caractérisent les relations entre ces pays et la RDC ne peuvent pas garantir une coopération franche entre leurs institutions de justice. En l'absence de cette coopération permettant d'atteindre les auteurs des atrocités déplorées, disséminés à travers la région et même au-delà, on ne saurait prétendre à l'indépendance, à la neutralité ou à l'impartialité de la justice.[296]

### *2.2.2. Accords d'assistance judiciaire*

Les États-parties font droit aux demandes d'assistance de la CPI liées à une enquête ou à des poursuites concernant l'identification d'une personne, le lieu où elle se trouve ou la localisation des biens, le rassemblement d'éléments de preuve, y compris les dépositions faites sous serment, et la production d'éléments de preuve, y compris les expertises et les rapports dont la cour a besoin, l'interrogatoire des personnes faisant l'objet d'une enquête ou de poursuites, la signification des documents, y compris les pièces de procédure, les mesures propres à faciliter la comparution volontaire devant la cour des personnes déposant comme témoins ou experts, le transfèrement temporaire des personnes, l'examen de localités ou de sites,

[294] Ibidem.
[295] Jean-Pierre Fofe Djofe Malewa, Op.cit, page 142.
[296] Ibidem.

notamment l'exhumation et l'examen de cadavres enterrés dans des fosses communes, l'exécution des perquisitions et des saisies, la transmission des dossiers et des documents, y compris les dossiers et les documents officiels, la protection de victimes et de témoins et la préservation des éléments de preuve, l'identification, la localisation, le gel ou la saisie du produit des crimes, des biens, des avoirs et des instruments qui sont liés aux crimes, aux fins de leur confiscation éventuelle sans préjudice des droits des tiers de bonne foi et, enfin, toute autre forme d'assistance non interdite par la législation de l'État requis propre à faciliter l'enquête et les poursuites relatives aux crimes de portée internationale.[297]

La CPI ne pourra pas fonctionner efficacement si les États-parties ne l'aident pas dans le cadre des enquêtes et des poursuites qu'elle ordonnera. La préoccupation des ONG a toujours été d'éviter que ne soit consentie aux États une trop grande latitude dans le refus de coopérer. C'est sans doute la disposition sur laquelle l'attitude des États pilotes a été la plus paradoxale. En effet, les organisations internationales des droits de l'homme s'attendaient à ce que les États pilotes aient une position particulièrement en pointe. Or, ils sont loin d'avoir été à la hauteur de leurs ambitions. En fait, ils ont été mobilisés essentiellement sur la question de la compétence de la cour et ont négligé les conditions dans lesquelles le statut organiserait la coopération entre les États et la cour.[298]

Le Statut de Rome permet à la cour de demander le transfert temporaire d'une personne détenue afin de l'entendre ou pour toute autre raison liée à une demande d'assistance. Il faut que la personne concernée et l'État requis donnent l'un et l'autre leur accord. Or, ce double accord sera difficile à obtenir. La confidentialité des informations recueillies est assurée ainsi que leur éventuelle révélation ultérieure. L'essor de deux demandes concurrentes d'assistance judiciaire est réglé par la consultation et, à défaut, par les principes établis dans l'article 90 du Statut de Rome. La cour sera de nouveau en peine d'affirmer sa primauté.[299]

Comme on le sait, la CPI est une institution permanente indépendante, dotée de la personnalité juridique internationale. Elle a la capacité juridique nécessaire lui permettant d'exercer ses fonctions et d'accomplir sa mission, celle de promouvoir la primauté du droit et de lutter contre l'impunité des crimes pénaux internationaux les plus graves et imprescriptibles. Pour atteindre cet objectif, la cour peut exercer ses fonctions et pouvoirs sur le territoire de tout État-partie et, par une convention à cet effet, sur le territoire de tout autre État.[300]

---

[297] Lire article 97 du Statut de Rome, paragraphe 1.
[298] William Bourdon et Emmanuel Duverger, Op.cit, page 259.
[299] William Bourdon et Emmanuel Duverger, Op.cit, page 260.
[300] Jean-Pierre Fofe Djofia Malewa, Op.cit, page 136.

La cour tient ses pouvoirs et sa légitimité de la volonté des États qui ont signé, ratifié, accepté ou approuvé son statut ou qui y ont adhéré conformément aux dispositions de l'article 125. Le 14 novembre 2005, le nombre d'États-parties au Statut de Rome de la CPI était de 100. Parmi eux, 27 sont membres du groupe des États d'Afrique, 25 sont membres du groupe des États d'Europe occidentale et autres États, 15 sont des États d'Europe orientale, 21 des États d'Amérique latine et des Caraïbes, et 12 des États d'Asie.[301]

Sur les quatre pays de la région des Grands Lacs concernés par le phénomène criminel sous examen, trois sont des États-parties de la CPI. Il s'agit du Burundi, de l'Ouganda et de la RDC ; les autres pays de la région sont également des parties à ce statut : il s'agit du Kenya, de la Tanzanie, du Malawi et de la Zambie. Sur les quatre autres voisins de la RDC, deux sont des parties : le Congo-Brazzaville et la RCA ; deux ne le sont pas encore : l'Angola et le Soudan.[302]

Les États-parties doivent logiquement collaborer à la réussite de la mission de la CPI. Aussi, cette cour est-elle complémentaire des tribunaux pénaux nationaux. Elle n'exerce sa juridiction que si les États en cause sont dans l'incapacité ou n'ont pas la volonté de poursuivre les auteurs des crimes déplorés relevant de sa compétence.

Dans le cadre de l'assistance judiciaire, la CPI s'appuie sur la police, l'armée et même les autorités politiques de la RDC.

Le projet de loi de la mise en œuvre du Statut de Rome souligne que la RDC coopère pleinement avec la CPI dans les enquêtes et poursuites qu'elle mène pour les crimes de sa compétence, conformément aux procédures prévues par les dispositions de la présente loi et par les autres dispositions nationales, ainsi que par le Statut de la CPI. Le procureur général de la république est chargé de la coopération avec la CPI. A ce titre, il a la plénitude de l'action publique.[303]

En RDC, les demandes d'entraides judiciaires sont exécutées par le procureur général de la république sur l'ensemble du territoire national, en présence, le cas échéant, du procureur de la CPI ou de son délégué, ou toute autre personne mentionnée dans la demande de la cour. Une fois saisie, le procureur général de la république peut soulever des difficultés éventuelles qui pourraient empêcher l'exécution de la demande de la CPI. Dans ce cas, il consulte la CPI pour régler la question, et il en est de même lorsque la demande de la CPI est rejetée par le procureur. Toutefois pour ce dernier cas,

---

[301] Ibidem.

[302] Idem, pp. 136-137.

[303] Article 33 du projet de loi portant mise en œuvre de la CPI en RDC, cité par Matondo Phukuta Jean-Paul, « La collaboration judiciaire entre la CPI et les États », mémoire de licence, Université de Kinshasa, Faculté de droit, département de droit pénal et de criminologie, 2005-2006, pp. 49-50.

le procureur général de la république est tenu de faire connaître à la CPI les raisons d'un tel rejet.

On mesure ainsi l'importance de la coopération qui doit exister entre la CPI et les États-parties, coopération sans laquelle la cour ne saurait accomplir de façon efficiente ses missions.

L'arrestation et la remise des accusés ne pourraient avoir lieu sans la collaboration des États : il faut donc faire confiance aux États qui sont les maîtres du jeu dans la société internationale actuelle.

Ne disposant pas de polices internationales ayant le pouvoir de réaliser les actes nécessaires à une enquête sur le territoire des États, le procureur a besoin de ces derniers pour rendre effective la poursuite internationale. L'obligation générale de coopérer – on parle de coopération automatique pour les États-parties au statut – est visée à l'article 86 du statut.[304]

Il est nécessaire de distinguer les États-parties au statut des États-non-parties. Les États-parties devront répondre aux demandes d'assistance qui sont prévues par l'article 93 du statut. Ces demandes peuvent aller de la simple identification des personnes à l'exécution de perquisitions ou de saisies ou encore la production d'éléments de preuve, y compris les expertises et les rapports dont la cour a besoin. Quant aux États-non-parties, ils peuvent passer une convention ad hoc à cet effet.[305]

La RD Congo en refusant le transfert de Bosco Ntaganda à la CPI a manqué à son devoir de coopération et d'assistance judiciaire mutuelle devant exister entre elle et la CPI. Toutefois, malgré le refus de la RD Congo, les associations et mouvements de défense des droits de l'homme, Human Rights Watch (HRW) en tête, font pression sur le gouvernement congolais pour que ce dernier livre à tout prix ce justiciable à la CPI.

Pour HRW, le gouvernement congolais devrait de toute urgence procéder à l'arrestation de l'ex-chef d'état-major de la rébellion des Tutsis congolais du Congrès national pour la Défense du Peuple (CNDP). Car, en début 2009, Ntaganda s'était rallié à Kinshasa après avoir évincé le leader du CNDP, Laurent Nkunda arrêté peu après par les Rwandais au Rwanda où il est toujours détenu.[306]

### 2.3. Adoption de la loi de mise en œuvre du Statut de Rome

Le but principal de la CPI est d'aider la communauté internationale dans la lourde tâche de refermer le fossé de l'impunité pour les crimes internationaux les plus abjects : génocide, crimes de guerre, et crimes contre l'humanité. Pourtant, alors que la cour se trouve au cœur du nouveau système juridique international afin de combattre l'impunité, elle demeure

---

[304] Grégory Berkovicz, Op.cit, page 251.

[305] Ibidem.

[306] Lire le journal *Le Baromètre*, n° 156, du 14 octobre 2010, page 1.

une « cour de dernier recours », laissant aux systèmes juridiques nationaux la responsabilité première de l'exercice de la juridiction sur les crimes supposés. Ce système de complémentarité ne peut fonctionner que si les États entreprennent de : ratifier ou accéder au Statut de Rome, coopérer pleinement avec la cour en fournissant toute l'assistance judiciaire nécessaire à ses opérations, et faire passer tous les crimes sous le Statut de Rome dans la législation nationale. Alors que la cour initie les enquêtes, l'existence d'une législation de solide coopération revêt un nouveau caractère d'urgence.

Par ailleurs, la mise en place du Statut de Rome donne l'occasion de redonner vigueur aux réformes des codes criminels et procéduraux, qui, à long terme, renforceront la règle de la loi, de la paix et de la sécurité dans le monde.

Le jeudi 03 novembre 2010, l'Assemblée nationale de la RDC a déclaré recevable le projet de loi portant mise en œuvre du Statut de la Cour pénale internationale tel que modifié par le plaidoyer organisé par le ministère de la Justice de la RD Congo du 21 au 23 octobre 2002 à Kinshasa et les 24 et 25 octobre 2002 à Lubumbashi. Les députés ont donné leur quitus, au cours de la plénière tenue en date précitée pour la recevabilité de la proposition de loi de mise en œuvre du Statut de la CPI.

Au cours de ce débat, les intervenants ont exprimé plusieurs préoccupations en rapport avec la loi dont ils attendaient l'éclairage de la part de leurs collègues qui en sont auteurs, à savoir : le professeur Nyabirungu et M. Mutumbe.[307]

La plupart des intervenants ont relevé les risques de violation de la Constitution par rapport à certaines dispositions du Statut de la CPI. Comment faire pour contourner cela ? D'autres députés ont voulu savoir si des infractions comme l'agression, le viol, les pillages… peuvent constituer des crimes selon l'entendement de la CPI. Que faire face à une infraction pour laquelle le droit national et le droit international n'ont pas la même interprétation ? Faut-il abolir la peine de mort pour se conformer à la CPI ? Quelle est la juridiction compétente pour juger des crimes du droit international ?[308]

Dans sa réplique, le député Nyabirungu a indiqué que la juridiction nationale compétente pour juger des crimes du droit international relevant du Statut de la CPI est la cour d'appel. Et que, dans ce cas, une chambre mixte sera créée pour la circonstance.[309]

Concernant la différence d'interprétation entre les deux droits, il a fait remarquer que le Statut de la CPI reconnaît aux pays ou États-membres la latitude de recourir à leurs législations nationales. Ceci n'exclut pas qu'une

---

307 Lire le journal « Le Phare » n° 3950 du vendredi 5 novembre 2010, page 7.

308 Lire le journal « Le Phare » n° 3950 du vendredi 5 novembre 2010, page 7.

309 Ibidem.

infraction soit sanctionnée doublement, c'est-à-dire, d'une part, suivant la peine prévue par le droit national, et, d'autre part, selon le droit international.[310]

Le débat clos, la loi Nyabirungu-Mutumbe a été déclarée recevable par la plénière et envoyée à la commission politique, administrative et juridique pour enrichissement et toilettage en attendant son acheminement vers l'étape de promulgation par le chef de l'État.[311]

Quelques considérations méritent d'être ajoutées.

*2.3.1. Forces de la loi*

La loi de mise en œuvre du Statut de Rome contient essentiellement des modifications de certaines dispositions du code pénal, du code de procédure pénale, du code de l'organisation et de la compétence judiciaires, du code pénal militaire et du code judiciaire militaire visant ainsi à conformer le droit congolais à celui du Statut de Rome. Le texte initial a été enrichi des amendements issus des travaux des acteurs de la société civile et des experts nationaux et internationaux sur le droit international.

Les forces de cette loi résultent du fait :

- Au niveau du code pénal :
- de l'introduction des crimes de génocide, des crimes de guerre et des crimes contre l'humanité au code pénal ;
- de la consécration de l'âge de la majorité pénale à 18 ans ; peines identiques pour les auteurs et les complices ; dispositions garantissant l'indépendance du juge, la perpétuité comme peine la plus forte pour les crimes ci-dessus ;

- Au niveau du code de procédure pénale :
- de l'introduction des droits de l'accusé et des victimes ; coopération entre les juridictions congolaises et la CPI ; renforcement des dispositions sur le procès équitable ;

- Au niveau du code de l'organisation et de la compétence judiciaire :
- de l'érection de la cour d'appel en juridiction compétente pour statuer sur les crimes ci-dessus ; composition comprenant cinq juges avec possibilité d'une composition mixte (juges civils et militaires) ;
- de l'érection de la Cour de cassation comme juridiction d'appel ;
- Au niveau du code pénal militaire :
- du retrait des infractions des crimes de génocide, des crimes de guerre et des crimes contre l'humanité ;

[310] Ibidem.
[311] Ibidem.

- Au niveau du code judiciaire militaire :
- du retrait de la compétence sur ces crimes aux juridictions militaires.

*2.3.2. Faiblesses de la loi*

Bien que le souci d'harmoniser le droit congolais pour s'assurer non seulement de la bonne qualification des crimes de génocide, des crimes de guerre, des crimes contre l'humanité et des différents principes du droit pénal conformément aux dispositions du Statut de Rome et aussi de la bonne application du droit, tant en ce qui concerne les procédures garantissant un procès équitable et une participation active des victimes qu'en ce qui concerne la protection des témoins, soit fondé, il n'en demeure pas moins que cette loi regorge aussi de faiblesses.

En effet, il n'y a de justice que d'hommes. On a beau adopter la loi de mise en œuvre du Statut de Rome, celle-ci demeurera lettre morte si elle n'est pas effectivement imprégnée par les organes chargés de son application.

A la CPI, les organes chargés d'appliquer la loi sont constitués principalement de juges, du procureur, du greffier, etc. Bref, en un mot, ces organes sont constitués d'êtres humains. Les faiblesses de la loi de mise en œuvre résultent donc du fait que l'efficacité de son application dépend de l'équation personnelle des femmes et des hommes recrutés à la CPI.

Les faiblesses de cette loi pourraient aussi résulter des gouvernants de la RDC qui, pour une raison ou une autre, préféreront que la loi soit appliquée à un tel criminel plutôt qu'à un tel autre.

### 2.4. Implication de l'adhésion de la RDC à la CPI

Il existe une incohérence manifeste entre les prescrits de la justice pénale internationale, à laquelle la RDC a adhéré, et le contenu de la justice pénale nationale…[312]

La question de l'insertion du droit international dans le droit interne a fait l'objet d'un vieux débat théorique que l'on peut considérer comme largement dépassé dans son opposition manichéenne entre le « dualisme » et le « monisme ». Le dualisme était fondé sur une distinction radicale entre l'ordre interne et l'ordre international, tandis que le monisme qui impliquait une interprétation entre les deux ordres comportait deux variantes selon que l'on faisait prévaloir l'ordre international sur l'ordre interne, ou l'ordre interne sur l'ordre international. En pratique, les relations entre les divers ordres juridiques sont plus complexes que l'on examine les relations

[312] Makaya Kiela Serge, Op.cit, page 124.

verticales entre l'ordre international et l'ordre interne, ou bien les relations horizontales entre les divers ordres internes juxtaposés.[313]

L'engagement international de l'État n'entraîne pas pour autant l'applicabilité directe du droit international dans l'ordre interne, il s'agit d'une question de principe, à la charnière du dualisme et du monisme, puisqu'une insertion du droit international dans le droit interne est nécessaire.[314]

Ainsi, l'adhésion de la RDC à la justice pénale internationale implique l'intégration automatique de cette justice en droit interne congolais. Mais il convient de préciser que l'intégration nécessite, dans certains cas, l'existence des mesures d'accompagnement pour une application adéquate.[315]

Quels sont les objectifs de la justice pénale internationale ?

Sans contester la lecture des fondements juridiques et la recherche des valeurs axiologiques de la justice pénale internationale, on déduit comme objectif de cette justice :

- la promotion et la protection des droits fondamentaux de l'homme ;
- la répression des crimes odieux (crimes dépassant les limites frontalières des États, crimes commis par des ennemis du genre humain « hostis humanis generis ») (b) ;
- et le rétablissement de l'ordre public international (c).[316]

*2.4.1. La promotion et la protection des droits fondamentaux de l'homme sont et demeurent prohibées, en tout temps et en tout lieu :*

- les atteintes portées à la vie et à l'intégrité corporelle, notamment le meurtre sous toutes ses formes, les mutilations, les traitements cruels, les tortures et les supplices ; les atteintes à la dignité des personnes, notamment les traitements humiliants et dégradants ;[317]
- l'usage de la torture et autres mauvais traitements.

Les instruments internationaux relatifs aux droits de l'homme offrent à la personne humaine une protection fondamentale.[318]

Afin de garantir à tous les individus une protection adéquate contre la torture et autres traitements cruels, inhumains ou dégradants, les Nations-Unies s'efforcent depuis de nombreuses années de développer des normes universellement applicables. Les conventions, déclarations et résolutions adoptées par les États-membres de l'ONU établissent clairement qu'il ne

---

[313] Idem, page 125.
[314] Ibidem.
[315] Makaya Kiela Serge, Op.cit, page 129.
[316] Idem, page 114.
[317] Article commun aux quatre Conventions de Genève de 1949, cité par Makaya Kiela Serge, Op.cit, page 114.
[318] Makaya Kiela Serge, Op.cit, page 114.

saurait y avoir d'exceptions à l'interdiction de la torture et autres traitements cruels ou dégradants et imposent d'autres obligations propres à assurer la protection des personnes contre les mauvais traitements.[319]

Ainsi donc, la volonté exprimée par l'ensemble des États à promouvoir et à protéger les droits fondamentaux de l'homme, par la répression des crimes graves à son encontre, constitue l'un des objectifs de la justice pénale internationale. Au-delà de cet objectif, il en existe d'autres que l'on peut considérer comme corollaires au premier. Il s'agit de la répression des crimes odieux et du rétablissement de l'ordre public international.

### *2.4.2. Répression des crimes odieux*

Il est évident que l'objectif majeur de la justice pénale internationale demeure celui du rétablissement de l'ordre public international par la répression des crimes crapuleux qui heurtent la conscience de l'humanité tout entière.[320]

L'horreur rependue à travers le monde par les événements sanglants de la Première Guerre mondiale génère l'idée d'instauration d'un ordre normatif universel pouvant s'imposer notamment par la justice, dont la création est soutenue par l'article 227 du Traité de Versailles du 28 juin 1919 qui dispose que « Guillaume II doit être attrait devant un tribunal spécial pour offense suprême contre la morale et l'autorité sacrée du traité ».[321]

Depuis quelques années, on fait état d'une criminalisation progressive de l'ordre juridique international.[322]

En effet, une dimension pénale du droit international s'est progressivement infiltrée dans l'ordre du jour des relations internationales. Réprimer les violences graves des droits de l'homme et du droit humanitaire et empêcher qu'elles se reproduisent, traduire en justice les responsables, afin de contribuer ainsi à la restauration de la paix internationale et au rétablissement de l'État de droit sont des questions qui occupent une grande partie de l'actualité diplomatique et juridique.[323]

À côté de ces efforts de répression des crimes internationaux cristallisés par la justice pénale internationale, les juridictions nationales des États se montrent de plus en plus actives dans l'exercice de leur compétence à l'égard des crimes internationaux. Dans ce contexte, la répression pénale

---

[319] Deuxième paragraphe du préambule du protocole II (1977) additionnel aux Conventions de Genève de 1949, cité par Makaya Kiela Serge, Op.cit, page 115.

[320] Makaya Kiela Serge, Op.cit, page 116.

[321] Mutata Luaba, cité par Makaya Kiela Serge, Op.cit, page 117.

[322] T. Meron, cité par Makaya Kiela Serge, Op.cit, page 117.

[323] Photini Pazarzis, cité par Makaya Kiela Serge, Op.cit, page 117.

des crimes internationaux en tant qu'élément le plus récent de l'édifice du droit international pénal acquiert un intérêt considérable.[324]

Ainsi pour la commission de certains actes considérés comme attentatoires à l'ordre public international, des individus deviennent les objets directs des obligations posées, pouvant de surcroît être attraits devant une juridiction internationale, de sorte que le principe de la responsabilité pénale individuelle se trouve consolidé dans l'ordre juridique international.[325]

Dans cette logique, il importe d'analyser le troisième objectif de la justice pénale internationale qui est le rétablissement de l'ordre public international.

### *2.4.3. Rétablissement de l'ordre public international*

La notion de l'ordre public international conduit naturellement à la détermination plus particulièrement des crimes internationaux dans la mesure où il s'agit des crimes qui heurtent la conscience universelle, c'est-à-dire les crimes qui troublent l'ordre public international.[326]

Comme en droit national des États, tout acte troublant l'ordre public, qualifié d'infraction, entraîne une sanction pénale dans le souci du rétablissement de l'ordre ainsi troublé ; le droit international, par le biais de la justice pénale internationale, conçoit le crime international comme étant tout acte qui heurte la conscience universelle, trouble l'ordre public international et entraîne une réprobation universelle.[327]

Ainsi, les mécanismes internationaux de répression prévus en droit international cristallisent la volonté consignée des États à pouvoir non seulement lutter contre les crimes odieux, crapuleux, qui troublent la conscience de l'humanité tout entière, mais expriment également le souci des États au rétablissement de l'ordre public international troublé par les crimes susmentionnés.[328]

Avec l'adoption et la promulgation de la loi de mise en œuvre de la CPI, la RDC va donc harmoniser les textes dans ses rapports avec la CPI et, par conséquent, il y aura adaptation de l'arsenal juridique national aux prescrits du Statut de Rome. Par ailleurs, la justice pénale congolaise aura à subir de profondes réformes.

De même l'adoption de cette loi permettra :

---

[324] Makaya Kiela Serge, Op.cit, page 117.
[325] Idem, page 119.
[326] Makaya Kiela Serge, Op.cit, page 122.
[327] Ibidem.
[328] Idem, pp. 122-123.

- de hisser les règles du droit pénal et de la procédure pénale congolais au niveau des standards internationaux tels que contenus dans le Statut de Rome ;
- d'adapter les dispositions pertinentes du Statut de Rome qui ne peuvent faire l'objet d'une application immédiate que moyennant une clarification dans un texte de loi ;
- de garantir dans la procédure pénale le respect des instruments juridiques internationaux relatifs aux droits de l'homme ;
- de faciliter le travail des magistrats congolais en regroupant les dispositions pertinentes du Statut de Rome et des documents qui le complètent dans un seul texte adapté au contexte judiciaire congolais ;
- de transférer la compétence exclusive en matière de crimes graves internationaux aux juridictions civiles en conformité avec le droit international. La compétence de juger ces crimes est jusqu'ici attribuée aux juridictions militaires en vertu du code pénal militaire de 2002. Les juridictions de droit commun ne peuvent pas dès lors siéger sur ces crimes alors que ce sont elles qui sont les garantes des droits et libertés des citoyens d'un pays. Ce transfert de la compétence exclusive sur les crimes graves relevant du Statut de Rome n'exclurait pas forcément la participation des magistrats militaires aux procès des crimes graves internationaux devant les juridictions ordinaires.

### 2.5. Un bref bilan

La RD Congo a saisi la CPI sur les graves violations perpétrées sur son territoire. Quels sont les résultats de cette saisine ?

#### *2.5.1. Saisine de la situation de la RDC par la CPI*

Les actes posés par la RD Congo auprès de la CPI, à savoir la ratification, les signatures d'accords de coopération et d'assistance judiciaire et la saisine par requête de l'ensemble de la situation sur son territoire pour des crimes de portée internationale commis depuis le 1er juillet 2002, ont pour conséquences : la saisine de la situation de la RD Congo par la CPI et les arrestations et transfèrement des prévenus à la cour.

La Cour pénale internationale, avant d'arrêter et de transférer les prévenus, a procédé d'abord par une analyse préliminaire suivie des enquêtes et poursuites du procureur.

2.5.1.1. Phase préliminaire sur la crise en RDC

Le procureur, avant d'ouvrir les enquêtes et de poursuivre les prévenus en RDC, a vérifié si les critères du Statut de Rome étaient remplis pour effectuer un tel travail. Ce sont des critères judiciaires, objectifs qui s'appliquent à toutes les situations.

Le premier critère est celui de la compétence : pour le procureur, il y avait des raisons de penser que les crimes de portée internationale avaient été commis sur le territoire de la RD Congo, d'où la compétence de la CPI.

Le deuxième critère c'est celui de l'admissibilité qui comprend la gravité et la complémentarité. Après analyse, le procureur a conclu que non seulement les crimes allégués étaient suffisamment graves pour justifier l'ouverture d'une enquête, mais aussi et surtout le critère ayant trait à la complémentarité était rempli, car les responsables des crimes en question n'ont pas été jugés par les juridictions congolaises compétentes en la matière, et des enquêtes et poursuites véritables rattachées à ces crimes ne sont pas en cours. D'où de nouveau la compétence de la cour.

Le troisième critère considéré par le procureur est celui des intérêts de la justice. Pour ce dernier critère, le procureur a déterminé que, compte tenu de la gravité des crimes et des intérêts des victimes, il n'y avait pas de raison de penser que l'ouverture d'une enquête ne servirait pas les intérêts de la justice.[329]

Il est à noter que la CPI poursuit des individus, non des groupes ou des États. Tout individu qui serait responsable des crimes de portée internationale pourrait se retrouver devant la CPI. Ainsi, après une analyse préliminaire, le procureur a considéré qu'il y avait suffisamment de motifs permettant de lancer une enquête sur les crimes commis en RD Congo après le 1er juillet 2002. Des enquêtes ont donc été déclenchées et se poursuivent.

C'est au travers de la procédure applicable devant la cour que s'exprime la coopération. En effet, les États seront d'autant plus enclins à coopérer que la procédure applicable leur sera familière et sera à même de susciter leur confiance. L'instance internationale répressive va ainsi être l'occasion de la manifestation de la procédure pénale internationale, procédure qui constitue le creuset au sein duquel viennent se fondre l'accusatoire et l'inquisitoire.[330]

Des deux phases constituant l'instance, il ressort d'évidence que la procédure pénale internationale est délicate à mettre en œuvre. En plus de la recherche, inhérente à toute procédure pénale, de l'équilibre entre le respect des droits de la défense et l'efficacité du système répressif, la procédure pénale internationale doit trouver un équilibre entre l'indépendance et

329 CPI, Op.cit, page 8.

330 Grégory Berkovicz, Op.cit, page 238.

l'efficience de la justice pénale internationale et le respect de la souveraineté étatique.[331]

La première étape constitue la phase préliminaire, c'est-à-dire tout ce qui se passe avant la constitution d'une chambre de jugement. L'importance de cette phase nécessite que sa mise en œuvre et son enclenchement à travers l'exercice de l'action publique internationale soient aménagés de manière à permettre une efficacité de procédure, et donc soit organisée la coopération entre États et la cour, pendant l'engagement des poursuites et au stade de l'enquête et de la recherche de la preuve.[332]

L'action pénale internationale n'étant pas automatique, elle doit être déclenchée. La cour doit donc être saisie d'une action spécifique, il faut plus précisément que l'affaire soit déférée au procureur qui peut alors prendre la décision d'enquêter s'il estime qu'il existe une base raisonnable et ensuite de poursuivre.[333]

En ce qui concerne la RDC, dans cette phase préliminaire, le procureur a estimé qu'il existe une base raisonnable ; donc, il lui faut procéder à l'enquête et à des poursuites.

2.5.1.2. Enquêtes et poursuites

L'ouverture officielle de l'enquête n'est décidée par le procureur qu'après qu'il a évalué le renseignement porté à sa connaissance et il lui revient également d'apprécier la nécessité de déclencher les poursuites.[334]

Pour prendre la décision d'enquêter, le procureur avait examiné et conclu qu'il existe une base raisonnable propre à justifier l'enquête internationale en RDC.

La ratification du Statut de Rome par la RDC en avril 2002 a donné compétence à la cour pour juger des crimes de portée internationale commis sur son territoire par ses ressortissants ou d'autres personnes après le 1er juillet 2002.

Le 3 mars 2004, sur base du Statut de Rome, le Président de la RDC a écrit à la CPI pour que celle-ci enquête sur les crimes commis dans son pays depuis le 1er juillet 2002 en indiquant que les autorités compétentes n'étaient pas en mesure de mener des enquêtes ni d'engager les poursuites nécessaires sur lesdits crimes sans l'aide de la CPI.

Le procureur agissant en toute indépendance a examiné la situation dans le cadre du renvoi, sur la base de toute information à sa disposition de source publique mais aussi de tous renseignements complémentaires fournis par des Organisations non gouvernementales, des organisations

---

331 Idem, page 239.
332 Ibidem.
333 Grégory Berkovicz, Op.cit, page 239.
334 Idem, page 248.

internationales et toutes autres sources crédibles bien informées. Au terme de son analyse, le procureur a considéré que les critères du Statut de Rome étaient remplis pour ouvrir une enquête et il l'a fait le 21 juin 2004.[335]

Afin d'assurer l'efficacité des enquêtes et des poursuites, la RDC se doit d'établir une loi de mise en œuvre de la CPI en droit congolais et assurer une coopération judiciaire adéquate entre la RDC et la CPI. Signataire du Statut de Rome depuis le 8 septembre 2000 (ratifié le 11 avril 2002), la RDC ne dispose pas d'une loi d'application du Statut de Rome. Le gouvernement et le Parlement congolais devraient créer un cadre juridique et institutionnel pour poursuivre les auteurs des crimes internationaux commis lors des deux guerres qu'a connues la RDC. Les lois actuelles sont insuffisantes et en partie inappropriées pour guider la justice internationale.[336]

Au regard du code pénal actuel, la définition des crimes de guerre, des crimes de génocide et des crimes contre l'humanité prévue dans le code pénal militaire ne correspond pas à celle reprise dans le Statut de Rome et les Conventions de Genève dont la RDC est signataire.[337]

Il faut indiquer que le projet de loi d'application du Statut de la CPI a été élaboré en juillet 2003 par la Commission permanente de réforme du droit congolais (CPRDC) à la demande du ministre de la Justice. Ce projet de loi de la CPRDC donne une définition complète des crimes de guerre, des crimes de génocide et des crimes contre l'humanité conforme au Statut de Rome, il décrit clairement la façon dont le gouvernement et les autorités judiciaires de la RDC travailleront avec la CPI pour poursuivre les auteurs des crimes précités. Il prévoit également d'importants mécanismes visant la garantie d'un procès équitable et le respect du droit des accusés.[338]

Cependant, ce projet de loi maintient la peine de mort dans la nomenclature des peines applicables pour ces crimes internationaux. Certains membres de la CPRDC pensent qu'il revient au peuple congolais de faire lui-même le deuil de la peine de mort. Pour le président de la CPRDC (professeur Luzolo Bambi Lessa), sa commission n'avait pas reçu mandat de statuer sur l'abolition ou le maintien de la peine de mort. Il appartient au Parlement de trancher sur cette question.[339]

Trois chefs de différents groupes armés ont été arrêtés sur la base de mandats d'arrêt délivrés par la cour à la demande du procureur.

---

[335] CPI, Op.cit, page 8.

[336] Lumpungu Nsukadi Musengo, Op.cit, page 81.

[337] Ibidem.

[338] Idem, page 82.

[339] Lumpungu Nsukadi Musengo, Op.cit, page 82.

*2.5.2. Arrestations et transfèrement de trois chefs de guerre*

Il s'agit d'arrestations et transfèrement de Thomas Lubanga Dyilo, Germain Katanga et Matthieu Ngudjolo Chui.

2.5.2.1. Affaire procureur contre Thomas Lubanga : Identité et parcours

Thomas Lubanga Dyilo est né à Jiba, localité située sur le territoire de Djugu en Ituri, dans la Province orientale, en 1960. Il est de l'ethnie hema et fut étudiant à l'Université de Kisangani où il obtint un diplôme en psychologie.

De 1986 à 1997, il aurait dirigé une organisation dénommée Votoura. De 1990 à 1994, il aurait occupé également un poste d'assistant à l'Université CEPROMAD. Comme activité parallèle, il s'occupait de l'agriculture et faisait le commerce de l'or.

De 1999 à début 2000, à la suite de la mutinerie menée en juillet 2000 par des officiers et soldats hema au sein de l'Armée du Peuple congolais (branche armée du Rassemblement congolais pour la Démocratie/Kisangani, RCD-K) présidée par Wamba Dia Wamba, qui gouvernait alors l'Ituri, Thomas Lubanga Dyilo est entré en politique et fut élu à l'Assemblée du district d'Ituri. Le 15 septembre 2000, il créa avec plusieurs autres personnes l'Union des Patriotes congolais (UPC) où il occupait des postes de direction tant au sein de ce parti nouvellement créé que dans sa branche militaire armée, les Forces patriotiques pour la Libération du Congo (FPLC). En août 2000, l'UPC prit le contrôle de la ville de Bunia en Ituri. Au début du mois de septembre 2002, l'UPC fut rebaptisée Union des Patriotes congolais/Réconciliation et Paix (UPC/RP). Et Thomas Lubanga Dyilo en fut président. De même, il fut officiellement désigné commandant en chef des FPLC.[340]

- **District d'Ituri**

L'Ituri est un district de la Province orientale en RDC, qui fait frontière à l'est avec l'Ouganda et au nord avec le Soudan. Il a une population de plus ou moins 5 millions d'habitants et la ville de Bunia est le chef-lieu du district. La population est composée d'une vingtaine de groupes ethniques, dont les plus nombreux sont les Hema, les Lendu et leurs sous-méridionaux (les NGiti), les Alur et les Bira.

L'Ituri est riche en ressources naturelles telles que l'or, le pétrole, le bois, le coltan et le diamant. A titre d'exemple, la mine d'or de Mongwalu à

[340] www.icc-cpi.int

environ 45 km de Bunia est la plus importante de la RDC et l'une des plus importantes de l'Afrique centrale.

La majorité de la population d'Ituri vit de l'agriculture et le reste du commerce, de l'élevage et de la pêche. Les Lendu ont pour principale activité économique l'agriculture, alors que les Hema se consacrent à l'élevage du bétail.[341]

**- Conflit armé en Ituri**

Vers le mois de juin 1999, de fortes tensions s'étaient développées sur le territoire d'Ituri à la suite de conflits de terre et d'appropriation des ressources naturelles.

Ce conflit armé opposait de manière prolongée sur le territoire d'Ituri des groupes armés qui y étaient basés et avaient l'organisation hiérarchique et la capacité à planifier et à mener des opérations militaires soutenues.

Entre juin 2002 et juin 2003, parmi ces groupes armés figuraient les FNI, les FRPI, l'UPC et sa branche armée, les FPLC, ainsi que le Parti pour l'Unité et la Sauvegarde de l'Intégrité du Congo (le PUSIC). Ce conflit armé avait été attisé par les interventions des gouvernements de l'Ouganda, du Rwanda et de la RDC qui avaient chacun soutenu différentes milices basées en Ituri à des époques différentes.[342]

Plusieurs meurtres, atteintes graves à l'intégrité ou à la santé des civils qui habitaient ou se trouvaient dans le village de Bogoro, collectivité de Bahema sud, territoire d'Irumu, avaient été commis.

De janvier 2001 à janvier 2004, les groupes armés lendu et ngiti, respectivement les FNI et les FRPI, auraient lancé au moins dix attaques durant lesquelles des civils avaient été pris pour cible et tués en grand nombre.

**- Responsabilité pénale de Thomas Lubanga Dyilo**

Il est reproché à Thomas Lubanga :

- d'avoir recruté activement et en grand nombre des enfants de moins de 15 ans et de les avoir soumis à une formation militaire dans son camp d'entraînement militaire de Sota ;
- d'avoir continué, après la création des FPLC, à procéder à l'enrôlement et à la conscription systématiques et en grand nombre d'enfants de moins de 15 ans afin de leur donner une formation militaire et ultérieurement de les faire participer activement à des hostilités, notamment en en faisant des gardes du corps des commandants militaires de haut rang des FPLC ;

---

[341] www.icc-cpi.int

[342] Ibidem.

- d'avoir agi en collaboration avec d'autres officiers des FPLC et membres et partisans de l'UPC pour la commission des actes cités ci-haut ;
- par conséquent, il lui est imputé, en qualité de co-auteur, les crimes de guerre consistant à procéder à la conscription et à l'enrôlement d'enfants de moins de 15 ans dans un groupe armé (en l'espèce les FPLC, branche armée de l'UPC), à les faire participer activement à des hostilités.

Ainsi, M. Thomas Lubanga Dyilo serait responsable, en qualité de co-auteur, des crimes de guerre consistant en le fait :

- de procéder à l'enrôlement et la conscription d'enfants de moins de 15 ans dans les FPLC, et de les faire participer activement à des hostilités, dans le cadre d'un conflit armé international de début septembre 2002 au 2 juin 2003 (sanctionnés par l'article 8-2-b-xxvi du Statut de Rome) ;
- de procéder à l'enrôlement et la conscription d'enfants de moins de 15 ans dans les FPLC, et de les faire participer activement à des hostilités, dans le cadre d'un conflit armé ne présentant pas un caractère international du 2 juin 2003 au 13 août 2003 (sanctionnés par l'article 8-2-e-vii du Statut de Rome).

Les juges ont donc estimé qu'il existe des preuves suffisantes donnant des motifs substantiels de croire que Thomas Lubanga Dyilo a engagé sa responsabilité pénale en qualité de co-auteur pour des crimes de guerre consistant en l'enrôlement, et en la conscription d'enfants âgés de moins de 15 ans, et à les faire participer activement à des hostilités en Ituri, pendant la période allant de septembre 2002 à août 2003.

L'enrôlement et la conscription des enfants-soldats sont des crimes de guerre extrêmement graves. Le procureur demande des mandats d'arrêt et décide de poursuivre en fonction des éléments de preuve en sa possession. S'il a décidé de se limiter pour le moment à ces charges contre Thomas Lubanga, c'est parce qu'il a considéré qu'il avait suffisamment de preuves que celui-ci a commis ces crimes, et pour assurer un procès dans les meilleurs délais et permettre la meilleure protection des victimes et des témoins. Toutefois, cette décision du procureur n'exclut pas de nouvelles enquêtes sur d'autres crimes présumés commis par Thomas Lubanga.[343]

Le jugement rendu le 10 juillet 2012 par la Cour pénale internationale à l'encontre du chef rebelle congolais Thomas Lubanga, qui le condamne à une peine de 14 ans d'emprisonnement pour le recrutement et l'utilisation d'enfants-soldats, représente un message important quant à la gravité de son crime.

Le procès souligne l'urgence de l'arrestation du co-accusé de Lubanga, Bosco Ntaganda, et d'engager des poursuites pour d'autres crimes,

---

[343] CPI, Op.cit, page 18.

notamment les meurtres et les viols commis par sa milice, a ajouté Human Rights Watch. Ntaganda continue de recruter des enfants par la force dans l'Est de la République démocratique du Congo.

« La peine de 14 ans d'emprisonnement prononcée contre Lubanga prouve que le recrutement et l'utilisation d'enfants-soldats constituent un crime de guerre grave qui sera puni », a déclaré Géraldine Mattioli-Zeltner, directrice de plaidoyer pour la justice internationale à Human Rights Watch. « La Cour pénale internationale avertit les commandants militaires du monde entier qu'envoyer des enfants à la guerre pourrait les envoyer derrière les barreaux pour un bon bout de temps. »[344]

Lubanga est l'ancien président de l'Union des Patriotes congolais (UPC), un groupe rebelle congolais impliqué dans de nombreuses violations graves des droits humains. Le 14 mars, il a été reconnu coupable par la chambre de première instance I de la CPI de recrutement, enrôlement et utilisation d'enfants-soldats dans le district d'Ituri dans l'Est de la RDC en 2002 et 2003. Human Rights Watch avait insisté auprès du bureau du procureur de la CPI pour qu'il porte des accusations plus larges contre Lubanga afin de couvrir l'ensemble des crimes commis par ses troupes en Ituri, notamment des meurtres à caractère ethnique, des actes de torture, de pillage, et des viols généralisés.[345]

Lorsqu'il a annoncé la peine contre Lubanga, qui constitue la première condamnation prononcée par la CPI, le juge-président Adrian Fulford a déclaré que le recrutement et l'utilisation d'enfants-soldats sont « indubitablement des crimes très graves, qui touchent la communauté internationale dans son ensemble. »[346]

Il a ajouté que « du fait de leur vulnérabilité, les enfants ont besoin d'une protection particulière » contre les dangers associés à une situation de guerre. Fulford a rappelé les témoignages d'experts au procès sur les traumatismes psychologiques pour les enfants-soldats qui ont été exposés à la violence, séparés de leurs familles et privés d'éducation.

Le juge Fulford a expliqué que la cour avait tenu compte d'un certain nombre d'autres facteurs pour établir son verdict. Ces facteurs sont les suivants : « la nature du comportement illicite et les moyens qui ont servi au crime », « le degré de participation et d'intention » de l'accusé, ainsi que son âge, son niveau d'instruction, et sa situation personnelle, et plusieurs circonstances aggravantes et atténuantes qui avaient été mises en avant par

[344]http://www.hrw.org/news/2012/07/10/cpi-le-chef-rebelle-congolais-thomas-lubanga-est-condamn-une-peine-de-14-ans-d-empri, le 27 juillet 2012.

[345] Ibidem.

[346] Ibidem.

les parties. Selon le Statut de Rome, qui a créé la CPI, les juges ont toute discrétion pour déterminer les peines.[347]

La cour n'a accepté aucun des facteurs aggravants avancés par l'accusation. Elle a refusé de considérer les violences sexuelles contre les filles-enfants-soldats de moins de 15 ans comme circonstance aggravante au moment de rendre sa décision parce que l'accusation n'a pas été en mesure de prouver la prévalence du crime et la responsabilité de Lubanga à cet égard. La cour a relevé en s'exprimant avec force que l'accusation n'avait pas retenu de charges de violences sexuelles contre Lubanga.

Comme circonstance atténuante pour sa condamnation, la cour a indiqué que Lubanga avait fait preuve de coopération et d'une attitude respectueuse durant son procès, « en dépit de certaines circonstances particulièrement pénibles », notamment deux suspensions de procédures dues au fait que l'accusation avait omis de communiquer des éléments de preuve à la défense et de se conformer aux ordres du tribunal de révéler d'autres informations. La cour n'a pas jugé opportun d'infliger une amende à Lubanga du fait qu'il est indigent.[348]

Lubanga a été condamné à 13 ans pour conscription d'enfants de moins de 15 ans, à 12 ans pour les avoir enrôlés, et à 14 ans pour les avoir utilisés en les faisant participer activement aux hostilités. La peine totale est de 14 ans.

Tant l'accusation que la défense peuvent faire appel de la sentence si elles considèrent que la peine n'est pas proportionnelle à la gravité des crimes pour lesquels Lubanga a été jugé coupable. En accord avec le Statut de Rome, les juges ont ordonné que les six années déjà purgées par Lubanga en détention soient déduites de la peine.

L'unité de la CPI chargée de l'information et de la sensibilisation du public devrait faire tous les efforts nécessaires pour expliquer la sentence de Lubanga aux communautés les plus affectées dans l'Est de la RDC, a déclaré Human Rights Watch.

« Le fait que les juges n'ont pas suivi l'appel du procureur à prononcer la peine maximum de 30 ans de prison ne diminue en rien la gravité du recrutement d'enfants-soldats », a affirmé Géraldine Mattioli-Zeltner. « La peine prononcée à l'encontre de Lubanga constitue une avancée importante, mais la justice pour les atrocités perpétrées en Ituri requiert, selon les éléments de preuve disponibles, d'engager des poursuites contre les officiels en RDC, au Rwanda et en Ouganda qui ont armé, financé

---

[347]http://www.hrw.org/news/2012/07/10/cpi-le-chef-rebelle-congolais-thomas-lubanga-est-condamn-une-peine-de-14-ans-d-empri, le 27 juillet 2012.

[348] Ibidem.

et dirigé les milices ayant perpétré de façon généralisée des massacres, des actes de torture et des viols. »[349]

Le 1er juillet 2012 a marqué le 10e anniversaire de la CPI. Si certaines critiques ont noté que la cour n'avait condamné qu'une seule personne au cours de ses dix premières années d'existence, ses travaux vont bien au-delà de cette affaire : en effet un autre procès est achevé et dans l'attente d'un jugement, un autre est en cours et deux autres devraient s'ouvrir dans les prochains mois.

Le bureau du procureur a des enquêtes en cours dans sept situations et a ouvert 15 dossiers impliquant 28 personnes, dont trois sont d'anciens chefs d'État ou encore en exercice. La CPI a besoin de la pleine coopération de tous les pays du monde pour garantir l'exécution des mandats d'arrêt en suspens de façon à ce qu'elle puisse remplir son mandat de justice, a rappelé Human Rights Watch.

2.5.2.2. Affaire procureur contre Germain Katanga et Matthieu Ngudjolo Chui : Identités et parcours

- **Germain Katanga**

Il répondait également au nom de Simba ou le lion, il est né à Mambassa, sur le territoire de Mambassa, district d'Ituri, Province orientale, le 28 avril 1978. Il est marié et père de deux enfants et appartient à l'ethnie ngiti ou lendu-sud.

En fin 2002, Germain Katanga était l'un des responsables militaires d'un groupe composé essentiellement de combattants ngiti. Ce groupe aurait pris en Ituri le nom de Forces de Resistance patriotique en Ituri (les FRPI), et ses troupes étaient apparemment basées dans la collectivité de Walendu Bindi, territoire d'Irumu, district d'Ituri.

En début décembre 2004, le chef de l'État de la RDC a nommé Germain Katanga général de brigade des Forces armées de la République démocratique du Congo (FARDC), poste qu'il occupait encore au moment de son arrestation par les autorités de la RDC en mars 2005.

- **Matthieu Ngudjolo Chui**

Matthieu Ngudjolo Chui est né le 8 octobre 1970 dans la localité de Likoni, groupement d'Ezekere, collectivité de Walendu Tatsi, territoire de Djugu, district d'Ituri, Province orientale. Il est d'origine lendu, appartient au clan Njotsi. Il est marié et père de 6 enfants.

---

349http://www.hrw.org/news/2012/07/10/cpi-le-chef-rebelle-congolais-thomas-lubanga-est-condamn-une-peine-de-14-ans-d-empri, le 27 juillet 2012.

En août 2002, au moment où l'UPC avait pris le contrôle de Bunia, Matthieu Ngudjolo Chui travaillait comme infirmier à Bunia et à Zumbe, village situé au sud-est de Bunia, dans le groupement des Ezekere. C'est donc après la prise de Bunia par l'UPC qu'il se serait installé dans le groupement des Ezekere et aurait eu des liens avec des combattants lendu du Sud de Bunia qui appartenaient au Front des nationalistes intégrationnistes (FNI).

Vers août 2006, Matthieu Ngudjolo Chui avait signé un accord de paix avec le gouvernement de la RDC et aurait déclaré que ses combattants et lui-même s'étaient vus accorder l'amnistie, qu'ils seraient en cours d'incorporation dans les FARDC et qu'ils allaient être déployés dans l'Ituri.

En octobre 2006, effectivement, il fut envoyé à Kinshasa pour y suivre une formation militaire dans le cadre du processus d'intégration mis en place par le gouvernement national et obtint le grade de colonel des FARDC avant son transfèrement à la cour.

- **Responsabilités pénales**

Il est conjointement reproché à Germain Katanga et Matthieu Ngudjolo Chui :

- d'avoir été, l'un commandant en chef de l'ensemble des forces ngiti et l'autre responsable militaire de tous les combattants lendu basés dans des camps militaires situés au sud de Bunia, à l'époque de l'attaque contre le village Bogoro ;
- d'avoir organisé des combattants essentiellement lendu et ngiti dans les FNI et les FRPI pour affronter d'autres combattants principalement hema qui avaient l'UPC et les FPLC ;
- d'avoir organisé une attaque généralisée ou systématique contre la population civile prenant la population hema pour cible ;
- par conséquent, Germain Katanga et Matthieu Ngudjolo Chui auraient conjointement commis par l'intermédiaire d'autres personnes, au sens de l'article 25-3-a du Statut de Rome, des crimes de guerre et des crimes contre l'humanité.

En ce qui concerne les crimes de guerre, il leur est reproché :

- d'avoir fait participer des enfants de moins de 15 ans à des hostilités, fait punissable en vertu de l'article 8-2-b-xxvi du Statut de Rome ;
- d'avoir dirigé intentionnellement une attaque contre la population civile en tant que telle ou contre des civils qui ne participent pas directement aux hostilités, crime puni par l'article 8-2-b-i du Statut de Rome ;
- d'avoir commis des homicides intentionnels, fait punissable en vertu de l'article 8-2-a-i du Statut de Rome ; d'avoir détruit des biens, crime punissable, voir article 8-2-b-xiii du Statut de Rome ; d'avoir organisé des pillages, voir article 8-2-b-xvi du Statut de Rome ;

- d'avoir organisé l'esclavage sexuel, crime punissable en vertu de l'article 8-2-b-xxii du Statut de Rome ;
- d'avoir commis ou fait commettre le viol, voir article 8-2-b-xxii du Statut de Rome.

Pour des crimes contre l'humanité, il leur est reproché :
- les meurtres, punissables en vertu de l'article 7-1-a du Statut de Rome ;
- les viols, punissables en vertu de l'article 7-1-g du Statut de Rome ;
- les actes de réduction en esclavage sexuel, punissables en vertu de l'article 7-1-g du Statut de Rome.

Le mandat d'arrêt visant Germain Katanga énumère neuf chefs d'accusation, mettant en cause sa responsabilité pénale individuelle pour six charges de crimes de guerre et trois charges de crimes contre l'humanité. Il est accusé d'avoir planifié et organisé une attaque conjointe contre le village de Bogoro, dans le district d'Ituri. Les juges ont donc conclu, pour émettre leur mandat d'arrêt, qu'il existait des motifs raisonnables de croire qu'en sa qualité de plus haut commandant des Forces de Resistance patriotique en Ituri (FRPI), Germain Katanga a joué un rôle essentiel dans la planification et la mise en œuvre, le 24 février 2003 ou vers cette date, d'une attaque menée sans discrimination contre le village de Bogoro, dans le district d'Ituri.

Les juges ont également conclu qu'il existe des motifs raisonnables de croire que, pendant et après l'attaque du village de Bogoro, dirigée principalement contre des civils de l'ethnie hema, les actes criminels suivants ont été commis :

- meurtre d'environ 200 civils ;
- atteintes graves à l'intégrité physique de civils ;
- arrestations, menaces avec des armes et enfermement de civils dans une pièce remplie de cadavres ;
- pillages ;
- réduction en esclavage sexuel de plusieurs femmes et filles ;
- participation active d'enfants âgés de moins de 15 ans à ladite attaque.[350]

Tout comme Germain Katanga, le mandat d'arrêt visant Matthieu Ngudjolo Chui énumère neuf chefs d'accusation, mettant en cause sa responsabilité pénale individuelle pour six charges de crimes de guerre et trois charges de crimes contre l'humanité. Matthieu Ngudjolo Chui est accusé d'avoir planifié et organisé une attaque contre le village de Bogoro, dans le district d'Ituri.

Les juges ont donc conclu, pour émettre leur mandat d'arrêt, qu'il existait des motifs raisonnables de croire qu'en sa qualité d'un des plus hauts commandants du Front des Nationalistes et Intégristes (FNI), Matthieu

---

[350] Cour pénale internationale, Op.cit, page 18.

Ngudjolo Chui a joué un rôle essentiel dans la planification et la mise en œuvre, le 24 février 2003 ou vers cette date, d'une attaque menée sans discrimination contre le village de Bogoro. Les juges ont également conclu qu'il existe des motifs raisonnables de croire que, pendant et après l'attaque de ce village, dirigée principalement contre les civils de l'ethnie hema, les actes et crimes suivants ont été commis :

- meurtre d'environ 200 civils ;
- atteintes graves à l'intégrité physique de civils ;
- arrestations, menaces avec des armes et enfermement de civils dans une pièce remplie de cadavres ;
- pillages ;
- réduction en esclavage sexuel de plusieurs femmes et filles ;
- participation active d'enfants âgés de moins de 15 ans à ladite attaque.[351]

**Depuis le 27 février 2015, Mathieu Ngudjolo acquitté par la CPI.**

Mathieu Ngudjolo Chui peut être considéré, à juste titre, comme le premier et, à ce jour, le seul accusé jugé par la CPI à avoir été acquitté. La Cour de la Haye avait, en effet, confirmé l'acquittement dont il avait bénéficié en première instance, en 2012, faute de preuves suffisantes. Il ne restait plus qu'à le rapatrier dans son pays d'origine. Ce qui a été fait le 11 mai après le refus par les Pays-Bas d'acquiescer à sa demande d'asile. C'est peu avant la tombée de la nuit que l'ancien chef de guerre est arrivé à l'aéroport international de Ndjili, escorté par cinq policiers européens.

Alors que certaines sources allèguent qu'il est reparti libre entouré par ses proches, d'autres voix soutiennent qu'il avait été cueilli à sa descente puis obligé de monter à bord d'un véhicule qui s'est aussitôt mis en branle pour une destination inconnue. Cette version est soutenue par l'avocat de Ngudjolo basé à Kinshasa, Me Georges Kapiamba, Président de l'Association congolaise pour l'accès à la justice (Acaj). Ce dernier craint pour la sécurité du concerné dont il n'a depuis lors aucune nouvelle. *« Nous n'avons aucune information sur le lieu où il se trouverait. Tout ce que nous savons, ce qu'il est descendu de l'avion et on l'a fait monter dans un véhicule et il est parti »*, a-t-il affirmé tout en indiquant n'avoir reçu aucune garantie de la part du gouvernement quant à la sécurité de son client. Des craintes justifiées du reste au regard des propos tenus par Mathieu Ngudjolo lors de son procès à la Haye au cours duquel il avait chargé les autorités congolaises. Et son avocat d'ajouter : *« Tout ce que nous exigeons du gouvernement, c'est de prendre des dispositions pour que ce monsieur ne fasse pas l'objet de détention et d'arrestation et surtout pas de tortures et*

[351] Cour pénale internationale, Op.cit, page 19.

*qu'il ne soit pas poursuivi pour des faits qui ont donné lieu à son acquittement ».*

Le gouvernement soutient via son porte-parole, Lambert Mende, que ce chef de guerre *« n'est poursuivi par aucun juge congolais et va retrouver sa famille très prochainement ».* Il devrait, selon lui, faire un « débriefing » aux services spécialisés avant de rejoindre sa famille. Ancien membre dirigeant de la milice des Forces nationalistes et intégrationnistes, M. Ngudjolo avait été arrêté en 2008 par les autorités de Kinshasa et transféré aux Pays-Bas à la demande du procureur de la CPI, qui l'accusait d'avoir dirigé une attaque ayant fait plus de 200 morts en 2003 dans un village d'Ituri, district aurifère de l'est de la République démocratique du congo.[352]

- **Ce qui reste à faire : le cas spécifique de Bosco Ntaganda**

Bosco Ntaganda était chef adjoint d'état-major général des Forces patriotiques pour la Libération du Congo (FPLC). Tout comme Thomas Lubanga, il lui serait reproché :

- d'avoir recruté activement et en grand nombre des enfants de moins de 15 ans et de les avoir soumis à une formation militaire dans son camp d'entraînement militaire de Sota ;
- d'avoir continué, après la création des FPLC, à procéder à l'enrôlement et la conscription systématiques et en grand nombre d'enfants de moins de 15 ans afin de leur donner une formation militaire et ultérieurement de les faire participer activement à des hostilités, notamment en en faisant des gardes du corps des commandants militaires de haut rang des FPLC ;
- d'avoir agi en collaboration avec d'autres officiers des FPLC et membres et partisans de l'UPC pour la commission des actes cités ci-haut ;
- par conséquent, il lui est imputé, en qualité de co-auteur, les crimes de guerre consistant à procéder à la conscription et à l'enrôlement d'enfants de moins de 15 ans dans un groupe armé (en l'espèce les FPLC, branche armée de l'UPC), à les faire participer activement à des hostilités.

Les juges ont donc estimé qu'il existe des preuves suffisantes donnant des motifs substantiels de croire que Bosco Ntaganda a engagé sa responsabilité pénale en qualité de co-auteur pour des crimes de guerre consistant en l'enrôlement, et en la conscription d'enfants âgés de moins de 15 ans et à les faire participer activement à des hostilités en Ituri, pendant la période allant de septembre 2002 à août 2003.

---

[352] Journal «Les dépêches de Brazzaville », n°2307, page 12, du 13 mai 2015.

L'enrôlement et la conscription des enfants-soldats sont des crimes de guerre extrêmement graves. Le procureur demande des mandats d'arrêt et décide de poursuivre en fonction des éléments de preuve en sa possession. S'il a décidé de se limiter pour le moment à ces charges contre Bosco Ntaganda, c'est parce qu'il a considéré qu'il avait suffisamment de preuves que celui-ci a commis ces crimes, et pour assurer un procès dans les meilleurs délais et permettre la meilleure protection des victimes et des témoins. Toutefois, cette décision du procureur n'exclut pas de nouvelles enquêtes sur d'autres crimes présumés commis par Bosco Ntaganda, qui a joué un rôle très actif, aux côtés de Laurent Nkunda, puis à la tête d'une faction armée qui a tragiquement endeuillé l'est de la RD Congo, jusqu'à son transfèrement à la CPI le 22 mars 2013. Il a comparu pour la première fois le 26 mars 2013 et la séance de confirmation des charges a été fixée au 23 septembre 2013 avant d'être renvoyée au 10 février 2014.

En tout état de cause, la problématique qui se pose, au-delà du désarroi des victimes, est celle de la dialectique entre la paix et la justice. En effet, la question de savoir s'il faut favoriser la paix au détriment de la justice, ou par contre rendre justice au risque de menacer une paix chèrement acquise, s'est toujours posée dans les sociétés post-conflits. Mais la paix et la justice ne sont-elles pas conciliables ?[353]

Avec la mise en œuvre de la CPI en juillet 2002, la « judiciarisation » des relations internationales est devenue considérable. L'extension du droit au sein même de la guerre pose une question fondamentale, à savoir l'intrusion de la justice pénale internationale est-elle bénéfique, ou s'avère-t-elle contre-productive pour les populations qu'elle prétend secourir ? Constitue-t-elle un accélérateur ou un frein à la recherche de la paix ?[354]

Il est affirmé l'existence d'une tension entre l'approche libérale et l'approche réaliste. En effet, pour l'auteur, le fondement de l'approche libérale repose sur la conviction que la norme du droit parvient à brider la barbarie, et qu'en châtiant les auteurs des crimes abominables la justice pénale dissuade l'exécution de nouveaux crimes, prépare déjà la transition vers la paix. Cette approche postule l'idée d'une justice en surplomb, qui parviendrait à domestiquer et à contenir la violence.[355]

Le point de vue réaliste est radicalement différent. Les réalistes accusent les libéraux d'être les responsables d'une vision angélique des relations internationales qui conduit à des « capitulations successives face à un État, une idéologie et un homme que la force pouvait tenir seule au respect ».[356]

---

[353] Bafunyembaka Sekaganda Oswald, Op.cit, page 111.
[354] Bafunyembaka Sekaganda Oswald, Op.cit, page 111.
[355] Idem, page 112.
[356] United States, V. Ohlendorf, IV, *Trial of war criminals*, cité par Bafunyembaka Sekaganda Oswald, Op.cit, page 112.

Les réalistes pensent que la « sécurité dérive d'une domestication de la violence par la menace d'une contre-violence. Ils entendent maîtriser la force par la division de la force elle-même », selon la formule de Jean Barrea.[357]

Si les libéraux considèrent que les despotes sanguinaires constituent une menace pour la paix et doivent être jugés, les réalistes s'opposent à l'intrusion d'une justice qui, sous couvert de la morale, serait profondément immorale. Ils mettent l'accès sur les dangers d'une justice qui viendrait torpiller les chances d'un accord de paix. C'est cette dernière approche qui s'est imposée avec la guerre froide.[358]

Richard Goldstone affirme qu'une véritable paix sans justice ne peut exister ; qu'au mieux elle ne saurait être qu'une trêve puisque des criminels de guerre exercés à mentir et à tricher ne maintiendront une trêve que tant que leur intérêt direct les y contraindra ; mais dès que celui-ci changera, ils déclencheront de nouvelles hostilités.[359]

Il soutient, par ailleurs, qu'« une paix acceptée par une société dotée de la volonté et de la capacité à se guérir, de la volonté et de la capacité à dépasser les souffrances du passé, est la seule paix réellement viable. Telle est la paix que la communauté internationale devrait rechercher à favoriser. Une paix qui serait téléguidée par des criminels de guerre malfaisants et méprisants de toutes les règles ou normes fondamentales du droit international, et soucieux de protéger leurs intérêts ne saurait être ni viable, ni durable ».[360]

Richard Goldstone considère donc qu'une paix sans justice n'est qu'une paix illusoire.

La tension entre la paix et la justice est désormais reconnue, assumée et articulée. Koffi Annan, dans son rapport du 3 août 2004, écrit : « La justice et la paix ne sont pas des objectifs antagonistes ; au contraire, convenablement mises en œuvre, elles se renforcent l'une et l'autre. La question n'est donc en aucun cas de savoir s'il convient de promouvoir la justice et d'établir les responsabilités, mais bien de décider quand et comment le faire ».[361]

---

[357] Barrea Jean, *Théorie des relations internationales*, Paris, Artel, 1994, p. 5, cité par Bafunyembaka Sekaganda Oswald, Op.cit, page 112.

[358] Bafunyembaka Sekaganda Oswald, Op.cit, page 112.

[359] Richard Goldstone, cité par Bafunyembaka Sekaganda Oswald, Op.cit, page 113.

[360] Ibidem.

[361] Koffi Annan, "The Rule of Law and Transitional justice in conflict and post-conflict societies", UN, Doc. S/2004/616, August, 3, 2004, p. 21, cité par Bafunyembaka Sekaganda Oswald, Op.cit, pp. 113-114.

# CHAPITRE II
# DISPOSITIONS INTERNES ENVISAGÉES PAR LA RD CONGO

Il est aisé de remarquer que la procédure pénale internationale prend le temps qu'il faut pour traiter et conclure un dossier, et que ce temps est souvent long. Le dossier de Charles Taylor par exemple a pris dix bonnes années et celui de Thomas Lubanga plus de six ans. Les États doivent-ils croiser les bras pendant l'action judiciaire de la CPI, alors que la criminalité, dans un élan de rebondissement constant, continue à causer des dégâts ?

L'État congolais, en ratifiant le Statut de Rome et en saisissant la CPI sur une somme de dossiers criminels, n'a pas démissionné devant les obligations qui lui incombent en tant qu'État-partie. Il s'est en effet d'une part investi dans l'adaptation de sa justice nationale aux exigences de la justice internationale, et d'autre part a cherché les voies et moyens judiciaires internes, nécessaires à la répression des violations des droits de l'homme sur son territoire.

À un moment, l'État congolais a réclamé l'instauration d'un tribunal pénal international ad hoc. En effet, en 2003, du haut de la tribune des Nations-Unies, le Président congolais a sollicité la création d'un tribunal pénal international pour la RD Congo. Sa requête n'ayant trouvé aucun écho favorable, et n'ayant suscité aucun soutien international, le pays ne disposant pas de moyens matériels et financiers adéquats, cette option a été abandonnée. À sa place, deux dispositions internes qui ont été mises en chantier, à savoir la réduction du pouvoir des tribunaux militaires et le projet de mise en place des chambres spécialisées au sein des cours d'appel.

## 1. TRIBUNAUX MILITAIRES

La justice congolaise a confié, dès 1972, la compétence de la répression des violations du droit international humanitaire à la justice militaire. C'est le résultat de l'ordonnance-loi n° 72/060 du 25 septembre 1972 portant ancien code de justice militaire.

Toutefois, les articles 501 à 505 de ce code se contentent de parler des *infractions non justifiées par les lois et coutumes de la guerre* sans donner une définition claire de ces infractions et sans préciser les éléments constitutifs et le régime de répression.[362]

Le 18 novembre 2002, le Président Kabila va signer la loi n° 024/2002 portant code pénal militaire où un chapitre sera consacré aux crimes internationaux. Cette loi, signée après le Statut de Rome, se distingue notamment par « l'introduction des incriminations qui tiennent compte des

---

[362] Toussaint Muntazini Mukimapa, Op.cit. p. 15.

conventions internationales sur les droits de l'homme, les crimes de guerre, et les crimes contre l'humanité ».[363]

L'exposé des motifs ajoute : « Cette introduction s'inscrit dans la suite de la ratification par la RDC du Statut de Rome instituant la CPI. En conséquence, les crimes de guerre et crimes contre l'humanité ont été redéfinis et mieux articulés en droit interne. Et les règles générales d'incrimination, de répression, d'organisation et de compétence judiciaires liées au statut spécifique de ces infractions s'intègrent naturellement au nouveau droit pénal interne ».[364]

On sait que cette loi est directement précédée de la loi n° 023/2002 du 18 novembre portant code judiciaire militaire et qui institue les juridictions militaires suivantes :

- les tribunaux militaires de police,
- les tribunaux militaires de garnisons,
- les cours militaires et les cours militaires opérationnels,
- la haute cour militaire.

Le fait de confier indistinctement la compétence des crimes internationaux à toutes les juridictions militaires, et la difficulté de réunir la compétence et l'expertise requises suscitent des interrogations légitimes.

Malgré le progrès accompli à travers le nouveau code institué par la loi n° 024/2002, le crime de guerre demeure mal circonscrit et l'acception du crime contre l'humanité n'est pas la même que celle de la CPI.

La remarque ci-après d'Urbain Mutuale Nkasa mérite une attention certaine : « En droit pénal congolais, les crimes de génocide, crimes de guerre et crimes contre l'humanité sont conçus comme des infractions spécifiques aux militaires dans la mesure où elles ne sont instituées que par le code pénal militaire... Ceci entraîne la conséquence que dans l'état actuel de notre législation, si des civils commettaient ces infractions, ils seraient justiciables des seules juridictions militaires. En d'autres termes, ils seront retranchés de leur juge naturel... Nous pensons avec évidence que le maintien de la configuration actuelle de la justice militaire et l'attribution de la compétence exclusive des crimes internationaux compromettent gravement l'équilibre institutionnel du système judiciaire congolais ».[365]

Devant les insuffisances de la justice militaire, l'adoption rapide par le législateur congolais de la loi de mise en œuvre du Statut de Rome est censée s'imposer comme une nécessité urgente.

---

363 Ibidem.

364 Ibidem.

365 Urbain Mutuale Nkasa, Op.cit, p. 168-169.

## 2. Chambres spécialisées au sein des cours d'appel

Mais la CPI a son rythme de travail, et la situation des violations des droits en RD Congo est très complexe par sa gravité, son envergure et ses dangers quotidiens. Aussi, la justice congolaise, loin de s'installer dans l'attentisme, a-t-elle envisagé d'activer des chambres spécialisées de répression des atteintes au droit international au sein des cours d'appel.

Tel est en effet l'esprit du *projet de loi relative aux chambres spécialisées pour la répression des violations graves du droit international humanitaire : organisation, fonctionnement, droit applicable, compétence et procédure.*

L'argumentaire principal évoque :

- les réticences de la communauté internationale à la création des tribunaux pénaux internationaux ;
- les résultats mitigés des tribunaux précédemment créés tels le Tribunal pénal international pour l'ex-Yougoslavie, pour le Rwanda, la Sierra-Leone, etc. ;
- l'option gouvernementale de confier la responsabilité des crimes internationaux aux juridictions congolaises, à travers l'instauration des chambres spécialisées au sein des juridictions congolaises ;
- l'intégration de ces chambres spécialisées dans le système judiciaire congolais, plus exactement au niveau des cours d'appel, qui disposent des juges compétents dont l'équipe, ouverte à la composition, peut être élevée à cinq.

Que peut-on retenir à ce stade de notre étude ?

La situation de graves violations du droit international à travers des crimes de génocide, des crimes de guerre et des crimes contre l'humanité n'a pas fini d'émouvoir la conscience nationale et internationale. Victimes de violences armées, la population congolaise n'a cessé de payer un lourd tribut qui se chiffre en millions de morts, en centaines de milliers de réfugiés et de déplacés. S'agit-il d'une fatalité qui, dès le lendemain de l'accession de la RD Congo à l'indépendance, s'est amplifiée à travers le règne de Mobutu, et a pris une intensité inquiétante avec les turbulences emmenées par l'AFDL dans ses bagages et léguées à Joseph Kabila ?

La communauté internationale n'ayant accordé aucun intérêt à la demande congolaise d'instauration d'un tribunal pénal international ad hoc, l'option prise a été celle de s'en remettre à l'action de la CPI. Celle-ci a été saisie par la RD Congo et s'est penchée sur les dossiers de Thomas Lubanga, Germain Katanga et Matthieu Ngudjolo. Le résultat du travail de la CPI est connu. Mais le cas de Bosco Ntaganda, qui a été transféré à la Haye une décennie après Thomas Lubanga, tient en suspens le peuple congolais tout entier.[366]

La RD Congo, qui a décidé de ne pas verser dans l'attentisme, s'est attelée à restructurer sa justice dans l'esprit du Statut de Rome, et à mettre en place des mécanismes internes de répression des violations du droit international.

Après avoir, dans la deuxième partie de notre étude, exposé tous ces éléments, il est temps de passer à l'évaluation de l'action de la CPI.

[366] Il n'est pas sans intérêt de signaler que le dossier Jean Pierre Bemba, bien qu'intéressant les Congolais au plus haut point, relève d'une plainte introduite auprès de la CPI par la République centrafricaine.

# Partie III

# Regard critique sur la CPI et perspectives d'avenir

Après avoir décrit, dans la première partie de notre étude, la genèse et l'évolution de l'idée d'une justice internationale apte à réprimer les violations graves du droit international, et exposé les missions, les structures, les compétences, les principes et les mécanismes fonctionnels de la CPI, nous avons, dans la deuxième partie, présenté les dossiers de la République démocratique du Congo à la Cour pénale internationale.

L'effort de collaboration entre la RD Congo et la CPI s'est révélé sous la forme de plusieurs actes posés, dont la ratification du Statut de Rome, la signature des accords de coopération et d'assistance judiciaire, des initiatives internes pour adapter l'appareil judiciaire congolais à l'exigence de complémentarité avec la justice internationale, et le transfèrement de quelques personnalités à la Haye.

L'heure est venue de dégager, dans la troisième partie, les points forts et les points faibles d'une juridiction certes jeune, mais sur laquelle les yeux des populations éprouvées par les affres de la guerre et leur cortège d'exactions sont braqués. C'est à cet exercice critique et normatif que se consacrent les deux chapitres de cette partie.

# CHAPITRE I
# LES POINTS FORTS DE LA CPI

La CPI, bien que de création récente, est devenue la plaque tournante de la répression des crimes de génocide, des crimes de guerre et des crimes contre l'humanité. Dans ce grand village planétaire qu'est devenue la terre, sa place, sa notoriété et son impact vont de plus en plus grandissant. Son action ne laisse indifférent aucun État, même ceux qui, pour des raisons d'hégémonisme, d'autonomie judiciaire, d'intérêt national et de préjugés idéologiques, se sont opposés aussi bien à sa création qu'à sa ratification.

La RD Congo, en ratifiant le Statut de Rome et en transmettant des dossiers de violations du droit international à la CPI, a posé un acte de foi, de confiance et d'espérance en la crédibilité, l'efficience, l'efficacité et les promesses de la justice internationale.

Quel jugement peut-on aujourd'hui porter sur la CPI en rapport avec son action en général, et la gestion des dossiers de la RD Congo en particulier ? C'est à cette question que s'efforce de répondre le présent chapitre qui ramasse, de manière synthétique, les points positifs et les faiblesses de l'institution judiciaire de la Haye, et cela dans ses principes et sa pratique.

La dynamique ou les points forts de la CPI au regard de la situation de crise que traversent les États en détresse comme la RD Congo se traduisent par la noblesse de l'idéal et des missions de celle-ci, la lutte contre l'impunité, la tenue en éveil des juridictions nationales, et la garantie du droit de la victime aux garanties du droit international.

## 1. IDÉAL ET MISSIONS DE LA CPI

La protection et la promotion des droits des individus, des communautés et des peuples sont des gages d'une modernité qui a pris le pari de hisser l'animal doué de raison et de passions qu'est l'homme à un stade honorable d'humanité, de civilisation et de respectabilité.

Cet animal n'est pas aussi naturel que l'a prétendu J. J. Rousseau, car, en lui, se déroule un éternel combat entre la conflictualité inhérente à son animalité originelle et l'appel à la convivialité que lui lance constamment l'exigence d'une vie en société.

La défense du droit à la vie et à la paix, le combat contre la violation de ce droit si constamment bafoué et sacrifié sur l'autel sanglant de la guerre et de diverses formes de violences… font de la CPI le porte-étendard d'un idéal d'une noblesse incommensurable.

En même temps, la poursuite, avec des sanctions concrètes, des missions de répression des crimes de guerre, de génocide et des crimes contre l'humanité, et de jugement des violations des droits internationaux est d'une grande portée morale et didactique, dont l'objectif est de tirer les sociétés humaines de l'état de nature ou de jungle, pour faire triompher l'état de droit.

La lutte contre l'impunité est un autre élément positif à signaler. La RD Congo est encline à devenir le paradis de l'impunité non seulement pour des crimes de portée internationale mais aussi et surtout pour toute infraction en général. En effet, les seigneurs de guerre, les bandits à mains armées, les violeurs, les assassins de toute catégorie (politicien, militaire et autre), les opérateurs économiques véreux et sanguinaires, les mandataires publics ou privés prêts à se transformer en seigneurs de guerre, les semeurs de troubles et les pyromanes internationaux, les corrupteurs et les marchands d'armes, les exploiteurs et exportateurs illégaux des richesses naturelles... sont constamment tentés d'y faire régner la loi du plus fort, du plus violent et du plus cynique, convaincus qu'il suffit de prendre les armes et d'occuper une partie du territoire pour s'assurer le droit d'accéder au pouvoir, quels que soient le prix et les dégâts humains causés.

Désormais, la présence de la CPI en RD Congo suivie des arrestations de quelques seigneurs de guerre a réveillé la conscience tant des autorités, des malfaiteurs et assassins que celle des victimes et de la population congolaise en général. Les langues se délient, les dossiers sont réactualisés, les affaires rebondissent, nous sommes donc dans la période de la lutte contre l'impunité sous toutes ses formes.

Nombreux sont ceux qui ont relevé que la peur de la CPI, le développement de l'idée selon laquelle les crimes ne doivent pas rester impunis et le fait que la communauté internationale est vigilante ont eu un effet positif de dissuasion sur la commission de nouveaux crimes.[367]

Les Organisations non gouvernementales en RDC estiment que l'arrestation des chefs de guerre a en partie mis fin à la violence. Pour les victimes, la CPI a eu un impact sur le processus de la paix au niveau national ou régional. Quand les seigneurs de guerre ont été arrêtés, cela a permis au processus de la Démobilisation, Désarmement et Réinsertion (DDR) d'avancer.[368]

Certaines communautés, victimes du Sud-Kivu, ont souligné le fait alors que les exactions et les violations massives des droits de l'homme sont toujours largement observées, la CPI dissuade.[369]

Les juridictions nationales ayant compétence des crimes de portée internationale se sont senties revigorées à travers les premières actions

---

367 L'impact de la CPI sur les victimes et les communautés affectées, Op.cit, page 22.

368 Ibidem.

369 L'impact de la CPI sur les victimes et les communautés affectées, Op.cit, pp. 22-23.

entreprises par la CPI en RD Congo. Leur motivation s'est exprimée à travers quelques décisions judiciaires rendues en matière de crimes de portée internationale. En effet, depuis 1972, date de l'entrée en vigueur du code de justice militaire donnant compétence aux tribunaux militaires de connaître les crimes de portée internationale, aucune enquête, aucune poursuite, donc aucun jugement n'a été rendu en cette matière. Il a fallu donc la présence de la CPI suivie des arrestations et transfèrement de Thomas Lubanga Dyilo, Germain Katanga et Matthieu Ngudjolo pour voir les juridictions militaires exercer effectivement leur compétence en la matière.

Qu'on se souvienne, à titre illustratif, de l'affaire Songo-Mboyo (RMP 154/PEN/SHOF/2005 ; RP084/2005), de l'affaire Mulesa (RP n° 101/2006 ; RMP n° 545/PEN/2006), de l'affaire Kawha (RP n° 039/2006 ; RMP n° 227/PEN/2006), de l'affaire Mitwaba (RMP n° 0086/06/MW ; RP n° 011/2006), de l'affaire Kilwa (RMP n° 0064/NMB ; RP n° 010/2006).

L'accès des victimes aux garanties du droit international et à la réparation est un élément qui mérite également d'être souligné.

## 2. Droit de la victime aux garanties du droit international

Quelles sont ces garanties prévues par le droit international auxquelles la victime congolaise d'un crime de portée internationale a droit ?

Ces garanties sont : l'accès effectif à la justice, dans des conditions d'égalité, la réparation adéquate, effective et rapide du préjudice subi, l'accès aux informations utiles concernant les violations et les mécanismes de réparation.

### 2.1. Accès effectif à la justice, dans des conditions d'égalité

Bien qu'ayant en commun de nombreuses prérogatives avec les autres participants à la procédure, la victime occupe néanmoins une place prépondérante en raison du rôle déterminant qu'elle est appelée à jouer dans le procès pénal international. Le droit d'accès général à la procédure que lui ouvre l'article 68-3 du Statut de Rome et que confirme la jurisprudence de la cour n'est, en effet, reconnu à aucun autre participant à la procédure, à part les parties au procès que sont l'accusation et la défense.[370]

Le Statut de Rome reconnaît aux victimes le droit de participer, à leur propre initiative, à la procédure devant la cour. Quatre dispositions principales leur reconnaissent ce droit.

- La première, qui est de portée générale, se trouve être l'article 68-3 du Statut de Rome qui dispose que : « Lorsque les intérêts

[370] Ghislain Mabanga, Op.cit, page 125.

personnels des victimes sont concernés, la cour permet que leurs vues et préoccupations soient exposées et examinées, à des stades de la procédure qu'elle estime appropriés et d'une manière qui n'est ni préjudiciable ni contraire aux droits de la défense et aux exigences d'un procès équitable et impartial. Ces vues et préoccupations peuvent être exposées par les représentants légaux des victimes lorsque la cour l'estime approprié, conformément au règlement de procédure et de preuve (RPP). »[371]

L'article 68-3 permet aux victimes de participer aux procédures lorsque leurs intérêts personnels sont concernés. De plus, la stratégie de la CPI concernant les victimes reconnaît que l'attitude des représentants de la cour à l'égard de celles-ci sera très importante pour elle et pour la vision que ces victimes auront du processus de justice devant la cour ; et que les victimes ont également apporté une perspective unique au processus judiciaire.[372]

Il a été admis que la participation des victimes contribuera au processus de justice devant la cour et rendra les procédures plus sensibles aux victimes. Les mécanismes contenus dans le Statut de Rome ont permis à de nombreuses victimes d'entrer en contact avec divers organes de la cour, cherchant à participer aux procédures ainsi qu'à présenter leurs vues et préoccupations. Ces dernières années, la CPI a pu noter un impact réel dû aux victimes sur ses procédures et sa jurisprudence en développement, où les victimes ne sont pas passives mais des participants actifs dans les procédures qui les concernent.[373]

Ceux qui travaillent avec les victimes ont indiqué qu'il y a un impact positif parce que cela a permis aux victimes de se sentir valorisées à travers leur implication dans le processus judiciaire bien que cela soit fait par leurs représentants légaux. Et que, comme certains l'ont relevé en RDC, la justice peut avoir un pouvoir de guérison et la CPI peut jouer un rôle sur l'aspect psychologique des victimes de guerre en leur garantissant leur liberté et leurs droits socio-économiques et culturels. Si le processus est bon, le simple fait d'être passé par ce processus aura un impact positif sur les victimes. Comme certains l'ont indiqué en RDC, la CPI a eu un impact sur le fait que les vues et préoccupations des victimes ont été entendues aux niveaux national et international. Les victimes reçoivent une assistance juridique assurant ainsi

---

371 Ghislain Mabanga, Op.cit, page 108.

372 L'impact de la CPI sur les victimes et les communautés affectées, Op.cit, page 16.

373 L'impact de la CPI sur les victimes et les communautés affectées, Op.cit, page 16.

leur participation effective à la procédure et à la préservation de leurs droits.[374]

La cour a reconnu que les victimes doivent tout d'abord être conscientes de leur droit de participer pour être à même de prendre des décisions avisées sur la manière de l'exercer et doivent être assistées dans leur demande de participation si elles le souhaitent. La cour reconnaît que ceci peut être entrepris en partenariat avec des individus et des organisations proches des victimes.[375]

- La deuxième disposition est l'article 15-3 du Statut de Rome, relatif à la décision du procureur d'ouvrir une enquête motu proprio. L'article 15-3 dispose : « S'il conclut qu'il y a de bonnes raisons d'ouvrir une enquête, le procureur présente à la chambre préliminaire une demande d'autorisation en ce sens, accompagnée des éléments justificatifs recueillis. Les victimes peuvent adresser une représentation à la chambre préliminaire, conformément au règlement de procédure et de preuve. » La règle 50-1 du RPP exige de lui, avant de saisir la chambre préliminaire d'une demande d'autorisation d'ouverture d'enquête, d'en tenir informées les victimes par des moyens appropriés. Ce qui permet aux intéressées de faire une représentation. Il s'agit, pour les victimes, de présenter des arguments destinés à convaincre la chambre préliminaire de l'opportunité d'autoriser l'ouverture d'une enquête.[376]
- La troisième disposition se retrouve dans l'article 19-3 du Statut de Rome qui dispose : « Le procureur peut demander à la cour de se prononcer sur une question de compétence ou de recevabilité. Dans les procédures portant sur la compétence ou la recevabilité, ceux qui ont déféré une situation de l'article 13, ainsi que les victimes, peuvent également soumettre des observations à la cour ».

L'article 13-3 permet aux victimes de participer à la procédure dans la phase de la situation en soumettant des observations à la chambre préliminaire saisie d'une question de compétence ou de recevabilité par le procureur. Le greffier est tenu de les informer de toute question de cette nature. Cette information a pour objectif de permettre à ces victimes de préparer leurs arguments, lesquels tendront, naturellement, à voir la cour se déclarer compétente pour ou contre la situation déférée.[377]

- La quatrième et dernière disposition est l'article 75 qui stipule : « La cour établit des principes applicables aux formes de réparation, telles que la restitution, l'indemnisation ou la réhabilitation, à accorder aux

---

[374] L'impact de la CPI sur les victimes et les communautés affectées, Op.cit, pp. 16-17.

[375] Idem, page 17.

[376] Ghislain M. Mabanga, Op.cit, page 108.

[377] Ghislain M. Mabanga, Op.cit, page 108.

victimes ou à leurs ayants droit. Sur cette base, la cour peut, sur demande, ou de son propre chef dans des circonstances exceptionnelles, déterminer dans sa décision l'ampleur du dommage, de la perte ou du préjudice causé aux victimes ou à leurs ayants droit, en indiquant les principes sur lesquels elle fonde sa décision. La cour peut rendre, contre une personne condamnée, une ordonnance indiquant la réparation qu'il convient d'accorder aux victimes ou à leurs ayants droit. Cette réparation peut prendre notamment la forme de la restitution, de l'indemnisation ou de la réhabilitation. Le cas échéant, la cour peut décider que l'indemnité accordée à titre de réparation est versée par l'intermédiaire du fonds visé à l'article 79. Avant de rendre une ordonnance en vertu du présent article, la cour peut solliciter, et prendre en considération les observations de la personne condamnée, des victimes, d'autres personnes intéressées ou des États intéressés, et les observations formulées au nom de ces personnes ou de ces États. Lorsqu'elle exerce le pouvoir que lui confère le présent article et après qu'une personne a été reconnue coupable d'un crime relevant de sa compétence, la cour détermine s'il est nécessaire, pour donner effet aux ordonnances qu'elle rend en vertu du présent article, de demander des mesures au titre de l'article 93-1. Les États-parties font appliquer les décisions prises en vertu du présent article comme si les dispositions de l'article 109 étaient applicables au présent article. Les dispositions du présent article s'entendent sans préjudice des droits que le droit interne ou le droit international reconnaissent aux victimes ».[378]

L'article 75 permet à la victime de diligenter une action en réparation. Elle peut le faire avant ou après la sentence, mais la chambre de première instance compétente ne statuera sur les demandes présentées qu'au terme du verdict sur la culpabilité de l'accusé.[379]

### 2.2. Réparation adéquate, effective et rapide du préjudice subi

Il ressort de l'article 79 du Statut de Rome qu'un fonds est créé, sur décision de l'Assemblée des États-parties, au profit des victimes des crimes relevant de la compétence de la cour et de leurs familles. La cour peut ordonner que le produit des amendes et des biens confisqués soit versé au fonds. Le fonds est géré selon les principes fixés par l'Assemblée des États-parties.[380]

---

[378] Lire article 75 du Statut de Rome.
[379] Ghislain M. Mabanga, Op.cit, page 109.
[380] Lire article 79 du Statut de Rome.

Cette disposition est essentielle, car elle détermine dans quelles conditions des dommages et intérêts en réparation des préjudices subis peuvent être alloués aux victimes. Cet article complète donc toutes les dispositions antérieures relatives aux victimes.[381]

Dès lors que les personnes condamnées pour crimes internationaux sont les plus souvent insolvables ou ont organisé leur insolvabilité, dès que l'on ne retient ni la responsabilité pécuniaire des États ni celle des personnes morales, la place faite aux victimes par le statut exige de la communauté internationale tout entière l'organisation de l'indemnisation du dommage.[382]

Tout reste à écrire cependant, et il doit être souligné qu'il n'est pas fait renvoi ici au RPP, mais à des principes qui devront être fixés par l'Assemblée des États-parties, tant la disposition est importante. Reste à déterminer les modalités de contribution de chacun des États-parties à ce fonds. De multiples propositions ont déjà été faites...[383]

Les bénéficiaires directs reconnaissent l'impact positif du fonds. La mise en œuvre d'activités financées par le fonds au profit des victimes de la CPI développe l'espoir, la confiance, l'assurance et un sens d'appartenance par les victimes. Cela a développé une paix d'esprit et une confiance parmi les victimes et les communautés affectées.[384]

En Ouganda, des discussions avec deux organisations qui ont bénéficié directement et indirectement des projets financés par le fonds au profit des victimes rapportent que « les familles et les communautés apprécient les projets car ils apportent une guérison psychologique et physique : la stigmatisation, l'exclusion sociale, et la honte ont disparu. Il y a eu une réintégration positive où ils ont construit une confiance les uns envers les autres, dans leurs familles et dans leurs communautés. Il y a également eu des réunions de famille : les familles brisées ont été normalisées en tant que femme et mari. Les victimes ont aussi été conseillées pour avoir une confiance totale en elles-mêmes ».[385]

Elles ont également souligné que les bénéficiaires étaient généralement plus souvent les victimes elles-mêmes avec leurs communautés bénéficiant indirectement du projet : « Le fait que leurs souffrances aient été reconnues a apporté de l'espoir et de la confiance aux victimes ».[386]

---

[381] William Bourdon et Emmanuel Duverger, Op.cit, page 224.

[382] Ibidem.

[383] Idem, pp. 224-225.

[384] L'impact de la CPI sur les victimes et les communautés affectées, Op.cit, page 18.

[385] L'impact de la CPI sur les victimes et les communautés affectées, Op.cit, page 18.

[386] Ibidem.

Alors que les bénéficiaires directs louent l'impact du fonds au profit des victimes, celles qui n'en ont pas bénéficié sont inévitablement déçues. Sur cet aspect, il est important que le choix des organisations bénéficiaires soit expliqué. Alors que beaucoup de bénéficiaires comprennent que le fonds n'a à sa disposition que des fonds limités, et donc ne peut pas répondre à tous les besoins des victimes, beaucoup de victimes et de communautés affectées imaginent les ressources du fonds beaucoup plus larges qu'elles ne le sont en réalité, et en Ouganda et en RDC, elles se posent des questions sur les critères utilisés pour choisir entre les différents projets.[387]

Certaines ONG en RDC ont souligné que beaucoup de fonds seraient alloués aux victimes, mais que ces dernières en ignorent la destination et semblent ne pas en bénéficier. En particulier, elles regrettent que le fonds jusque-là ne prenne pas en compte, du moins à leur connaissance, les victimes des violations graves et qui ont accepté de fournir les informations à la cour.[388]

La même remarque a été faite par d'autres organisations communautaires qui ont rapporté : « On note une forte mobilisation des fonds pour les victimes mais, hélas, la destination de ces fonds n'est pas connue et l'on ne cessera de se demander si les victimes en bénéficient ».[389]

Les organisations communautaires travaillant avec les victimes ont encouragé les États-parties à s'engager fortement avec le fonds au profit des victimes et à donner généreusement. Des espoirs ont été créés d'obtenir des réparations à travers le processus de justice de la CPI.[390]

Toutefois, une information et sensibilisation consacrées aux réparations doivent être entreprises par la cour dans le but d'apporter une information à jour à propos de ce qui sera possible et ou non. Autrement, les attentes pourraient ne pas correspondre à la structure juridique relativement étroite...[391]

Alors que les réparations doivent être financées à travers des ressources collectées par la cour par des amendes, confiscations et ordonnances des réparations contre la personne condamnée, il est probable que les sommes collectées seront insuffisantes pour indemniser les victimes. Le fonds au profit des victimes pourrait compléter ces sommes grâce à ses revenus volontaires...[392]

Des efforts doivent être faits pour assurer l'identification des biens et pour une coopération proactive entre les États pour geler et saisir les actifs et

---

387 Idem, pp. 18-19.

388 Idem, page 19.

389 L'impact de la CPI sur les victimes et les communautés affectées, Op.cit, page 19.

390 Ibidem.

391 Ibidem.

392 Idem, page 20.

appliquer les ordonnances de réparation. Les organisations travaillant sur les problèmes des victimes ont relevé que les États-parties au Statut de Rome ont peut-être des lois de mise en œuvre inadéquates pour donner plein effet au droit à réparation des victimes en vertu du Statut de Rome. Les États devront continuer à adopter des lois effectives pour assurer une coopération significative afin de sauvegarder les actifs.[393]

### 2.3. Accès aux informations utiles concernant les violations et les mécanismes de réparation

La cour a reconnu que toutes les victimes ne souhaitent pas avoir le même niveau d'informations sur la cour et ses procédures ou s'engager de la même manière. Certaines victimes souhaitent peut-être n'avoir qu'une information générale alors que d'autres voudront s'engager plus directement avec la cour, par exemple en fournissant des informations au procureur sur la commission des crimes, déposant en tant que témoins, participant aux débats, ou bénéficiant de l'assistance du fonds au profit des victimes. Il s'en suit que les victimes devraient être informées de différentes manières de s'engager auprès de la cour, ce qu'elles peuvent attendre d'un tel engagement, quel soutien ou protection est disponible pour elles et comment elles doivent procéder pour entrer en contact avec la cour.[394]

Depuis que le Statut de Rome est entré en vigueur, des activités de proximité ont été fortement encouragées par les organisations de la société civile et par le Groupe de Travail pour les Droits des Victimes (GTDV). Les victimes et leurs communautés ont apprécié les efforts entrepris par la cour afin de les informer de son mandat et de ses activités. Les bureaux de la cour sur place et le personnel de sensibilisation ont entrepris des activités ciblées et régulières destinées à atteindre les victimes, les leaders locaux et religieux, les étudiants et les ONG dans les pays concernés par les « situations » devant la cour. L'utilisation des médias tels la diffusion par radio et les clubs d'écoute a été hautement plébiscitée par les communautés locales. Lorsque certains membres de communautés ont eu l'opportunité exceptionnelle de voir une retransmission vidéo des audiences, telles les organisations de la société civile en Ituri, ils ont apprécié cette opportunité et ont été fascinés par les débats.[395]

Toutefois, il faut noter que les zones affectées des pays en « situation » sont vastes et que la nature des crimes commis relevant de la compétence de la CPI implique un grand nombre de victimes. De plus, certaines régions sont inaccessibles, il y a un manque préjudiciable d'infrastructures et parfois l'insécurité entrave l'accès à l'information. Étant

---

393 Ibidem.

394 L'impact de la CPI sur les victimes et les communautés affectées, Op.cit, page 7.

395 L'impact de la CPI sur les victimes et les communautés affectées, Op.cit, page 7.

donné que la CPI a seulement un ou deux agents de sensibilisation dans les pays des « situations », il est clair que le niveau actuel de la sensibilisation est insuffisant au regard de la combinaison de ces facteurs. Par exemple, alors qu'il est connu que la cour a conduit d'excellentes sessions de sensibilisation dans le genre dans certaines régions en Ouganda du Nord, de nombreuses victimes dans les villages, villes et régions voisins n'ont jamais entendu parler de ces activités. De même, les organisations travaillant avec des victimes dans le district de Gulu, au nord de l'Ouganda, ont exposé que, bien que des ateliers de sensibilisation y aient été conduits, les victimes qu'ils ont consultées et sensibilisées à propos de la CPI et de la conférence de révision ne connaissaient pas la CPI et ce qu'elle avait fait pour elles.[396]

Malgré les limitations inquiétantes en relation avec les besoins des victimes, les communautés reconnaissent que là où les ateliers de sensibilisation ont eu lieu, il y a une augmentation de connaissances parmi les victimes et les communautés affectées sur la CPI et son mandat, ce qui constitue un premier pas vers l'exercice au moins de leur droit d'être informées.[397]

Les victimes de la RDC (Sud-Kivu) ont indiqué que les visites des délégués de la CPI pour le plaidoyer et la sensibilisation sont rassurantes. En Ouganda (district d'Apac), l'impact du programme de sensibilisation de la CPI entrepris en 2009 a été mentionné et il a été rapporté que les victimes estiment que l'existence de la CPI a apporté une ouverture sur le droit à la justice, et que de nombreuses victimes ont des connaissances à propos de la CPI, son rôle et sa force…[398]

Toutefois, des efforts supplémentaires et une information répétée et à jour demeurent nécessaires quant à l'accès aux informations utiles.

Il faut donc non seulement des efforts supplémentaires pour atteindre les victimes, mais aussi une répétition inlassable de l'information.

**- Efforts supplémentaires nécessaires afin d'atteindre les victimes des zones reculées**

Alors que les effets de la sensibilisation commencent à être ressentis par les victimes et leurs communautés, le contexte d'après-guerre et l'isolement rendent la tâche encore plus difficile. Dans les villages, l'électricité est rarement disponible, il en va de même pour l'accès à l'Internet. Alors que la radio est utilisée par les membres de communautés, un grand nombre de victimes n'ont pas de radios ou de piles ou bien luttent tout simplement pour survivre.[399]

---

396 Idem, page 8.

397 Ibidem.

398 L'impact de la CPI sur les victimes et les communautés affectées, Op.cit, page 8.

399 Ibidem.

La difficulté pour atteindre les zones reculées a été soulignée par les ONG en RDC (Sud-Kivu) qui ont indiqué que la majorité de la population n'est pas informée sur la CPI. En milieux urbains, il y a des personnes informées mais la sensibilisation en milieux ruraux reste très faible. D'autres ont évoqué que les victimes qui sont les populations civiles ne sont pas en mesure de saisir la CPI dans la mesure où elles ne sont pas, dans la grande majorité, informées des activités de celle-ci.[400]

Il a été souligné que les actes ignobles dont elles ont été victimes ne sont pas commis seulement en ville où la CPI tient des conférences et rencontres avec la population. De plus, certaines ont indiqué que l'information diffusée à la radio est une nouveauté dans certains coins du globe terrestre où l'accès à l'information est difficile. Il y a aussi un problème de distance et de moyens pour celles qui sont informées. D'où, l'impact de l'existence de la CPI jusque-là n'est pas positif par rapport aux attentes des victimes.[401]

L'unité de sensibilisation de la CPI semble avoir un impact grâce aux activités qu'elle a entreprises, utilisant ses ressources limitées. Néanmoins, la réalité des conditions de vie des victimes doit être prise en compte dans l'organisation de futures activités de sensibilisation. En particulier, trouver des moyens d'accéder aux plus démunis doit être prioritaire dans l'organisation et la planification des campagnes d'informations et sensibilisation. Des approches locales telles que le théâtre de rue ou la formation des formateurs sont les suggestions revenant le plus souvent.[402]

- **Information répétée et à jour**

Une information répétée et à jour s'avère nécessaire pour gérer les attentes des victimes. En effet, certaines limitations de la CPI sont inhérentes au Statut de Rome et au mandat de la cour. Il est important d'expliquer clairement les limitations du mandat de la cour aux victimes et aux communautés affectées. Les restrictions du mandat de la CPI ne sont pas évidentes ou facilement compréhensibles et ceci devrait être pris en compte dans la manière dont elles sont expliquées. Étant donné que le mandat de la cour est compliqué et abstrait, il est nécessaire que certains groupes soient formés de manière plus intensive sur ces problématiques et que la sensibilisation soit suivie d'au moins une deuxième rencontre, sinon plus lorsque cela est possible et bénéfique.[403]

Les limitations communes nécessitant des explications répétées sont :

---

[400] Ibidem.
[401] L'impact de la CPI sur les victimes et les communautés affectées, Op.cit, page 9.
[402] Ibidem.
[403] Ibidem.

- la date de début de compétence de la cour est au 1er juillet 2002, car c'est à cette date que le traité est entré en vigueur ;
- la cour dépend des États pour exécuter les mandats d'arrêt et n'a pas de force de police ou d'armée propre ;
- la cour ne poursuivra qu'un petit nombre de ceux qui sont les responsables des crimes les plus sérieux, elle n'a pas pour but de poursuivre tous ceux qui ont pris part aux hostilités ;
- les procédures vont être longues ;
- l'accusé a des droits, il ou elle est présumée innocente jusqu'à ce qu'un jugement le/la déclare coupable ;
- le procureur a besoin de preuves afin de convaincre les juges de délivrer un mandat d'arrêt ;
- la peine de mort n'est pas appliquée.

L'importance d'expliquer les limitations de la cour a par exemple été soulevée par des organisations en Ouganda lors de récentes consultations. Il a été indiqué que trop d'attentes ont entouré les premières activités de sensibilisation de la CPI et que les victimes ont été déçues lorsqu'elles ont réalisé la vraie nature du travail de la CPI, notamment le fait que les États doivent effectuer eux-mêmes les arrestations.[404]

Ce qu'il faut retenir, c'est que les points positifs qui viennent d'être épinglés ci-dessus accréditent le rôle et la place de la CPI, malgré les résultats maigres que chaque État-partie, pris séparément, a pu jusqu'ici recueillir. Mais l'institution judiciaire internationale ne peut réussir que là où les États-parties et leurs populations non seulement collaborent au travail de la CPI, mais aussi comprennent ses limites.

---

404 L'impact de la CPI sur les victimes et les communautés affectées, Op.cit, pp. 9-10.

# CHAPITRE II
# ÉCUEILS ET POINTS FAIBLES

Institution judiciaire jeune, la CPI est en même temps assez vieille pour essuyer les salves de la critique. L'opinion la plus défavorable la présente comme une juridiction partiale s'acharnant sur les pauvres d'Afrique et de l'Europe de l'Est, fermant les yeux sur les violations du droit international par les ressortissants des grandes puissances comme la Russie, l'Amérique, la Chine, qui d'ailleurs n'ont pas ratifié le Statut de Rome.

Le sommet extraordinaire de l'Union africaine, tenu du 11 au 12 octobre 2013, à l'initiative du Kenya décidé à sauver son Président et son Vice-président des griffes de la justice internationale, n'a pas hésité à passer de l'invective à l'insulte, laissant le Président kenyan traiter la CPI de « jouet des pays impérialistes en déclin ». Le sommet a exprimé sa solidarité envers les dirigeants kenyans et le Président nord soudanais, Omar el Béchir, demandant au Conseil de Sécurité de l'ONU la suspension des poursuites judiciaires contre ces derniers, et exigeant que la CPI s'abstienne de poursuivre des leaders en exercice. Cette levée de boucliers a eu pour impact et effet d'embarrasser momentanément les ardeurs de l'institution judiciaire internationale.

Mais au-delà de cette critique, les faiblesses de la CPI sont caractérisées d'une manière générale par le caractère complémentaire de la cour vis-à-vis des justices nationales, son manque de moyens de contrainte, la sélection lente et limitée des affaires, la lourdeur de la procédure et de la bureaucratie, et la distance entre la CPI et le théâtre des violations. Ce sont ces points faibles qui sont épinglés au long du présent chapitre.

## 1. CARACTÈRE COMPLÉMENTAIRE DE LA COUR

L'article 1er du Statut de Rome dispose : « Il est créé une Cour pénale internationale en tant qu'institution permanente, qui peut exercer sa compétence à l'égard des personnes pour les crimes les plus graves ayant une portée internationale, au sens du présent statut. Elle est complémentaire des juridictions nationales. Sa compétence et son fonctionnement sont régis par les dispositions du présent statut. »[405]

Il s'agit d'un article consensuel, puisqu'il est fait référence au fait que la compétence de la cour ne peut s'exercer que pour des crimes de nature internationale, d'une part, et il y est réaffirmé le caractère complémentaire de celle-ci, d'autre part. Ces crimes de portée internationale sont détaillés aux

[405] Lire article 1er du Statut de Rome.

articles 6, 7 et 8 du statut. Il s'agit des crimes de génocide, des crimes contre l'humanité, des crimes de guerre et du crime d'agression.[406]

En vertu du principe de complémentarité ou de subsidiarité, le Statut de Rome consacre comme juge naturel des crimes de la Cour pénale internationale les juridictions nationales des États-parties. La cour n'intervient que dans les hypothèses de manque de volonté, de manque de moyens ou d'incapacité des juridictions nationales de ces États.[407]

Les juridictions nationales de la RDC se sont révélées moins capables de mener à bien les enquêtes pour les crimes commis dans ce pays.[408]

Ensuite, l'intervention de la Cour pénale à l'intérieur d'un État-partie est parsemée d'obligations de coopération judiciaire avec les États concernés.[409]

En vertu du principe de complémentarité, la CPI n'exerce sa juridiction que lorsque les États-parties n'enquêtent pas et n'engagent pas de bonne foi des procédures judiciaires alors qu'un crime décrit au statut a été commis. La cour ne peut donc pas théoriquement se saisir d'une affaire lorsqu'un État décide de s'en occuper. Cependant, il est essentiel que les procédures engagées par l'État en question soient entreprises de bonne foi, c'est-à-dire dans le respect du droit international.[410]

## 2. Absence de moyens de contrainte

Une autre des faiblesses de la CPI est le fait qu'elle ne peut pas fonctionner d'elle-même dans la mesure où elle ne dispose ni de police, ni d'armée et même pas de service de sécurité.

## 3. Inexistence de forces de police et d'armée

Pour fonctionner, la CPI doit s'appuyer sur la coopération des États-parties conformément à l'article 86 du Statut de Rome qui dispose que « les États-parties coopèrent pleinement avec la cour dans les enquêtes et poursuites qu'elle mène pour les crimes relevant de sa compétence ».

Un juge sans le concours d'une force de police est un homme démuni. La fonction de juger implique, pour être efficace, que l'État délègue le monopole de la contrainte, et que certains de ses agents aient la possibilité d'appréhender et de perquisitionner. Aujourd'hui, aucune force de police internationale n'existe. Par conséquent, l'effectivité d'une juridiction

---

406 William Bourdon et Emmanuel Duverger, Op.cit, page 29.
407 Mayulu Mambiki, Op.cit, page 53.
408 Ibidem.
409 Ibidem.
410 Grégory Berkovicz, Op.cit, page 193.

internationale repose sur la capacité, la volonté et l'obligation des États de coopérer avec elle.[411]

En RDC, alors que les victimes au Sud-Kivu pensent que la CPI a eu un impact positif du fait que leurs préoccupations ont été prises en compte par la communauté internationale, elles relèvent que cet impact n'est pas encore maximisé, car les auteurs de crimes au Sud-Kivu se déplacent librement et que ça prend du temps avec aucun jugement en vue.[412] Tel qu'il a été résumé par certaines organisations de femmes à l'est du Congo, « l'existence de la CPI en soi donne l'espoir mais il faut que ça devienne effectif et qu'on arrive à arrêter ceux qui commettent les crimes ».[413]

## 4. INEXISTENCE DE SERVICE DE SÉCURITÉ

Pour arrêter un suspect, la CPI émet un mandat d'arrêt et demande à l'État-partie ou à un autre État d'arrêter ce suspect. Si par hasard cet État-partie n'obtempérait pas, la CPI ne pourrait jamais mettre la main sur le suspect. Le statut prévoit une sanction contre un État qui agit de la sorte : c'est la dénonciation devant l'Assemblée générale des parties. Et comme la plupart des Assemblées générales des instances internationales, il y a de belles résolutions et des condamnations sans impact réel sur l'État concerné.

La première démarche de la cour résultera d'une demande de coopération adressée par voie diplomatique ou par voie appropriée, choisie par les États au moment de la ratification ou de l'approbation du statut. Cette demande peut être également transmise aux États par Interpol ou par toute organisation régionale compétente. La cour pourra, en outre, solliciter toute organisation intergouvernementale pour l'appuyer dans ses demandes de coopération. Certains États ont relevé opportunément que la voie diplomatique était plus politique et donc plus incertaine que la voie judiciaire, résultant de la saisine des ministres de la Justice.[414]

## 5. SÉLECTION LENTE ET LIMITÉE DES AFFAIRES

En RDC, l'impact de la CPI varie beaucoup selon que la région fait l'objet d'une enquête ou non. Du fait que les premières enquêtes concernent l'Ituri, il y a évidemment une plus grande compréhension et une plus grande connaissance du travail de la CPI dans cette région. Toutefois, les victimes et les organisations communautaires travaillant avec la CPI sont déçues du fait

---

411 William Bourdon et Emmanuel Duverger, Op.cit, page 240.

412 L'impact de la CPI sur les victimes et les communautés affectées, Op.cit, page 11.

413 Idem, page 12.

414 William Bourdon et Emmanuel Duverger, Op.cit, pp. 244-245.

du nombre limité de mandats délivrés jusqu'à présent et sont consternées du fait que certains officiels de haut rang n'aient pas été mentionnés.[415]

La politique du procureur quant à la sélection des affaires n'est pas comprise par les victimes. Une question récurrente est : « Pourquoi tel criminel de guerre est-il inculpé alors que beaucoup d'autres restent en liberté ? »[416]

Dans la région du Kivu, il est parfois su que la CPI conduit des enquêtes, mais les victimes et les organisations locales sont frustrées par les retards pris dans l'émission des mandats d'arrêt. Ceci montre la croyance des victimes selon laquelle la CPI est un important moyen d'obtenir justice. Toutefois, il y a une inquiétude que les crimes continuent à être commis et que la CPI ne fasse pas preuve de l'effet dissuasif souhaité.[417]

Tel que dénoncé par les victimes et communautés du Sud-Kivu, jusque-là il n'y a pas d'impact concret de la CPI au Sud-Kivu étant donné que certains auteurs comme Laurent Nkunda et autres ne sont pas encore aux arrêts. D'autres ont dénoncé que la CPI n'a pas d'impact au Sud-Kivu parce que les auteurs de crimes recherchés par celle-ci courent librement. Ils ajoutent que les actes de barbarie continuent, notamment les maisons brûlées, les tueries et les massacres de Kiwandja au Nord-Kivu, et jusque-là personne n'est arrêté ni jugé, et le jugement est une longue procédure, car on ne sait pas quand ceux qui sont poursuivis seront jugés.[418]

## 6. Procédure et bureaucratie lourdes

Pour un grand nombre de victimes, l'impact le plus significatif de la CPI sera l'issue d'un procès et une possible condamnation. Pour beaucoup, la perspective d'une condamnation est vue comme étant peut-être plus significative que la possibilité de participer aux débats.[419]

Néanmoins, les victimes et les communautés affectées en RDC notent que bien que certains procès soient en cours, le verdict prend trop de temps...[420]

Certains groupes travaillant avec les victimes en Ituri ont rapporté que les victimes sont malades, elles disent qu'elles mourront avant que leurs bourreaux ne soient réellement inculpés...[421]

---

415 L'impact de la CPI sur les victimes et les communautés affectées, Op.cit, page 13.

416 Ibidem.

417 Ibidem.

418 Ibidem.

419 L'impact de la CPI sur les victimes et les communautés affectées, Op.cit, page 11.

420 Ibidem.

421 Ibidem.

L'émission d'un mandat d'arrêt génère beaucoup de publicités et d'intérêts. Toutefois, s'il n'est pas suivi d'une arrestation, cela peut frustrer les victimes. Beaucoup d'entre elles ne voient pas l'intérêt d'inculper des suspects qui ne seront vraisemblablement pas traduits en justice. Les victimes en Ouganda ont indiqué que la CPI a échoué dans l'arrestation des leaders de la LRA et ses poursuites sont très lentes et n'ont ainsi pas satisfait aux attentes de justice des victimes…[422]

Pour de nombreuses victimes directement impliquées dans les procédures, un sentiment général de lassitude est ressenti. La première affaire a débuté en 2006 et le procès est toujours en cours. Les procédures de demande de participation et de réparations peuvent être décourageantes…[423]

En Ituri, les victimes ont l'impression d'être « des ombres, sans visage, sans voix, sans lumière, se demandant quand la vérité sur les crimes sera faite ». Au Sud-Kivu, certains ont indiqué que « la procédure lourde et longue de la CPI crée un certain découragement parmi les victimes. D'autres victimes craignent pour leur sécurité refusant ainsi de dénoncer car la CPI ne poursuit que les "grosses pointures" qui ont peut-être leurs collaborateurs ou troupes vivant dans les milieux des victimes semant ainsi peur et désolation au sein de la population ».[424]

Alors que jusqu'à présent aucune ordonnance de réparation n'a été délivrée par la cour, les victimes et communautés affectées ont commencé à discuter de leurs besoins de réhabilitation et de restitution…[425]

En RDC, les organisations communautaires soulignent un besoin urgent de réparation. Les victimes en effet ne sont pas encore rétablies dans leurs droits ou réhabilitées dans la société.[426]

## 7. Éloignement

De nombreuses Organisations non gouvernementales ont soulevé le problème de l'éloignement de la CPI et cet aspect est devenu de plus en plus important, particulièrement depuis que le premier procès a débuté. D'après ces ONG, il est encourageant que les audiences sur place « in situ » soient envisagées et qu'un bureau de liaison de la CPI à Addis-Abeba soit planifié. Elles soulignent, par ailleurs, que la CPI a un impact décroissant dû à son éloignement. Les procès sur place sont hautement recommandés afin d'apporter l'impact entier de la CPI là où il est le plus nécessaire. De plus, la différence entre les conditions de vie difficiles des victimes et les conditions

---

[422] Ibidem.

[423] Idem, page 15.

[424] L'impact de la CPI sur les victimes et les communautés affectées, Op.cit, page 15.

[425] Idem, page 19.

[426] Idem, page 20.

de détention des accusés une fois transférés à La Haye, perçues comme luxueuses, a causé des ressentiments parmi les communautés.

De toute façon, une chose est sûre : porter un regard critique sur la CPI dégage deux faces. Parmi les points positifs, figurent la noblesse de l'idéal et des missions de la CPI, la lutte contre l'impunité, la tenue en éveil des juridictions nationales et la garantie du droit de la victime au regard du droit international. Quant aux faiblesses de la CPI, elles sont caractérisées d'une manière générale par le caractère complémentaire de la cour par rapport aux justices nationales, le manque de moyens de contrainte, la sélection lente et limitée des affaires, la lourdeur procédurale et bureaucratique, et l'éloignement de la CPI par rapport aux communautés éprouvées.

Mais faut-il jeter le bébé avec l'eau du bain, rejeter la CPI à cause de ses faiblesses et en dépit des aspects positifs que nous avons relevés ci-dessus ?

Ne convient-il pas au contraire de capitaliser les points positifs et les éléments négatifs au profit de la recherche prospective d'une efficience et d'une efficacité plus grandes de la CPI, qui, on le sait, ne peut accomplir ses missions que dans la mesure de ses possibilités et surtout en collaboration avec les États-parties ? C'est aux perspectives qu'ouvre cette interrogation que nous consacrons la dernière partie de notre investigation.

# Partie IV

# Perspectives d'avenir

L'inventaire indicatif des points positifs et des faiblesses de la CPI dessine en creux les tâches qui s'imposent pour l'accomplissement optimal des missions de celle-ci en RD Congo.

Si l'idéal et les missions de la CPI revêtent une noblesse qu'aucune défaillance ne peut remettre en question, il incombe à la RD Congo, en tant qu'État-partie, de rompre avec une politique pernicieuse d'attentisme, pour opérer à fond les mutations nécessaires à la récolte du fruit de la collaboration avec la justice internationale. Tel est l'objet de la présente partie qui indique sensiblement que la balle est dans le camp de la RD Congo en tant qu'État-partie.

Les tâches qui lui incombent sont essentiellement :

- l'instauration et la consolidation d'un État de droit ;
- l'engagement volontariste dans le processus d'auto-domestication ;
- la réforme de son appareil judiciaire ;
- la promotion de l'éthique de la bonne gouvernance et de l'éducation citoyenne à la paix ;
- la mise sur pied d'une diplomatie agissante ;
- la promotion d'une coopération régionale et internationale efficiente.

# CHAPITRE I
# DE L'ÉTAT DE DROIT EN RD CONGO

Mais qu'est-ce qu'un État de droit ?

Le mot « État » vient du latin *status*. En lui-même, le vocable n'a pas de sens précis. Il traduit une certaine position, celle « d'être débout », l'idée aussi d'une stabilité de situation. Par contre, il prend une signification politique, grâce à l'adjonction du déterminatif *rei romanae* ou *rei publicae*, l'état de la chose romaine ou de la chose publique, ou encore l'état de la république.[427]

Dans la suite des temps, le mot *status*, sans son complément mais avec une majuscule, se suffira à lui-même. Toutefois, pour parvenir à cette éclipse, il faut attendre l'Italie et le 16e siècle.[428]

*Tuti gli stati* : ce sont les premiers mots du *Prince*, connus en 1515. L'auteur de cette œuvre, Nicolas Machiavel, précise : « Toutes les dominations qui ont eu ou ont autorité sur les hommes sont des États et sont des républiques ou principautés » (*Tuti sono Stati e sono o Republiche o Principati*). De la sorte, le terme *Stato* s'introduit dans la langue moderne avec le sens qu'il conservera désormais de l'institution politique en soi, abstraction faite des régimes diversifiés.[429]

Le mot *Stato* se trouve bientôt transposé en Allemand (*Straat*) et en Anglais (*State*). Il se rencontre déjà dans l'œuvre de Shakespeare, *Hamelet*, où il est dit : « Il y a quelque chose de pourri dans l'État du Danemark : In the State of Danemark ».[430]

Faut-il rappeler que le mot « État » comporte deux sens distincts : il désigne soit l'ensemble des institutions gouvernementales d'une nation (État-gouvernement), soit la nation elle-même en tant qu'elle est aussi dotée d'institutions (État-nation).[431]

L'État comporte trois éléments constitutifs : – une population, – un territoire, – et un pouvoir s'imposant à la population ou le gouvernement.

L'État n'est pas une donne naturelle, mais une création humaine. Création humaine, il apparaît comme une entité et, en termes juridiques, une

---

[427] Mpongo-Bokako Bautolinga E., *Institutions politiques et droit constitutionnel*, Tome I (Théorie générale des institutions politiques de l'État), Collection « Droit et Société », Éditions universitaires africaines, 2001, page 27, 328 pages.
[428] Ibidem.
[429] Idem, page 28.
[430] Mpongo-Bokako Bautolinga E., Op.cit, page 28.
[431] Ibidem.

institution, une personne morale détachée de la personne physique des gouvernants.[432]

L'État peut, par conséquent, se définir comme « une personne morale collective souveraine et soumise au droit qu'elle a créé ». Cette définition juridique de l'État a peut-être le mérite de permettre une assez nette distinction de l'État et des autres collectivités territoriales telles que les collectivités décentralisées et les États fédérés.[433]

Par contre, la théorie marxiste définit l'État comme un instrument de domination, d'exploitation des classes au service des minorités dirigeantes qui s'en servent pour assujettir la société tout entière à leur profit. Pour la théorie fonctionnaliste, l'État a pour objet le maintien de l'ordre et de la justice au sein de la société, la protection des individus sans distinction et leur intégration au sein de la communauté.[434]

Pour R. Dahl, l'État est « un type très particulier d'association qui se distingue par la capacité qu'il a à contraindre tous ses membres à respecter ses règles grâce à la puissance de ses moyens de coercition ».[435]

Le constituant de 2006 donne une double définition de la RDC en tant qu'État. Comme « collectivité territoriale », « la République démocratique du Congo est composée de la ville de Kinshasa et de 25 provinces dotées de la personnalité juridique » (art. 2, al. 1er). C'est de ce point de vue que la collectivité territoriale nationale couvre l'ensemble du territoire de l'État. Et, « la forme d'organisation de l'État est (précisément) la forme de l'ordre juridique de celui-ci, l'espace de validité territoriale de ses normes et la manière dont elles sont posées…, toutes les normes n'ont pas la même sphère de validité territoriale ».[436]

Bien que reconnue constitutionnellement en tant qu'État par le constituant de 2006, nul n'ignore que la RDC a toujours existé comme État depuis le 30 juin 1960. Le territoire de la RDC comprend une portion de surface terrestre (2 345 000 km²), l'espace aérien, le territoire maritime, une population de plus ou moins 60 000 000 d'habitants et une puissance publique représentée par les institutions issues des élections libres et démocratiques de 2006.

En un mot, la RDC est un État, car disposant d'une population vivant sur un territoire et ayant un pouvoir et un gouvernement. Toutefois, pour que

---

432 Idem, page 48.

433 Idem, page 55.

434 Bongeli Yeilelo Ya Ato E., *Sociologie et sociologues africains. Pour une recherche sociale citoyenne au Congo-Kinshasa*, Éd. L'Harmattan, 2001, page 100, 188 pages.

435 R. Dahl, cité par Mboko Dj'andima, « État de droit constitutionnel. Ancrage et implications de réalisation en RDC », thèse de doctorat, UNIKIN, Faculté de droit, page 2.

436 Mboko Dj'andima, Op.cit, page 3.

cet État qui est la RDC devienne un État des droits de l'homme, il faudrait : - rendre effectif l'État de droit (Chapitre I) afin de matérialiser l'État des droits de l'homme (Chapitre II).

Tous les tenants du pouvoir se targuent d'être à la tête d'un État de droit. L'État de droit serait-il devenu un simple discours ? Dans les pays d'Asie, d'Amérique latine et d'Afrique, l'écart apparaît très souvent entre les proclamations solennelles et les pratiques politiques effectives. Serait-on en face d'un effet de mode ?[437]

Historiquement lié à la philosophie libérale, l'État de droit postule une limitation des buts de l'État, une délimitation des sphères respectives de l'État et des particuliers que ne connaissait pas l'État de police. Ce type d'État envisage la possibilité de la sanction juridique, voire juridictionnelle, plutôt que politique, des actes du pouvoir.[438]

À cause de son étonnante promotion au cours de ces dernières années comme le label nécessaire de tout État sur le plan international, la question des conditions de réalisation et de garantie de l'État de droit moderne, c'est-à-dire « l'État de droit constitutionnel », se trouve au cœur des préoccupations des acteurs politiques, des citoyens mais surtout politistes et juristes, alors qu'au départ l'État de droit n'était qu'un concept forgé par les juristes à usage des juristes.[439]

L'État de droit était posé comme un postulat ou comme un axiome, dont la validité n'appelait nulle démonstration, et les manuels de droit public se bornaient en France à s'y référer de manière rituelle, sans approfondir réellement ses implications.[440]

Tout a changé depuis les années 80 : non seulement l'État de droit a quitté le terrain aride de la dogmatique juridique, en se transformant en figure imposée du discours politique, mais encore il s'est mondialisé, en gagnant progressivement aussi bien les pays de tradition anglo-saxonne que ceux de l'Est ou du Sud ; tout État qui se respecte est désormais tenu de se présenter sous l'aspect avenant, de se parer de couleurs chatoyantes de l'État de droit, qui est un label nécessaire sur le plan international.[441]

L'État de droit apparaît aussi comme un dispositif d'encadrement et de canalisation du jeu politique ; dans tous les cas, État et démocratie forment désormais un couple inséparable, dont les éléments se présupposent réciproquement.[442]

L'État de droit serait devenu un discours producteur d'effets de légitimation et utilisé comme vecteur de domination : jouant comme

---

437 Mboko Dj'andima, Op.cit, page 15.

438 Ibidem.

439 Idem, page 16.

440 Chevallier J., *l'État de droit*, Éd. Montchrestien, page 9, 160 pages.

441 Ibidem.

442 Chevallier J., *l'État de droit*, Éd. Montchrestien, page 10, 160 pages.

argument d'autorité dans le débat politique et servant à asseoir la légitimité des gouvernants, sa diffusion à l'échelle mondiale traduirait de manière tangible l'imposition d'un certain modèle politique, d'inspiration libérale. L'écart qui existerait entre les proclamations solennelles et les pratiques politiques effectives, notamment à l'est et au sud, mais aussi le flou qui entoure un concept par nature polysémique et à géométrie variable témoigneraient bien de ce processus d'idéologisation.[443]

Ainsi propulsé sur le marché des produits idéologiques, le concept d'État de droit risquerait fort d'être victime d'un effet de mode : omniprésent dans le discours politique, il est devenu l'un de ces mots « passe-partout », « omnibus » qui recouvre des significations variées ; servant de caution et d'habillage aux projets les plus contradictoires, son usage tend à se banaliser et à se ritualiser.[444]

Or, les formulations idéologiques sont affectées dans les sociétés contemporaines par un mouvement de renouvellement incessant : tout se passe comme si elles étaient de plus en plus rapidement frappées d'obsolescence ; à force de trop servir, les mots finissent par s'user, par perdre de leur puissance évocatrice et de leur portée symbolique, et se transforment en simples références rituelles.[445]

À cet égard, l'État de droit ne présenterait qu'une nouveauté toute relative : renvoyant à une réalité beaucoup plus ancienne, il ne ferait en fin de compte qu'exprimer une dimension fondamentale du processus de construction étatique, à savoir le lien étroit, structurel, constitutif qui unit le droit à l'État.[446]

De ce qui précède, il nous revient de nous poser trois questions, à savoir : que faut-il entendre par État de droit ? Quels sont les obstacles à la réalisation de l'État de droit en RDC ? Et enfin, comment la bonne gouvernance s'impose-t-elle comme solution pour surmonter ces obstacles ?

## 1. QU'EST-CE QUE L'ÉTAT DE DROIT ?

La théorie de l'État de droit est née dans le champ juridique pour répondre au besoin de systématisation et à l'impératif de fondation du droit public. Production doctrinale, elle l'est au moins à deux titres : d'une part, dans la mesure où elle émane de ces interprètes autorisés, agents actifs de systématisation, chargés de reconstruire la réalité juridique sous la forme d'un ensemble cohérent, intelligible, rationnel ; d'autre part, dans la mesure où elle se présente comme une construction théorique, une « machinerie

443 Ibidem.
444 Ibidem.
445 Ibidem.
446 Idem, page 11.

conceptuelle », qui fournit un schéma d'explication globale du droit public.[447]

Dès l'origine, plusieurs conceptions de l'État de droit se sont en effet affrontées : l'État de droit sera posé, tant comme l'État qui agit au moyen de droit, en la forme juridique, tantôt comme l'État qui est assujetti au droit, tantôt encore comme l'État dont le droit comporte certains attributs intrinsèques ; ces trois versions (formelle, matérielle, substantielle) dessinent plusieurs figures possibles, plusieurs types de configurations de l'État de droit qui ne sont pas exempts d'implications politiques.

En France comme en Allemagne, l'État de droit est conçu au début du 20e siècle comme un type particulier d'État, soumis à un « régime de droit » : dans un tel État, le pouvoir ne peut user que de moyens autorisés par l'ordre juridique en vigueur, tandis que les individus disposent de voies de recours juridictionnelles contre les abus qu'il est susceptible de commettre.[448]

Au cœur de la théorie de l'État de droit, il y a donc le principe selon lequel les divers organes de l'État ne peuvent agir qu'en vertu d'une habilitation juridique : tout usage de la force matérielle doit être fondé sur une norme juridique ; l'exercice de la puissance se transforme en une compétence, instituée et encadrée par le droit.[449]

La théorie de l'État de droit postule d'abord la soumission de l'administration au droit : l'administration doit obéir aux normes qui constituent à la fois le fondement, le cadre et les limites de son action ; et cette soumission doit être garantie par l'existence d'un contrôle juridictionnel exercé soit par le juge ordinaire, soit par des tribunaux spéciaux. Mais la théorie postule aussi la subordination de la loi à la Constitution : le Parlement doit exercer ses attributions dans le cadre fixé par celle-ci ; et, là encore, l'intervention d'un juge constitutionnel apparaît indispensable pour faire respecter cette primauté.[450]

Deux doctrines s'opposaient à l'époque, à savoir la doctrine allemande et la doctrine française.

- **La doctrine allemande**

La doctrine du Rechttsstaat conduit en pratique à l'affirmation de la suprématie de la loi sur l'administration : non seulement celle-ci doit s'abstenir d'agir *contra legem*, mais encore elle est tenue de n'agir que *secundum legem*, en vertu d'une habilitation légale (réserve de la loi).[451]

---

447 Chevallier J., *l'État de droit*, Éd. Montchrestien, page 13, 160 pages.

448 Idem, page 14.

449 Chevallier J., *l'État de droit*, Éd. Montchrestien, page14, 160 pages.

450 Idem, page 14-15.

451 Idem, page 19.

Le Rechttsstaat signifie donc que l'administration non seulement ne peut imposer *proprio motu* d'obligations juridiques aux individus, mais encore doit se borner à faire application particulière et individuelle des règles légales, en s'en tenant à l'exécution des lois : créer des normes, ce serait en effet empiété sur la fonction législative ; cependant, *a contrario*, l'administration dispose d'un pouvoir initial de décision et d'action en ce qui concerne ses affaires propres, son organisation interne – domaines dans lesquels elle peut prendre toutes les mesures particulières ou générales qui s'imposent, sans avoir à s'appuyer sur aucun texte législatif.[452]

La doctrine allemande conçoit l'État comme un sujet juridique autonome, distinct à la fois des gouvernants et de la nation.

- **La doctrine française**

L'État n'est rien d'autre que la personnification juridique de la nation. Permettant de penser l'État dans son unité et dans sa continuité, cette vision est posée comme la « condition préalable à toute construction du droit public » et indispensable pour fonder son autonomie.[453]

En France, les révolutionnaires avaient pour ambition de reconstruire le système juridique sur des bases entièrement nouvelles : la démarche déductive qui s'adopte, pour ce faire, les conduit à dégager avec une parfaite netteté différents paliers ou niveaux successifs, qui s'emboîtent et s'articulent logiquement.[454]

• Au sommet, les « droits naturels, inaliénables et sacrés de l'homme » que l'Assemblée nationale « reconnaît et déclare » : chronologiquement et surtout ontologiquement première, la Déclaration des droits de l'homme et du citoyen constitue le niveau axiologique le plus élevé, la « loi fondamentale de notre nation », qui au demeurant est dotée d'une portée universelle.[455]

• Au-dessous de la déclaration se situe la Constitution, qui a pour objet d'assurer la garantie de ces droits, qu'elle transforme ainsi en « droits civils » et de réaliser la séparation des pouvoirs (article 16).[456]

• La loi adoptée par le corps législatif, qui, si elle ne saurait porter atteinte et mettre obstacle à l'exercice des droits naturels et civils garantis par la Constitution, dispose d'une autorité supérieure.[457]

---

452 Idem, page 19-20.
453 Chevallier J., *l'État de droit*, Éd. Montchrestien, page 21, 160 pages.
454 Idem, page 26.
455 Ibidem.
456 Ibidem.

• Enfin, au bas de la pyramide, les actes émanant de l'exécutif qui, s'il représente lui aussi la nation et est chargé d'assurer la promulgation et l'exécution des lois, ne dispose pas d'un véritable pouvoir normatif mais a seulement la possibilité de faire des proclamations conformes aux lois, pour en ordonner ou en rappeler l'exécution.[458]

La grande faiblesse de l'œuvre révolutionnaire réside dans l'absence de réelles garanties du respect de la nouvelle hiérarchie des normes. Cette carence s'explique à la fois par la croyance profonde en l'incontestabilité de la loi et par la défiance vis-à-vis de l'autorité judiciaire.[459]

Plus l'État de droit se développe et se perfectionne, et plus il révèle ses limites et expose ses carences (J. Caillosse, 1995), la représentation, sous-jacente à l'État de droit, d'une société entièrement encadrée et régie par le droit est évidemment illusoire ; aussi le constat de *juridicisation* croissante peut-il être paradoxalement assorti de l'idée d'un « déclin du droit », qui témoigne bien des équivoques du processus en cours.[460]

L'État de droit serait donc en réalité l'État de droit constitutionnel. En effet, depuis le milieu du 20e siècle, sous l'effet de la constitutionnalisation progressive du droit, la Constitution cesse d'être seulement une « idée » pour devenir une « norme », c'est-à-dire une règle juridique obligatoirement sanctionnée dont les effets se font sentir sur les citoyens et les juges.[461]

En RDC, la Constitution du 18 février 2006 est, par ailleurs, la première à avoir défini positivement la RDC – anciennement État indépendant du Congo (1885-1908), Congo-Belge (1908-1960), État du Congo (1960-1963), République du Congo (1963-1964), République démocratique du Congo (1964-1971), République du Zaïre (1971-1997) et à nouveau République démocratique du Congo (depuis 1997) – comme un « État de droit ». Cette consécration constitutionnelle rend compte de la nécessité qu'il y a « de concilier les droits fondamentaux et la puissance publique ou l'autorité de l'État..., la société politique étant fondée sur la primauté de l'homme qui est en même temps acteur et objet de cette société ».[462]

En résumé, l'État de droit serait donc cet État fondé sur la primauté de l'homme à travers le pouvoir lui étant accordé de participer non seulement à l'établissement de la Constitution (1.1) mais aussi de prévoir la possibilité de sa révision (1.2), le juge constitutionnel étant le gardien des valeurs (1.3).

---

457 Ibidem.

458 Chevallier J., *l'État de droit*, Éd. Montchrestien, page 27, 160 pages.

459 Idem, page 28.

460 Idem, page 143.

461 Mboko D., Op.cit, page 11-12.

462 Vunduawe te Pemako F., cité par Mboko D., Op.cit, page 4.

### 1.1. Établissement de la Constitution par le peuple

Sans remonter à l'Antiquité et aux Constitutions des cités grecques recensées par Aristote, la création de la Constitution écrite et la distinction entre « légalité » et « constitutionnalité » sont américaines pour l'histoire moderne, et constituent le noyau du constitutionnalisme largement répandu au monde, auquel la RDC a souscrit.[463]

C'est avec la Constitution fédérale des États unis d'Amérique du 17 septembre 1787, appelée la Constitution de Philadelphie, qu'une nouvelle conception de la Constitution est née, caractérisée par les éléments ci-après :

- Une Constitution est un document écrit ;
- Ce document écrit est élaboré et, le cas échéant, amendé par une « convention », Assemblée spéciale, élue par le peuple et investie du pouvoir constituant ;
- Le respect d'une Constitution est garanti par le contrôle de constitutionnalité des lois ;
- Une Constitution est soumise à la ratification populaire.

Ce faisant, la Révolution américaine a fondé ce qu'on appelle aujourd'hui un État de droit dans la forme d'un État constitutionnel, à la différence de l'État de droit fondé dans la forme d'un État de droit légal comme en Angleterre, aux Pays-Bas ou en Finlande.[464]

En raison des difficultés de disposer d'une réelle Constitution comme « assise de l'État » et comme « explication de l'État » dans le chef de nombreux États du continent africain, un concept de constitutionnalisme formé d'un certain nombre de critères est par ailleurs échafaudé. Une Constitution ne conduirait au constitutionnalisme que si elle passe « les textes de suprématie, de légitimité, de protection des droits de l'homme et de limitation de pouvoir ».[465]

Ces exigences communes doivent être rencontrées dans tous les cas. Cependant, on ne pourra pas perdre de vue le fait que « c'est l'histoire vécue par chaque société qui lui impose son constitutionnalisme particulier et spécifique qui fait que l'État, la république, tel régime politique ou telle forme de l'État ne sont jamais les mêmes d'un pays à un autre, pas seulement dans la pratique mais même dans les textes et les mécanismes mis en œuvre ».[466]

Depuis son indépendance, la RD Congo a été successivement régie par une Constitution provisoire formée de deux lois fondamentales de 1960, par deux Constitutions intermédiaires – l'Acte constitutionnel de la transition du 9 avril 1994 et la Constitution de la transition du 4 avril 2003 – et par

[463] Mboko D., Op.cit, page 72.
[464] Ibidem.
[465] Mbata B. Mangu A., cité par Mboko D., Op.cit, page 73.
[466] Mampuya Kanunk'a-Tshiabo A., cité par Mboko D., Op.cit, page 73.

trois Constitutions définitives adoptées chaque fois par le peuple, – la Constitution du 1er août 1964, la Constitution du 24 juin 1967 et la Constitution du 18 février 2006.[467]

Une série de circonstances explique cette évolution rapide des textes constitutionnels dans notre pays : la proclamation précipitée de l'indépendance du Congo le 30 juin 1960, l'organisation d'une période *préconstitutionnelle* avant l'adoption d'une Constitution définitive par le peuple congolais lui-même, le coup d'État militaire intervenu le 24 novembre 1965, l'ouverture politique du Zaïre à la démocratie pluraliste consécutive au discours présidentiel du 24 avril 1990, la gestion difficile de la transition politique ayant occasionné le dédoublement institutionnel et la multiplicité des textes constitutionnels, la prise du pouvoir d'État par l'AFDL le 17 mai 1997 mettant fin à la transition consensuelle de la classe politique zaïroise, la réconciliation et la réunification du pays au cours du dialogue intercongolais tenu à Sun City, en Afrique du Sud, du 25 février au 12 avril 2002, et la nécessité de mettre fin à la longue période d'interrègne constitutionnel par l'adoption d'une nouvelle Constitution par le peuple en 2005.[468]

C'est l'exercice du pouvoir constituant originaire qui permet à une société politique de se doter d'une Constitution. Ce pouvoir est souverain, absolu et discrétionnaire, car il fonde un nouvel ordre constitutionnel, c'est-à-dire il est initial dans son fondement, inconditionné dans son exercice et illimité dans le fond et dans le temps.[469]

- Le pouvoir constituant originaire est par définition inconditionné, puisqu'il est à la source, au commencement d'un ordre juridique nouveau. Il existe, au sujet des modes démocratiques d'établissement des Constitutions, de nombreuses théories qui toutes ont été énoncées au 18e siècle et qui partent de ce principe que le peuple étant seul souverain, c'est à lui qu'il doit appartenir d'indiquer les conditions dans lesquelles il délègue l'exercice de son pouvoir.[470]

Pratiquement, cette intervention du peuple peut se manifester selon les modalités très diverses : le plébiscite constituant (1.1.1), la convention (1.1.2) et le référendum constituant (1.1.3).

### *1.1.1. Le plébiscite constituant*

D'emblée, il convient de relever que le mot « plébiscite » vient du latin *plebiscitum*, de *plebs*, ou *plebis*, qui signifie plèbe, donc le peuple ; et

---

467 Mboko D., Op.cit, page 73.
468 Mboko D., Op.cit, page 74.
469 Ibidem.
470 Mpongo-Bokako Bautolinga E., Op.cit, page 93-94.

de *scitum*, décision, décret émanant du peuple romain assemblé par le tribus. Les plébiscites eurent force obligatoire à Rome à partir de 305 et devinrent l'une des sources du droit public les plus importantes. Ils disparurent sous le despotisme des César. Il fallut attendre 1793 pour que cette procédure apparaisse en France, la Constitution prévoyant la ratification des lois par le peuple. Ainsi, l'origine historique du référendum est le plébiscite. Par la suite, cet instrument privilégié de la démocratie fut transformé en parodie. Le plébiscite est considéré aujourd'hui « comme un détournement du référendum au profit de la légitimation d'un homme ».[471]

C'est dans des circonstances de crise, après le coup d'État militaire perpétré le 24 novembre 1965, que le pouvoir exécutif s'attribue le droit de rédiger le texte constitutionnel. Quoiqu'on ait utilisé l'expression « référendum constitutionnel » lors de la consultation organisée du 4 au 24 juin 1967, il s'est agi plutôt d'un plébiscite (ce mot latin veut dire : oui !).[472]

Comme le souligne Jean Gicquel, « le texte soumis est en fait un prétexte. Il s'agit beaucoup moins pour le peuple de l'approuver que de manifester à cette occasion sa confiance, mieux son allégeance, à l'homme qui l'incarne ».[473] En effet, le plébiscite porte davantage sur l'homme que sur le texte, car il est « un procédé qui permet à un homme politique au pouvoir de demander à l'ensemble des citoyens de lui manifester leur confiance par un vote ».[474]

En réalité, il s'est agi du plébiscite en faveur du général Mobutu, car la nouvelle Constitution est venue avaliser tout ce qui avait été fait par le gouvernement militaire depuis son avènement, et plus particulièrement la transformation du pays de l'État de type fédéral en État unitaire et la réduction du nombre de provinces : d'abord de 21 « provincettes » à 12 provinces (Équateur, Bandundu, Kongo central, Kasaï-Occidental, Kasaï-Oriental, Nord-Kivu, Kivu, Sud-Kivu, Nord-Katanga, Sud-Katanga, Uélé, Kibali-Ituri et Haut-Congo ) et ensuite, par la Constitution elle-même de 12 à 8 provinces (Bandundu, Équateur, Kasaï-Occidental, Kasaï-Oriental, Katanga, Kivu, Kongo central et Province orientale).[475]

C'est à la suite de ce constat que ces mesures furent prises : « Rares étaient les assemblées provinciales qui avaient exercé, pour leurs provinces, le pouvoir constituant, le pouvoir législatif et le pouvoir budgétaire leur étant dévolus. De plus, les autorités centrales étaient obligées d'intervenir dans

471 M.-A. Conhendet, cité par Mboko D., Op.cit, page 96.
472 Mboko D., Op.cit, page 97.
473 J. Gicquel et J.-E. Gicquel, cité par Mboko D., Op.cit, page 97.
474 E. Olivia, cité par Mboko D., Op.cit, page 97.
475 M.-A. Lihau, cité par Mboko D., Op.cit, page 97.

nombre de provinces pour assurer le maintien de l'ordre, alors que cette tâche revient en premier lieu aux autorités provinciales ».[476]

C'est cette inadéquation qui amena le Président Mobutu à prendre des décisions qu'il annonça dans son message du 24 décembre 1966 adressé au Parlement réuni en congrès à l'occasion du nouvel an.[477]

Partageant l'opinion du professeur Mpongo-Bokako, nous pensons nous aussi que dans le plébiscite constituant la participation des citoyens est assez illusoire pour deux raisons :

a) Le peuple est tenu à l'écart de l'élaboration même de la Constitution – soit qu'on lui demande d'approuver un texte rédigé complètement en dehors de lui – soit encore on se contente d'inviter le corps électoral à approuver les principes de la réforme projetée.
b) Dans un plébiscite constituant, le corps électoral n'est généralement pas en mesure d'opérer son choix en pleine liberté. Tout est mis en œuvre pour que les citoyens soient conduits par une situation contraignante à approuver le projet présenté.[478]

Dans un pays comme la RDC où plus de la moitié de la population est analphabète, le plébiscite constituant est la manière la plus offerte aux gouvernants pour imposer leur volonté au corps électoral.

*1.1.2. La convention*

Le système consiste à confier à une Assemblée spécialement élue à cet effet le soin d'élaborer la Constitution nouvelle. Le mot et l'institution viennent d'Amérique où les Constitutions que se donnèrent les États de l'union, à partir de 1776, et la Constitution des États-Unis elle-même furent l'œuvre d'une convention.[479]

La France a connu ce procédé pour l'établissement des Constitutions de 1791, de 1848 et de 1875, avec cette seule différence que le terme « Assemblée constituante » a remplacé celui de « convention ».[480]

L'Assemblée constituante se présente sous deux formes importantes : tantôt générique, tantôt elle se présente comme un organe chargé en outre de légiférer. Au premier cas, on parlera d'Assemblée constituante ad hoc, au second, d'Assemblée constituante et législative.[481]

---

476 « Mobutu, discours, allocutions et messages 1965-1975 », cité par Mboko D., Op.cit, page 97.
477 Mboko D., Op.cit, page 98.
478 Idem, page 94.
479 Mpongo-Bokako Bautolinga E., Op.cit, page 95.
480 Ibidem.
481 Idem, page 96.

1.1.2.1. L'Assemblée constituante ad hoc

Il s'agit d'une Assemblée spécialement convoquée en vue d'une mission déterminée. À titre d'exemple, on peut songer à la convention de Philadelphie, qui élaborera la Constitution fédérale des États-Unis de 1787. En d'autres termes, on est en présence d'une Assemblée qui n'exerce pas le pouvoir législatif. Elle est simplement constituante.[482]

Ce système qui met, de façon claire, l'accord sur le caractère de fondation de l'opération constitutionnelle a, en outre, le mérite d'éviter une concentration des pouvoirs, qui risque parfois d'être dangereuse, entre les mains de l'Assemblée.[483]

1.1.2.2. L'Assemblée constituante et législative

C'est une solution plus répandue que la précédente qui confie à l'Assemblée le soin, non seulement de rédiger la Constitution, mais parallèlement de voter les lois ordinaires, dont le budget, et d'organiser un gouvernement. Les destinées de la nation sont concentrées entre ses mains.[484]

C'est la solution adoptée traditionnellement en France malgré les inconvénients qu'elle peut parfois entraîner. Les Assemblées de la Révolution française qui ont établi des Constitutions ont été à la fois constituantes et législatives.[485]

**Exemple** : l'Assemblée nationale constituante de 1789 et la convention de 1791. Il a été de même pour l'Assemblée nationale française de 1848, pour celle de 1875 et pour celle de 1945-1946. Récemment, la méthode de l'Assemblée constituante et législative a été employée en Espagne, en Grèce, au Portugal et en République démocratique du Congo sous le gouvernement de Laurent-Désiré Kabila.[486]

En RDC, l'Assemblée constituante et législative mise en place par Laurent-Désiré Kabila a suscité des réactions ; entre autres, celle de son inutilité.

*1.1.3. Le référendum constituant*

Pour certains philosophes, et notamment pour J. J. Rousseau, l'idée démocratique exige que le peuple exerce lui-même sa souveraineté. Appliquée au problème constituant, cette idée aboutit à la solution suivante :

---

482 Ibidem.
483 Ibidem.
484 Mpongo-Bokako Bautolinga E., Op.cit, page 96.
485 Ibidem.
486 Idem, page 96-97.

la Constitution sera élaborée par une Assemblée constituante, mais elle ne sera juridiquement parfaite qu'après avoir été soumise à la ratification du peuple et adoptée par lui. En d'autres termes, le procédé du référendum constituant s'efforce de combiner le système de l'élaboration du projet constitutionnel par une Assemblée élue et la consultation directe du peuple qui intervient au final pour ratifier l'œuvre accomplie par les représentants de la nation.[487] Il y a alors Assemblée constituante, mais non souveraine.

De tous les procédés d'élaboration de la Constitution, c'est le moyen le plus démocratique, car il permet au peuple de participer, par l'intermédiaire de ses représentants, à l'élaboration de celle-ci, et de se prononcer définitivement ensuite, en connaissance de cause, grâce aux débats publics de l'Assemblée sur le projet qui lui est soumis en dernier ressort.[488]

**Exemples** : - la Constitution française du 24 juin 1793 fut élaborée par la convention et soumise à l'acceptation populaire en juillet-août 1793 (1 850 000 « oui » contre 12 000 « non » sur 7 000 000 électeurs).[489]

- La Constitution française du 27 octobre 1946 élaborée par la seconde Assemblée constituante élue le 2 juin 1946, après le premier référendum négatif du 5 mai, fut approuvée par le référendum du 13 octobre 1946 par 9 279 000 « oui » (35,3%) contre 8 165 000 « non » (31%).[490]
- Le peuple congolais adopta, lors du référendum organisé du 18 au 19 décembre 2005, la nouvelle Constitution après les résultats provisoires publiés le 11 janvier 2006 par la Commission électorale indépendante (CEI), dirigée par l'abbé Apollinaire Muholongu Malu Malu ; la Cour suprême de Justice proclame le 3 février 2006 les résultats définitifs du référendum constitutionnel.

Approuvé par le peuple congolais, la Constitution est solennellement promulguée le samedi 18 février 2006, dans l'enceinte du Palais de la nation, en présence de plusieurs invités nationaux et étrangers, par le Président de la république, Joseph Kabila. Cette Constitution débaptise enfin, régulièrement et définitivement, le Zaïre qui s'appelle désormais officiellement la République démocratique du Congo. Ainsi, après 15 ans de vacance de Constitution, le pays renoue avec la légalité constitutionnelle.[491]

En définitive, ayant été élaborée par des délégués des composantes et entités au dialogue intercongolais, de « simples faits privés constitutionnalisés », représentés dans l'institution parlementaire de la transition – Assemblée nationale et Sénat –, le projet de Constitution est

---

[487] Mpongo-Bokako E., Op.cit, page 97, 328 pages.
[488] Ibidem.
[489] Mpongo-Bokako E., Op.cit, page 97, 328 pages.
[490] Idem, page 97-98.
[491] Mboko D., Op.cit, page 117.

l'œuvre des « pouvoirs publics constitutionnels de la transition », c'est-à-dire des pouvoirs publics institués par le pouvoir constituant intérimaire *sui generis*.[492]

Plus précisément, les deux chambres parlementaires de transition ont reçu la mission d'être à la fois une « Assemblée législative » et, par étapes, une « Assemblée constituante ». En effet, l'élaboration de l'avant-projet à soumettre au référendum est confiée au Sénat, tandis que l'adoption du projet de Constitution à soumettre au référendum est réalisée par l'Assemblée nationale.[493]

Ce projet de Constitution peut être considéré comme la somme des opinions des forces politiques et sociales (la société civile ayant participé en tant que telle à la gestion du pouvoir) institutionnalisées dans le cadre des institutions politiques de la république pendant la dernière phase de la transition. De ce point de vue, malgré de nombreuses imperfections et lacunes au plan de son écriture, ce texte de Constitution ne peut pas être considéré matériellement comme un document d'allégeance à un homme ou un moment au cours duquel le peuple avalise la politique d'un groupe d'individus.[494]

La ratification populaire au moyen du référendum (vocation par laquelle les citoyens se prononcent par « oui » ou par « non » à propos d'un texte) du projet de Constitution apprêté par le pouvoir législatif de transition, transformé à l'occasion en Assemblée constituante limitée, n'a pas entamé le pouvoir décisionnel du peuple. Celui-ci a effectivement accepté la nouvelle Constitution par son vote positif.[495]

Le procédé démocratique d'établissement de la Constitution du 18 février 2006 n'a certes pas d'équivalent strict avec les procédés démocratiques sous-repris dans la littérature juridique sur la base uniquement des expériences américaine (convention), belge (congrès national) ou française (Assemblée constituante ou convention et référendum constituant), mais il ne l'est pas moins autant. Juridiquement, le peuple congolais est son auteur, même si les pouvoirs publics de la transition (Sénat et Assemblée nationale) en sont les rédacteurs.[496]

---

492 Ibidem.

493 C'est pour la première fois, depuis l'indépendance du pays intervenue le 30 juin 1960, qu'un projet de Constitution devant régir définitivement le pays est élaboré par un organe législatif – mais non élu démocratiquement – et entériné par le peuple par la suite. Constat de M. Mboko D., Op.cit, page 118.

494 Mboko D., Op.cit, page 118.

495 Ibidem.

496 Ibidem.

## 1.2. La révision de la Constitution par le peuple

Aussi paradoxal que cela puisse paraître, « c'est la possibilité de révision qui peut assurer la longévité d'une Constitution ». Aussi les constituants eux-mêmes doivent-ils avoir la sagesse de prévoir la possibilité de réviser la Constitution, acte de souveraineté, qu'ils viennent d'établir et d'insérer dans leur œuvre les procédures qui permettront de réparer des imperfections techniques ou même des lacunes, comme pour toutes choses humaines, de prendre en compte de nouvelles aspirations ou de prévoir la possibilité de l'adapter à l'évolution de la situation politique en raison de l'usure du temps.[497]

« Les Constitutions ne sont pas des tentes dressées pour le sommeil des peuples », indique Royer-Collard. On le voit, « pour être stable, la règle originelle doit faire l'objet de retouches, d'ajouts, de révisions.[498]

C'est un attribut essentiel de la souveraineté de l'État que de pouvoir modifier la Constitution. Ainsi, en adoptant ou en modifiant la Constitution, le pouvoir constituant va doter les pouvoirs constitués de leurs compétences qu'ils exerceront en vertu de la Constitution..., d'où l'idée que ces compétences ne peuvent être déléguées par les pouvoirs constitués sauf si le constituant l'a expressément prévu et autorisé.[499]

Si le constitutionnaliste démocrate défend nécessairement l'adoption de la Constitution par le peuple, seul titulaire du pouvoir constituant tant qu'il ne l'a pas expressément délégué, il est logique que la révision ou l'amendement de la Constitution requière le consentement du peuple, par voie de référendum, pour la perpétuation d'un État légitime.[500]

L'idée à la base de la séparation ou de la distinction entre pouvoir constituant dérivé ou institué et pouvoirs constitués est que la Constitution doit demeurer l'œuvre du pouvoir souverain, qui constitue le pouvoir.[501]

C'est la justification en RDC de l'existence de la procédure législative spéciale reprise dans les règlements intérieurs de l'Assemblée nationale (article 141), du Sénat (article 141) et du congrès (les articles 36 et 37). En outre, le juge constitutionnel n'a vis-à-vis de la Constitution que le pouvoir de l'interpréter (article 161, alinéa 1er de la Constitution).

La doctrine défend le point de vue d'après lequel « le principe de la séparation du pouvoir constituant et des pouvoirs constitués interdit de confier entièrement le pouvoir constituant dérivé à l'un des pouvoirs constitués ».[502]

---

497 Mboko D., Op.cit, page 119.
498 Delperee F., cité par Mboko D., Op.cit, page 120.
499 G. Vedel, cité par Mboko D., Op.cit, page 120.
500 Mboko D., Op.cit, page 120.
501 Mboko D., Op.cit, page 121.
502 Hamon F. et Troper M., cité par Mboko D., Op.cit, page 121.

C'est ce que consacrait l'article IV, alinéa 2, des dispositions transitoires de la Constitution du 24 juin 1967. En effet, jusqu'à la date de la constitution de l'Assemblée nationale élue, le Président de la république était habilité à modifier les dispositions du titre IX de la Constitution.

En réalité, tout le régime constitutionnel de transition séparant le jour de la promulgation de la Constitution du 24 juin 1967 et le jour de l'installation effective de l'Assemblée nationale élue est placé entre les mains du Président de la république dans un esprit de « confusion des pouvoirs ».[503]

Passant à l'acte, le Président Mobutu, en date du 17 avril 1970, a modifié les dispositions de l'alinéa 1er de l'article II, titre IX, de la Constitution du 24 juin 1967, pour corriger le délai d'organisation de la première élection du Président de la république.

Dans le même ordre d'idées, dans le cadre d'un constitutionnalisme de crise, l'histoire se répète en s'aggravant. Sous le régime de l'AFDL, le Président de la république, Laurent Désiré Kabila, est lui-même « pouvoir constituant originaire de crise » en édictant le décret-loi constitutionnel n° 003 du 27 mai 1997 relatif à l'organisation et à l'exercice du pouvoir en République démocratique du Congo et « pouvoir constituant dérivé de crise » en modifiant à quatre reprises (les 28 mai 1998, 21 septembre 1998, 10 janvier 1999 et le 1er juillet 2000) le décret-loi constitutionnel précité.[504]

Le principe de la séparation du pouvoir constituant et des pouvoirs constitués n'interdit néanmoins pas qu'il soit attribué à l'un ou à l'autre pouvoir constitué un rôle dans la procédure de révision constitutionnelle. De tradition, c'est le Parlement (Assemblée nationale, Conseil législatif national, Conseil législatif, Assemblée nationale sous la Constitution du 24 juin 1967 et Haut Conseil de la république – Parlement de transition sous l'acte constitutionnel de transition du 9 avril 1994) qui a toujours adopté les différents textes de révision constitutionnelle intervenus depuis le 23 décembre 1970, et lesquels ont en fin de compte été promulgués par le Président de la république.[505]

### 1.3. Le juge constitutionnel : le gardien des valeurs

L'État de droit comme tout État se caractérise par une normativité à laquelle il se soumet lui-même afin de garantir sa propre survie, mais l'État de droit, en plus, se cristallise autour de la notion du respect des normes garantissant les libertés fondamentales des citoyens. Ce respect serait illusoire sans la garantie d'une sanction juridique de la violation de ces libertés. Aussi le système juridique moderne est-il parfait par l'institution

---

503 Lihau M. A., cité par Mboko D., Op.cit, page 122.

504 Mboko D., Op.cit, page 122.

505 Idem, page 123.

d'un juge constitutionnel sanctionnant en l'occurrence l'irrespect de la volonté constituante.[506]

L'État de droit implique que la liberté de décision des organes de l'État est, à tous les niveaux, encadrée par l'existence de normes juridiques, dont le respect est garanti par l'intervention d'un juge ; il présuppose que les élus ne disposent plus d'une autorité sans partage, mais que leur pouvoir est par essence limité.[507]

Le juge apparaît comme la clé de voûte et la condition de réalisation de l'État de droit : la hiérarchie des normes ne devient effective que si elle est *juridictionnellement* sanctionnée ; et les droits fondamentaux ne sont réellement assurés que si un juge est là pour en assurer la protection. Le culte du droit aboutit en fait à la sacralisation du juge : investi du rôle de « gardien des valeurs », le juge est chargé de les défendre contre la volonté capricieuse des majorités et contre la domination d'une raison instrumentale exclusivement soucieuse d'efficacité. Ce nouveau pouvoir conquis par le juge apparaît clairement à travers le contrôle de constitutionnalité des lois.[508]

L'essor des juridictions constitutionnelles a modifié en profondeur les équilibres politiques : légiférant désormais sous leur ombre portée, les parlementaires sont obligés de prendre en compte leurs interdits et leurs prescriptions ; l'expansion continue des jurisprudences constitutionnelles contribue à lier toujours davantage leur liberté de décision – même si l'appréciation d'opportunité leur est théoriquement laissée.[509]

Pesant de manière croissante sur le fonctionnement des mécanismes politiques, le juge constitutionnel tend à devenir un acteur à part entière du jeu politique : son intervention doit être intégrée, par anticipation, dans les calculs politiques ; et sa jurisprudence contribue à lier toujours davantage la liberté de choix des parlementaires. Le rôle politique de la juridiction constitutionnelle apparaît en pleine lumière en période de fortes tensions politiques (le juge constitutionnel devenant alors l'arbitre des différends entre acteurs politiques, comme en France pendant les phases de cohabitation) ou d'incertitude politique (l'arrêt rendu le 12 décembre 2000 par la Cour suprême des États-Unis a tranché les contestations autour des résultats de l'élection présidentielle). Cela ne signifie pas pour autant la fin de toute controverse : les gouvernants supportent toujours aussi mal que

---

506 Kaluba Dibwa D., *La saisine du juge constitutionnel et du juge administratif suprême en droit public congolais. Lecture critique de certaines décisions de la Cour suprême de justice d'avant la Constitution du 18 février 2006*, Éditions Eucalyptus, page 9, 115 pages.

507 Chevallier J., Op.cit, page 132, 160 pages.

508 Idem, page 133, 160 pages.

509 Ibidem.

certains de leurs projets soient censurés ; et le spectre du « gouvernement des juges » ne manque jamais de resurgir à cette occasion.[510]

La place conquise par le juge constitutionnel ne constitue cependant qu'un des aspects de la montée en puissance du pouvoir juridictionnel. Un tournant décisif a été pris au début des années 90, lorsque des magistrats se sont mis, dans les pays occidentaux, à traquer les pratiques de corruption politique : il ne s'agit plus seulement de contrôler les décisions des élus, mais encore de sanctionner certaines pratiques politiques ; on voit ainsi apparaître la figure nouvelle du « juge justicier » qui se donne la mission d'assainir et de moraliser la vie politique.[511]

En RDC, avant la Constitution du 18 février 2006, la Constitution de la transition avait fait de la Cour suprême de Justice une juridiction à la fois constitutionnelle, administrative et judiciaire.[512]

En tant que juge constitutionnel, la Cour suprême de Justice connaissait, par voie d'action et d'exception, la constitutionnalité des lois et des actes ayant force de loi, ainsi que des recours en interprétation de la Constitution de la transition ; de même qu'elle jugeait de contentieux des élections présidentielles et législatives, ainsi que le référendum.[513]

Comme juge administratif suprême, la Cour suprême de Justice connaissait des recours en annulation des actes et décisions des autorités centrales de la république et donnait des avis sur les projets ou propositions de loi ou d'actes réglementaires dont elle était saisie.[514]

De manière générale, la Cour suprême de Justice a toujours frappé d'irrecevabilité toute requête à laquelle n'ont pas été jointes les pièces requises et qui la place dans l'impossibilité d'exercer son contrôle. Elle a toujours sanctionné l'absence de renseignements nécessaires pour individualiser le défendeur, notamment le défaut de signature de la requête, son dépôt tardif, l'insuffisance du nombre de ses exemplaires ou le non-respect des exigences légales formelles.[515]

Le formalisme juridique a amené la haute cour à se déclarer incompétente soit de commettre les litiges soumis devant elle (R.L. 010 et RA. 320), soit de décréter l'irrecevabilité de la requête introduite devant elle (R. Const. 06/TSR).[516]

Ce formalisme est contraignant en matière constitutionnelle en ce que toute requête doit être l'œuvre du procureur général de la république.[517]

---

[510] Chevallier J., Op.cit, page 134, 160 pages.

[511] Idem, page 135.

[512] Kaluba Dibwa D., Op.cit, page 97, 115 pages.

[513] Lire article 150, alinéa 1 et 2, de la Constitution du 4 avril 2003.

[514] Lire article 150, alinéa 3 et 4, de la Constitution du 4 avril 2003.

[515] Kaluba Dibwa D, op.cit, page 98, 115 pages.

[516] Ibidem.

[517] Ibidem.

La dogmatique de l'État de droit tend à la reformulation des enjeux politiques en termes juridiques : les problèmes sont abordés dans le langage du droit et traités à travers les catégories de l'entendement juridique, ce qui entraîne leur reformulation. Le droit est devenu une source dont les acteurs politiques ne peuvent plus se passer et une arme privilégiée dans le combat politique : la légitimité des arguments échangés sera d'autant plus forte qu'ils seront coulés dans le bronze du droit. En cherchant ainsi à s'appuyer sur le droit, les acteurs politiques contribuent à ancrer la croyance dans la force du droit : la politique peut dès lors apparaître comme étant de plus en plus « saisie par le droit » (L. Favoreu, 1988).[518]

La Constitution du 18 février 2006 en RDC a institué en son article 153 un ordre de juridictions de l'ordre judiciaire comprenant les cours et tribunaux civils et militaires placés sous le contrôle de la Cour de cassation.

L'éclatement de la Cour suprême de Justice en trois juridictions, à savoir la Cour de cassation, le Conseil d'État et la Cour constitutionnelle a conduit à une réforme entraînant la répartition et la spécification des compétences et des procédures à suivre devant chacune de ces nouvelles juridictions. La Cour de cassation diffère de la Cour suprême de Justice qui était à la fois une juridiction de fond, une juridiction de cassation, une juridiction d'annulation, une juridiction d'avis et d'interprétation des textes et une juridiction constitutionnelle.

En règle générale, la Cour de cassation est juge de droit et non du fond. Toutefois, elle statue comme juge de fond à l'égard des personnes visées à l'article 153 de la Constitution et en matière d'appel des décisions rendues au premier degré par les cours d'appel en matière répressive. A ce titre, elle assure d'une part le contrôle de la légalité dès lors qu'il lui est reconnu le droit de casser toutes les décisions de dernier ressort prises en violation de la loi ou de la coutume et, d'autre part, elle assure l'unité de la jurisprudence par ses décisions qui s'imposent aux juridictions de renvoi.

Ainsi, à travers la loi organique portant organisation et fonctionnement de la Cour constitutionnelle, celle-ci exerce une compétence matérielle spécifique. Elle dispose d'un corps de magistrats particuliers de par leurs compétences, leurs qualifications et leurs modes de désignation. Elle bénéficie de l'expertise des conseillers référendaires.

Un parquet général est institué près la Cour constitutionnelle. Il comprend le procureur général, un ou plusieurs premiers avocats généraux et des avocats généraux. La cour exerce notamment les compétences suivantes :

- Elle est juge de la constitutionnalité des lois, des actes ayant force de lois, d'édits, de règlements intérieurs des chambres parlementaires, du congrès, des institutions d'appui à la démocratie, ainsi que des actes réglementaires des autorités administratives ;

---

[518] Chevallier J., Op.cit, page 136, 160 pages.

- Elle connaît des recours en interprétation de la Constitution et tranche des conflits de compétences entre les pouvoirs législatif et exécutif, l'État et les provinces ainsi qu'entre les ordres de juridictions ;
- Elle est la juridiction pénale du Président de la république et du Premier ministre ;
- Elle est également dotée de compétences en matière électorale. À ce titre, elle juge de la régularité du processus des élections présidentielles et législatives au niveau national et du référendum.

Dans cette perspective, l'existence du juge constitutionnel apparaît, non plus comme une entorse, mais comme un instrument de réalisation de l'exigence démocratique : qu'un mécanisme de contrôle préventif l'amène à contribuer à la formation de la loi, et par conséquent à l'expression de la volonté générale, ou qu'il soit amené à écarter l'application des lois qu'il juge contraires à la Constitution, le juge constitutionnel est là pour contrebalancer la loi de la majorité par le respect des droits fondamentaux ; et l'extension du bloc de constitutionnalité traduit l'importance croissante de cette dernière dimension.[519]

Plus généralement, la justice tend à apparaître, dans les sociétés contemporaines, comme la « nouvelle scène de la démocratie » : elle incarnerait en effet un espace public neutre, au sein duquel tout citoyen aurait la possibilité de faire valoir ses droits et d'interpeler les gouvernants ; alors qu'elle était traditionnellement au service du prince, la justice serait devenue un « tiers pouvoir », placé entre le peuple et ses représentants, chargé d'attester que le pouvoir politique se conforme aux principes de la démocratie, « c'est-à-dire à des règles constantes, dont la source est extérieure et dont l'application lui échappe ».[520]

La théorie de l'État de droit a donc connu au 20e siècle de sensibles inflexions : le défi totalitaire a conduit au dépassement de la conception purement formelle reposant sur l'idée de hiérarchie des normes, au profit d'une conception substantielle privilégiant la garantie de la sécurité juridique et de la liberté fondamentale. Depuis les années 80, l'État de droit s'est trouvé mis au centre des débats philosophiques et politiques concernant le statut et le rôle de l'État : la référence à l'État de droit sert désormais à étayer la revendication d'une meilleure protection face à l'interventionnisme étatique et à l'abus possible des majorités démocratiques.[521]

Quels sont donc les obstacles à la réalisation de l'État de droit en RDC ?

---

519 Chevallier J., Op.cit, page 138, 160 pages.

520 Ibidem.

521 Idem, page 147.

## 2. Obstacles à la réalisation de l'État de droit en RDC

Tenir un discours sur les obstacles qui se dressent à l'exercice d'un État de droit en RDC, c'est inférer que l'État des droits de l'homme ne peut pas s'exercer en dehors d'un système politique démocratique.

Comme le relève fort bien Alioune B. Fall, « le premier obstacle au respect des droits de l'homme en Afrique est tout simplement la violation par la plupart des gouvernants des principes constitutionnels fondamentaux les plus élémentaires. Les régimes africains ont été pendant longtemps caractérisés par une concentration excessive des pouvoirs en la personne du chef de l'État ».[522]

L'article 21 de la Déclaration universelle des droits de l'homme rappelle que « la volonté du peuple est le fondement de l'autorité des pouvoirs publics ». Cette volonté ne peut s'exprimer que par des élections libres et disputées qui doivent avoir lieu périodiquement. Il doit aussi être compris que, « si la démocratie doit demeurer un gouvernement pour le peuple, le moyen le plus sûr d'aboutir à la satisfaction des aspirations et des besoins de ce dernier est d'écarter les amateurs de cette mission au profit des plus capables, minoritaires par définition mais démocratiquement sélectionnés ».[523]

Nul n'ignore qu'en Afrique, et jusqu'à une période relativement récente, le fonctionnement des régimes politiques ne correspondait pas aux institutions adoptées dans les Constitutions et autres textes officiellement en vigueur. La séparation des pouvoirs, la souveraineté de la loi et l'égalité des citoyens devant la loi ont constitué souvent une référence purement théorique et formelle.[524]

Jean-Marie Breton en décrit le cheminement : « La centralisation, la personnalisation et la confiscation progressives du pouvoir vont mal s'accommoder du constitutionnalisme classique fondé sur la double problématique de la représentation et du contrôle. Le refus, par les dirigeants, du pouvoir partagé comme du pouvoir contrôlé s'ajoute ainsi à un rejet plus ou moins conscient que les masses des normes porteuses d'une rationalité propre à une modernité juridique en rupture avec des valeurs sociétales largement traditionnelles ».[525]

Le lien entre le respect des droits de l'homme et la séparation des pouvoirs trouve une expression célèbre dans l'article 16 de la Déclaration française des droits de l'homme et du citoyen du 26 août 1789 : « Toute

---

522 Fall A. B., cité par Mboko D., Op.cit, page 222.
523 D. Turpin, cité par Mboko D., Op.cit, page 223.
524 Mboko D., Op.cit, page 223.
525 Breton J.-M., cité par Mboko D., Op.cit, page 223.

société dans laquelle la garantie des droits n'est pas assurée, ni la séparation des pouvoirs déterminée, n'a point de Constitution ».

En RDC, au lendemain de l'indépendance déjà, l'État de droit a été mis à rude épreuve au point qu'il a entamé un processus de déliquescence continuellement varié tout au long de son parcours. Les obstacles fondamentaux à l'effectivité de l'État de droit en RDC autour desquels gravitent bien d'autres sont : les violations des principes démocratiques établis par la Constitution, l'établissement des Constitutions provisoires et intermédiaires, la corruption et le tribalisme ainsi que quelques faiblesses de la justice.

### 2.1. Violations des principes démocratiques établis par la Constitution

D'une manière générale, les violations des principes démocratiques établis par la loi fondamentale se caractérisent depuis 1960 par : la révocation et l'assassinat du Premier ministre Patrice Lumumba, et les deux coups d'État montés par M. Mobutu.

#### *2.1.1. Révocation et assassinat du Premier ministre Patrice Lumumba*

- **De la révocation du Premier ministre Lumumba**

Les puissances étrangères et les colons belges qui tenaient coûte que coûte à se débarrasser de P. Lumumba avaient réussi à manipuler J. Kasa-Vubu et J.-D. Mobutu pour faire leur sale besogne. Dans un premier temps, J.-D. Mobutu, profitant de la dualité des organes exécutifs et du climat de méfiance qui s'était installé au sommet de l'État entre Kasa-Vubu et Lumumba, poussa le chef de l'État à révoquer le Premier ministre le 5 septembre 1960. Le « danger Lumumba » écarté, il devait alors se débarrasser facilement de Kasa-Vubu qui ne représentait aucune menace. Ainsi, il réalisait le plan concocté de longue date par ses « Maîtres à penser » à l'étranger.[526]

La révocation du Premier ministre Lumumba n'était pas uniquement qu'une affaire des puissances occidentales, notamment de la Belgique et des États-Unis, elle était aussi un règlement de comptes des hommes politiques congolais, toutes tendances confondues, qui lui vouaient une haine féroce et qui craignaient qu'il leur porte ombrage en raison de ses qualités d'organisateur infatigable, tribun exceptionnel, du mythe et du charisme créés autour de sa personne.[527]

C'était surtout son discours prononcé le 30 juin 1960 lors de la passation des pouvoirs qui a été considéré par beaucoup comme une erreur

---

526 Tshimanga Bakadiababu E., Op.cit, page 51, 269 pages.

527 Ibidem.

politique grave estimant même que ce fut à cette occasion qu'il avait signé son arrêt de mort dans la mesure où sa victoire aux élections démocratiques de mai 1960 ne coïncidait déjà pas avec les attentes et les espérances des Belges et des Américains.[528]

Dans les derniers jours du mois d'août 1960, M. Jef Van Bilsen, professeur belge qui avait également enseigné aux États-Unis et n'avait pas perdu le contact avec le Département d'État, était nommé conseiller juridique auprès du Président de la république, monsieur Kasa-Vubu.[529]

Avec les autres conseillers belges du chef de l'État, le professeur Van Bilsen[530] poussa celui-ci à révoquer son Premier ministre. Toutefois, le Président Kasa-Vubu n'étant pas convaincu de la possibilité juridique de procéder à une telle révocation sans un vote du Parlement, la « Central Intelligence Agency » (C.I.A.) s'employa à le convaincre. Des officiels américains se chargèrent avec joie de donner au Président hésitant le conseil qui devait le faire agir. C'est ce qu'il fit le 5 septembre 1960.[531]

S'agissant de la révocation de Lumumba par le chef de l'État J. Kasa-Vubu, la doctrine a longtemps été partagée sur le point de savoir si elle a été opérée ou non dans la légalité.[532]

Le professeur Kaluba Dibwa qui partage l'opinion de l'un de ses maîtres (professeur Vunduawe te Pemako) soutient que cette révocation non seulement viole l'esprit de la loi fondamentale, mais aussi et surtout sa lettre. La révocation du Premier ministre Lumumba ne pouvait être acquise qu'à la suite de la désinvestiture du Parlement…[533]

En effet, issu d'une légitimité biaisée, le chef de l'État ne disposait pas suffisamment de bases pour engager cette crise de légitimité avec le Premier ministre qui, malgré sa popularité, a tôt mal fait de révoquer à son tour le chef de l'État.[534]

- **Assassinat du Premier ministre Patrice Lumumba le 17 janvier 1961**

Le colonel Mobutu dirigea lui-même les opérations d'arrestation de P. Lumumba, de son emprisonnement et son transfert à Élisabethville où il fut

---

[528] Fweley Diangitukwa, cité par Tshimanga Bakadiababu E., Op.cit, page 51.

[529] Mosheje L., Op.cit, page 29, 64 pages.

[530] Le professeur Van Bilsen, auteur du *Plan de décolonisation de la RDC en 30 ans*, fut conseiller de l'ABAKO à la Conférence de la Table ronde. Le gouvernement belge a depuis reconnu ses mérites en lui confiant à l'époque la responsabilité de l'assistance technique au Congo.

[531] Mosheje L., Op.cit, page 30.

[532] Djelo Empenge Osako, cité par Kaluba Dibwa D., « Du contentieux constitutionnel en RDC », thèse de doctorat, page 25, 506 pages.

[533] Kaluba Dibwa D., Op.cit, « Du contentieux constitutionnel en RDC », thèse de doctorat, page 25, 506 pages.

[534] Idem, page 26.

assassiné le 17 janvier 1961. Ses motivations dans cet assassinat pouvait être perçues sur deux plans : sur le plan d'une obéissance à l'ordre donné par l'Occident, et sur le plan des ambitions personnelles. Sur le premier plan, il devait passer à l'exécution des instructions de l'Occident transmises par le colonel Louis Marlière et M. Larry Devlin, qui étaient respectivement à l'époque chef des services secrets belges et chef de la C.I.A. au Congo.[535]

Ces deux principaux instigateurs de l'assassinat de P. Lumumba avaient justifié leurs actes odieux sans gêne et sans regrets. Le colonel Marlière avait déclaré que : « Lumumba avait choisi le mauvais camp. Il était plus ou moins communiste. Il avait choisi le camp des Russes au lieu de celui de l'Occident ». Quant à Larry Devlin qui avait reconnu avoir été chargé par le gouvernement américain pour perpétrer le meurtre de Lumumba, il avait déclaré que : « Lumumba était un danger à la fois pour son pays et pour le reste du monde en ce sens qu'il autorisait les Soviétiques à s'installer au Congo. Nous avions donc de bonnes raisons de penser qu'ils allaient certainement prendre le contrôle de ce pays ».[536]

Sur le deuxième plan, étant au courant de la promesse qui lui avait été faite d'être placé à la tête du Congo en lieu et place de Kasa-Vubu, J.-D. Mobutu savait que l'assassinat de Lumumba allait ouvrir grandement la porte de la succession dont il était le candidat le mieux placé.[537]

La loi fondamentale de 1960 permettait-elle de telles pratiques ?

La révocation tout comme l'assassinat de P. Lumumba constituent une violation des principes démocratiques établis par la Constitution de 1960.

### *2.1.2. Coups d'État*

- **Coup du 14 septembre 1960**

À la suite d'une mutinerie de l'armée qui avait éclaté en juillet 1960 et dont le Premier ministre n'était en rien responsable, Mobutu profita de cette occasion pour exécuter les prémices du plan dont il était chargé par l'Occident d'appliquer. C'est ainsi que cherchant également à affirmer sa fidélité vis-à-vis de ses « Maîtres à penser occidentaux », il n'hésita pas à accuser le Premier ministre Lumumba d'être à la base de cette mutinerie de connivence avec les communistes. C'était là le cas typique de Judas qui venait d'accuser publiquement et de livrer son maître Jésus à ses ennemis.[538]

Quant à l'accusé Lumumba, il s'était limité à exprimer son indignation et à accuser l'ancienne puissance coloniale de semer des troubles pour créer la confusion et le désordre et pour ainsi déstabiliser la jeune

---

[535] Tshimanga Bakadiababu E., Op.cit, page 55.

[536] Déclaration de P. Lumumba à la presse, reprise dans le film-documentaire de Michel Noll, citée par Tshimanga Bakadiababu E., Op.cit, pages 55-56.

[537] Tshimanga Bakadiababu E., Op.cit, page 56.

[538] Tshimanga Bakadiababu E., Op.cit, page 53.

démocratie. Comment comprendre qu'un chef d'état-major qui était censé être le garant de la discipline militaire ait eu à afficher son arrogance et son indiscipline publiquement à l'endroit de l'autorité politique du pays ? C'étaient donc là des attitudes et des actes prémédités étant donné qu'il y avait dans l'ombre les mains d'agents secrets belges et américains qui le poussaient à la désobéissance et à agir le plus vite possible.[539]

C'est dans cet esprit que, le 14 septembre 1960, le colonel Mobutu décida de bloquer les deux organes exécutifs en plaçant le Premier ministre Lumumba en résidence surveillée et en mettant le chef de l'État Kasa-Vubu en congé forcé jusqu'au 31 décembre 1960. Il fit alors une déclaration à la radio nationale en ces termes : « Chers compatriotes, ici c'est le colonel Mobutu Joseph, chef d'état-major de l'Armée nationale congolaise qui vous parle depuis Léopoldville. L'Armée nationale congolaise a décidé de neutraliser le chef de l'État jusqu'à la date du 31 décembre 1960. Comme chacun pourra dès demain s'en rendre compte, il ne s'agit pas d'un coup d'État militaire, mais plutôt d'une simple révolution pacifique. L'Armée va aider le pays à résoudre ses différents problèmes qui deviennent de plus en plus aigus. Vive le Congo, vive l'Armée nationale congolaise ! »[540]

- **Coup d'État du 24 novembre 1965**

**- Éviction du chef de l'État J. Kasa-Vubu**

Une fois les deux Premiers ministres, P. Lumumba et Moïse Tshombe éliminés de la gestion du pays, ce fut le tour du chef de l'État, J. Kasa-Vubu, qui, en dépit de l'intégrité dont il faisait preuve dans la gestion des affaires publiques et du soutien populaire dont il bénéficiait principalement dans la capitale et dans la région du Bas-Congo, ne répondait malheureusement pas au profil que l'Occident s'était fait de l'homme politique qui était appelé à jouer le rôle qu'il voulait imposer au Congo en vue de poursuivre sa domination dans ce grand pays.[541]

Il est évident que les puissances occidentales tenaient à avoir un homme qui devait jouer à merveille son jeu en privilégiant leurs intérêts. Mais elles s'étaient déjà rendu compte qu'avec son caractère et sa personnalité, J. Kasa-Vubu, dont le parti ABAKO avait pris des positions radicales en faveur de l'indépendance immédiate et qui critiquait durement le pouvoir colonial, ne pouvait pas accepter de trahir son idéal et son pays et d'être complice du pillage de ses richesses.[542]

Mobutu, qui avait pour mission d'exécuter les différentes étapes du plan des puissances occidentales et qui savait la place qui devait lui revenir,

---

[539] Idem, page 54.
[540] Ibidem.
[541] Tshimanga Bakadiababu E., Op.cit, page 61.
[542] Ibidem.

imposait ses points de vue et allait parfois à l'encontre des instructions des autorités politiques qu'il considérait en son âme et conscience comme étant déjà en sursis en attendant l'exécution des étapes finales de ce qu'il avait prévu.[543]

C'était dans cette optique que malgré le fait d'avoir été élevé le 19 novembre 1965 par le Président Kasa-Vubu au rang de lieutenant-général, le plus haut grade de l'Armée nationale congolaise à l'époque, lors d'une cérémonie grandiose où assistaient toutes les autorités politiques du pays, Mobutu, qui rêvait toujours de prendre la direction du pays, trouva cette nomination insuffisante et même pas à la mesure de ses ambitions. Il décida alors une semaine après cette importante nomination de passer à l'action en faisant un coup d'État militaire le 24 novembre 1965. Il destitua de ce fait le Président J. Kasa-Vubu et annula l'élection présidentielle qui était en préparation.[544]

- **Pendaison du Premier ministre Évariste Kimba**

Monsieur Évariste Kimba fut Premier ministre du Congo au moment du coup d'État du 24 novembre 1965 et c'était Mobutu lui-même qui avait pesé de tout son poids sur les parlementaires et sur le Président J. Kasa-Vubu pour qu'il soit désigné à cette fonction en violation de la Constitution de Luluabourg au détriment de Moïse Tshombe dont le parti venait de remporter les élections législatives de mars 1965.[545]

L'on se rappellera donc les pendaisons politiques de la pentecôte en 1966, à peine 7 mois après la prise du pouvoir par Mobutu. Quatre congolais, tous anciens ministres du gouvernement Kimba qui venait de tomber à la suite du coup d'État, furent arrêtés, torturés et pendus publiquement suite à un complot inventé de toute pièce par Mobutu avec la complicité du général Bangala alors gouverneur militaire de la ville de Kinshasa.[546]

Parmi ces quatre personnalités politiques, il y avait l'ancien Premier ministre Évariste Kimba, le ministre de la Défense Jérôme Anany, le ministre des Affaires sociales Alexandre Mahamba et le ministre des Finances Emmanuel Bamba. Leur procès fut un grand scandale et ne dura que quelques minutes et, malgré l'absence évidente de preuves, ils furent condamnés à mort, donc pendus haut et court jusqu'à ce que mort s'en suivit. L'opération comme telle devait servir d'exemple et d'avertissement à tout Congolais qui pouvait tenter une action subversive, réelle ou imaginaire

543 Idem, page 62.
544 Ibidem.
545 Tshimanga Bakadiababu E., Op.cit, page 62.
546 Idem, pp. 62-63.

contre le régime qui venait d'être mis en place, de ne pas oser se hasarder. C'était le début du règne de la terreur.[547]

- **Abolition du système démocratique**

Le haut commandement militaire s'était donné un délai de 5 ans pour mettre de l'ordre dans le pays et rétrocéder par la suite le pouvoir aux autorités civiles. Mais, à l'approche de la fin de cette période de 5 ans, le Président Mobutu qui tenait à rester définitivement au pouvoir, après avoir affaibli et écarté ses amis et compagnons de la Révolution des services actifs, décida de demeurer au pouvoir.[548]

Il procéda à un réel coup d'État par l'abolition des institutions démocratiques existantes. En effet, le 20 mai 1970, il convoqua son parti politique, le M.P.R., en congrès extraordinaire avec un seul point à l'ordre du jour : « Institutionnalisation du M.P.R. » dans le pays. Il violait ainsi l'article 4 de la nouvelle Constitution en interdisant toute possibilité de création d'un deuxième parti politique et en faisant du M.P.R. un parti unique.[549]

L'on était là devant un parti unique, non seulement au Congo, mais unique au monde et dans l'histoire politique de l'humanité dans la mesure où ce fut le seul parti unique qui avait décrété que « tout enfant congolais naissait dorénavant membre du M.P.R. ». Quel événement pouvait justifier ce changement brusque pour que le peuple congolais, qui venait d'être reconnu 3 ans plus tôt capable de gérer la démocratie pluraliste, devînt tout d'un coup inapte à la démocratie et cela avant même que les institutions démocratiques prévues par la Constitution référendaire du 24 juin 1967 n'aient été mises en place et n'aient montré l'inaptitude du peuple congolais à le faire fonctionner ?[550]

C'est ainsi, après avoir saboté la Constitution référendaire de 1967, Mobutu mit en place la même année une charte fondamentale taillée sur mesure tout en estimant qu'il s'agissait là de la résultante d'une recherche constante d'une philosophie, des structures et des mécanismes répondant au fond culturel propre aux Congolais.[551]

Mobutu était contre l'existence de plusieurs partis politiques qu'il rendait d'ailleurs responsables de l'anarchie et du chaos qui s'étaient installés dans le pays en raison des rivalités tribales, des guerres fratricides, du blocage pur et simple des institutions, de l'institutionnalisation de la haine, de la paralysie économique, bref de la régression conduisant à la mort

---

[547] Idem, page 63.
[548] Idem, page 68.
[549] Tshimanga Bakadiababu E., Op.cit, page 68.
[550] Mutamba Makombo J.-M., cité par Tshimanga Bakadiababu E., Op.cit, pp. 68-69.
[551] Idem, page 69.

de tout un État. C'est pourquoi, disait-il, il a dû faire table rase de tous les partis politiques existants.[552]

Ce que le Président Mobutu ignorait c'est le lien existant entre l'État de droit et la démocratie. Institutionnaliser un parti politique qui au départ constitue un fait privé, c'est violer non seulement la Constitution mais aussi et surtout l'esprit même d'un État de droit.

En effet, canalisée par l'État de droit, la démocratie acquiert nécessairement une coloration nouvelle : non seulement les mécanismes juridiques en viennent à prendre une importance croissante dans le jeu politique, mais encore l'accent mis sur les garanties juridiques conduit à relativiser la légitimité issue de l'élection…[553]

Or, le Président Mobutu avait adopté le régime autoritaire de type présidentiel à parti unique considéré par lui comme un instrument propice à la consolidation de son autorité, et à l'intégration politique. Le régime était essentiellement basé sur la concentration des pouvoirs entre les mains du chef de l'État et la diminution sensible des pouvoirs parlementaires. Ce caractère personnel du pouvoir était consigné même dans la Constitution, qui stipulait dans l'alinéa 2 de l'article 33 : « La doctrine du M.P.R. est le mobutisme », c'est-à-dire les idées, les paroles et les actes du guide Mobutu.[554]

Le même article 33 de la Constitution révisée disposait que : « Le fondateur du M.P.R. était de plein droit Président de la république ». Donc, il était l'unique candidat à chaque élection présidentielle. Cette disposition rendait les élections organisées dans le pays comme une simple mise en scène destinée à se prévaloir d'une légitimité obtenue par le suffrage universel.[555]

Pour éviter toute contestation à l'intérieur du parti, les institutions démocratiques mises en place par la loi fondamentale, renouvelées par la Constitution de Luluabourg en 1964 et révisées, et aussi respectées par la Constitution référendaire de 1967 sous la direction du haut commandement militaire, furent remplacées par de nombreux et budgétivores organes du M.P.R. : comité central, bureau politique, comité exécutif, commission de discipline, conseil législatif ou Parlement, conseil exécutif ou gouvernement, JMPR, CADER, garde civile…, qui étaient tous de simples appareils de parade, destinés à masquer à l'opinion publique le caractère excessivement personnel du pouvoir au Congo.[556]

Pour maître Nimy Mayidika Ngimbi, alors commissaire d'État aux droits et libertés du citoyen : le M.P.R., parti-État de la république du Zaïre,

---

[552] Idem, page 70.
[553] Chevallier Jacques, Op.cit, page 136.
[554] Tshimanga Bakadiababu E., Op.cit, page 71.
[555] Ibidem.
[556] Idem, pp. 71-72.

est l'aboutissement d'un long processus historique. En tant que nécessité sociale, le M.P.R. est né pour répondre aux contingences politiques de l'heure. Sa création est le résultat irréversible de la conjoncture sociopolitique provoquée par la suspension des activités des partis politiques. Annoncé à Mbandaka, le 22 mars 1967, il sera proclamé officiellement lors de la publication le 20 mai 1967 à N'Sele de son manifeste dit « Manifeste de la N'Sele », document qui expose l'objet du M.P.R., son but, ses objectifs, son programme ainsi que ses principes moteurs.[557]

Il est nécessaire de noter que l'État de police est fondé sur le bon plaisir du prince. Il n'y a ni véritable limite juridique à l'action du pouvoir, ni réelle protection des citoyens contre le pouvoir.[558]

C'est justement le cas du M.P.R. de triste mémoire dirigé par son président fondateur.

Comme l'État de droit, et à la différence du gouvernement despotique ou arbitraire, l'État de police accorde une large place au droit, mais celui-ci est un droit purement instrumental, sur lequel l'administration dispose d'une totale maîtrise, sans être tenue au respect des normes supérieures qui s'imposeraient à elle ; servant à imposer des obligations aux administrés, sans être en retour source de contrainte pour l'administration, il est l'expression et le condensé de la toute puissance administrative.[559]

Après les violations des principes démocratiques établis par la Constitution, il importe d'examiner l'établissement des Constitutions provisoires et intermédiaires comme obstacle à l'effectivité de l'État de droit en RDC.

### 2.2. Établissement des Constitutions provisoires et intermédiaires

Il existe, au sujet des modes démocratiques d'établissement des Constitutions, de nombreuses théories qui toutes ont été énoncées au 18e siècle et qui partent de ce principe que le peuple étant le seul souverain, c'est à lui qu'il doit appartenir d'indiquer les conditions dans lesquelles il délègue l'exercice de son pouvoir.[560]

Par définition, la Constitution se présente comme une œuvre durable destinée à braver le temps. Même si, à l'expérience, la Constitution ne résiste pas indéfiniment à l'évolution de la société. Il suffit de se référer à l'histoire

---

557 Lire « Mélanges pour une révolution », sous la direction de Sakombi Inongo, page 278, 343 pages.

558 Chevallier Jacques, Op.cit, page 18, 160 pages.

559 Ibidem.

560 Mpongo-Bokako Bautolinga E., Op.cit, pp. 93-94, 328 pages.

constitutionnelle de beaucoup de pays d'Europe (Allemagne, Espagne, France, Italie, Portugal...) et des pays africains en général.[561]

L'établissement d'une Constitution provisoire, intermédiaire ou définitive passe par la préparation du texte, son adoption et sa sanction. Ces procédés n'appellent pas toujours l'intervention des mêmes auteurs.[562]

À son accession à l'indépendance et à la souveraineté internationale, et en attendant que le peuple adopte lui-même la Constitution, le Congo fut régi par deux textes fondamentaux provisoires pendant la période préconstitutionnelle (1960-1964).

Par ailleurs, après l'abrogation de la Constitution du 24 juin 1967, telle que révisée, par l'Acte constitutionnel de la transition du 9 avril 1994, le pays se trouva dans une situation de vacance de Constitution, en attendant l'établissement de la Constitution du 18 février 2006. La période de transition fut en effet organisée par des textes constitutionnels intermédiaires.[563]

Il convient dès lors d'examiner de quelle manière le peuple congolais n'a pas pris part à l'établissement des deux lois fondamentales de 1960 avant d'étudier comment les Constitutions intermédiaires se sont établies.

### *2.2.1. Établissement des Constitutions provisoires de 1960*

Au départ, une seule loi fondamentale provisoire était prévue par une des résolutions de la Conférence de la Table ronde de Bruxelles (janvier-février 1960) pour régir le Congo dès la proclamation de son indépendance. En raison des contraintes de temps, deux lois fondamentales furent édictées complémentairement par les pouvoirs publics belges.[564]

- Élaboration et adoption des lois fondamentales congolaises par des Belges.

Le projet de loi fondamentale relatif aux structures du Congo résulte en effet de la délibération de la Conférence de la Table ronde sur les problèmes politiques du Congo et a pour but de doter l'État congolais de structures politiques, administratives et judiciaires dès la proclamation de son indépendance, le 30 juin 1960.[565]

Les structures prévues découlent logiquement des principes énoncés dans les résolutions de la conférence. C'est donc sur la base de toutes ces considérations que le Parlement belge adopte la loi fondamentale relative aux structures du Congo, et Baudouin 1er, roi des Belges, la sanctionne et la promulgue le 19 mai 1960.

---

561 Mboko D., Op.cit, page 88.
562 Idem, page 75.
563 Ibidem.
564 Idem, page 76.
565 Mboko D., Op.cit, page 76.

Toutefois, cette loi fondamentale n'est pas une Constitution octroyée au Congo par le roi des Belges, comme ce fut le cas de la charte du 4 juin 1814 que le roi Louis XVIII octroya au peuple français...[566]

Par ailleurs, bien que la Conférence de la Table ronde prévoie la garantie des droits dans la même future loi fondamentale provisoire, mais faute de temps, le Parlement belge sera amené à adopter séparément une deuxième loi fondamentale, relative aux libertés publiques. Il l'élabore en suivant les 11 principes définis à la Conférence de la Table ronde, lesquels devaient également inspirer le futur pouvoir constituant congolais, afin de traduire « l'indéfectible attachement des populations congolaises aux droits de l'homme et aux principes de la démocratie ».[567]

C'est dans les mêmes conditions que le projet de loi fondamentale relatif aux libertés publiques est adopté par le Parlement belge, et sanctionné et promulgué par Baudouin 1er, roi des Belges.[568]

• On le voit, le peuple congolais est totalement exclu de ce processus d'établissement de la Constitution provisoire de l'État du Congo. Mais ces deux lois fondamentales sont le fruit des travaux de la Conférence de la Table ronde politique belgo-congolaise et de la commission politique instituée auprès du ministre du Congo-Belge et du Ruanda-Urundi composée des délégués des partis politiques congolais, même si le droit public belge a largement servi de source d'inspiration intellectuelle.[569]

Il s'observe aisément du processus d'établissement décrit que le « pouvoir constituant provisoire » n'a pas été différent du pouvoir législatif, c'est-à-dire du législateur ordinaire belge. Les deux lois fondamentales formant la Constitution provisoire de l'État du Congo ont donc été des lois parlementaires belges.[570]

• Cette Constitution provisoire de l'État du Congo entrant en vigueur progressivement en vertu des deux arrêtés royaux, l'un du 30 mai 1960 et l'autre du 1er juin 1960, et pleinement dès le 30 juin 1960. Mais elle ne règle pas la question des armoiries, de la devise et de l'emblème du pays. C'est une loi du 30 juin 1963 qui y pourvoira.[571]

Mais il y a eu absence de la dimension « démotique » de la Constitution[572], en ce sens que les aspects des conditions d'acquisition de la

---

566 Idem, page 77.
567 Ibidem.
568 Idem, page 78.
569 Mboko D., Op.cit, page 78.
570 Idem, page 79.
571 Ibidem.
572 La notion de « droit constitutionnel démotique » fut employée pour la première fois en 1963 par Marcel Prélot, pour qui l'État organisé par la Constitution n'est pas

nationalité, des symboles nationaux (hymne, devise, drapeau, armoiries) ou des langues nationales et officielle n'y sont pas abordés.[573]

Autant dire que pendant trois ans, du 30 juin 1960 au 29 juin 1963, l'État du Congo a utilisé curieusement un emblème sans base constitutionnelle...[574]

Par cette loi du 30 juin 1963, l'emblème devient « le drapeau bleu ciel, orné d'une étoile jaune dans le coin supérieur gauche et traversé en biais d'une bande rouge finement encadrée de jaune ». C'est également par cette loi du 30 juin 1963 que le Parlement congolais consacre indirectement l'appellation de « République du Congo ».[575]

Si le peuple congolais était totalement exclu du processus d'établissement de la Constitution provisoire de son propre pays, qu'en est-il pour l'établissement des Constitutions intermédiaires ?

*2.2.2. Établissement des Constitutions intermédiaires par la classe politique congolaise*

L'établissement des Constitutions intermédiaires ou des Constitutions d'attente font appel à un constitutionnalisme de crise, c'est-à-dire un constitutionnalisme d'urgence, qui peut être regardé comme un mariage de raison plus que de passion.[576]

Le constitutionnalisme de transition répond aux préoccupations des négociateurs en leur offrant des principes directeurs – dans une volonté de conjurer le passé par l'affirmation à l'attachement aux droits de l'homme et à la démocratie –, et à une sortie de conflit acceptable pour tous.[577]

C'est dans cette volonté que la classe politique congolaise établit l'Acte constitutionnel de la transition du 9 avril 1994 et la Constitution de la transition du 4 avril 2003.

- **Acte constitutionnel de la transition du 9 avril 1994**

C'est sur la base de l'accord politique de la classe politique zaïroise pour la sortie de crise que le « Haut Conseil de la république – Parlement de transition » – est chargé d'élaborer l'Acte constitutionnel de la transition,

---

simplement un pouvoir, une structure d'organisation de la vie sociale, mais il est aussi une communauté humaine que singularise la nation. Lire Mboko D., Op.cit, page 79.

[573] Mboko D., Op.cit, page 79.

[574] Ibidem.

[575] Mboko D., Op.cit, page 80.

[576] Ibidem.

[577] Philippe X., cité par Mboko D., Op.cit, page 81.

alors qu'en fait le Haut Conseil de la république – Parlement de transition – dont il est question n'avait pas d'existence de jure.[578]

Il s'est justement agi d'une institution de *facto* regroupant, par la volonté de la classe politique divisée en deux familles politiques signataires du protocole d'accord susvisé, les conseillers de la république du HCR, les membres de l'Assemblée nationale dans sa configuration d'avant l'exclusion des membres du groupe parlementaire de l'opposition et les négociateurs qui n'étaient ni conseillers de la république ni députés, par cooptation d'office.[579]

• De l'ensemble du processus d'établissement de l'Acte constitutionnel de la transition, on peut aisément se rendre compte que le peuple en tant que tel est absent.[580]

Eu égard à sa mission spécifique d'élaborer et d'adopter l'Acte constitutionnel de la transition, un acte nouveau par rapport à la Constitution du 24 juin 1967 telle que reformulée par l'Acte constitutionnel harmonisé du 2 avril 1994, et par rapport à l'Acte portant dispositions constitutionnelles relatives à la période de transition de la CNS, le HCR-PT ne peut être qu'un organe constituant. Le HCR-PT peut en définitive être considéré comme une « Assemblée constituante *sui generis* », les membres de cette Assemblée constituante n'ayant pas été désignés par le peuple.[581]

Cependant, le procédé le plus démocratique est certainement celui qui soumet au peuple, pour ratification, le projet élaboré par une Assemblée constituante comme l'écrivent Pierre Pactet et Ferdinand Melin, « le peuple intervient alors, une première fois, tout au début du processus d'établissement de la Constitution, pour désigner ses représentants, puis une seconde fois, tout à la fin, pour entériner ou rejeter ».[582]

L'Acte constitutionnel de la transition abroge donc la Constitution du 24 juin 1967, telle que révisée. La décision d'abroger une Constitution est un événement exceptionnel. Elle a souvent une valeur symbolique.[583]

Pour avoir été abrogée sans être remplacé par une Constitution définitive, le pays est entraîné dans une « période de transition constitutionnelle », qui fut précédée déjà par une transition politique amorcée dès le discours présidentiel du 24 avril 1990.[584]

---

578 Mboko D., Op.cit, page 81.

579 Article 9 du protocole d'accord du 11 janvier 1994 relatif aux concertations politiques du Palais du peuple.

580 Mboko D., Op.cit, page 83.

581 Vunduawe te Pemako F., cité par Mboko D., Op.cit, page 83.

582 Pactet P. et Melin F., cité par Mboko D., Op.cit, page 84.

583 Mboko D., Op.cit, page 84.

584 Ibidem.

Il ressort de tout ce qui précède que l'établissement de l'Acte constitutionnel de la transition est l'œuvre exclusive de la classe politique. Le peuple n'est intervenu ni au début du processus d'établissement de l'Acte constitutionnel ni même pas à la fin pour entériner ou rejeter.

Qu'en est-il de l'établissement de la Constitution de la transition du 4 avril 2003 ?

**- L'établissement de la Constitution de la transition du 4 avril 2003**

La Constitution de la transition du 4 avril 2003 est élaborée sur la base de l'Accord global et inclusif sur la transition en RDC, signé le 17 décembre 2002 à Pretoria (RSA) et endossé le 1er avril 2003 à Sun City par une résolution du dialogue intercongolais.

L'Accord global et inclusif sur la transition en RDC constitue la source sociologique ou matérielle de la Constitution de la transition adoptée par la résolution n° DIC/CPJ/02 du 1er avril 2003 du dialogue intercongolais et promulguée, le 4 avril 2003, par le Président de la république Joseph Kabila.[585]

La Constitution a été en réalité élaborée parallèlement audit accord par les forces belligérantes (le gouvernement de Kinshasa, le RCD, le MLC, le RCD/ML, le RCD/N et les Maï-Maï), l'opposition politique et la société civile, en marge des travaux proprement dits du dialogue intercongolais, mais qui l'adoptent par la suite.[586]

Le dialogue intercongolais a été, au moment de l'adoption, une Assemblée constituante, c'est-à-dire un pouvoir constituant originaire *sui generis* pour donner à la RDC une Constitution intermédiaire.[587]

Évariste Boshab et Matadi Nenga Gamanda estiment que « ces personnes n'avaient pas été élues par le peuple congolais. Il fallait néanmoins refonder la nation. Pourtant, ces personnes, sans mandat, ont pris des résolutions qui donnèrent naissance à la Constitution de la transition. Comment une telle Constitution pouvait-elle avoir de la force... si l'on ne partait pas de l'idée d'un mandat supposé,... ? ».[588]

Cet engagement politique des acteurs du dialogue intercongolais a précisément défini les principes de répartition des responsabilités au sein des institutions politiques (Président de la république, gouvernement, Assemblée nationale et Sénat) et des institutions d'appui à la démocratie, au point que ne peuvent participer à la gestion de la transition que ceux des citoyens qui

---

585 Idem, page 85.

586 Mboko D., Op.cit, page 85.

587 Ibidem.

588 Boshab E. et Matadi Nenga G., cités par Mboko D., Op.cit, page 86.

appartiennent aux composantes et entités du dialogue intercongolais. Sur cet aspect, la RDC apparaît ici comme un type d'État inégal.[589]

Ces Constitutions établies soit par les Belges, soit par la classe politique congolaise, et non par le peuple, feront non seulement l'objet de plusieurs révisions irrégulières mais aussi et surtout de la fraude de la part des gouvernants.

*2.2.3. Récurrence des révisions irrégulières de la Constitution et usage de la fraude*

Nous commençons par citer de manière non exhaustive des révisions de *facto* et irrégulières de la Constitution avant d'évoquer l'usage de la fraude à la Constitution.

- **Révisions irrégulières de la Constitution**

Sans faire un inventaire exhaustif des révisions de *facto* et irrégulières de la Constitution, il importe seulement de donner quelques exemples pour étayer le constat récurrent.

Un premier fait à signaler est la correction en *catimini* du texte authentique de la Constitution du 24 juin 1967. Le texte officiel promulgué le 24 juin 1967 et publié au « Moniteur congolais » en date du 1er juillet 1967[590] fut retiré, corrigé et publié de nouveau à ce même « Moniteur congolais ». En réalité, ce deuxième numéro du « Moniteur congolais » n'a paru qu'au mois d'avril 1968, soit 9 mois après sa date supposée. Il s'est agi d'une modification de *facto* sur la base d'une tricherie. Vunduawe te Pemako estime à cet égard qu'« on peut douter de l'orthodoxie juridique d'un pareil procédé ».[591]

Après la guerre de 80 jours au sud-ouest du Shaba (entre le 8 mars et le 26 mai 1977) et voulant tirer les conséquences de ces événements, le Président Mobutu prononce le 1er juillet 1977 un discours d'« ouverture démocratique », au cours duquel il annonce le recours au suffrage universel direct pour la désignation des commissaires politiques, membres du bureau politique du M.P.R., et des commissaires du peuple, membres du conseil législatif. Et pour la mise en œuvre de ces réformes, il déclare : « C'est pourquoi, à partir de vendredi 1er juillet 1977, le bureau politique et le conseil législatif sont réputés démissionnaires ». En termes clairs, il dissout le bureau politique et le conseil législatif, tout en organisant le mécanisme de

---

[589] Mboko D., Op.cit, page 86.

[590] Voir Iyeleza Moju-Mbey, Masika Katshuva et Isengingo Kambere-Ng'ise, cités par Mboko D., Op.cit, page 123.

[591] Vunduawe te Pemako F., cité par Mboko D., Op.cit, page 124.

la continuité des activités des bureaux de ces deux organes vitaux du parti, en attendant les élections projetées pour octobre 1977.[592]

Si les mesures prises concernant le bureau politique peuvent trouver leur fondement dans l'article unique du titre VIII consacré aux dispositions spéciales prévues uniquement en faveur du président fondateur du M.P.R., la dissolution du conseil législatif n'était prévue par aucune disposition constitutionnelle. Pourtant, les mesures irrégulières concernant le conseil législatif (Parlement) se sont bien appliquées ! Les élections de nouveaux commissaires du peuple eurent lieu du 15 au 16 octobre 1977.[593]

La révision, le 5 juillet 1990, de la Constitution du 24 juin 1967, qui a pour but d'adapter celle-ci aux exigences d'une période de transition vers une démocratie pluraliste, s'est réalisée dans l'irrégularité. Devant se conformer aux dispositions de l'article 111 de la Constitution qui précise, entre autres, que la procédure de révision ne peut se déclencher qu'après avis du congrès ou du comité central. Cela ne put avoir lieu dès lors que, depuis le message présidentiel à la nation du 24 avril 1990, tous les organes constitutionnels partisans du M.P.R. furent de *facto* neutralisés, sinon dissouts.[594]

Vincent de Paul Lunda Bululu indique à ce sujet que : « L'on assiste une fois de plus à un coup d'État. L'ordre constitutionnel vient d'être fondamentalement bouleversé par la seule magie d'un discours..., les bouleversements constitutionnels décidés par le magistrat suprême entrent en vigueur le jour même. Néanmoins, le Zaïrois ne se préoccupe pas de cette question juridique fondamentale sur le respect dû à la charte régissant le pays. Sans doute parce que ce coup d'État est, lui, promoteur ».[595]

Face à des applications immédiates des « déclarations publiques du président du M.P.R. », on s'est interrogé si la parole du chef apparaissant sociologiquement comme ayant force de loi est un « nouveau principe général du droit consacré au Zaïre » pour conclure négativement que l'autoritarisme ne peut pas rentrer parmi les valeurs autour desquelles gravitent les principes généraux du droit – égalité, liberté et sécurité du commerce juridique – que les hommes partagent et érigent au rang des valeurs supérieures.[596]

- **La fraude à la Constitution**

La « Constitution de la république du Zaïre » telle que révisée par la loi n° 74-020 du 15 août 1974 n'a pas connu de publication au Journal

---

592 Mboko D., Op.cit, page 124.
593 Mboko D., Op.cit, page 124.
594 Vunduawe te Pemako F., cité par Mboko D., Op.cit, page 124.
595 Lunda Bululu V.-P., cité par Mboko D., Op.cit, page 125.
596 Boshab E., cité par Mboko D., Op.cit, page 125.

officiel. Elle fut plutôt publiée par les soins du département des Affaires politiques et de Coordination des activités du M.P.R., en 1976.[597]

Le président du M.P.R., Président de la république, détenant la plénitude de l'exercice du pouvoir, celui-ci ne s'exerce plus par les représentants du peuple ou par la voie du référendum comme auparavant, mais par le président du M.P.R. ou, sur sa délégation, par les organes du M.P.R. Sous ce régime constitutionnel, le président du M.P.R. est à la fois le « pouvoir législatif » par l'édiction des lois présidentielles et tout le « pouvoir exécutif » du pays. Le conseil législatif et le conseil exécutif ne sont que de simples instances de préparation des décisions du président du M.P.R., de jure Président de la république.[598]

Le M.P.R. se confondant désormais avec « l'État-nation », il est constitutionnellement défini comme la « nation zaïroise organisée politiquement ». Il assume, simultanément, non seulement le rôle dirigeant de la vie politique de la nation, mais aussi le rôle classique de « l'État-gouvernement ». D'où, l'expression « parti-État » est utilisée pour qualifier le système politique du M.P.R., vécu au Zaïre du 15 août 1974 au 24 avril 1990.[599]

Penser qu'avec la loi constitutionnelle du 15 août 1974 on se trouve devant une nouvelle Constitution est une méprise. Lihau Ebua renforce ce point de vue lorsqu'il écrit : « La loi constitutionnelle du 15 août 1974 marque ainsi l'aboutissement d'un mouvement de concentration des pouvoirs amorcé dès le lendemain de l'indépendance par le Président Kasa-Vubu qui, en présence d'un régime parlementaire, l'a orienté vers un parlementarisme dualiste. Cette évolution s'est poursuivie, en s'accélérant, avec l'instauration du régime issu de la prise du pouvoir par le haut commandement de l'Armée nationale congolaise. »[600]

En outre, il n'est pas scientifiquement défendable qu'un pouvoir constituant dérivé arrive à mettre en place une nouvelle Constitution. En droit, il n'y a aucune limitation de principe à une révision constitutionnelle en raison de la matière, à moins que la Constitution en vigueur en décide autrement, en indiquant lesquelles de ses dispositions ne devront pas connaître de modification, « le pouvoir constituant – originaire ou dérivé – est toujours souverain ». Les articles 74 et 75 de la Constitution du 24 juin 1967 n'ont pas prévu des clauses d'interdiction de révision.[601]

C'est pourquoi pensons-nous, en s'appuyant sur toutes les considérations développées ci-haut, que la Constitution du 24 juin 1967 a

---

[597] Mboko D., Op.cit, page 125.
[598] Idem, pp. 127-128.
[599] Idem, page 128.
[600] Lihau Ebua M., cité par Mboko D., Op.cit, pp. 134-135.
[601] Mboko D., Op.cit, page 135.

continué à exister jusqu'à sa dernière révision formelle, intervenue le 25 novembre 1990.[602]

Pour autant qu'il soit vrai que les révisions irrégulières et la fraude à la Constitution sont des obstacles à l'effectivité de l'État de droit, il n'en demeure pas moins que le tribalisme, l'effritement du traitement du personnel de l'administration publique et la corruption constituent aussi des obstacles à l'aboutissement de l'État de droit en RDC.

### 2.3. Tribalisme, effritement du traitement du personnel de l'administration publique et corruption

Tel qu'annoncé ci-haut, le tribalisme (2.3.1), l'effritement du traitement du personnel de l'administration publique (2.3.2) et la corruption (2.3.3) sont aussi des obstacles à l'effectivité de l'État de droit en RDC.

#### *2.3.1. Le tribalisme*

Il ressort de la Constitution de la RDC du 18 février 2006 telle que modifiée par la loi n° 11/002 du 20 janvier 2011 portant révision de certains articles que : « Tous les Congolais sont égaux devant la loi et ont droit à une égale protection des lois ».[603] De même : « Aucun Congolais ne peut, en matière d'éducation et d'accès aux fonctions publiques ni en aucune autre matière, faire l'objet d'une mesure discriminatoire, qu'elle résulte de la loi ou d'un acte de l'exécutif, en raison de sa religion, de son origine familiale, de sa condition sociale, de sa résidence, de ses opinions ou de ses convictions politiques, de son appartenance à une race, à une ethnie, à une tribu, à une minorité culturelle ou linguistique ».[604]

Dans son introduction à une théorie de l'évolution sociale, Jean-François Kahn considère le tribalisme comme une structure sociale invariante parmi tant d'autres. Cette structure est toujours la même, en tout temps, même si elle se recompose et se présente sous des enveloppes différentes, c'est ce non-changement qui permet au changement de radicaliser son expression.[605]

Le tribalisme pourrait, au fond, se définir comme la mise en forme d'une conscience collective de soi, qui survit ou résiste à toute configuration élargie dans laquelle elle a vocation sinon à se fondre, au moins à se diluer. Il témoigne de ce qui subsiste de solide et de profond sous l'appareil intégrationniste qui se propose de fusionner les différences.[606]

---

602 Ibidem.
603 Lire article 12 de la Constitution de la RDC.
604 Lire article 13 de la Constitution de la RDC.
605 Kahn J.-F., cité par Matadi Nenga G., Op.cit, page 198, 530 pages.
606 Kahn J.-F., cité par Matadi Nenga G., Op.cit, page 198, 530 pages.

Or, que constatons-nous ? Aucun des États-nations issus de la colonisation, aussi puissante qu'ait pu paraître la dynamique nationaliste qui les a conduits à l'émancipation, aucune des grandes fédérations nées de l'éclatement des empires en 1918, aucun des nouveaux pays remodelés par les effervescences de ce siècle ne sont parvenus à aborder dans un ensemble plus large la structure de base qu'est la structure tribale, qu'elle soit d'origine ethnique, religieuse ou linguistique.[607]

S'agissant de la RDC précisément, dans un paragraphe intitulé « Le politique comme camouflage du tribalisme », le même auteur saisit le fait qu'au lendemain de l'indépendance des clivages politiques épousèrent parfaitement les bornages tribaux.[608] Or dans les pays africains et particulièrement en RDC, c'est la politique qui a pris le dessus sur tous les autres secteurs de la vie sociale, faisant même éclater l'État. Il est évident que lorsque l'État explose, comme ce fut le cas, le socle tribal réapparaît avec force.[609]

Que peut engendrer une politique tribalisée à outrance, sinon le tribalisme partout, dans tous les secteurs, y compris dans la justice.[610]

#### 2.3.1.1. Influence du tribalisme sur la justice de la RDC en général

Étant donné que c'est l'exécutif qui nomme les magistrats et qui assure les promotions de ceux-ci, les politiciens se sont arrangés pour que chacun puisse avoir au moins un juge de sa tribu nommé ou promu. Certaines tribus se sont taillé la part du lion. Les juges ainsi nommés ou promus ont une attitude différente selon qu'ils sont ou non en face de leur « frère » de tribu.[611]

Il n'est pas question de condamner le frère du leader tribal, même si l'infraction est établie. Le propagandiste du parti tribal doit être blanchi à l'approche des élections, sinon la tribu perdrait. La composition du siège du tribunal doit pouvoir compter, dans la mesure du possible, plus de « frères » que de juges « étrangers » pour s'assurer une majorité qui donnerait lieu à une décision favorable.[612]

C'est pour cela que beaucoup d'avocats appelés à plaider devant les juridictions ont pris l'habitude de s'assurer préalablement de l'identité des juges et de leur tribu. Ainsi, il y a une certaine méfiance vis-à-vis de certaines chambres devant lesquelles on s'interdit de plaider, même en

---

[607] Idem, page 199.
[608] Ibidem.
[609] Matadi Nenga G., Op.cit, page 199, 530 pages.
[610] Ibidem.
[611] Matadi Nenga G., Op.cit, pp. 199-200, 530 pages.
[612] Idem, page 200.

présence d'une sommation de conclure. Tous les moyens sont bons pour éviter un siège dont au moins deux juges sur trois sont d'une même tribu.[613]

2.3.1.2. RDC ou une justice tribalisée

Lorsqu'une des parties au procès est de la même tribu que le juge (premier degré) ou les juges (deux juges au moins sur les trois que comprend une juridiction d'appel), les pressions des personnalités de la tribu sont fortes. Il arrive que le juge ou l'un des juges soit, dans la localité, le représentant de la tribu ![614]

Un haut magistrat attribuait au tribalisme pratiqué à grande échelle la honte dont souffre le peuple congolais : « L'un des grands maux qui rongent le bon fonctionnement de nos juridictions en général et plus particulièrement de nos tribunaux de paix, et qui font la honte du peuple congolais consiste en l'octroi fantaisiste des grades sans tenir compte de la valeur intrinsèque du magistrat, dans le tribalisme ainsi que dans le favoritisme ».[615]

La justice tribalisée est au banc des accusés partout en RDC. Elle est l'incarnation de l'injustice par la combinaison de la corruption et du tribalisme. Elle s'appelle « justice » mais n'a, en réalité, rien à voir avec la justice.[616]

Qu'en est-il du maigre traitement ou salaire de l'agent de l'administration publique congolaise ?

*2.3.2. L'effritement du traitement du personnel de l'administration publique et précarité du niveau de vie de la population*

Perez de Cuellar, alors Secrétaire général de l'ONU, déplorait la situation dans laquelle évoluaient les pays africains au sud du Sahara. Ces pays ont presque toujours eu un faible revenu et connaissent une stagnation économique due à une forte croissance démographique.[617]

Dans cet environnement, le Congo, malgré ses potentialités importantes en termes de richesses agricoles et minières, reste un pays pauvre. Il occupe même aujourd'hui la 140e place sur les 185 pays du globe. C'est dire que le revenu, même s'il était normalement distribué, ne peut atteindre un niveau satisfaisant. Le pouvoir d'achat est continuellement décroissant, de l'époque coloniale à ce jour. Les rebellions, les sécessions, les pillages de richesses par les dirigeants du pays n'ont plus permis aux

---

613 Ibidem.
614 Ibidem.
615 Kedinshiba Kayombo N., cité par Matadi Nenga G., Op.cit, pp. 200-201, 530 pages.
616 Matadi Nenga G., Op.cit, page 201, 530 pages.
617 Perez de Cuellar, cité par Matadi Nenga G., Op.cit, pages 167, 530 pages.

caisses de l'État de se refaire. La coopération internationale a été rompue depuis des années. Le pays est exsangue et chaque habitant « se débrouille ». Pour survivre, les « Zaïrois », écrivait un observateur, ont recours à ce qu'ils appellent « article 15 ». Chez les Congolais, « l'article 15 » est synonyme de débrouillardise, laquelle implique tous les moyens, honnêtes et malhonnêtes, pourvu que l'on arrive à obtenir les moyens nécessaires à la survie.[618]

Alors que toutes les activités économiques se sont essoufflées, les prix des marchandises de première nécessité ont géométriquement augmenté. L'accélération de la flambée des prix coïncide logiquement avec la régression de l'économie. Quoi de plus normal, disent les économistes, puisque l'offre est largement inférieure à la demande.[619]

Ce phénomène charrie dans son parcours une inflation permanente qui s'est avérée imbattable parce que plus la monnaie perd de sa valeur, plus les commerçants congolais augmentent les prix pour récupérer, tout au moins, le prix d'achat. Le pouvoir d'achat ayant baissé et les divers gouvernements n'ayant pas réajusté les salaires au même rythme que l'inflation, les cours des prix et des salaires sont inégaux. L'augmentation des prix étant régulière et ne correspondant pas à l'augmentation des salaires, ceux-ci se sont effrités au point où ils ne représentent plus rien.[620]

Payer au fonctionnaire de l'État un salaire ou lui faire subir un traitement ne pouvant lui permettre de vivre dignement constitue un obstacle à l'exercice d'un État de droit dans la mesure où avoir un niveau de vie suffisant est un droit universellement reconnu.

2.3.2.1. Un niveau de vie suffisant pour ses habitants : un devoir pour un État de droit

L'article 25 de la Déclaration universelle des droits de l'homme stipule que « toute personne a droit à un niveau de vie suffisant pour assurer sa santé, son bien-être et ceux de sa famille, notamment pour l'alimentation, l'habillement, le logement, les soins médicaux ainsi que pour les services sociaux nécessaires… »[621]

Le droit à un niveau de vie suffisant, prévu à l'article 11 du pacte, stipule que ce droit comprend la nourriture, un vêtement et un logement suffisants tout en proclamant « le droit fondamental qu'a toute personne d'être à l'abri de la faim » (article 11, paragraphe 2). Cette disposition prévoit clairement l'obligation des États d'adopter individuellement, et au moyen de la coopération internationale, les mesures nécessaires pour améliorer les méthodes de production, de conservation et de distribution des

---

618 Matadi Nenga G., Op.cit, pp. 167-168, 530 pages.
619 Matadi Nenga G., Op.cit, page 168, 530 pages.
620 Ibidem.
621 Lire l'article 25 de la Déclaration universelle des droits de l'homme.

denrées alimentaires (par l'utilisation des techniques, la diffusion de l'éducation et le développement des réformes) et pour assurer une répartition équitable des ressources alimentaires mondiales par rapport au besoin. Parce que le droit à un niveau de vie suffisant constitue certainement un droit prioritaire, et revendiqué comme tel non seulement par les individus mais désormais par les peuples et les groupes régionaux qui n'en bénéficient toujours pas. Non pas que ce droit soit plus important que les autres droits mais il reste que sans la réalisation de ce premier droit dans un ordre international qui le permette, la réalisation des autres droits socio-économiques ou civils et politiques semble illusoire.[622]

Cette constatation, qui ne devait jamais servir de justification pour négliger tous les efforts nécessaires à la réalisation de tous les autres droits fondamentaux, a été réaffirmée dans toutes les déclarations relatives au progrès économique et social adoptées par les Nations-Unies. Notamment la Déclaration sur le progrès et le développement dans le domaine social de 1969[623], la Déclaration universelle pour l'élimination définitive de la faim et de la malnutrition de 1974[624], la Déclaration concernant l'instauration d'un nouvel ordre économique international de 1974, la Charte des droits et devoirs économiques des États de 1974, la Déclaration sur le droit au développement de 1986[625]

D'autres résolutions adoptées par l'Organisation des Nations unies pour l'Alimentation et l'Agriculture (FAO) ont récemment précisé les devoirs et obligations des États relativement à l'application des énoncées de la Déclaration universelle pour l'élimination définitive de la faim et de la malnutrition. Enfin, la résolution 41/191 du 8 décembre 1986 adoptée par l'Assemblée générale a réaffirmé que le droit de se nourrir constitue un droit fondamental de l'homme devant être garanti à tous et stipule que la

---

622 Jacquart Michèle, « Droits économiques, sociaux et culturels », in *Traité d'Éducation aux Droits de l'Homme en RDC (Doctrine étrangère)*, Kalindye Byanjira D. (Collection), Éditions de l'Institut africain des Droits de l'Homme et de la Démocratie, Kinshasa 2004, page 139, 324 pages.

623 Déclaration sur le progrès et le développement dans le domaine social. Résolution 2542 (XXIV) du 11 décembre 1969. « … l'homme ne peut satisfaire pleinement ses aspirations que dans un ordre social juste et… il est, par conséquent, d'une importance capitale d'accélérer partout dans le monde le progrès social et économique, contribuant ainsi à assurer la paix et la solidarité internationale », voir préambule de la déclaration et particulièrement les articles 10 à 13 relatifs au progrès social.

624 Déclaration universelle pour l'élimination définitive de la faim et de la malnutrition. Résolution 3348 (XXIX) adoptée le 17 décembre 1974, par les Nations-Unies.

625 Lire Jacquart Michèle, Op.cit, page 146.

fourniture de nourriture ne devrait pas être utilisée comme instrument de pression politique que ce soit au niveau national ou international.[626]

2.3.2.2. La santé publique : une contrainte pour un État de droit

En ce qui concerne le droit à la santé, lequel fait à notre avis partie intégrante de l'accès à un niveau de vie suffisant, le pacte reconnaît à l'article 12 que toute personne doit jouir du meilleur état de santé physique et mentale qu'elle soit capable d'atteindre et stipule que les États-parties prendront les mesures nécessaires pour assurer la diminution de la mortalité infantile, l'amélioration de l'hygiène, le traitement et la lutte de certaines maladies ainsi que la création d'infrastructures médicales adéquates. Plusieurs résolutions ont explicité l'étendue du droit à la santé et de son application. D'abord au niveau international, l'article 12 de la Convention sur l'élimination de toutes formes de discrimination à l'égard des femmes, lequel assure aux femmes les soins médicaux nécessaires en période de maternité, et l'article 19 de la Déclaration sur le progrès et le développement dans le domaine social qui prône la fourniture des services de santé gratuits pour tous. D'autres résolutions, plus spécifiques, visent à assurer aux handicapés les services médicaux nécessaires et adéquats ainsi que l'éthique médicale requise pour la protection des prisonniers et détenus contre la torture.[627]

L'introduction du droit de la protection de l'environnement dépasse d'ailleurs largement le cadre du droit à la santé dans la mesure où la reconnaissance d'un tel droit aura et a déjà des conséquences majeures en matière de planification économique à l'échelle internationale et donc en matière de développement. Ce développement de l'homme doit désormais s'effectuer en harmonie avec son environnement. C'est la conclusion à laquelle aboutissent les résolutions les plus récentes des Nations-Unies depuis la prise de conscience à la Conférence de Stockholm en 1972 ayant abouti à la création du Programme des Nations-Unies pour l'Environnement (PNUE).[628]

2.3.2.3. Le droit à l'éducation et à la culture : un impératif pour l'État de droit

La reconnaissance du droit à l'éducation pour tous ne fait aucun doute puisque l'article 26 de la déclaration impose même l'enseignement élémentaire obligatoire et gratuit, et stipule que l'enseignement technique et professionnel doit être généralisé et l'accès aux études supérieures doit être

---

626 Jacquart Michèle, Op.cit, page 146.
627 Idem, page 147.
628 Jacquart Michèle, Op.cit, page 148.

assuré à tous sans discrimination autre que celle du mérite. Sans définir le concept d'éducation comme tel, le paragraphe 2 de l'article 26 impose certains objectifs de l'éducation, tels : le plein épanouissement de la personnalité humaine, le renforcement du respect des droits de l'homme et des libertés fondamentales, la tolérance, la compréhension et l'amitié entre les nations, groupes raciaux et religieux et le développement des activités des Nations-Unies pour le maintien de la paix. Ces principes sont réaffirmés et précisés par les articles 13 et 14 du pacte, auquel s'ajoute une série de mesures que les États-parties doivent adopter pour assurer le plein exercice de ce droit. À cet effet, l'article 14 impose l'obligation pour tout État-partie d'adopter dans un délai de deux ans de son adhésion au pacte un programme détaillé et planifié visant la pleine application du principe de l'enseignement primaire obligatoire et gratuit.[629]

Les droits culturels constituent l'aboutissement ultime de la réalisation de tous les autres droits qu'ils soient socio-économiques ou civils et politiques, puisque sans travail ou niveau de vie suffisant, sans éducation, sans liberté civile et politique, l'accès et la participation à la vie culturelle restent une abstraction.[630]

- Comment un fonctionnaire congolais pourrait-il jouir de tous ces droits universellement lui étant reconnus du moment où se loger convenablement, se nourrir suffisamment, faire étudier ses enfants et accéder aux soins de santé constituent un casse-tête ?
- Plusieurs causes majeures ont progressivement dégradé la situation sanitaire en RDC. Il s'agit :
- du désengagement de l'État au développement sanitaire ;
- de la paupérisation excessive ;
- l'arrêt brutal de la coopération bilatérale et multilatérale à partir de 1990 ;
- l'insuffisance de la législation et de l'administration sanitaire ;
- la libéralisation incontrôlée de l'exercice médical ;
- l'insécurité sociale ;
- la faible participation communautaire aux programmes sanitaires ;
- l'inaccessibilité de la grande majorité de la population aux médicaments essentiels ;
- l'instabilité politique du pays ;
- la dépendance excessive du système de santé vis-à-vis des apports extérieurs.[631]

---

629 Idem, page 149.

630 Idem, page 150.

631 Bossekota W'Atshia L., *Rebâtir le Congo démocratique : De la bonne gouvernance étatique et du rôle clé des PME-PMI*, Tome II, Éditions Presses universitaires Bel-Campus, 1999, page 405, 510 pages.

Quant à l'état de santé de la population congolaise, la dégradation et la précarité qui le caractérisent aujourd'hui ne peuvent qu'interpeller tout dirigeant responsable qui aspire réellement à y apporter une solution durable.[632]

Face à la maladie, les soins ne sont pas garantis. On est frappé par le nombre de personnes malades qui renoncent aux examens médicaux, faute de moyens. Beaucoup pratiquent l'automédication, utilisant des produits parfois périmés ou des contrefaçons.[633]

La médecine traditionnelle rend des services appréciables, mais les conditions dans lesquelles elle est administrée et les dosages incertains sans diagnostic rigoureux lui confèrent des limites indubitables. La majorité de ceux qui peuvent accéder aux soins en milieu hospitalier n'est pas au bout de ses peines.[634]

Bon nombre de cliniques privées offrent un service de qualité à ceux, minoritaires, qui en ont les moyens. On désigne parfois les hôpitaux publics comme des mouroirs. Et pour cause ! malgré la compétence, le courage et l'abnégation des médecins et du personnel soignant, l'hygiène est médiocre dans la plupart des hôpitaux, l'alimentation et la literie sont inexistantes, les patients doivent se nourrir eux-mêmes et chercher ailleurs les médicaments prescrits.[635]

Plus de 60% des familles occupent des logements dotés uniquement d'une ou deux chambres à coucher, alors que leur taille moyenne est de 6 personnes. Dans l'ensemble du pays, plus de quatre personnes vivent dans un logement d'une seule chambre à coucher et près de 6 personnes occupent un logement à deux chambres. En ville, près de 5 personnes partagent une seule chambre à coucher.[636]

Le grand Congo exhibe ce tableau douloureux : des familles entières, comprenant 8 personnes ou plus, parquées dans des cabanes branlantes, composées de deux pièces. La promiscuité est donc forte, dans une société où la pudeur est une valeur importante. Parents et enfants aimeraient parfois se retrouver chacun de son côté, mais la totale promiscuité blesse la décence. À force de se côtoyer, les parents sont embarrassés, le respect dû aux adultes et aux aînés s'effrite. Cette promiscuité n'est pas sans répercussions sur les conditions d'hygiène, lorsqu'il s'agit de l'usage des toilettes ou de l'eau pour

---

632 Idem, page 402.

633 Mumengi Didier, *L'avenir à bras le corps : prospective pour le développement de la RDC*, Éditions universitaires africains, Collection Prospective, novembre 2011, page 33, 316 pages.

634 Mumengi Didier, Op.cit, page 33, 316 pages.

635 Ibidem.

636 Idem, page 29.

se laver. Cette promiscuité est aussi la principale cause de l'errance des jeunes, qui n'ont point d'espace de répit sous le toit familial.[637]

On le voit, d'une manière générale, la majorité de la population congolaise vit dans un environnement malsain. Odeur nauséabonde, difficultés permanentes à satisfaire des besoins naturels, difficultés à laver les enfants, la saleté installée, le sable, la boue en saison de pluie avec les toitures qui suintent, la poussière en saison sèche, la canicule le jour, les moustiques et la chaleur la nuit, tout cela forme un milieu de vie insalubre où les amoncellements d'immondices font partie du décor quotidien. L'environnement pollué et l'absence d'hygiène sont évidemment porteurs de maladies qui, de surcroît, prennent des proportions endémiques : méningite, parasitose, choléra, paludisme, tuberculose, gastro-entérite, gale, fièvre typhoïde, etc.[638]

Le Congo, pourtant doté d'innombrables ressources naturelles, n'offre toujours pas à ses citoyens un cycle complet de vie biologique : une enfance, une adolescence, un âge mûr et une vieillesse. Naître, souffrir et mourir, tels semblent être les marques du destin postcolonial des Congolais.[639]

La cellule familiale n'assume plus son rôle éducateur. Les enfants ne bénéficient plus de ce que la famille, mieux que l'école, sait transmettre : les valeurs de base, l'art de se comporter, de s'exprimer, les codes et les finesses de la vie en société. Les parents meurent avant d'avoir terminé l'éducation des enfants. Les adolescents ne reçoivent toujours pas l'enseignement, l'éducation, l'assistance parentale pouvant leur permettre de réaliser pleinement la constitution physiologique et psychologique de leur personnalité. Les jeunes périssent aux portes de la vie active. L'incertitude et l'angoisse devant l'avenir acculent le peuple aux pleurs impuissants, aux indignations circonstancielles. N'ayant plus de repères, ne se sentant plus capables de s'assumer, de surmonter par eux-mêmes leurs tracas, de plus en plus de Congolais font manifestement le choix de se réfugier dans l'irréel, dans le culte des mœurs dissolues ou dans des sectes sibyllines, au sein desquelles ils s'abandonnent à un maître à penser, à un directeur de conscience, à un « Pasteur » pour réfléchir et agir à leur place.[640]

Les difficultés pour un Congolais moyen de jouir de tous les droits universellement lui étant reconnus l'ont aussi conduit à la pratique de la corruption à tous les niveaux.

---

637 Idem, page 30.
638 Mumengi Didier, Op.cit, page 31, 316 pages.
639 Idem, page 27.
640 Ibidem.

*2.3.3. La corruption*

La corruption a atteint un seuil intolérable en RDC. Sous d'autres cieux, elle est rangée parmi les causes secondaires dans la mesure où elle n'a pas un impact déterminant sur le système macro-judiciaire et ne fonctionne qu'occasionnellement dans le magistrat qui l'aura cherchée.[641]

En effet, même dans les pays en développement, un magistrat peut toujours s'en échapper soit en acceptant de rester dans le dénuement, soit en quittant le corps pour faire autre chose. Le personnel judiciaire ne peut donc brandir la corruption comme un obstacle insurmontable. Ainsi, n'est corrompu que celui qui le veut.[642]

Toutefois, il est difficile d'admettre un tel raisonnement pour les magistrats congolais. Les facteurs externes sont si déterminants qu'ils ont fait de la corruption une criminalité objective et immédiate, bien qu'il y ait lieu d'admettre l'existence, en insignifiant nombre, au Congo de magistrats incorruptibles.[643]

Mais la corruption en soi, qu'est-ce ?

Outre ses différents sens usuels, ce terme s'emploie en philosophie pour désigner un événement par lequel une chose cesse d'être telle qu'on puisse encore la désigner par le même nom. Elle signifierait exactement « destruction ».[644]

Transparency International (TI)[645] définit la corruption comme l'abus dans l'exercice du pouvoir public en vue d'un profit personnel.

Transposé sur le plan du droit pénal, la corruption couvre les formes suivantes :

- la corruption passive qui s'analyse comme le fait, pour un agent public, ou quiconque a un mandat public et même un agent d'une entreprise, de solliciter, d'agréer ou de recevoir des offres, des promesses, des dons ou des présents pour poser ou s'abstenir de poser un acte de sa fonction. Appliquée au magistrat, la corruption consisterait, par exemple, pour ce dernier à recevoir d'un justiciable une somme d'argent ou un quelconque bien que ce soit aux fins de rendre un jugement en sa faveur ;[646]
- la corruption active, quant à elle, est celle qui réside dans le chef de celui qui fait les offres ;[647]

---

641 Matadi Nenga Gamanda, Op.cit, page 173.
642 Ibidem.
643 Ibidem.
644 Idem, page 174.
645 C'est une Organisation non gouvernementale internationale qui s'occupe de la corruption et en recherche les remèdes.
646 Matadi Nenga Gamanda, Op.cit, page 174.
647 Ibidem.

- le trafic d'influence, comportement qui consiste, pour toute personne, à user de son influence réelle ou supposée pour faire obtenir ou tenter de faire obtenir de quelconques avantages de l'autorité publique, d'une administration ou d'un service de la puissance publique. Ici, il y a lieu de citer le cas du magistrat qui succomberait aux offres irrégulières d'un prétendu confident du ministre de la Justice avec idée d'obtenir un avancement rapide ;[648]
- la concussion qui s'analyse comme le fait pour tout fonctionnaire, agent ou officier public, et dans notre cas un greffier, un huissier de justice ou un secrétaire de parquet, de recevoir ou d'exiger de percevoir sciemment à titre de droit des sommes non dues ;[649]
- le délit de favoritisme qui vise, pour un agent public, y compris le magistrat, le fait d'accorder un avantage en vue de la satisfaction des sentiments de solidarité. Dans le chef du magistrat ou de l'agent de justice, ce délit consisterait notamment en l'octroi d'un avantage judiciaire illicite pour gagner de la considération de « fidèle » vis-à-vis d'un groupe ou d'un individu. C'est le cas du tribalisme.[650]

#### 2.3.3.1. Les causes économiques de la corruption du personnel judiciaire en RDC

La crise économique et l'effritement des salaires du personnel judiciaire donnent une réponse, certes partielle, à la vulnérabilité du magistrat et du personnel judiciaire congolais. Le caractère insignifiant des salaires de ce personnel fait de ce dernier une cible parfaite de la prévarication qui se pratique selon une gamme variée de techniques que l'on a appelées « mécanisme de correction de la baisse du pouvoir d'achat ».[651]

Le détournement des deniers publics et la corruption sont les deux plus grandes techniques de prévarication auxquelles s'adonnent les fonctionnaires congolais. Sauf ceux qui sont gestionnaires des crédits, d'ailleurs irrégulièrement saupoudrés par l'État en leur qualité de chefs de juridictions ou de parquets, la plupart des magistrats, faute d'objets à détourner, se délectent de la corruption.[652]

Les charges familiales du magistrat sont restées intactes malgré l'érosion de son salaire. Plus la monnaie nationale se déprécie, plus, par exemple, les bailleurs fixent le loyer en devise forte tel le dollar… à titre de monnaie de refuge. N'étant pas en mesure de payer continuellement le loyer, le magistrat cherche, malgré cette conjoncture, à se construire une maison

648 Idem, pp. 174-175.
649 Idem, page 175.
650 Ibidem.
651 Matadi Nenga Gamanda, Op.cit, page 176.
652 Ibidem.

afin de se mettre à l'abri des tracasseries. Il cherchera également à s'acheter une voiture alors que son traitement ne le lui permet pas et que les banques n'octroient plus de crédits pour ce genre d'opérations.[653]

Le terrain ramolli par une situation économique difficile rend fertile la corruption dans le chef du personnel judiciaire. M. Koyagialo Ngbase ne croyait pas si bien dire lorsqu'il décrivait le drame à la fois du magistrat et du justiciable congolais en ces termes : « Condamné à la débrouille comme tout agent de l'État, le magistrat zaïrois hypothèque dangereusement les attributs nobles de ses fonctions : son indépendance, son objectivité, sa dignité, son autorité. Alors que les magistrats sont interdits de faire du commerce, certains s'y livrent allégrement, directement ou par personne interposée ; d'autres se constituent conseils des parties au procès ; d'autres encore enfin laissent aux avocats des parties le soin de rédiger les jugements. Il va sans que les retombées de toutes ces tares et avaries se répercutent tragiquement sur les prestations du magistrat ».[654]

En Afrique, la famille est une communauté beaucoup plus large et l'on pourrait même dire sans limites précises. Le personnage traditionnel et central est l'oncle autour duquel tournent ses enfants, sa ou ses femmes. Ensuite, viennent s'y agglomérer les neveux et nièces et leurs enfants éventuels, les cousines et cousins non mariés, les enfants des autres tantes du clan qui ne trouvent pas d'inconvénient à s'y insérer. La liste est presque vertigineuse. À l'époque coloniale, lorsque beaucoup de produits agricoles étaient encore exportés, cet aspect communautaire ne posait pas grand problème parce que l'oncle, le patriarche, tirait en définitive profit de ce nombre : il avait un personnel compétent pour faire les champs, les récoltes étaient vendues et l'argent se trouvait consigner dans la caisse commune dont il avait la gestion.[655]

La communauté africaine, dans sa configuration traditionnelle, s'est transplantée en ville malgré tout, adaptant sa morphologie en conséquence, comme un virus change de carapace pour se protéger contre un nouvel environnement hostile. En ville, faute de généalogie pure, l'oncle est remplacé par tout individu du clan ou du village bénéficiant d'une situation sociale convenable. Et le cousin, dans ces nouvelles conditions, est tout « enfant » du village trouvé dans la ville. Il devient le chef. Le mécanisme reconstitué se remet à fonctionner, cette fois, autrement et surtout au détriment du chef, mais là « gens patriarcale » elle, toujours là, inamovible.[656]

---

653 Idem, page 177.

654 Koyagialo Ngbase Te Gerengbo, cité par Matadi Nenga Gamanda, Op.cit, page 177.

655 Matadi Nenga Gamanda, Op.cit, page 178.

656 Idem, pp. 178-179.

On peut également noter que les magistrats, en RDC, ne sont pas issus de grandes familles comme on peut le percevoir souvent dans les pays occidentaux. Ils proviennent généralement des familles paysannes et restent très attachés à leurs communautés d'origine. Ils sont d'ailleurs magistrats parce que certains membres du clan ou du village retrouvés en ville ont dû payer leurs études.[657]

Le juge devenu patriarche à son tour est obligé de pourvoir à la nourriture, au logement, à l'habillement, aux besoins de mariage, aux cérémonies des funérailles et celles, heureuses, de baptême et de première communion. Bien que tous doivent obéissance et respect au nouvel oncle, ce dernier est cruellement tenu comme le seul débiteur de l'obligation des dépenses communes. Il n'est pas toujours en mesure de faire face à cette situation avec ce qu'il gagne et il ne peut, sous aucun prétexte, se défaire de ses parasites comme bon lui semble. Sa réputation de « grand » du clan ou du village peut en souffrir. Il risque même de ne pas être élu un jour député et doit aussi craindre la sorcellerie. Pourquoi le ferait-il d'abord ? N'avait-il pas été, lui aussi, bénéficiaire de cette hospitalité ? Afin de sortir de ce tourbillon, et afin de ne pas s'exposer à l'insolvabilité trop manifeste qui nuirait à son rang, il accepte malgré lui de se lancer dans les prêts usuraires largement pratiqués dans le pays (le remboursement est soumis à un taux d'intérêts mensuel qui varie de 50 à 100% avec capitalisation des intérêts en cas de retard).[658] Il s'installe enfin, au fur et à mesure, dans le rouage de la corruption.[659]

Quelles sont les techniques de corruption utilisées par le personnel judiciaire en RDC ?

2.3.3.2. Différentes techniques de corruption utilisées par le personnel judiciaire en RDC

#### 2.3.3.2.1. Corruption du juge

Le juge en général, après avoir pris une affaire en délibéré, attend que l'une des parties prenne contact avec lui. Il lit cependant soigneusement le dossier, préparant ainsi l'entretien qu'il attend de tous ses vœux. Le moment venu, il fait comprendre à la partie la plus diligente qui le rencontre que son affaire est mauvaise parce que son avocat avait oublié de poser tel ou tel acte ou que la plaidoirie n'était pas bonne. Il ajoute que bien que l'avis du ministère public lui soit favorable, le juge c'est lui et c'est lui qui tranche.

---

657 Matadi Nenga Gamanda, Op.cit, page 179.

658 Les prêteurs sont appelés « Banque Lambert », allusion faite à une ancienne et florissante banque belge qui a fusionné avec la Banque de Bruxelles pour donner naissance à l'actuelle « Banque Bruxelles Lambert », BBL en abrégé.

659 Matadi Nenga Gamanda, Op.cit, page 179.

Toutefois, prend-il le soin d'ajouter, ce n'est pas tard, lui-même peut s'atteler à réparer les erreurs judiciaires commises par l'avocat. Pour cela, il faut bien sûr payer un prix. Le marchandage commence. Le prix est payé en espèces ou en nature selon les besoins du magistrat.[660]

Il est possible que le juge, pour des raisons de discrétion, refuse d'établir une liaison directe avec les justiciables. Dans beaucoup de cas, il utilise alors les services du greffier. Ce dernier amorce des pourparlers avec chaque partie en particulier, lui expose le danger qu'elle court si le jugement à intervenir lui était défavorable et ensuite le renseigne sur les possibilités d'obtenir une décision qui lui serait agréable. Il propose le prix du service qui lui sera rendu et, si l'accord est acquis, il en assure l'exécution et ramène le butin au juge. Bien qu'elle couvre le juge, la méthode est estimée moins rentable pour lui. En effet, le greffier ne lui ramène que ce qu'il veut bien lui donner et le juge n'a pas un mécanisme de contrôle adéquat sur ce qui lui est alloué. Dans ce genre de situation, la réaction du juge peut créer un drame : il prononce un jugement contre le corrupteur, la somme d'argent fort modeste qui lui a été remise étant jugée comme une moquerie.[661]

Les juges sont plus gourmands devant les juridictions d'appel. Ils se comportent comme de véritables dieux qui ont à trancher définitivement sur le sort d'une affaire. Leurs propositions malveillantes sont à prendre ou à laisser selon que l'on veut aller au « ciel » ou en « enfer ». Le prix est très élevé compte tenu du fait qu'en appel le siège se compose de trois juges. Les justiciables ont donc affaire à trois juges au lieu d'un seul ![662]

Pour éviter une colossale dépense dans la corruption de trois magistrats, la partie qui veut minimiser les frais joue sur le mécanisme de la majorité du siège, donc sur deux juges au lieu de trois.[663]

Il existe par ailleurs en RDC une sorte de carrière exercée par certains individus qui se spécialisent dans les relations publiques avec le monde judiciaire. Ils sont ainsi connus. Ils assistent aux audiences, identifient les parties, prennent contact avec elles séparément et proposent la transaction au juge.[664]

Enfin, le dernier intermédiaire, c'est l'avocat. Il est fréquent que les avocats congolais soient utilisés par leurs clients pour prendre des contacts « utiles » avec le juge. Contrairement à leur éthique, ces avocats estiment avantageux l'établissement de tels liens dans la mesure où ils s'assurent de gagner d'avance des procès. Ils sont dès lors certains de toucher des honoraires définitifs plantureux surtout en matière de recouvrement de créances dans lesquelles les honoraires varient entre 20 et 30% selon les cas.

---

660 Matadi Nenga Gamanda, Op.cit, page 184.
661 Idem, page 185.
662 Ibidem.
663 Matadi Nenga Gamanda, Op.cit, page 186.
664 Ibidem.

Les avocats n'ont pas très bonne presse dans le milieu populaire. Malheureusement, le comportement de beaucoup d'entre eux renforce cette opinion. Ils sont considérés comme des « corrupteurs » officiels, comme des falsificateurs de vérités. De cette croyance est née d'ailleurs l'expression populaire « payer l'avocat » qui veut dire corrompre.[665]

### 2.3.3.2.2. Corruption de l'officier du ministère public

L'officier du ministère public dispose d'une arme importante : le pouvoir d'arrestation. C'est ce pouvoir qu'il utilise de façon arbitraire pour se faire de l'argent. En effet, le code de procédure pénale lui donne le droit de procéder à l'arrestation de tout individu pour lequel les indices sérieux de culpabilité sont réunis. La régularité de l'arrestation n'est soumise que cinq jours après au juge, en chambre du conseil. Au moment où il arrête, l'officier du ministère public ne le fait qu'en son âme et conscience. Un tel pouvoir discrétionnaire laissé entre les mains des magistrats vivant dans la situation décrite ci-dessus est un véritable outil de chantage que ceux-ci brandissent contre les inculpés.[666]

Les abus dans l'exercice de ce pouvoir déjà exorbitant en lui-même font que les prisons congolaises, de vieilles et étroites bâtisses coloniales, soient surpeuplées, polluées à volonté à cause du manque d'hygiène, etc. Dès lors, tout citoyen avisé fait tout pour ne pas y aller. Autant payer la sollicitude du magistrat pour rester libre qu'afficher un refus qui conduirait à la mort en ces lieux-là. En RDC, les personnes prudentes savent qu'on ne répond pas aux convocations des parquets ou de la police délivrées le vendredi dans l'après-midi ou le samedi. Ce sont les jours de prédilection des magistrats et des inspecteurs de police pour la collecte des « impôts » du week-end.[667]

### 2.3.3.2.3. Corruption des agents de greffes et parquets

À la différence des magistrats pour qui les justiciables sont conscients que l'argent qu'ils payent relève de la corruption, les agents de greffes, huissiers et autres font comprendre aux justiciables que ce qu'ils payent fait partie des frais des actes à accomplir. En plus de ces frais, ils doivent inexorablement s'acquitter des indemnités de transport, le tarif d'aller et retour d'une course de taxi multiplié par 20 pour la circonstance. C'est la concussion…[668]

---

665 Boeck A., cité par Matadi Nenga Gamanda, Op.cit, page 187.
666 Matadi Nenga Gamanda, Op.cit, pp. 188-189.
667 Matadi Nenga Gamanda, Op.cit, page 190.
668 Idem, page 191.

Le tout commence par la consignation pour l'enrôlement d'une affaire. Le justiciable s'acquitte de ce que le greffier lui exige pour la fixation de la cause. Le montant est naturellement excessif mais la décharge délivrée quelques jours après ne reprend que le juste montant légal de la consignation. Les réclamations pour le surplus ne sont pas fondées faute de preuves. Le surplus, c'est pour le greffier. Puis viendront des notifications des dates d'audiences, souvent inventées pour en recevoir paiement des frais. Comme les greffes sont sans fournitures, le justiciable apporte une ou deux rames de papiers pour la rédaction d'une seule assignation ! Les rames accumulées sont vendues.[669]

Après en avoir terminé avec le greffier, le justiciable s'en remet à l'huissier. En RDC, l'huissier est un fonctionnaire public, rattaché aux greffes. Il est chargé essentiellement de la signification des actes.

Le justiciable doit payer les frais de transport de l'huissier, de la juridiction au lieu de signification. L'État n'a pas pourvu son fonctionnaire de moyens de transport. Si la course en aller et retour coûte 1 franc congolais, il lui sera payé 15 ou 20 francs. Il n'y a pas de décharge en cette matière.[670]

Si les choses s'arrêtaient à ce niveau, le drame serait moins grave. Mais les techniques dolosives des huissiers ont poussé leurs racines jusque dans la formule de signification. Même payés, ils signifient mal leurs exploits afin d'en faire tirer profit à la partie adverse qui lui aura préalablement payé pour ce.[671]

Ainsi, se pose la question de la responsabilité de l'État et celle de la responsabilité personnelle de l'agent. L'État n'exécute pas les décisions judiciaires qui le condamnent autant que les huissiers, pauvres malgré les corruptions multiples, ne peuvent exécuter une décision judiciaire à la satisfaction de son bénéficiaire.[672]

Comment avec un appareil judiciaire totalement plongé dans la corruption, tel que démontré ci-dessus, la RDC peut-elle prétendre être effectivement un État de droit ?

Dans un État de droit, « le juge apparaît comme la clé de voûte et la condition de sa réalisation : la hiérarchie des normes ne devient effective que si elle est juridictionnellement sanctionnée ; et les droits fondamentaux ne sont réellement assurés que si un juge est là pour en assurer la protection ».[673]

669 Idem, pp. 191-192.
670 Matadi Nenga Gamanda, Op.cit, page 192.
671 Ibidem.
672 Idem, page 193.
673 Chevalier Jacques, Op.cit, page 133.

Investi du rôle de « gardien des valeurs », le juge est chargé de les défendre contre la volonté capricieuse des majorités et contre la domination d'une raison instrumentale exclusivement soucieuse d'efficacité.[674]

Mais lorsque celui-là même qui est investi du rôle de « gardien des valeurs » se complaît dans les antivaleurs comme en RDC, on est tout à fait devant les obstacles à l'exercice d'un État de droit.

En effet, les divers obstacles à l'exercice d'un État de droit en RDC viennent de façon non exhaustive d'être passés en revue. Tout en notant que ces divers obstacles ont produit comme effets : les assassinats, les coups d'État, les guerres, les rebellions, les pillages de ressources, les viols... bref les multiples violations massives des droits de l'homme et du droit international humanitaire, cela nous offre toutefois, comme au médecin qui a établi un diagnostic sur une pathologie, la possibilité d'entreprendre une thérapeutique appropriée. Et, c'est dans cet objectif que nous nous proposons dans la troisième section de ce chapitre relatif à l'effectivité de l'État de droit de recommander comme solution un système de bonne gouvernance qui tienne compte de divers obstacles en les levant au fur et à mesure que s'élève l'État de droit en RDC.

## 2.4. Faiblesses de la justice congolaise

Plusieurs pratiques répréhensibles se sont développées dans le fonctionnement du système judiciaire congolais donnant lieu à une gestion quasi informelle des offices et des juridictions.[675]

L'observation de la gestion quotidienne du système judiciaire congolais fait état de ces pratiques répréhensibles dans tous les secteurs de la justice. Formellement, ces pratiques sont principalement observées au niveau des organes et acteurs chargés d'administrer la justice, à savoir les cours et tribunaux, les parquets (y compris la police judiciaire), le greffe et l'office d'huissier, le barreau et le système pénitentiaire.[676]

### *2.4.1. Faiblesses des juridictions congolaises*

Devant les juridictions congolaises, il s'est développé des pratiques répréhensibles et invraisemblables que l'on peut stipuler ainsi qu'il suit :[677]

- La prise en délibéré quasi systématique des dossiers intéressant les affaires d'argent ;
- Les condamnations pénales prononcées avec sursis à la faveur des promesses ou des motivations financières reçues du prévenu ;

---

[674] Ibidem.

[675] Mvioki Babutana, cité par Makaya Kiela Serge, Op.cit, page 48.

[676] Makaya Kiela Serge, Op.cit, page 48.

[677] Makaya Kiela Serge, Op.cit, page 50.

(contrairement à l'esprit de l'article 42 du code pénal sur les conditions de condamnation avec sursis) ;

- La censure de certains jugements par les présidents des juridictions ;
- La capitalisation des frais des jugements supplétifs ;
- La capitalisation des frais de justice et les droits proportionnels, etc.

Toutes ces pratiques, du reste non exhaustives, ne peuvent pas permettre au juge d'être au milieu du village, c'est-à-dire d'être impartial dans l'exercice de sa mission de dire le droit.[678]

### *2.4.2. Faiblesses des parquets congolais*

Le ministère public est un corps permanent de magistrats spécialisés. Les deux caractéristiques principales de son organisation sont, outre l'indépendance à l'égard des juridictions et des parties, le principe d'indivisibilité, qui permet aux membres du parquet d'une juridiction de se remplacer mutuellement tout au long d'une affaire, et la subordination hiérarchique au garde des sceaux, limitée traditionnellement par le pouvoir propre des chefs des parquets et par la liberté de parole. Le ministère public agit au nom de la société. Il assure le respect des libertés individuelles.[679]

En droit congolais, le ministère public regorge de pouvoirs importants en matière pénale. Il est à la fois magistrat instructeur (par les actes d'instruction qu'il pose dans la recherche de l'infraction et de l'infracteur) et ministère public (par la poursuite qui lui est dévolue). En plus, c'est encore le parquet qui a la charge de veiller à l'exécution des jugements et des actes législatifs et réglementaires et au besoin par la force.[680]

Le parquet a donc de lourdes responsabilités dans la recherche de la concorde nationale. Il lui est ainsi exigé une probité morale, un esprit sobre dans l'accomplissement de sa mission. Dans la pratique, il lui est reproché les faiblesses ci-après :

- Une tendance prononcée d'instruire la cause à charge de l'inculpé ;
- La brèche du classement sans suite est devenue un motif fourre-tout, justifiant le classement des dossiers, même ceux comportant des faits graves méritant une fixation devant le tribunal. Évidemment après une paie abusive des frais de classement sans suite ;
- Capitalisation des ressources par les actes de procédure (le monnayage systématique des actes tels que les convocations, les invitations, les mandats de comparution, etc.) ;
- Les amendes transactionnelles abusivement perçues avec une destination non indiquée ;

---

678 Ibidem.

679 G. Cornu, cité par Makaya Kiela Serge, Op.cit, page 51.

680 Makaya Kiela Serge, Op.cit, page 51.

- La perception des amendes virtuelles pour des faits parfois non infractionnels ;
- Les cautionnements perçus pour la liberté provisoire ne sont pas versés au trésor public ;
- Le clientélisme et le subjectivisme présidant à toute répartition des dossiers entre les magistrats par le chef d'office ;
- L'exigence des frais pour dépôt de toute plainte par la victime d'une infraction ;
- L'ouverture parfois des dossiers-pirates non enregistrés dans les indicateurs d'office ni contrôlés par le chef d'office ;
- La négociation dans l'attribution de certains dossiers par le chef d'office (pour sauver un ami, un parent, un frère en danger), etc.[681]

Classiquement, le parquet représente l'élément moteur de l'État dans la mission du maintien de l'ordre public ou de son rétablissement en cas de trouble. Les pratiques ainsi observées ternissent à coup sûr l'image de la justice et découragent les autres forces sociales de l'État. Ces pratiques font état d'une insécurité juridique manifeste et démontrent suffisamment le manque d'impartialité de cette justice vis-à-vis de ces forces sociales.[682]

### *2.4.3. Faiblesses du greffe et de l'office d'huissier*

Le greffe est un service public, mieux, un dépôt public où, sous la responsabilité du greffier, sont conservés les originaux des décisions judiciaires, qu'on appelle « minutes », les registres, dossiers, pièces à conviction et, en général, tous les actes et pièces provenant de la justice.[683]

A la Cour suprême de Justice, dans chaque cour d'appel et dans chaque tribunal, il existe un greffier chargé de la direction des services du greffe : il porte le titre de greffier en chef à la Cour suprême de Justice, de greffier principal à la cour d'appel, de greffier divisionnaire au tribunal de grande instance et greffier titulaire au tribunal de paix ; ces greffiers sont assistés d'un ou de plusieurs adjoints.[684]

L'huissier de justice, quant à lui, est un agent de l'ordre judiciaire dont la mission est d'une importance qui souvent échappe à l'attention des justiciables : l'huissier se trouve à la base de l'action judiciaire puisque c'est généralement lui qui porte à la connaissance des parties appelées en justice les convocations officielles appelées « citation » en matière pénale, et « assignation » en matière de droit privé. C'est la notification de ces convocations de justice qui saisit le tribunal ; ainsi, si cette notification est

---

681 Makaya Kiela Serge, Op.cit, pp. 51-52.
682 Idem, page 52.
683 Répertoire pratique du droit belge, cité par Makaya Kiela Serge, Op.cit, page 52.
684 M. Demens, cité par Makaya Kiela Serge, Op.cit, page 53.

mal faite, c'est-à-dire si elle est faite sans respecter les formalités imposées par la loi, le tribunal n'est pas saisi et ne peut pas tenir d'audience.[685]

L'huissier de justice se trouve également à la fin du procès ; au moment de l'exécution du jugement, non seulement c'est lui qui doit notifier tout jugement à la partie perdante avant de l'exécuter, mais, en outre, c'est lui qui doit procéder à l'exécution des jugements en pratiquant des saisies sur les biens de la partie perdante du procès.[686]

La pratique judiciaire congolaise renseigne que ces fonctionnaires de l'État s'arrogent le droit :

- d'exiger des justiciables des frais de notification des actes de procédure (assignations, sommation, etc.), et, en cas de non-paiement de ces frais, ils s'abstiennent de diligenter ces notifications et bloquent le cours de l'instruction ;
- de perdre certaines pièces des dossiers sans être inquiétés et souvent avec la complicité des parties concernées (avocat) ; il peut même parfois s'agir des principales pièces des dossiers ;
- d'exiger des parties le versement des frais dits « de motivation » à la diligence du greffier.[687]

Toutes ces pratiques non limitatives n'arrêtent pas d'amenuiser l'image de la justice pénale congolaise.[688]

### *2.4.4. Faiblesses des avocats congolais*

L'appartenance à la profession d'avocat implique l'acceptation et le respect d'une certaine éthique plus exigeante que celle du commun, ce qui lui donne une allure aristocratique. Les qualités morales sont contrôlées, lors de l'entrée dans la profession, par le conseil de l'ordre qui peut refuser l'inscription au barreau de celui qui ne les possède pas. Ce contrôle se traduit surtout négativement par des exclusions entraînées par certaines condamnations prévues explicitement par la loi ; mais la pratique va au-delà de ces prescriptions légales particulières en se fondant sur une règle générale d'honorabilité.[689]

Cette exigence de moralité, qui conditionne l'entrée dans la profession, se poursuit pendant tout le cours de son exercice et elle se traduit par une action disciplinaire, elle survit même à la retraite pour l'avocat admis à l'honorariat.[690]

---

685 A. Rubbens, cité par Makaya Kiela Serge, Op.cit, page 53.
686 Ibidem.
687 Mvioki Babutana, cité par Makaya Kiela Serge, Op.cit, page 54.
688 Makaya Kiela Serge, Op.cit, page 54.
689 M. Raymond, cité par Makaya Kiela Serge, Op.cit, page 54.
690 Ibidem.

En RDC, l'avocat ne fait plus preuve de toutes ces qualités morales qui lui sont exigées. Toutes les pratiques répréhensibles analysées plus haut se font, dans la plupart des cas, avec la complicité des avocats. Ceux-ci, selon les intérêts, avalisent ou désapprouvent les pratiques de leurs interlocuteurs (magistrats ou greffiers et huissiers).[691]

Des abus s'observent également au niveau de leurs rapports avec les clients (provisions ad litem exagérées, des honoraires imaginaires, et parfois même la complicité dans le déroulement du procès, pourvu que l'adversaire présente des intérêts plus alléchants que son client, etc.).[692]

L'impunité, le clientélisme aussi bien que la dépendance ont mis mal en point la compétence de certains juges et avocats qui sont supposés traiter des dossiers judiciaires avec objectivité. Il en est des cas où l'avocat abuse de sa confiance quant à ce qui est de son rôle. Au lieu que celui-ci, dans sa qualité d'auxiliaire de la justice, aide le juge à mieux se saisir de la réalité des faits, il l'obstrue. Il fait ainsi une défense et une assistance pour son client en vue de triompher dans un dossier où les préjudices auraient dû être établis dans l'équité de droit et pour une justice distributive.[693]

## 3. La bonne gouvernance ou la solution aux obstacles à l'effectivité de l'État de droit en RDC

La bonne gouvernance est un concept difficile à définir, car il dépend des notions culturelles et éthiques qui peuvent être différentes d'un pays à un autre, ou d'une culture à une autre. On peut néanmoins le circonscrire aux principes du droit international issu de la charte universelle des droits de l'homme. La notion de bonne gouvernance ouvre aussi les débats sur la définition de la démocratie et sur ses variantes d'origine culturelle. Par ailleurs, sa conception peut varier selon la fonction qu'on lui attribue : elle peut être considérée comme un préalable à un développement juste et harmonieux ou bien une conséquence des politiques et actions de développement.

Pour plusieurs acteurs de développement, elle est un enjeu politique essentiel pour un développement mondial éthique : « La bonne gouvernance est le but prioritaire, supérieur à toutes mesures individuelles, d'une politique de développement motivée par l'éthique ».[694]

---

691 Makaya Kiela Serge, Op.cit, page 54.

692 Makaya Kiela Serge, Op.cit, page 54.

693 « Rapport analytique de la situation des droits de l'homme en RDC », cité par Makaya Kiela Serge, Op.cit, page 55.

694 http://www.dmr.ch/echange/mission/dmr/bonne-gouvernance.html, le 28/09/2011.

La *Bible* est explicite à maints égards sur les notions de gestion publique ou de corruption. « Ne vous laissez pas corrompre par des cadeaux, car les cadeaux rendent aveugles même les plus clairvoyants et pervertissent les décisions des gens honnêtes » (Ex. 23 : 8). « Alors Jésus leur dit : - Eh bien ! Payez à l'empereur ce qui lui appartient, et payez à Dieu ce qui lui appartient » (Luc 20 : 25). « Mais que le plus grand parmi vous soit comme le plus petit, et celui qui gouverne comme celui qui sert » (Luc 22 : 26). L'attention portée « aux plus petits » doit se traduire aujourd'hui par une volonté de donner la parole aux pauvres, aux défavorisés et à la population en général, par la possibilité de faire partie du processus de décision et d'autodétermination.

La bonne gouvernance se définit comme la manière dont les autorités en exercice gèrent les ressources économiques et sociales d'un pays, d'une communauté ou d'une institution en faveur de son développement, à travers un ensemble de principes : le respect du droit et des droits humains (3.1), la lutte contre la corruption (3.2) et la promotion de la démocratie et le développement participatif et durable (3.3).

### 3.1. Le respect du droit et des droits humains

Avant d'étudier et de comprendre ce qu'est le respect des droits humains, nous commencerons par examiner ce qu'on entend par le respect du droit.

#### *3.1.1. Respect du droit*

Le mot respect signifie : la déférence que l'on a pour quelqu'un ou pour quelque chose. Et le verbe respecter, quant à lui, veut dire : traiter, considérer avec respect, avoir égard à.[695]

Le droit signifie l'ensemble des lois et des coutumes qui régissent chaque peuple. Il peut être défini aussi comme étant l'ensemble des règles propres à une partie de la législation. Il est parfois compris aussi comme une faculté, c'est-à-dire une autorisation de faire ou de ne pas faire une chose.[696]

Ainsi, le respect du droit dans un État c'est cette déférence que l'on a à l'égard de l'ensemble des lois et des coutumes qui régissent son pays, que l'on soit gouvernant ou gouverné.

Et, dans un État de droit, la censure des actes des gouvernants par le juge fait partie de la bonne gouvernance.

L'expression « gouvernants » renvoie à « l'ensemble des dirigeants d'un État, par opposition aux gouvernés et aux simples agents de

---

695 « Media Dico, 38 dictionnaires et recueil de correspondance », version électronique, Google TM. 2006, le 28/08/2011.

696 Ibidem.

l'administration.[697] Georges Burdeau explique que « les gouvernants sont investis d'une double qualité correspondant au double caractère de leur activité. Ils sont à la fois les organes de l'État et les représentants du souverain ».[698]

Comme des organes de l'État, les gouvernants mettent en œuvre la puissance de celui-ci. Aussi convient-il de regarder que c'est l'État lui-même qui intervient par leur entremise. L'État est le centre d'imputation des actes accomplis par les gouvernants.[699]

Les pouvoirs des gouvernants doivent être limités matériellement par l'obligation de respecter les droits de l'homme (les valeurs d'une société démocratique) et mécaniquement par l'organisation des institutions, c'est-à-dire par le respect de la répartition des compétences qui résulte du principe de la séparation des pouvoirs (entre pouvoir constituant et pouvoirs constitués et entre pouvoirs constitués entre eux horizontalement et verticalement).[700]

La suprématie matérielle tient à ce que l'ordre juridique tout entier repose sur la Constitution. Étant à l'origine de toute activité juridique qui se déploie dans l'État, elle est nécessairement supérieure à toutes les formes de cette activité puisque c'est d'elle, et d'elle seulement, qu'elles tiennent leur validité. Elle est, au sens propre du mot, la règle fondamentale.[701]

En d'autres termes plus précis, la suprématie matérielle de la Constitution résulte du fait qu'elle organise des compétences, elle est nécessairement supérieure aux autorités qui en sont investies. Celles-ci ne pourraient pas par conséquent aller à l'encontre de la Constitution sans se dépouiller, du même coup, de leur titre juridique.[702]

De la suprématie matérielle de la Constitution découle une double conséquence :

- Elle assure d'abord au regard des particuliers un renforcement de la légalité, car, si tout acte contraire à la loi doit être considéré comme dépourvu de valeur juridique, a fortiori, il doit en aller de même pour un acte qui viserait la Constitution. Si cet acte émane des gouvernants, il doit être également considéré comme sans valeur.[703]
- La supériorité matérielle de la Constitution s'oppose aussi à ce que l'organe investi d'une compétence en délègue l'exercice à une autre autorité. En d'autres mots, les organes du pouvoir doivent exercer leurs compétences eux-mêmes de la manière prévue par la

[697] M-A. Cohendet, cité par Mboko D., Op.cit, page 510, 892 pages.
[698] Burdeau G., cité par Mboko D., Op.cit, page 510, 892 pages.
[699] Mboko D., Op.cit, page 510, 892 pages.
[700] Ibidem.
[701] Mpongo-Bokako Bautolinga E., Op.cit, page 88, 328 pages.
[702] Mpongo-Bokako Bautolinga E., Op.cit, page 88, 328 pages.
[703] Ibidem.

Constitution. Étant la loi suprême, celle-ci décide, en effet, à qui appartient le pouvoir et de quelle manière il doit être exercé sans que les organes auxquels elle confère ce pouvoir en disposent comme ils l'entendent.[704]

On ne doit pas seulement se limiter à la suprématie matérielle qui découle du fait que les règles constitutionnelles sont à l'origine de toute activité juridique des organes de l'État. Car le législateur ordinaire pourra modifier la Constitution par une simple loi. C'est pourquoi on a été amené, dans beaucoup de régimes politiques, à renforcer les procédures et les conditions d'élaboration des règles constitutionnelles par la suprématie formelle.[705]

Il y a suprématie formelle de la Constitution lorsque les règles constitutionnelles ne peuvent être élaborées ou modifiées que dans des conditions et suivant des procédures spéciales qui sont plus strictes que celles qui sont prévues pour l'élaboration et pour la modification des lois ordinaires.[706]

Au sens strict, l'État de droit concerne les États organisés par une Constitution écrite, permettant de réguler l'action de l'État par des normes juridiques sanctionnées par le juge. Au sens large, il concerne tous les États et toutes les sociétés fonctionnant dans le respect par tous des règles garanties.[707]

Quoi qu'il en soit, au-delà des préoccupations de maintien de l'ordre et de défense nationale, la caractérisation constitutionnelle de l'État congolais, « État de droit, social, démocratique et laïc » (article 1^er^, alinéa 1^er^), appelle *ipso facto* l'existence de nombreuses obligations constitutionnelles pesant sur la nation. Il est admis, de par le monde, que « l'État s'est assigné comme objectif suprême l'amélioration des conditions de vie des gens ».[708]

La Constitution congolaise oblige en effet l'État à :

- Veiller à l'élimination de toute forme de discrimination à l'égard de la femme ;
- Garantir la mise en œuvre de la parité homme-femme dans les institutions nationales, provinciales et locales ;
- Veiller à l'élimination des violences sexuelles ;
- Respecter et protéger la personne humaine ;
- Garantir l'objectivité, l'impartialité et le pluralisme d'opinion dans le traitement et la diffusion de l'information par les médias d'État ;

---

704 Idem, page 89.
705 Ibidem.
706 Mpongo-Bokako Bautolinga E., Op.cit, page 89, 328 pages.
707 Borella F., cité par Mboko D., Op.cit, page 376, 892 pages.
708 Mulumbati Ngasha A., cité par Mboko D., Op.cit, page 380, 892 pages.

- Garantir la protection contre le chômage et un système de sécurité sociale ;
- Subventionner les associations qui contribuent au développement et à l'éducation de masse ;
- Protéger la famille, cellule de base de la communauté humaine ;
- Protéger la jeunesse contre toute atteinte à sa santé, à son éducation et son développement intégral ;
- Éradiquer l'analphabétisme ;
- Tenir compte, dans l'accomplissement des tâches étatiques, de la diversité culturelle du pays ;
- Promouvoir la présence de la personne avec handicap au sein des institutions nationales, provinciales et locales ;
- Assurer la protection et la promotion des groupes vulnérables et de toutes les minorités ;
- Veiller à la protection de l'environnement et à la santé des populations ;
- Redistribuer équitablement les richesses nationales ;
- Faciliter la jouissance du patrimoine commun de l'humanité ;
- Promouvoir et assurer, par l'enseignement, l'éducation et la diffusion le respect des droits de l'homme, des droits fondamentaux et des devoirs du citoyen énoncés dans la Constitution.[709]

De cette énumération, on observe que le constituant prend en compte non seulement les tâches étatiques, mais aussi les contraintes et les mécanismes de protection de la société étatique. Les éléments des politiques publiques sont en effet associés aux conditions à réaliser pour l'exercice des libertés publiques et des droits fondamentaux, dans un contexte de cantonnement de l'État dans la sphère du droit.[710]

Le respect des libertés et droits fondamentaux consacrés dans la Constitution s'impose ainsi aux pouvoirs publics (article 60, Constitution). Même en toute circonstance (état de siège, état d'urgence ou en temps normal), aucune dérogation n'est admise en ce qui concerne certains droits et principes fondamentaux, en l'occurrence le droit à la vie, l'interdiction de la torture et des peines ou traitements cruels, inhumains ou dégradants, l'interdiction de l'esclavage et de la servitude, le principe de la légalité des infractions et des peines, les droits de la défense et le droit de recours, l'interdiction de l'emprisonnement pour dettes ainsi que la liberté de pensée, de conscience et de religion (article 61, Constitution). Ce noyau dur des droits fondamentaux, si l'on peut s'exprimer ainsi, constitue un devoir pour l'État, pris tant comme société juridique que comme pouvoir politique.[711]

---

709 Lire les articles 14, 15, 16, 24, 36, 37, 40, 41, 44, 45, 46, 49, 51, 58 et 59 de la Constitution de la RDC.

710 Mboko D., Op.cit, page 381, 892 pages.

711 Mboko D., Op.cit, page 381, 892 pages.

Qu'en est-il du respect des droits humains ?

*3.1.2. Respect des droits humains*

Dans le domaine des droits de l'homme, les enjeux sont énormes et, dès lors, les garanties juridiques indispensables. L'humanité semble confrontée à des défis de plus en plus grands pour sa dignité et il appartiendra au 21e siècle de les relever.[712]

Il faut admettre que les droits de l'homme réputés classiques sont loin d'être respectés dans le monde. À cette situation, viennent encore s'ajouter deux autres facteurs pouvant susciter de légitimes inquiétudes : l'évolution des modes de vie d'une part et le développement de la science d'autre part. La Déclaration universelle des droits de l'homme a suscité de grands espoirs et continue d'en entretenir. Des conférences internationales s'y réfèrent, des juristes en appelant, en son nom, à des jugements équitables, des organisations humanitaires et hommes de bonne volonté apprécient à son aune les politiques des États et des institutions.

Cette déclaration est le premier instrument général, énonçant tous les droits reconnus à toute personne, qui ait été adopté par une organisation internationale à vocation universelle. Pour des raisons morales, juridiques et politiques, elle a acquis une importance qui la place dans la lutte pour la liberté et la reconnaissance de la dignité humaine auprès des grands textes historiques, tels la Magna Carta, la Déclaration américaine d'indépendance ou la Déclaration française des droits de l'homme et du citoyen. Parmi les sources d'inspiration de la Déclaration universelle, on retrouve bien ces textes.[713]

La Déclaration universelle énumère les droits et libertés fondamentales entre deux principes qui, en quelque sorte, les encadrent. L'article 1er proclame que « tous les êtres humains naissent libres et égaux en dignité et en droits ». À la fin de la déclaration, l'article 28 ajoute que « toute personne a droit à ce que règne, sur le plan national et sur le plan international, un ordre tel que les droits et libertés énoncés dans la présente déclaration puissent y trouver plein effet ».[714]

La Déclaration universelle proclame deux catégories de droits : les droits civils et politiques d'une part, les droits économiques, sociaux et culturels de l'autre. La liste des premiers comprend le droit à la vie, à la

---

712 Silvio Marcus-Helmons, « Les garanties juridiques des droits de l'homme », in *Traité d'Éducation aux Droits de l'Homme en RDC (Doctrine étrangère)*, Kalindye Byanjira D., Op.cit, page 79, 324 pages.
713 Kalindye Byanjira D., *Traité d'Éducation aux Droits de l'Homme en RDC*, Tome I, Éd. de l'Institut africain des Droits de l'Homme et de la Démocratie, page 65, 74 pages.
714 Ibidem.

liberté et à la sûreté de la personne, l'interdiction de l'esclavage, de la torture et des traitements cruels, inhumains ou dégradants ; le droit de ne pas être arbitrairement arrêté, détenu ou exilé ; le droit à un procès équitable en matière civile comme en matière pénale ; la présomption que toute personne accusée d'un acte délictueux est innocente jusqu'à ce que sa culpabilité ait été légalement établie, et encore l'interdiction de la rétroactivité des lois pénales. La déclaration reconnaît le droit au respect de la vie privée et de la propriété. Elle proclame le droit à la liberté de pensée, de conscience, de religion, de réunion, d'association. Elle reconnaît le droit de circuler librement à l'intérieur d'un État, ainsi que celui de quitter tout pays, y compris le sien, et d'y revenir.[715]

La Déclaration universelle garantit aussi le droit à une nationalité et celui de chercher asile devant la persécution. Il y a lieu de souligner l'importance des droits politiques proclamés par l'article 21, selon lequel « toute personne a le droit de prendre part à la direction des affaires publiques de son pays, soit directement, soit par l'intermédiaire de représentants librement choisis ». Le même article ajoute que « la volonté du peuple est le fondement de l'autorité des pouvoirs publics » et que, par conséquent, des « élections honnêtes qui doivent avoir lieu périodiquement » au suffrage universel et au vote secret.[716]

La liste des droits économiques, sociaux et culturels est introduite par un principe proclamé à l'article 22 : « Toute personne, en tant que membre de la société, a droit à la sécurité sociale ; elle est fondée à obtenir la satisfaction des droits économiques, sociaux et culturels indispensables à sa dignité et au libre développement de sa personnalité, grâce à l'effort national et à la coopération internationale, compte tenu de l'organisation et des ressources de chaque pays ».[717]

Sont proclamés ensuite le droit à la sécurité sociale, au travail et à la protection contre le chômage, à un salaire égal pour un travail égal, ainsi qu'à une « rémunération équitable et satisfaisante lui assurant ainsi qu'à sa famille une existence conforme à la dignité humaine et complétée, s'il y a lieu, par tous autres moyens de protection sociale ». L'article 24 reconnaît les droits au repos et aux loisirs et notamment à « une limitation raisonnable de la durée du travail et à des congés payés périodiques ». Le droit à un niveau de vie suffisant pour assurer sa santé et son bien-être est également reconnu à toute personne, ainsi que le « droit à la sécurité en cas de chômage, de maladie, d'invalidité, de veuvage, de vieillesse ou dans les autres cas de perte de ses moyens de subsistance par suite de circonstances indépendantes de sa volonté ».[718]

---

[715] Kalindye Byanjira D., Op.cit, pp. 65-66, 74 pages.
[716] Kalindye Byanjira D., Op.cit, page 66.
[717] Idem, pp. 66-67.
[718] Idem, page 67.

Le droit à l'éducation est garanti par l'article 26 de la déclaration. L'enseignement doit être gratuit, « au moins en ce qui concerne l'enseignement élémentaire et fondamental ». Le même article détermine aussi le but de l'éducation : « L'éducation doit viser au plein épanouissement de la personnalité humaine et au renforcement du respect des droits de l'homme et des libertés fondamentales. Elle doit favoriser la compréhension, la tolérance et l'amitié entre toutes les nations et tous les groupes raciaux ou religieux, ainsi que le développement des activités des Nations-Unies pour le maintien de la paix ».[719]

Les droits culturels sont proclamés à l'article 27, selon lequel « toute personne a le droit de prendre part librement à la vie culturelle de la communauté, de jouir des arts et de participer au progrès scientifique et aux bienfaits qui en résultent ».[720]

La déclaration reconnaît que les droits ainsi proclamés ne sont pas absolus. Les États ont le droit d'adopter des lois limitant leur exercice, mais uniquement en vue d'assurer « la reconnaissance et le respect des droits et libertés d'autrui et afin de satisfaire aux justes exigences de la morale, de l'ordre public et du bien-être général dans une société démocratique » (article 29, alinéa 2). Les pouvoirs des États sont par ailleurs aussi limités par l'article 30 selon lequel « aucune disposition de la présente déclaration ne peut être interprétée comme impliquant pour un État, un groupe ou un individu un droit quelconque de se livrer à une activité ou d'accomplir un acte visant à la destruction des droits et libertés qui y sont énoncés ». Aussi un gouvernement qui imposerait des limitations ou restrictions à des droits et libertés fondamentaux dans tout autre but que ceux admis par la déclaration violerait-il celle-ci.[721]

Sur ce, respecter les droits humains c'est traiter, considérer avec respect, avoir égard à la Déclaration universelle des droits de l'homme.

### 3.2. La lutte contre la corruption

La lutte contre une corruption qui apparaît comme un véritable fléau, dans la mesure où elle pervertit le système représentatif et ébranle les piliers de l'État de droit, va ainsi permettre aux juges d'asseoir leur pouvoir par rapport aux élus.[722]

En Italie, l'opération « mani pulite » (mains propres), lancée le 17 février 1992 par une petite équipe de juges milanais, aura pour effet de

[719] Kalindye Byanjira D., Op.cit, page 67, 74 pages.
[720] Idem, page 68.
[721] Ibidem.
[722] Kalindye Byanjira D., Op.cit, page 67, 74 pages.

discréditer la « classe politique » italienne tout entière, en entraînant la fin de la première république.[723]

En France, une fois l'amnistie votée dans l'affaire Carrefour du développement, des juges d'instruction s'attacheront à partir de 1991 à dévoiler les mécanismes de financement occulte des partis, au prix de vives tensions avec le pouvoir politique ; on voit se développer à cette occasion de nouvelles pratiques judiciaires, se démarquant des pratiques de « rupture » auxquelles avaient eu recours les « juges rouges » dans les années 70 : en jouant pleinement de toutes les ressources de la procédure pénale mais aussi en utilisant la caisse de résonnance des médias, les juges d'instruction n'hésitent plus à mettre en cause les élus.[724]

En RDC, le Président Joseph Kabila a depuis le 30 juin 2009 lancé l'opération « Tolérance Zéro » en ces termes :

« J'ai, dans ce sens, depuis le 06 décembre 2007, dénoncé à maintes reprises la qualité préoccupante de la distribution de la justice dans notre pays. Perçue à juste titre par le législateur comme garante de la paix civile et facteur indispensable à la stabilité politique ainsi qu'au développement économique et social, aujourd'hui, la justice est elle-même au banc des accusés. Abusant de l'indépendance liée à la délicatesse et à la noblesse de sa charge, le magistrat se rend lui aussi coupable de vol, de concussion, de corruption, voire même d'infractions de droit commun, avec une facilité déconcertante.

Pour nous qui sommes garants constitutionnels du bon fonctionnement des institutions, nous sommes déterminés à mettre fin à cet état de choses, avec le concours des instances attitrées. Dans cette perspective, nous entendons tirer incessamment toutes les conséquences des conclusions des travaux de la deuxième session extraordinaire du Conseil supérieur de la magistrature tenue à Kinshasa du 11 au 23 juin courant. Il est temps que les opérateurs judiciaires choisissent leur camp ; celui de servir ou de martyriser davantage un peuple meurtri et éprouvé par plusieurs années de conflits et de violences. Nous ne doutons pas, du reste, de tout le soutien que la population tout entière apporte à ces mesures qui, dans le plus bref délai, contribueront, à coup sûr, à garantir la justice et la sécurité judiciaire pour tous. »[725]

A ce sujet, M. Pascal Kuboko Kwampele Mbuyu déclare : « Les Congolais ont eu beau croire dans cette déclaration qui consiste à décréter une sorte de mesure conservatoire contre l'esprit de prédation qui les caractérise, étant donné qu'ils n'ont pas encore approfondi la culture, mieux ne savent pas différencier un bien public du bien privé ».

---

723 Chevallier J., Op.cit, page 135, 160 pages.

724 Idem, page 136.

725 Extrait du message adressé à la nation par le Président Joseph Kabila Kabange lors de la fête de l'indépendance de la RDC le 30 juin 2009. www.google.fr, le 24 août 2011.

Souvent, les grands détourneurs des biens de l'État jouissent d'une totale impunité révoltante. Quelle surprise que de voir par exemple des hommes de très mauvaise réputation considérés par le peuple comme de véritables fossoyeurs de l'économie du pays récompensés par de nouvelles nominations aux fonctions politiques, etc. ? Rien ne paye aussi énormément bien que la politique chez : il suffit de sortir de n'importe quel trou de misère... une fois perché dans cette carrière, c'est vraiment une jouissance inattaquable, imperturbable ! Dans une impunité totale où l'on ne distingue pas son bien de celui d'autrui.

Aujourd'hui, lors des paies dans la Fonction publique, souvent on paye même des morts ou des travailleurs imaginaires ou fictifs. On dira qu'on a fait le contrôle physique des fonctionnaires de l'État. Où l'a-t-on fait et pour quel but ?

La justice peut avoir quelques perles rares, ces magistrats dévoués pour l'éclosion de ce secteur longtemps terni par la corruption. Mais ces magistrats, malgré leur dévotion, mieux leur apostolat à servir le pays, mènent souvent une vie de misère malgré l'ampleur de leur tâche contrastant avec leur nombre trop limité... Il existe dans ce pays des coins même inexplorés par la justice où il y a absence totale de tribunaux, de magistrats...

Le Président de la république l'a encore une fois ponctué tout dernièrement dans son discours au congrès des deux chambres de l'Assemblée nationale réunies. Pour Joseph Kabila, aucun prétexte ne peut pourtant prendre la place de ce mot d'ordre de « tolérance zéro ».

Réagissant à ce propos, Azarias Ruberwa, ex-Vice-président de la république, a déclaré tout à fait le contraire à la Radio Okapi. Pour lui, « tolérance zéro » demeure un discours d'intention. Il a en outre renchéri en déplorant la corruption qui gangrène la nation et qui a atteint « un niveau dangereux ».

Avec qui le Président Kabila compte-t-il réellement reconstruire ce pays dans une telle ambiance d'impunité ?

Lors de la rentrée judiciaire en cours, le procureur général de la république Flory Kabange Numbi, dans sa mercuriale, n'avait-il pas aussi déploré la situation en proposant que soient enlevées les immunités dont sont couverts nos dignitaires ?

Pour des lendemains meilleurs du pays, un remède efficace contre la gangrène de corruption dont souffre notre pays en rendant celui-ci méconnaissable et déshumanisant, c'est sans nul doute l'enlèvement de l'impunité qui s'est érigée en mode normal de vie.

La corruption, répétons-le encore, a atteint un seuil intolérable en RDC au point qu'elle constitue désormais non seulement un fait banal mais encore un mode de vie accepté, une attitude normale et demeure dans la plupart des cas impunie. Pour mener une lutte efficace contre un tel phénomène et arriver aux résultats escomptés, le gouvernement doit :

engager la population à adopter un code de conduite volontaire qui contient des normes anticorruption (3.2.1) et appuyer l'éducation éthique et religieuse tout en rejetant toute forme d'impunité (3.2.2).

### *3.2.1. Engager la population vers une conduite responsable*

La responsabilité étant comprise comme la solidarité de tout individu vis-à-vis de ses actes, il appartient donc aux dirigeants de la RDC face à une corruption devenue un mode de vie d'engager la population à adopter une attitude de conduite volontaire réfutant toute possibilité de corruption quelle que soit la forme que celle-ci pourra revêtir.

Cet engagement aura pour assise : le respect de la dignité humaine, le respect de l'intégrité morale et la priorité de l'intérêt public sur l'intérêt individuel.

#### 3.2.1.1. Le respect de la dignité humaine

La faim, le chômage, la corruption, la dégradation des mœurs ne devaient en aucun cas amener l'homme congolais à brader sa dignité au point d'accepter l'inacceptable. Le respect de la dignité humaine commence dès lors que l'on décide de relever le défi que nous lance toute situation de crise.

L'un des aspects de la dégradation de la situation sociale est, selon monseigneur Eugène Kabanga, la recherche excessive du gain monnayable, immédiat, pour l'intérêt égoïste. Une telle recherche conduit au mépris de la dignité de la personne humaine. Ainsi, l'autre n'a plus de place, il est vu à travers le prisme de l'intérêt personnel et, le pauvre, incapable de payer, est condamné à mourir.[726]

La soif d'argent transforme ainsi les hommes en assassins. Combien de pauvres chômeurs ne sont-ils pas condamnés à la misère avec leur foyer, parce qu'ils n'ont pas les moyens de payer celui qui engage ? Combien d'enfants ou d'adultes ne meurent-ils pas sans soins, parce qu'ils n'ont pas les moyens de payer l'infirmier qui doit les soigner ? Pourquoi n'y a-t-il plus de médicaments dans les hôpitaux alors qu'on en trouve sur les marchés ?[727]

Devrons-nous perdre notre dignité humaine et nous embourber dans la corruption à cause de toutes ces souffrances ? Non, nous ne pensons pas qu'il faudrait corrompre ou se laisser corrompre à cause des difficultés passagères de la vie. L'homme a été créé par Dieu pour vaincre toute difficulté.

---

[726] Makiobo C., *Église catholique et mutations sociopolitiques au Congo/Zaïre*, Éd. L'Harmattan, 2004, page 141, 264 pages.

[727] Ibidem.

La dignité humaine ne se marchande pas, il nous faut la sauvegarder quel que soit le moment difficile que nous aurons à affronter.

3.2.1.2. Le respect de l'intégrité morale

Un adage dit « science sans conscience ne vaut rien ». Il n'est pas possible d'accomplir un rôle social aussi important que celui de magistrat et de leurs auxiliaires sans répondre à une seule norme morale. La qualité requise pour être magistrat par exemple ne se mesure pas seulement aux réussites, aux examens et à la régularité de la formation scientifique et professionnelle. Ces conditions sont certes importantes, mais le magistrat doit être plus qu'un excellent juriste, un homme honnête, respectueux de l'éthique.[728]

Ce qui vaut pour le magistrat vaut de même pour tout Congolais soucieux du développement et de la reconstruction de son pays, car il faudrait ajouter l'honnêteté et l'éthique au-delà des connaissances scientifiques. Il est donc important que les qualités morales accompagnent la solide connaissance technique de tout citoyen congolais.

Ainsi les nominations, les promotions, les recrutements et les élections en RDC devraient tenir compte d'abord et avant tout des conditions de moralité de façon effective.

3.2.1.3. La priorité de l'intérêt public sur l'intérêt individuel

La société congolaise est devenue une société d'arrivisme, c'est ce qui fait perdre au pays le sens du bien commun. Des profiteurs, des opportunistes, des flatteurs sont parvenus à se hisser dans les rouages des institutions dirigeantes et tiennent à s'y maintenir à tout prix.

L'impunité, le laisser-aller, le laisser-faire, les couvertures, le tribalisme, la caste et le protectionnisme politique engendrent toujours des abus et entraînent comme conséquences : le découragement des bonnes volontés, l'irresponsabilité, le sabotage, la vengeance, la lassitude de tout esprit d'initiative et de créativité, l'injure facile, l'affaiblissement de l'autorité de l'État, bref la suprématie de l'intérêt individuel sur l'intérêt collectif.

L'impunité demeure la principale assise du rejet de la priorité de l'intérêt public sur l'intérêt individuel. L'État qui ne sait punir demeure faible quels que soient ses multiples décisions et slogans du genre « tout doit changer, tout va changer », « plus rien ne sera comme avant », « tolérance zéro », etc.

La primauté de l'intérêt public sur l'intérêt privé présuppose l'administration d'une justice impartiale pour tous sans distinction de tribu,

---

[728] Matadi Nenga G., Op.cit, page 434.

d'ethnie, de province ou de religion et a comme assise le rejet de tout privilège et de toute exclusion de quelque nature que ce soit d'autant plus que l'égalité de tous est garantie par la loi fondamentale.

Perverti dans sa nature, l'État sous la deuxième république l'avait été également dans ses débuts. Plutôt que de réaliser le bien commun et le bien-être général, il organisait les inégalités sociales. Plutôt que de guider la société dans la recherche et la promotion des valeurs, il l'orientait vers le laisser-aller. Plutôt que de protéger les personnes et les biens, il opprimait et réprimait.[729]

Aujourd'hui, la réforme de l'État doit s'accrocher à un défi : mettre en place des structures institutionnelles capables d'entreprendre et de promouvoir efficacement des actions d'intérêt collectif, favoriser le sens des responsabilités et le respect de la légalité, essaimer dans la fonction publique des hommes intègres.

### *3.2.2. Appuyer l'éducation éthique et religieuse*

La meilleure manière d'appuyer l'éducation éthique et religieuse des communautés c'est l'utilisation des canaux à disposition, à savoir les écoles, les églises et les médias.

#### 3.2.2.1. Les écoles

Peu de parents peuvent aujourd'hui affirmer que l'école éduque les enfants et les initie aux normes et aux valeurs. La crise morale qui ronge la société depuis des décennies a franchi les portes de l'école, où elle sévit avec sévérité. La question est de savoir si le comportement des éducateurs est réellement éducatif, si les enseignants et les professeurs sont des modèles pour leurs élèves auxquels ils sont censés proposer des valeurs humaines de respect de soi, de discipline, d'esprit de responsabilité, d'intégrité et d'honnêteté.[730]

A l'heure où les aptitudes immatérielles et les capacités mentales deviennent les principales sources de richesse des nations, notre pays n'a plus que le choix de s'ériger en vaste mécanisme d'apprentissage tous azimuts. L'éducation nationale en RDC doit devenir un instrument de formation continue pour permettre aux Congolais de devenir de dignes participants à l'économie du savoir qui, dorénavant, fixe le sort des peuples ici-bas.[731]

#### 3.2.2.2. Les églises

---

[729] Mumengi Didier, Op.cit, page 61, 316 pages.
[730] Mumengi Didier, Op.cit, page 49, 316 pages.
[731] Idem, page 50.

N'ayant plus de repères, ne se sentant plus capables de s'assumer, de surmonter par eux-mêmes leurs tracas, de plus en plus de Congolais font manifestement le choix de se réfugier dans l'irréel, dans le culte des mœurs dissolues ou dans des sectes sibyllines, au sein desquelles ils s'abandonnent à un maître à penser, à un directeur de conscience, à un « Pasteur » pour réfléchir et agir à leur place. Cette perte des valeurs, qui va de pair avec celle de l'espérance, amène bien des Congolais à cesser de croire aux vertus de la solidarité, de la fraternité, de la citoyenneté et de l'amour entre les hommes.[732]

Et ainsi, la mort d'un Congolais ne signifie qu'une usuelle et pitoyable décadence d'un corps usé, qui retourne sous terre après une vie végétative, aux encablures de la bestialité. Tout se passe comme si l'individu congolais renonce à exister comme un être humain à part entière.[733]

Il est donc du devoir des églises dignes de ce nom, à savoir l'Église catholique, l'Église kimbanguiste, l'Église protestante, l'Islam et les Églises de réveil de prendre le taureau par les cornes en prêchant aux Congolais le vrai message de vie. En effet, dans toutes les générations du monde, il y a des crises économiques, malgré cela, il y a des nations qui progressent. Il faut apprendre aux Congolais à avoir la foi en Dieu tout-puissant, Créateur du ciel et de la terre, de l'univers visible et invisible, Maître du temps et des circonstances.

Sans la foi, il est impossible au peuple congolais de plaire à Dieu, car nous vivons chaque jour par la foi (Hébreux 10 : 38). La *Bible* compare la foi à la respiration. De même que nous respirons pour vivre, nous devons vivre à partir de notre foi.

La foi que nos églises devraient prêcher est un problème de maintenant, car la *Bible* déclare : « Maintenant mon juste vivra par sa foi ». Chaque Congolais vivra au Congo selon sa foi, car la foi établit la possibilité. La *Bible* nous dit : « … Qu'il te soit fait selon ta foi (Matthieu 8 : 13) ».

La vie de tout Congolais, ses projets, sa carrière politique, son commerce, son travail et son élévation dépendent de la profondeur de sa foi. La foi est donc une obligation pour la vie, parce que dans tous les aspects de notre vie nous en avons besoin pour vivre.

Apprendre aux Congolais à éviter de maudire leur pays, à respecter leurs autorités partout où qu'elles se trouvent, car toute autorité vient de Dieu, à voir leur pays grand, émergeant et prospère, tel devrait être l'enseignement des églises aux communautés qui les fréquentent. Le peuple congolais doit avoir foi en de grandes choses et il vivra de grandes choses, car tout est possible à celui qui croit et rien n'est impossible à Dieu.

---

732 Mumengi Didier, Op.cit, page 27, 316 pages.

733 Ibidem.

3.2.2.3. Les médias

Force est de constater que les Congolais font la grève de l'engagement civique, parce que les solutions des crises qui leur ont été proposées ne correspondent pas aux problèmes qu'ils vivent directement eux-mêmes. Ce malaise dénonce la faillite intellectuelle du Congo, d'autant plus que la débâcle nationale traduit la défaillance de la classe dirigeante. Ce n'est donc pas la société qui est défaillante, ce sont les élites qui sont intellectuellement incapables. Notre créativité culturelle est quasi nulle. Une bonne partie de nos informations est constituée de nouvelles relayées à partir des chaînes de télévision et radio étrangères. Les programmes sont submergés de spectacles de musique et de danse.[734]

Nos chaînes télévisées diffusent à satiété des films et des dessins animés étrangers. Lorsqu'il ne s'agit pas de pornographie, ce sont des documents dont l'impact idéologique est puissant. Ils renforcent l'image d'un Occident prospère, puissant et incomparable et, à l'inverse, induisent ou renforcent des représentations négatives de l'Afrique et des Africains. Et ces images, produites par l'Occident pour sa puissance, nous imprègnent et déterminent nos comportements. Le grand Congo est aujourd'hui au bas de la liste africaine dans la littérature et la production cinématographique.[735]

Plus d'une décennie, après la mort du maréchal Mobutu, le peuple congolais semble toujours être heureux « en chantant et en dansant ». Il est donc du devoir des médias de jouer leur vrai rôle, à savoir celui d'informer et de former le peuple à devenir patriote, à aimer son pays, à respecter les biens publics et privés et à ne vouloir réussir que par son travail.

## 3.3. La promotion de la démocratie et le développement participatif et durable

La meilleure procédure nous conduira à commencer par la promotion de la démocratie (3.3.1) avant d'étudier le développement participatif et durable (3.3.2).

### *3.3.1. La promotion de la démocratie*

La démocratie peut se définir comme « cette forme de régime où le peuple exerce lui-même la souveraineté ou beaucoup plus souvent par ses représentants. Traditionnellement, le mot démocratie désigne le gouvernement auquel le plus grand nombre participe. Généralement, la

---

[734] Mumengi Didier, Op.cit, page 78, 316 pages.
[735] Mumengi Didier, Op.cit, page 78, 316 pages.

démocratie est définie comme : gouvernement du peuple, par le peuple et pour le peuple (article 2 de la Constitution française du 4 octobre 1958) ».[736]

Cependant, il faut signaler qu'il existe plusieurs sortes de démocraties : on nous oppose couramment la démocratie marxiste ou socialiste à la démocratie libérale. Il faut aussi ajouter qu'à l'intérieur de chacune d'elles, il existe des degrés : la démocratie pratiquée en ex-Union soviétique ou en Chine populaire est différente de celle qui a cours en ex-Yougoslavie ; la démocratie américaine n'est pas identique à la démocratie française. Enfin, de toutes les formes de gouvernement, la démocratie est assurément le régime le plus intéressant à analyser. Non seulement parce qu'elle représente dans son principe un idéal vers lequel toute société doit tendre, une sorte de modèle institutionnel, mais aussi parce qu'il s'agit du système le plus perfectionné dans ses mécanismes.[737]

Le modèle du régime démocratique repose sur les trois éléments suivants :

- L'élection des gouvernants par le peuple ;
- La séparation des pouvoirs ;
- Le contrôle juridictionnel des gouvernants.

Se proposant d'associer dans toute la mesure du possible des citoyens à la gestion des affaires publiques, le régime démocratique comporte en effet une très grande variété de rouages destinés à faciliter cette liaison. Il constitue ainsi le type le plus élaboré et par conséquent fort instructif d'aménagement constitutionnel.[738]

Canalisée par l'État de droit, la démocratie acquiert nécessairement une coloration nouvelle : non seulement les mécanismes juridiques en viennent à prendre une importance croissante dans le jeu politique, mais encore l'accent mis sur les garanties juridiques conduit à relativiser la légitimité issue de l'élection ; un tel glissement ne peut cependant qu'entraîner un certain nombre de difficultés, de contradictions, voire d'impasses.[739]

La dogmatique de l'État de droit tend à la reformulation des enjeux politiques en termes juridiques : les problèmes sont abordés dans le langage du droit et traités à travers les catégories de l'entendement juridique, ce qui entraîne leur reformulation. Le droit est devenu une source dont les acteurs politiques ne peuvent plus se passer et une arme privilégiée dans le combat politique : la légitimité des arguments échangés sera d'autant plus forte qu'ils seront coulés dans le bronze du droit. En cherchant ainsi à s'appuyer sur le droit, les acteurs politiques contribuent à ancrer la croyance dans la

---

736 Mpongo Bokako B. E., Op.cit, page 3, 328 pages.

737 Mpongo Bokako B. E., Op.cit, page 3, 328 pages.

738 Jeannot Benoit, *Droit constitutionnel et institution politique*, cité par Mpongo Bokako B. E., Op.cit, page 4.

739 Chevalier Jacques, Op.cit, page 136.

force du droit : la politique peut dès lors apparaître comme étant de plus en plus « saisie par le droit ».[740]

Cette conception nouvelle de la démocratie ne s'exprime pas seulement par le développement du rôle du juge : le recours à des experts, pour éclairer le sens des décisions à prendre, l'appel à des sages pour énoncer des solutions praticables et rechercher les voies d'un consensus, la mise en place enfin d'instances de régulation indépendantes, pour assurer une meilleure protection des libertés et arbitrer entre les intérêts en présence, révèlent une humilité nouvelle du politique et la promotion des nouveaux acteurs s'appuyant sur d'autres principes de légitimité que l'élection. Indissociable d'une crise de la représentation, la promotion de l'État de droit s'inscrit donc dans un mouvement plus général de réévaluation des réformes de la démocratie, qu'elle contribue à légitimer.[741]

En République démocratique du Congo, après la première expérience démocratique de l'élection présidentielle de 2006 qui avait conduit le candidat malheureux au second tour, Jean-Pierre Bemba, à user de toutes les voies légales de recours en annulation de l'élection, les gouvernants soucieux de préserver la paix sociale ont recouru non seulement à des sages et des experts extérieurs, mais aussi avaient sollicité et obtenu que les candidats présidentiables à l'élection de 2011 déclarent avant la publication des résultats qu'ils voulaient tous « ... que les élections se passent dans un climat apaisé. »

De même, après la proclamation de sa victoire par la Cour suprême de Justice, le Président réélu de la République démocratique du Congo a déclaré lors de son discours d'investiture : « Président de tous les Congolais, je reste fidèle à mon ouverture d'esprit traditionnel. Je suis convaincu qu'ensemble, déterminés et motivés, nous ne pouvons que relever le défi de l'émergence de notre pays. Je travaillerai donc avec tous les compatriotes qui ont la passion du Congo et qui veulent sincèrement œuvrer à sa modernisation. Au service de la patrie, il n'y a point de camp politique. Seuls comptent la compétence, le patriotisme et la bonne volonté. »[742]

Ainsi donc, la promotion de la démocratie en RDC va au-delà des critères naturels qui sont l'élection des gouvernants par le peuple, la séparation des pouvoirs et le contrôle juridictionnel des gouvernants ; car, il faudrait désormais y ajouter la participation à l'exercice du pouvoir de tout patriote, quelle que soit sa couleur politique. Cette idée, disons-le, n'est pas une originalité de la RDC, car, en France, l'ex-Président Nicolas Sarkozy qui est de la droite était allé au-delà des critères naturels de la démocratie en faisant entrer au gouvernement des personnalités de la gauche, à savoir

---

[740] Chevalier Jacques, Op.cit, page 136.
[741] Idem, pp. 138-139.
[742] Extrait du discours du Président Joseph Kabila lors de sa prestation de serment, le 20 décembre 2011.

Bernard Kouchner et Frédéric Mitterrand comme quoi, au-delà de la démocratie cantonnée sur des clivages idéologiques et politiques, l'intérêt supérieur d'une nation qui demeure sa couleur politique ou idéologique prime toujours.

Promouvoir la démocratie c'est donc accepter d'une part les règles établies du jeu démocratique et d'autre part faire participer tout patriote, quelle que soit sa couleur politique, à l'effort de la reconstruction et du développement du pays.

*3.3.2. Le développement participatif et durable*

Un pays entrant dans la période post-conflit est confronté à des problèmes multiples et gigantesques. En effet, pendant cette période, beaucoup de personnes continuent à être menacées dans leurs survies par la précarité de leurs possibilités de se nourrir, d'avoir accès à l'eau, à des logements et à des services de santé ; elles sont menacées par les épidémies qui restent présentes malgré la fin du conflit.[743]

Après le conflit, la population constatera et appréciera donc les bénéfices de la paix lorsque les routes et les bâtiments seront réparés, lorsque l'électricité et les télécommunications seront rétablies, lorsque des logements seront fournis et lorsque les écoles et les hôpitaux seront accessibles à tous.[744]

Cependant, le développement participatif et durable d'un pays post-conflit tel que la RDC ne saurait se concrétiser qu'à l'observance de certains préalables, notamment la sécurité communautaire et la participation de la femme à la vie politique, économique et sociale.

3.3.2.1. La sécurité communautaire

La sécurité communautaire se définit comme étant « l'ensemble des mesures formelles et informelles, officielles ou privées ayant pour but d'écarter des dangers de toute nature en vue de la préservation de la cohésion et du bien-être des groupes humains partageant une appartenance commune, un territoire commun, des valeurs et des intérêts communs ».[745]

Ces mesures formelles et informelles, officielles ou privées obéissent à une démarche opératoire comprenant cinq étapes essentielles, à savoir l'établissement d'un diagnostic de sécurité au niveau de la communauté, la mise en place d'un comité d'action, l'identification des partenaires,

---

[743] Unyon Vakpa Katumba I., « La construction de la paix durable en Ituri, Rôle des communautés de base », UNIKIN, Chaire UNESCO, 2008-2010, page 198, 254 pages.

[744] Unyon Vakpa Katumba I., Op.cit, page 198, 254 pages.

[745] Idem, page 175.

l'élaboration et la mise en œuvre d'un plan d'action, le développement des cadres de concertation et, enfin, le suivi et l'évaluation des actions menées.[746]

3.3.2.2. La participation de la femme à la vie politique, économique et sociale

Nous rappelons que la consolidation de la paix dans sa dimension politique suppose la réconciliation nationale, un nouveau consensus et de nouvelles institutions politiques ainsi qu'une participation active de la femme.

Les efforts pour consolider la paix n'ont pas beaucoup de chances d'aboutir si les femmes n'y jouent pas le rôle qui leur revient. En effet, ce sont les femmes qui sont les plus ardents défenseurs des solutions pacifiques parce que ce sont elles et les enfants qui souffrent le plus pendant les conflits.[747]

Les femmes doivent être impliquées dans le désarmement pratique en leur qualité de combattantes en tant que pourvoyeuses d'armes, en tant que victimes et en tant que gardiennes de malades.[748]

- **Femmes combattantes**

Comme combattantes, les femmes portent les armes, y compris les armes légères et de petit calibre. Alors qu'elles sont souvent exclues des programmes formels de désarmement, démobilisation et réinsertion (DDR), les femmes et les jeunes filles peuvent pourtant continuer à receler des armes pendant la période post-conflit. De ce fait, elles peuvent participer aux programmes de collecte des armes et dans les autres formes de désarmement pratique en remettant leurs armes aux autorités pour destruction.[749]

- **Femmes pourvoyeuses d'armes**

Les femmes sont souvent moins suspectes et peuvent être utilisées pour participer dans la contrebande et la cache des armes illégales soit par coercition, soit pour de l'argent ou autres récompenses en tant que sympathisantes d'une des parties au conflit. Après la guerre, les femmes

[746] Unyon Vakpa Katumba I., Op.cit, page 175, 254 pages.
[747] Unyon Vakpa Katumba Innocent, Op.cit, page 229.
[748] Idem, page 231.
[749] Unyon Vakpa Katumba Innocent, Op.cit, page 231.

peuvent continuer à détenir des informations sur les caches et les itinéraires d'armes.[750]

- **Femmes victimes**

Les femmes sont victimes des armes légères et de petit calibre dans les zones libérées du conflit et sont beaucoup moins enclines à posséder les armes que les hommes. Pendant la guerre, les fusils peuvent être utilisés pour tuer mais également pour faciliter les autres formes d'abus, y compris la violence basée sur le genre, qui affectent les femmes d'une manière disproportionnée.[751]

Suite à la guerre, la présence des armes au foyer contribue souvent à des formes plus sévères de violence domestique. En fait, les femmes considèrent souvent les fusils au foyer comme un risque, plutôt que comme une forme de protection.[752]

Les mines terrestres continuent également à affecter les femmes après la guerre. Étant donné la division du travail entre les sexes, les femmes peuvent être particulièrement affectées par les mines terrestres si leurs tâches incluent le ramassage du bois de chauffage ou la collecte de l'eau par exemple.[753]

- **Femmes gardiennes de malades**

Lorsque les armes légères et de petit calibre continuent à circuler après la guerre, la famille demeure victime de la violence par les armes ou par les explosions des mines terrestres. Dans beaucoup de cas, ce sont les femmes qui doivent supporter le fardeau additionnel de s'occuper des malades et des handicapés.[754]

Les femmes peuvent contribuer de trois façons au désarmement pratique grâce à leur rôle au foyer et dans la communauté.[755]

a. Les femmes connaissent la situation, les besoins et les préoccupations de la communauté…

Les femmes détiennent souvent d'importantes informations sur le nombre et le type d'armes au sein de la communauté et les attitudes à leur égard. Elles connaissent parfois la localisation des caches et des routes d'armes au niveau local, et elles sont conscientes des traditions relatives à

[750] Ibidem.
[751] Idem, page 232.
[752] Ibidem.
[753] Ibidem.
[754] Unyon Vakpa Katumba Innocent, Op.cit, page 232.
[755] Idem, page 233.

l'usage des armes. Elles peuvent choisir de remettre secrètement les armes des membres de leurs familles.[756]

Les femmes connaissent également les besoins de la communauté et peuvent aider à déterminer le genre de programme de collecte des armes qui pourrait être le plus approprié, les cibles à atteindre, à quelle période il faudrait le mettre en œuvre, et comment diffuser l'information y relative. Les femmes peuvent également identifier les zones minées qui pourraient être négligées par les autres.[757]

b. Les femmes œuvrent pour la sécurité au foyer et dans la communauté.

Les organisations féminines sont concrètement actives dans l'allégement des effets des armes légères et de petit calibre sur leurs communautés. Elles interviennent dans les disputes non violentes, participent dans les forums communautaires pour enrichir les programmes, conscientiser les gens sur la violence des effets des armes légères et de petit calibre, éduquer et former la jeunesse et les dirigeants communautaires en résolution non violente des conflits et créer un système de récupération au sein de la communauté pour la collecte des armes.[758]

c. Les femmes travaillent informellement pour la sécurité au foyer et au sein de la communauté.

Les femmes possèdent souvent beaucoup d'influence au foyer et dans la communauté. Souvent, elles exercent l'autorité morale en tant que mères pour encourager leurs enfants et leurs familles à rendre les armes. Elles sont probablement dans la plupart des cas capables de transmettre une information pertinente sur les dangers des armes légères et de petit calibre, spécialement les mines terrestres, à leurs enfants et à leurs familles.[759]

Les femmes n'ont toujours pas été assez associées à des entretiens officiels étant donné qu'elles n'ont pas accès et qu'elles ne participent pas au processus décisionnel au sein des institutions et organisations avant que le conflit n'éclate.[760]

Cependant, l'implication des femmes dans les négociations et la réconciliation nous semble être utile pour les raisons ci-après :

- D'abord, l'expérience montre que les discussions et les médiations permettent parfois à des femmes appartenant à des groupes rivaux dans un conflit de trouver plus facilement un terrain d'entente ;

---

756 Ibidem.

757 Ibidem.

758 Unyon Vakpa Katumba Innocent, Op.cit, page 234.

759 Ibidem.

760 Idem, page 236, 254 pages.

- Ensuite, en tant que mères, épouses ou sœurs des dirigeants, les femmes peuvent jouer un rôle très important en intervenant indirectement dans les prises de décisions et partant dans les déclarations ou le règlement des conflits armés ;
- Enfin, étant donné que la femme donne la vie, elle est de ce fait mieux placée pour connaître sa valeur et mieux la préserver, ce qui devrait lui conférer un rôle régulateur dans le règlement des crises.[761]

En ce qui concerne l'implication de la femme dans le développement socio-économique, personne n'ignore que les femmes sont des partenaires clés de développement socio-économique des pays en voie de développement comme la RDC et autres…

Les femmes sont des partenaires clés de développement socio-économique, à condition de leur donner la possibilité et les ressources nécessaires et d'éliminer certains obstacles qu'elles rencontrent tels que les barrières érigées par la tradition et la discrimination.

La construction d'un développement participatif et durable exige aussi que la parole soit donnée aux acteurs et actrices de la communauté de base afin de s'assurer que les plus pauvres ont eu la possibilité de s'exprimer, que les moyens ont été répartis de manière équitable et, enfin, que les églises, la communauté, la société civile et les partenaires soient informés de manière transparente sur la gestion de la cité.

Enfin, la concrétisation de l'État de droit étant un processus en cours, nous ne saurons nous empêcher de penser à la prospective de l'instauration de l'État des droits de l'homme en RDC.

Comment alors cet État des droits de l'homme en perspective va se matérialiser ?

[761] Unyon Vakpa Katumba Innocent, Op.cit, page 237.

# CHAPITRE II
# MATÉRIALITÉ DE L'ÉTAT DES DROITS DE L'HOMME

Le concept des droits de l'homme est devenu, à l'heure actuelle, une espèce de mode. Tout le monde en parle. Tout le monde veut se montrer préoccuper par les problèmes qu'ils suscitent dans les sociétés humaines.

Au plan national, les intellectuels comme les hommes politiques s'en préoccupent. Mais les gouvernants, encore davantage tant il est vrai qu'ils y sont confrontés « au quotidien » et vivent ces problèmes en permanence.

Au plan international, outre les préoccupations des institutions internationales intergouvernementales et des États, bien des Organisations non gouvernementales ont vu le jour et s'occupent des droits de l'homme, chacune à sa manière, selon sa philosophie et ses méthodes. Dans la réalité politique quotidienne, la notion des droits de l'homme peut être diversement entendue par les individus comme par les États d'après les tendances idéologiques.

Sous l'angle purement juridique, les droits de l'homme peuvent se définir comme étant les prérogatives, gouvernées par des règles, que la personne détient dans ses relations avec des particuliers et avec l'État.[762]

On reconnaît les droits de l'homme d'abord à des individus. On reconnaît ces droits également à des collectivités d'hommes. Ainsi, les peuples ont des droits (par exemple, celui de disposer d'eux-mêmes, de se choisir librement un gouvernement et la forme de ce gouvernement). Ainsi, l'État a des droits (par exemple, celui de se servir de ses fils et de ses filles pour la défense du territoire national). Ainsi, la famille a des droits (par exemple, le droit à la protection de l'État).[763]

En réalité, les droits des collectivités ne constituent pas par eux-mêmes des droits ; ils correspondent davantage aux devoirs que nous, les individus, avons vis-à-vis des collectivités dans lesquelles et grâce auxquelles nous vivons et nous nous développons… de telle sorte que, lorsqu'on parle des droits humains, c'est généralement des droits humains individuels dont il est question.[764]

Sur ce, l'État des droits de l'homme est donc un État qui met l'homme et tous ses droits au centre de tout. C'est cet État où les droits humains sont non seulement sacrés, mais aussi et surtout leur respect demeure de stricte application. Ainsi, la prospective d'État des droits de l'homme pour la RDC

---

762 Mongeon, cité par Nimy Mayidika N., in « Mélanges pour une nouvelle révolution », sous la direction de Sakombi Inongo, Éd. Lokole, 1987, page 204, 343 pages.

763 Nimy Mayidika N., Op.cit, page 205, 343 pages.

764 Nimy Mayidika N., Op.cit, page 205, 343 pages.

requiert des préalables, notamment : les mécanismes de promotion et de protection des droits de l'homme ainsi que la quête de la paix (section 1), le renforcement des capacités des juridictions congolaises (section 2) et la consolidation de coopération judiciaire entre la CPI et la RDC (section 3).

## 1. MÉCANISMES DE PROMOTION ET DE PROTECTION DES DROITS DE L'HOMME

Après l'examen des mécanismes de promotion des droits de l'homme (1.1), nous étudierons les dispositifs pour assurer la protection desdits droits (1.2).

### 1.1. Mécanismes de promotion des droits de l'homme

Promouvoir les droits de l'homme, c'est nommer, désigner, encourager, favoriser, impulser, stimuler les textes de la Déclaration universelle des droits de l'homme à travers des instruments de sensibilisation tels que les mass médias (1.1.1) et les supports de communication (1.1.2).

#### *1.1.1. Mass médias*

Les mass médias désignent les moyens modernes de communication de masse. Ils sont multiples :

- Presse écrite : l'ensemble des moyens de diffusion de l'information écrite englobant notamment les journaux quotidiens, les publications périodiques et les organismes professionnels liés à la diffusion de l'information.
- Radiodiffusion : c'est la diffusion par les ondes électromagnétiques.
- Télévision : c'est l'ensemble des techniques destinées à émettre et recevoir des séquences audio-visuelles, appelées programmes (émissions, films et séquences publicitaires).
- Vidéo : regroupe l'ensemble des techniques permettant l'enregistrement ainsi que la restitution d'images animées, accompagnées ou non de son.
- Internet : est un système mondial d'interconnexion de réseaux informatiques, utilisant un ensemble standardisé de protocoles de transfert de données.

Qu'en est-il des supports de communication ?

#### *1.1.2. Supports de communication*

Par supports de communication, il faut comprendre tout objet qui soutient la diffusion de la communication. Il peut être visuel (affiches, banderoles…), sonore (compact disc), vidéo (DVD) ou autres (colloques, séminaires, débats…).

Les mass médias et les supports de communication constituent les moyens de sensibilisation par lesquels les organisations des droits de l'homme tant nationales qu'internationales assurent la promotion de ces droits dont les plus marquants sont :

- le droit à l'égalité : égalité dans la protection de la loi ; égalité devant la loi ; égalité dans l'accès aux fonctions publiques ;
- le droit au respect de la vie : interdiction des traitements inhumains ou dégradants ;
- le droit au respect de la liberté personnelle : interdiction du travail forcé ; condamnation de tout abus d'autorité ;
- la garantie contre l'arbitraire : pas d'arrestation arbitraire ; présomption d'innocence de l'accusé ;
- la garantie pour une justice honnête : respect des règles de procédures ; les droits de la défense sont garantis ;
- la famille, base naturelle de la communauté : liberté de se marier ; éducation, droit et devoir des parents ;
- le droit au libre travail : le droit de grève reconnu aux travailleurs ;
- le droit de propriété : pas d'expropriation sans indemnité préalable ;
- liberté du domicile : choix libre du domicile ; le domicile est inviolable ;
- liberté de pensée : liberté de culte ; liberté de la presse.

Enfin, il existe des droits humains dont il est de plus en plus souvent question actuellement, à savoir la liberté d'association, les droits à la différence, à un environnement sain, au développement, au bénéfice du patrimoine commun de l'humanité et à la paix.

Toutefois, il est utile de signaler que la promotion des droits humains est supervisée dans la plupart des cas par des gouvernements, des organes intergouvernementaux, les Organisations non gouvernementales internationales et nationales…

Quels sont alors les dispositifs requis pour protéger les droits de l'homme ?

### 1.2. Dispositifs de protection des droits humains

Il convient de dissocier les mécanismes ou dispositifs de protection des droits humains sur le plan international (1.2.1) et sur le plan national (1.2.2).

*1.2.1. Sur le plan international*

Sur le plan international, les organes internationaux de protection des droits de l'homme sont : le Conseil des droits de l'homme, les organes des traités et les cours et tribunaux internationaux.

- **Le Conseil des droits de l'homme**

C'est un organe intergouvernemental du système des Nations-Unies, composé de 47 États qui ont la responsabilité de renforcer la promotion et la protection des droits de l'homme autour du globe. Le conseil a été créé par l'Assemblée générale de l'ONU, le 15 mars 2006, avec le but principal d'aborder des situations de violation des droits de l'homme et d'émettre des recommandations à leur encontre.

- **Organes de traités**

- **Le Comité des droits de l'homme** : Le Comité des droits de l'homme est un organe composé d'experts indépendants qui surveille l'application du pacte international relatif aux droits civils et politiques par les États-parties.
- **Le Comité des droits économiques, sociaux et culturels** : Le Comité des droits économiques, sociaux et culturels est un organe composé d'experts indépendants qui surveille l'application du pacte international relatif aux droits économiques, sociaux et culturels par les États-parties. Le comité a été créé par la résolution 1985/17 du Conseil économique et social en date du 28 mai 1985 pour mener à bien les tâches de surveillance confiées au conseil en vertu de la quatrième partie du pacte.
- **Le Comité pour l'élimination de la discrimination raciale** : Le Comité pour l'élimination de la discrimination raciale est un organe composé d'experts indépendants qui surveille l'application de la convention sur l'élimination de toutes les formes de discrimination raciale par les États-parties.
- **Le Comité contre la torture** : Le Comité contre la torture est un organe composé d'experts indépendants qui surveille l'application de la convention contre la torture et autres peines ou traitements cruels, inhumains ou dégradants par les États-parties.
- **Le Comité des droits de l'enfant** : Le Comité des droits de l'enfant est un organe composé d'experts indépendants qui surveille l'application de la convention relative aux droits de l'enfant par les États-parties. Il surveille aussi la mise en œuvre des deux protocoles facultatifs à la convention, l'un concernant l'implication d'enfants

dans les conflits armés, l'autre la vente d'enfants, la prostitution des enfants et la pornographie mettant en scène des enfants.

- **Le Comité des travailleurs migrants** : Le Comité pour la protection des droits de tous les travailleurs migrants et des membres de leurs familles est un organe composé d'experts indépendants qui surveille l'application de la convention internationale sur la protection des droits de tous les travailleurs migrants et des membres de leurs familles par les États-parties. Dernier-né des organes conventionnels, il a tenu sa première session en mars 2004.
- **Comité des droits des personnes handicapées** : Le Comité des droits des personnes handicapées est un organe composé d'experts indépendants qui surveille l'application de la convention par les États-parties.

**- Cours et tribunaux internationaux**

- Cour pénale internationale ;
- Tribunal pénal international pour le Rwanda ;
- Tribunal pénal international pour l'ex-Yougoslavie ;
- Cour africaine des droits de l'homme ;
- Cour européenne des droits de l'homme ;
- Cour interaméricaine des droits de l'homme ;
- Tribunal spécial pour la Sierra-Leone ;
- Tribunal spécial pour le Cambodge.

*1.2.2. Sur le plan national*

Sur le plan national, nous avons comme mécanismes de protection des droits humains : la Constitution, le ministère de la Justice et des Droits humains, les cours et tribunaux et les Organisations non gouvernementales, les mouvements et associations, les églises et autres organisations similaires…

**- Constitution**[765]

Le constituant tient à réaffirmer l'attachement de la République démocratique du Congo aux droits humains et aux libertés fondamentales tels que proclamés par les instruments juridiques internationaux auxquels elle a adhéré. Aussi, a-t-il intégré ces droits et libertés dans le corps même de la Constitution. À cet égard, répondant aux signes du temps, l'actuelle

[765] http://www.presidentrdc.cd/constitution.html

Constitution introduit une innovation de taille en formalisant la parité homme-femme.

**Article 11**

Tous les êtres humains naissent libres et égaux en dignité et en droits. Toutefois, la jouissance des droits politiques est reconnue aux seuls Congolais, sauf exceptions établies par la loi.

**Article 12**

Tous les Congolais sont égaux devant la loi et ont droit à une égale protection des lois.

**Article 13**

Aucun Congolais ne peut, en matière d'éducation et d'accès aux fonctions publiques ni en aucune autre matière, faire l'objet d'une mesure discriminatoire, qu'elle résulte de la loi ou d'un acte de l'exécutif, en raison de sa religion, de son origine familiale, de sa condition sociale, de sa résidence, de ses opinions ou de ses convictions politiques, de son appartenance à une race, à une ethnie, à une tribu, à une minorité culturelle ou linguistique.

**Article 14**

Les pouvoirs publics veillent à l'élimination de toute forme de discrimination à l'égard de la femme et assurent la protection et la promotion de ses droits.

Ils prennent, dans tous les domaines, notamment dans les domaines civil, politique, économique, social et culturel, toutes les mesures appropriées pour assurer le total épanouissement et la pleine participation de la femme au développement de la nation. Ils prennent des mesures pour lutter contre toute forme de violence faite à la femme dans la vie publique et privée. La femme a droit à une représentation équitable au sein des institutions nationales, provinciales et locales.

L'État garantit la mise en œuvre de la parité homme-femme dans lesdites institutions.

La loi fixe les modalités d'application de ces droits.

**Article 15**

Les pouvoirs publics veillent à l'élimination des violences sexuelles.

Sans préjudice des traités et accords internationaux, toute violence sexuelle faite sur toute personne, dans l'intention de déstabiliser, de disloquer une famille et de faire disparaître tout un peuple est érigée en crime contre l'humanité puni par la loi.

**Article 16**

La personne humaine est sacrée. L'État a l'obligation de la respecter et de la protéger.

Toute personne a droit à la vie, à l'intégrité physique ainsi qu'au libre développement de sa personnalité dans le respect de la loi, de l'ordre public, du droit d'autrui et des bonnes mœurs. Nul ne peut être tenu en esclavage ni dans une condition analogue. Nul ne peut être soumis à un traitement cruel, inhumain ou dégradant. Nul ne peut être astreint à un travail forcé ou obligatoire.

**Article 17**

La liberté individuelle est garantie. Elle est la règle, la détention l'exception. Nul ne peut être poursuivi, arrêté, détenu ou condamné qu'en vertu de la loi et dans les formes qu'elle prescrit. Nul ne peut être poursuivi pour une action ou une omission qui ne constitue pas une infraction au moment où elle est commise et au moment des poursuites.

Nul ne peut être condamné pour une action ou une omission qui ne constitue pas une infraction à la fois au moment où elle est commise et au moment de la condamnation.

Il ne peut être infligé de peine plus forte que celle applicable au moment où l'infraction est commise.

La peine cesse d'être exécutée lorsqu'en vertu d'une loi postérieure au jugement : - elle est supprimée ; - le fait pour lequel elle était prononcée n'a plus le caractère infractionnel. En cas de réduction de la peine en vertu d'une loi postérieure au jugement, la peine est exécutée conformément à la nouvelle loi. La responsabilité pénale est individuelle. Nul ne peut être poursuivi, arrêté, détenu ou condamné pour fait d'autrui. Toute personne accusée d'une infraction est présumée innocente jusqu'à ce que sa culpabilité ait été établie par un jugement définitif.

**Article 18**

Toute personne arrêtée doit être immédiatement informée des motifs de son arrestation et de toute accusation portée contre elle, et ce, dans la langue qu'elle comprend. Elle doit être immédiatement informée de ses droits. La personne gardée à vue a le droit d'entrer immédiatement en contact avec sa famille ou avec son conseil. La garde à vue ne peut excéder quarante-huit heures. A l'expiration de ce délai, la personne gardée à vue doit être relâchée ou mise à la disposition de l'autorité judiciaire compétente. Tout détenu doit bénéficier d'un traitement qui préserve sa vie, sa santé physique et mentale ainsi que sa dignité.

**Article 19**

Nul ne peut être ni soustrait ni distrait contre son gré du juge que la loi lui assigne.

Toute personne a droit à ce que sa cause soit entendue dans un délai raisonnable par le juge compétent. Le droit de la défense est organisé et garanti.

Toute personne a le droit de se défendre elle-même ou de se faire assister d'un défenseur de son choix, et ce, à tous les niveaux de la procédure pénale, y compris l'enquête policière et l'instruction pré-juridictionnelle. Elle peut se faire assister également devant les services de sécurité.

Toute personne a droit à la liberté de pensée, de conscience et de religion. Toute personne a le droit de manifester sa religion ou ses convictions, seule ou en groupe, tant en public qu'en privé, par le culte, l'enseignement, les pratiques, l'accomplissement des rites et l'état de vie religieuse, sous réserve du respect de la loi, de l'ordre public, des bonnes mœurs et des droits d'autrui.

La loi fixe les modalités d'exercice de ces libertés.

**Article 23**

Toute personne a droit à la liberté d'expression. Ce droit implique la liberté d'exprimer ses opinions ou ses convictions, notamment par la parole, l'écrit et l'image, sous réserve du respect de la loi, de l'ordre public et des bonnes mœurs.

- **Ministère de la Justice et des Droits humains**[766]

La justice congolaise étant une justice en mouvement, sa réforme a déjà commencé en République démocratique du Congo. Toute une série de mesures prises durant la transition a déjà posé les bases d'une nouvelle justice : rédaction d'un nouveau code pénal militaire (2002), modifications du code pénal, loi sur le statut des magistrats (2006) et surtout nouvelle Constitution la même année qui affirme les droits et libertés fondamentaux et restructure le système judiciaire en réorganisant le Conseil supérieur de la magistrature et en instituant une Cour de cassation, un conseil d'État et une Cour constitutionnelle.

L'objectif global est de rapprocher la justice du justiciable tant en ce qui concerne la facilitation de l'accès aux services judiciaires dans leur ensemble qu'en ce qui concerne l'amélioration qualitative de l'offre de la justice.

---

766 http://www.justice.gov.cd/files/politique_sect_justice.html

- **Les cours et les tribunaux**

**Article 21**

Tout jugement est écrit et motivé. Il est prononcé en audience publique.

- **Organisations non gouvernementales de défense et de protection des droits de l'homme**

- Réseau national des ONG des Droits de l'Homme de la République démocratique du Congo « RENADHOC » ;
- Réseau des Organisations des Droits humains et d'Éducation civique d'Inspiration chrétienne « RODHECIC » ;
- Réseau des Droits humains au Congo « REDHUC » ;
- Collectif des Organisations des Jeunes solidaires du Congo-Kinshasa « COJESKI-RDC » ;
- Réseau Action Femme « RAF » ;
- Coalition des ONG des Droits de l'Enfant « CODE » ;
- Réseau national pour la Promotion des Droits de l'Enfant « RENAPRODEN » ;
- Comité Droits de l'Homme Maintenant « CDHM » ;
- Voix des Sans-voix « VSV » ;
- Association africaine de Défense des Droits de l'Homme « ASADHO » ;
- Etc.

Il est vrai, tel que démontré ci-haut, que la RDC, dans la prospective de l'avènement de l'État des droits de l'homme, a mis sur pied des dispositifs afin de promouvoir et de protéger les droits humains.

Toutefois, faudrait-il encore au-delà des dispositifs de promotion et de protection des droits de l'homme ci-haut cités renforcer les capacités des juridictions internes.

### 1.3. La quête de la paix : une affaire de tous les Congolais

Dans un État des droits de l'homme, il n'y a pas d'un côté les privilégiés et de l'autre les assujettis à la loi. La loi est applicable à tous. La responsabilité première de la paix de la RDC incombe respectivement aux Congolais eux-mêmes. Tant il est vrai que la paix authentique d'un peuple ne s'est jamais faite et ne se fera jamais ni par procuration ni par enchantement. Les Congolais doivent se laisser bien convaincre qu'ils sont eux-mêmes les premiers concernés dans la problématique de la paix sur leur propre pays. On pourra interpeller chaque ressortissant de la RDC de la façon suivante : Congolais, recherche la véritable paix qui vient de Dieu.

Aide-toi et le ciel t'aidera… Évite le ressentiment, renonce à l'esprit de division, dis non à l'égoïsme et à la convoitise, enterre la hache de la haine, vaincs les médisances et surmonte le complexe adamique car tous ces vices conduisent à la violence. Aie des aspirations justes et saines. Ce que tu veux pour toi-même, souhaite qu'il advienne de même à tes frères car le destin de la RDC ne peut être forcé par des guerres interminables.[767]

La paix devient donc à la fois moyen et finalité du développement global de toute société humaine et plus particulièrement de la société congolaise qui décolle difficilement au plan économique, entre autres, par le fait qu'elle est continuellement enfermée dans le cercle vicieux de la violence. En d'autres termes, la paix doit être considérée comme une valeur inéluctable et un facteur de développement car il ne peut y avoir, d'une part, de développement sans paix, et, d'autre part, le développement lui-même consolide la paix. À l'avis de Jean Ping, « la paix est un préalable à toute entreprise de développement durable ».[768]

Au-delà du développement considéré dans son sens courant du progrès social et économique, la paix conduit, d'après l'expression du pape Paul VI, dans son encyclique *Populorum progressio*, au « développement authentique de l'homme, dans tout son être et tout son agir ».[769]

L'appel au dépassement et au pardon revient sous la plume du Prix Nobel de la paix, l'archevêque anglican Desmond Tutu, à propos de la situation de l'Afrique du Sud qui dit qu'« il n'y a pas d'avenir sans pardon ». Le pape Jean-Paul II aborde dans la même perspective lors de son message pour la Journée mondiale de la paix de 2002 en déclarant qu'« il n'y a pas de paix sans justice, il n'y a pas de justice sans pardon ».[770]

Ce grand apôtre de la paix va même plus loin en considérant à travers certains de ses écrits que le secret de la paix véritable réside dans le respect des droits de l'homme. C'est ce qui ressort de sa première encyclique *Redemptor hominis* où il souligne substantiellement que la paix fleurit quand les droits de l'homme sont observés intégralement, tandis que la guerre naît de leur violation et devient ensuite cause de violations ultérieures les plus graves encore. Son prédécesseur, le pape Jean XXIII, résume son message de paix au monde dans la première affirmation de l'encyclique *Pacem in terris* : « La paix sur terre, objet du profond désir de l'humanité de tous les

---

767 Père Jean-Marie Bukasa Malu, cité par Valentin Ntumba Kapambu, in *Afrika Telema*, Éd. du Cerdaf, 2011, page 46, 60 pages.

768 Message de Jean Ping, président de la Commission de l'Union africaine, à l'occasion de la Journée internationale de la paix, 21 septembre 2010. http://www.africa-union.org

769 Pape Paul VI, « Lettre encyclique Populorum progressio (26 mars 1967) », n° 4.

770 Valentin Ntumba Kapambu, in *Afrika Telema*, Éd. du Cerdaf, 2011, page 49, 60 pages.

temps, ne peut se fonder ni s'affermir que dans le respect de l'ordre établi par Dieu ».[771]

La paix de la RDC ne peut se faire sans une réelle volonté politique de la part des gouvernants. Par réelle volonté politique, on voudrait entendre une volonté qui ne réside pas au niveau des discours mais celle suivie d'actions concrètes allant dans le sens de la promotion de l'édification ou même du rétablissement de la paix.

Voilà pourquoi dans la Constitution pastorale « Gaudium et Spes », le concile Vatican II trouve qu'il est inutile aux chefs d'État « de chercher à faire la paix tant que les sentiments d'hostilité, de mépris et de défiance, tant que les haines raciales et les partis pris idéologiques divisent les hommes et les opposent. D'où l'urgence et l'extrême nécessité d'un renouveau dans la formation des mentalités et d'un changement de ton dans l'opinion publique. Que ceux qui se consacrent à une œuvre d'éducation, en particulier auprès des jeunes, ou qui forment l'opinion publique considèrent comme leur plus grave devoir celui d'inculquer à tous les esprits de nouveaux sentiments générateurs de paix » (GS, n° 82, §3). Ban Ki-Moon, le Secrétaire général de l'ONU, a appelé récemment les jeunes à participer à la promotion d'un monde plus pacifique : « Les jeunes doivent jouer un rôle central. La paix est précieuse. Elle doit être nourrie, entretenue et protégée. C'est notre travail à tous ».[772]

Si l'action de l'État se trouve la plupart du temps renfermée dans ses limites, le rôle de l'Église dans le processus de la paix n'est pas à négliger. Toutefois, il faudrait éviter dans un État des droits de l'homme le conflit entre l'État et l'Église, car les deux institutions sont appelées à concourir à une paix durable.

La quête de la paix est une affaire de tous : gouvernants, gouvernés, riches, pauvres, églises, confessions religieuses, sociétés civiles, étrangers, militaires, civils. Bref, tout celui qui réside en RDC doit concourir à l'avènement de la paix qui est le préalable à tout développement.

Rappelons-nous que l'utilisation des obus et des détonateurs a pour conséquences la destruction des bâtiments publics et des maisons d'habitation. Les personnes qui ne participent pas directement aux hostilités se voient contraintes par la force des choses de fuir les zones de combat à la recherche d'un camp de réfugiés dont les conditions d'existence sont à la limite infrahumaines. Les personnes ayant abandonné un domicile décent, un champ, une ferme où ayant vu leur maison ou leur usine détruite se voient obligées de vivre sous des tentes. Comment prétendre à la productivité du travail, source de développement, quand on sait qu'avec la guerre les populations actives sont mises au chômage par le fait qu'elles ont soit arrêté

[771] Valentin Ntumba Kapambu, in *Afrika Telema*, Éd. du Cerdaf, 2011, page 49, 60 pages.
[772] Idem, page 52, 60 pages.

brutalement le fonctionnement de leurs unités de production, soit qu'elles ont perdu des capitaux investis.[773]

Sur ce, la quête de la paix demeure indispensable pour tout État des droits de l'homme.

## 2. Renforcement des capacités des juridictions congolaises

La répression par les juridictions congolaises des crimes d'une cruauté aussi grave que sont les crimes de guerre, les crimes contre l'humanité et le crime de génocide exige des structures logistiques appropriées, des textes juridiques cohérents et des moyens financiers conséquents.

Mais comment rendre justice, avec un système judiciaire lui-même en délabrement, des effectifs réduits et des infrastructures détruites ou inexistantes ? L'on se rend bien vite à l'évidence qu'en la matière les vœux pieux sont sans impact et que la crédibilité des discours sur le rétablissement de l'autorité de l'État ou encore de la lutte contre l'impunité doit passer par des signaux forts.[774]

Par ailleurs, tel que nous l'avons dit ci-haut, avec la mondialisation, la boulimie du libéralisme occidental a remis le Congo à l'ordre du jour. Avec ses richesses naturelles, ses ressources minières, sa faune, sa flore et son importance stratégique, la RD Congo est une cible privilégiée du rouleau compresseur de la mondialisation.

La Conférence de Berlin de 1885 avait départagé la France, l'Angleterre, le Portugal, l'Allemagne et l'Espagne et gratifié la Belgique d'une aubaine historique. Mais les biens de la RD Congo, aujourd'hui, n'intéressent pas que les signataires de l'acte de Berlin. Tous les grands de ce monde nourrissent l'envie de se jeter à l'assaut des diamants, du cuivre, du cobalt, de l'uranium, de l'or, du coltan, du niobium, du pétrole, des réserves d'eau, de l'énergie électrique, des terres, des forêts, des savanes, des montagnes de ce pays fabuleusement riche de notre planète.[775]

Des réformes donc s'imposent tant sur le plan interne (2.1) que sur le plan externe (2.2).

### 2.1. Sur le plan interne

Le nationalisme implique le patriotisme, consacré tout entier à la défense de l'unité nationale et de la souveraineté de l'État.

---

[773] Valentin Ntumba Kapambu, in *Afrika Telema*, Éd. du Cerdaf, 2011, page 30, 60 pages.

[774] T. Muntanzini Mukimapa, Op.cit, page 19.

[775] Christophe Muzungu, Op.cit, page 40.

Il n'y a pas d'unité nationale dans un État privé de cohésion sociale, livré aux dissensions internes, aux conflits d'intérêts égoïstes, à la discrimination politique, religieuse, économique, sexuelle... au régionalisme, au tribalisme, au clanisme...

La communion entre le peuple et les dirigeants issus de son choix est le fondement de la cohésion sociale qui porte les membres d'une nation à regarder dans une même direction. Elle garantit l'unité de commandement parmi la classe dirigeante, la solidarité au sein du peuple et la confiance entre les dirigeants et les dirigés.[776]

Une bonne gestion de l'État est celle qui met les citoyens, les biens communs et le bien-être de tous au centre de ses préoccupations. Le pouvoir n'est pas destiné à enrichir une classe sociale au détriment des autres. La gestion prédatrice doit être bannie au profit de la bonne gouvernance qui exige : l'expertise et la rigueur dans la gestion, la compétence dans la planification et le management, l'éthique et le sens élevé du bien commun, la mise en œuvre de l'économie au service de l'homme, l'équité, la justice, l'honnêteté, l'égalité de chance, la solidarité, le dialogue social...[777]

Le bien-être doit être poursuivi dans des plans d'action rigoureux, rationnels et réalistes, s'inscrivant dans la logique du développement durable. En matière d'investissement, la priorité doit être accordée aux actions répondant aux besoins de la population congolaise, et des investissements rapportant des dividendes concrets au peuple.[778]

La cohésion interne, la bonne gouvernance et la démocratie constituent les caractéristiques de ce qu'on appelle un État auto-domestiqué. État idéal parce que fort, prospère, stable, capable d'assurer le sain fonctionnement des institutions en son sein, de s'affirmer dans le concert des nations et grâce à son peuple mobilisé, de défendre sa souveraineté, de dissuader toute velléité d'agression, de résister à l'invasion et d'y riposter énergiquement.

Mutunda Mwembo écrit : « Le principe d'auto-domestication conditionne la solidité et le développement des États à leur capacité à assurer la stabilité et l'ordre intérieur, la justice et la paix sociale, la bonne gouvernance et le bien-être général, le fonctionnement efficace des institutions et la démocratie, la cohésion interne et la convivialité entre citoyens. Une nation auto-domestiquée peut se mobiliser comme un seul homme pour sa construction, la défense de sa souveraineté et de son intégrité territoriale. Ce qui n'est pas le cas des États rongés par les dissensions

776 Idem, page 83.

777 Christophe Muzungu, Op.cit, page 84.

778 Ibidem.

internes, les tensions ethniques, les lézardes intérieures, les mécontentements des travailleurs, l'instabilité des institutions et la mal-gouvernance ».[779]

Ainsi, pour arriver au stade d'un État auto-domestiqué et pouvoir avec l'aide de la CPI mettre définitivement fin à la crise qui la sévit, la RD Congo devrait sur le plan interne :

### *2.1.1. Réformer sa législation pénale*

La RD Congo doit voir sa législation pénale réformée non seulement pour que celle-ci soit en harmonie avec le Statut de Rome de la Cour pénale internationale, mais aussi et surtout pour la réalisation d'un large consensus sociopolitique en faveur de la coopération des citoyens pour l'élaboration de nouveaux modes d'organisation et d'action collective.

Ceci implique naturellement de nouvelles formes de contrôle social et de régulation auxquelles participera notamment un droit pénal réajusté et resynchronisé avec le nouveau construit social démocratique.[780]

Le contexte de la réforme révèle un droit pénal vieux et croulant, cédant de plus en plus devant le retour d'un droit traditionnel mal configuré, et luttant maladroitement contre la désaffection du public.[781]

Il convient de rappeler que notre droit pénal est, au regard de sa source codifiée, un respectable vieillard de plus de 120 ans. Il faut savoir que déjà, à l'époque coloniale, au moment de sa « naissance », le code pénal a été l'objet de plusieurs critiques.[782]

Laisser perdurer cette situation, c'est prendre le risque de voir le « vieux tronc » supporter de moins en moins et la quantité et la qualité des greffes qu'on lui accole bien souvent de façon opportuniste ; ou encore le risque de voir les « greffes » s'accommoder de moins en moins du « tronc » qui les porte et de leur voisinage hétéroclite. La refonte de notre droit pénal est à l'heure actuelle une nécessité plus qu'absolue.[783]

Il ressort du constat que le droit pénal congolais est vieux, croulant, plusieurs fois lifté, il est un droit pénal de terroir formellement marginalisé, mais pratiquement très agissant en face d'un droit pénal moderne devenu lieu d'insécurité. Il est enfin un droit pénal désaffectionné et en plein désarroi, d'où l'impérieuse nécessité de sa réforme.

---

779 Mutunda M., *Intervention internationale et régénération des États dans les régions des pays des Grands Lacs*, page 10.

780 B. Kalongo Mbikayi et P. Akele Adau, *Réforme du code pénal congolais, État des lieux et inventaire des problèmes du droit pénal congolais*, Tome I, Éd. du CEPAS, 2006, page 11.

781 Ibidem.

782 B. Kalongo Mbikayi et P. Akele Adau, Op. cit, page 11.

783 B. Kalongo Mbikayi et P. Akele Adau, Op. cit, page 12.

La RDC doit se hâter d'harmoniser les textes dans ses rapports avec la CPI. Il s'agit d'adapter l'arsenal juridique national aux prescrits du Statut de Rome. A ce jour, un projet de loi se trouve à l'Assemblée nationale qui doit en débattre et disposer d'une loi après vote, en vue d'harmoniser toutes les fluctuations textuelles que l'on retrouve entre le Statut de Rome et les lois nationales, et même avec la Constitution.[784]

La remise à niveau de la justice pénale congolaise par de profondes réformes constitue à ce jour une exigence indispensable. D'abord parce qu'en vertu de la complémentarité la justice pénale congolaise doit être à même de répondre aux exigences de la justice pénale internationale.[785]

Ensuite, pour entrer dans le concert des nations à l'heure de la mondialisation, la justice pénale congolaise doit s'aiguiser pour être capable de concurrencer les autres systèmes pénaux du monde.[786]

Enfin, les réformes sont nécessaires pour relever le défi de l'impunité des graves crimes commis en RDC avant l'entrée en vigueur du Statut de Rome. Notons que l'impunité de ces crimes demeurera une tâche d'huile dans les efforts vers le perfectionnement du système judiciaire congolais.[787]

C'est dans ce sens que l'Assemblée nationale et le Sénat ont adopté et le Président de la république a promulgué la loi portant criminalisation de la torture. En effet, depuis son adhésion en date du 18 mars 1996 à la Convention des Nations-Unies du 10 décembre 1984 contre la torture et autres peines ou traitements cruels, inhumains et dégradants, la RDC n'avait pas encore harmonisé sa législation interne avec les dispositions pertinentes de ladite convention, car, suivant cette convention, la RDC a l'obligation d'ériger les actes spécifiques de torture ou de leur tentative en infraction autonome et d'appliquer à ses auteurs, co-auteurs ou complices des peines appropriées qui prennent en considération leur gravité.

La torture physique ne constituait qu'une circonstance aggravante de l'infraction d'arrestation arbitraire et de détention illégale prévue à l'article 67 du décret du 30 janvier 1940 portant code pénal, ainsi que des infractions aux articles 191, 192 et 194 du code pénal militaire. Et la Constitution du 18 février 2006, en son article 16, interdit la torture et tout traitement cruel, inhumain et dégradant, de même que l'article 61 du même texte ne tolère aucune exception à ce principe, quelles qu'en soient les circonstances.

Raison pour laquelle, pour se conformer aux dispositions conventionnelles des Nations-Unies du 10 décembre 1984 et constitutionnelles du 18 février 2006, le législateur congolais a modifié et

---

784 Makaya Kiela Serge, « La contribution de la justice pénale internationale au développement de la justice pénale congolaise », mémoire de DES, UNIKIN, Faculté de droit, 2005-2007, page 159.

785 Ibidem.

786 Ibidem.

787 Makaya Kiela Serge, Op.cit, page 159.

complété le code pénal afin d'y introduire la définition conventionnelle de la torture, de préciser les circonstances qui peuvent aggraver les faits prohibés, et de rendre imprescriptible l'action publique née de la commission de ces faits. Et c'est dans la même mouvance de la réforme de notre code pénal que le législateur a aussi supprimé la peine de travaux forcés en précisant que « la peine de travaux forcés prévue à l'article 5.2 du livre premier du décret du 30 juin 1940 portant code pénal est supprimée ».[788]

Toutefois, le législateur précise que « les infractions punies de la peine de travaux forcés sont désormais punies de la servitude pénale principale ».[789]

*2.1.2. Former un personnel spécialisé dans le domaine des crimes de portée internationale*

De nombreuses nations demandent une assistance juridique technique dans leur processus de mise en œuvre. La CPI est l'un des rares organes dans le monde à surveiller activement et à travailler sur la promotion du développement de la législation de la mise en œuvre dans le monde. Comme avec la ratification, le travail de la CPI s'est largement concentré sur l'aspect éducatif, en fournissant des renseignements de base, de la documentation ainsi que des exemples sur la manière dont les différentes nations ont traité des questions juridiques similaires. Pour aider nos membres ainsi que les gouvernements qui travaillent sur leur législation, la coalition a pour mission de fournir des renseignements complets sur l'état du projet législatif et sur la mise en œuvre des campagnes dans le monde. En servant avant tout de facilitateur dans ces efforts, la coalition s'efforce également de rendre les outils disponibles pour assister dans le processus des projets, comme les analyses des principales questions juridiques provenant de la ratification et de la mise en œuvre.

La proposition de loi de mise en œuvre du Statut de Rome contient essentiellement des modifications de certaines dispositions du code pénal, du code de procédure pénale, du code de l'organisation et de la compétence judiciaires, du code pénal militaire et du code judiciaire militaire visant ainsi à conformer le droit congolais à celui du Statut de Rome. Le texte initial a été enrichi des amendements issus des travaux des acteurs de la société civile et des experts nationaux et internationaux sur le droit international.

L'adoption de la loi de mise en œuvre du Statut de Rome par la RDC entraînera comme principale conséquence de transférer la compétence exclusive en matière de crimes graves internationaux aux juridictions civiles en conformité avec le droit international. La compétence de juger ces crimes est jusqu'ici attribuée aux juridictions militaires en vertu du code pénal

---

788 Article 1er : « Loi portant suppression de la peine de travaux forcés ».

789 Article 3 : « Loi portant suppression de la peine de travaux forcés ».

militaire de 2002. Les juridictions de droit commun ne peuvent pas dès lors siéger sur ces crimes alors que ce sont elles qui sont les garantes des droits et libertés des citoyens d'un pays. Ce transfert de la compétence exclusive sur les crimes graves relevant du Statut de Rome n'exclurait pas forcément la participation des magistrats militaires aux procès des crimes graves internationaux devant les juridictions ordinaires. D'où la nécessité pour la RDC de former un personnel spécialisé dans le domaine des crimes de portée internationale.

*2.1.3. Construire et reconstruire des infrastructures judiciaires*

L'on peut soutenir, sans moindre erreur, que l'État congolais s'est essoufflé en cours de route, depuis ses belles intentions manifestées dans la panoplie des lois judiciaires de 1968. L'orientation prise pour l'augmentation du nombre de cours et tribunaux et surtout la création des tribunaux de paix dans toutes les villes et zones rurales est morte de sa belle mort. Le défaut de moyens financiers, mêlé à la mauvaise foi des dirigeants, a fait du Congo actuel un pays pratiquement sans juridiction et donc sans justice. L'assertion semble trop forte par rapport aux apparences. En effet, on voit des cours et tribunaux dans la capitale, Kinshasa, dans chaque chef-lieu de province et dans chaque ville et l'on s'imagine qu'il en est ainsi dans tout l'espace territorial. On a donc l'impression que les juridictions compétentes et officiellement reconnues sont équitablement et raisonnablement disséminées à travers le territoire national afin de remplir leur noble mission.[790]

Cette vision relève du rêve. Les juridictions se sont arrêtées dans les villes. Quiconque habite l'intérieur du pays et qui veut que la justice lui soit rendue doit parcourir, souvent à pied, des centaines de kilomètres pour atteindre la cour ou le tribunal compétent. Les cours et tribunaux sont éloignés des justiciables. Dans un pays quasiment sans voies de communication et démuni de vrais moyens de transport, les citoyens ignorent ces juridictions savantes et recourent, en réalité, à leurs « Tribunaux » privés, non reconnus par l'État. Statistiquement parlant, les justiciables qui ne connaissent rien de la justice officielle ou qui la connaissent mais manquent de moyens d'en approcher sont de loin plus nombreux que ceux qui y recourent. Les campagnes congolaises sont habitées, on ne peut feindre de l'ignorer, par plus de 70% de la population nationale. Le taux d'urbanisation serait de 29,1%, et 63% de la population est paysanne.[791]

---

790 Matadi Nenga G., Op.cit, page 214, 530 pages.
791 Idem, pp. 214-215, 530 pages.

De ce qui précède, il faudrait redéfinir l'organisation et la compétence judiciaires en RDC, entre autres, à travers une nouvelle gestion de l'espace et de la matière.

Par une nouvelle gestion de l'espace et de la matière, nous entendons l'obligation de rapprocher les justiciables de leur juge naturel et la nécessité qui s'impose pour la création des chambres spécialisées.[792]

Le rapprochement de la justice des justiciables est un des objectifs fondamentaux poursuivis par tous les gouvernants congolais qui se sont succédés l'un après l'autre sans l'atteindre. La création des tribunaux de paix, par exemple, a été justifiée par ce principe de rapprochement. C'est vrai que dans un pays sous-développé et sous-équipé, d'une superficie de 2 345 000 $km^2$ avec une population de 50 millions d'habitants toujours croissante et différemment répartie à travers le pays, atteindre un tel objectif exige des années et une ferme volonté politique des gouvernants. Réaliser un tel objectif, c'est gagner l'un des paris pour une bonne administration de la justice.[793]

Par ailleurs, le rapprochement de la justice des justiciables ne doit pas seulement être entendu dans le sens géographique du terme, c'est-à-dire la domination de la distance ou la maîtrise de celle-ci par rapport à la situation géographique de la juridiction compétente et du justiciable. Ce rapprochement géographique appelle aussi un rapprochement culturel. Autrement dit, il conviendrait que les justiciables se sentent dans leur peau, que les juridictions soient intégrées dans la culture des habitants afin qu'elles ne soient pas considérées comme des institutions imposées de l'extérieur, comme des greffes qui, à tout moment, sont susceptibles de rejet.[794]

C'est pourquoi, d'un côté, il est raisonnable que les juridictions et les parquets ne soient plus considérés comme des institutions des grandes villes et cités dans lesquelles ils sont situés et fonctionnent. La justice doit aussi se mouvoir en direction de ceux qui, plus nombreux, l'attendent pour « leur consommation ».[795]

De l'autre côté, il est essentiel que les populations concernées s'y retrouvent, particulièrement en ce qui concerne les juridictions de proximité comme les tribunaux de paix. Dès lors qu'il n'y siège que les juges de carrière que ces populations prennent pour « ces intellectuels imposés par les politiciens » afin de « dominer » les autres, non seulement un nombre important d'affaires graves qui relèvent de l'ordre public leur échapperont, mais encore les décisions rendues seront considérées à tort ou à raison iniques.[796]

---

792 Idem, page 345, 530 pages.
793 Matadi Nenga G., Op.cit, page 345, 530 pages.
794 Idem, pp. 345-346, 530 pages.
795 Idem, page 346, 530 pages.
796 Ibidem.

Ainsi, construire et reconstruire des infrastructures judiciaires s'avèrent autant impérieux que former des juges spécialisés.

*2.1.4. Doter le gouvernement de structures devant assurer le respect des droits humains et du droit international humanitaire à travers :*

- Le renforcement du cadre de promotion et de protection des droits humains par une révision et une modernisation du droit congolais, l'intégration des normes internationales dans l'ordre juridique interne, l'amélioration de l'effectivité des instances judiciaires et du système pénitentiaire et la mise en place des mécanismes et instances de contrôle de l'application du droit ;
- Un meilleur accès à la justice pour les populations sur l'ensemble du territoire national grâce, notamment, à une répartition territoriale améliorée des juridictions et une information ou une éducation populaire au droit et à l'information juridique ;
- L'application des principes énoncés par la Constitution, notamment la restructuration de l'appareil judiciaire à travers la réorganisation du Conseil supérieur de la magistrature restructuré et la création de nouvelles autres juridictions.

*2.1.5. Trouver une solution pour les crimes internationaux commis avant 2002*

Pour les crimes antérieurs à la date d'entrée en vigueur du Statut de Rome, il y a un problème d'ordre procédural. En effet, la loi pénale ne pouvant pas rétroagir, le code pénal du 18 novembre 2002 ne peut donc pas s'appliquer aux crimes antérieurs.

Les juridictions congolaises ne peuvent pas non plus appliquer le code de justice militaire de 1972 parce qu'aboli par le code pénal militaire de 2002. Il se pose un problème de droit applicable : quelle est la loi qu'on doit appliquer par rapport aux crimes commis avant 2002, à savoir l'assassinat de Patrice Lumumba et ses compagnons, l'assassinat de Pierre Mulele et des martyrs dits de la pentecôte, les massacres des chrétiens à Kinshasa, des étudiants à Lubumbashi, des villageoises et villageois à Kiwandja, de l'épuration ethnique en Ituri…

Il est important de signaler par ailleurs que ces crimes précités sont imprescriptibles quelle que soit la durée de leur perpétration.

Nous nous trouvons donc en présence de crimes d'un côté et d'absence de législation de l'autre. Face à ce blocage, on recourt aux mécanismes de la justice transitionnelle.

Pour Lwamba Katansi, à l'exception peut-être du Tribunal pénal international pour l'ex-Yougoslavie et le Tribunal pénal international pour le

Rwanda, institués l'un et l'autre en 1993 et 1994, la création des tribunaux postérieurs a été et est l'objet de controverses.[797]

Aux débats sur l'opportunité, voire non pas sur l'idéologie mais la nature éventuelle du droit applicable par le tribunal à instituer, s'ajoutent le plus souvent des discussions sur, notamment, le mode de financement d'un tel tribunal, les modalités de sa composition ; juges internationaux ou juges nationaux ou les deux à la fois, etc. Ce sont les deux types de débats qui caractérisent les propositions ou projets d'institution d'un tribunal pénal international pour le Congo (TPIC)...[798]

Les opinions sur un éventuel tribunal pénal international pour la RDC (TPIC) sont partagées aux deux plans : national et international. L'institution d'un tribunal pénal international pour la RDC a fait l'objet de souhaits et, par-ci par-là, de propositions qui, pour n'avoir pas abouti, laissent de plus en plus place à l'intervention de la CPI.[799]

### *2.1.6. Différentes opinions sur la création du TPI-RDC*

Deux opinions s'affrontent sur la création ou non d'un tribunal pénal international pour la RDC.

#### 2.1.6.1. L'opinion nationale congolaise sur un éventuel TPI-RDC

Elle se situe à deux niveaux : au niveau de la société civile et à celui du gouvernement. La nécessité d'un TPIC selon la société civile congolaise s'est manifestée dans deux contextes historiques : lors du pré-dialogue intercongolais à Gaborone en 2001 ; une des recommandations de ce pré-dialogue tenu au Botswana, du 20 au 25 août 2001, a préconisé l'institution d'un tribunal pénal international pour le Congo (TPIC).[800]

Autre contexte historique : la Conférence nationale sur les droits de l'homme à Kinshasa en 2001. La société civile congolaise, dans une représentation plus structurée en termes de partis politiques, de confessions religieuses, d'associations laïques, d'associations nationales et provinciales ou locales, est revenue, à la conférence tenue à Kinshasa, du 24 au 31 août 2001, sur la nécessité d'instituer un tribunal pénal international pour le Congo (TPIC).[801]

La première recommandation de la commission n° 5 baptisée droit des Congolais à la paix et à la souveraineté sur leurs ressources concevait que l'institution ou la création d'un tribunal pénal international pour la RDC en

---

797 Lwamba Katansi, Op.cit, page 139.

798 Ibidem.

799 Ibidem.

800 Lwamba Katansi, Op.cit, page 139-140.

801 Idem, page 140.

vue de sanctionner les criminels de guerre, d'établir la responsabilité des États agresseurs dans les massacres, destruction des infrastructures et pillages des ressources de la RDC, suite à l'occupation irrégulière et illégale par les forces régulières des armées rwandaises, ougandaises et burundaises, et ce, en violation des instruments juridiques internationaux, d'en fixer les modalités, les mécanismes de réparation et d'indemnisation des victimes.[802]

Mais, tel que nous l'avons dit ci-haut, le gouvernement congolais a également ressenti la nécessité d'un tribunal pénal international pour le Congo. Soucieux d'une sanction des massacres et du crime de génocide commis durant la guerre d'agression contre la RDC, de 1998 à 2000, le ministre congolais des Droits humains a, tout d'abord, fait un constat, à savoir : « Il est donc grand temps, pour le Conseil de Sécurité de l'ONU, de prendre une résolution à ce sujet… à bon droit. Le Conseil de Sécurité devra, tant en vertu du mandat lui étant confié par l'article 24 de la charte de l'ONU, maintenir la paix et la sécurité internationale que des articles 39 et 41 de la même charte, prendre ses responsabilités au sujet des crimes qui sont en train de se perpétrer sur le territoire de la RDC. »[803]

Le ministre congolais des Droits humains poursuit : « Aussi, au regard de l'article 39, doit-il constater que le génocide en RDC constitue une menace à la paix et la sécurité internationale. De plus, en vertu de l'article 41 qui l'enjoint à prendre toutes mesures utiles n'impliquant pas l'emploi de la force armée pour maintenir ou rétablir la paix et la sécurité internationale, le Conseil de Sécurité doit, à l'instar de la mise sur pied du Tribunal pénal international pour le Rwanda, instituer le tribunal pénal international pour le Congo afin de juger les personnes présumées responsables de ces actes de génocide. »[804]

Le ministre des Droits humains en est venu à indiquer les avantages qui, selon lui, seraient rattachés à un éventuel tribunal pénal international pour le Congo. Car, pour le ministre, un tribunal international créé par l'ONU présenterait des garanties d'indépendance, d'égalité et de justice telles que l'exige l'article 1er de la Déclaration universelle des droits de l'homme. Si le Congo jugeait lui-même les nationaux rwandais, ougandais et burundais, il pourrait être taxé de partialité et cela fragiliserait la mise en œuvre des sanctions qui seraient prononcées.[805]

Le ministre a, avant de conclure, ajouté que les avantages d'un TPIC résulteraient également du recours à la procédure internationale qui allie le droit romano-germanique et le droit anglo-saxon. Cela contenterait à la fois les Ougandais, les Rwandais et les Burundais que le recours aux juridictions

802 Ibidem.
803 Lwamba Katansi, Op.cit, page 140-141.
804 Idem, page 141.
805 Ibidem.

nationales congolaises qui ne connaissent que le droit romano-germanique.[806]

Malheureusement, l'opinion du gouvernement manifestée par le ministre des Droits humains n'est pas partagée par tous. En effet, monsieur Jean-Marie Kamatali, ancien doyen de la Faculté de droit de l'Université nationale du Rwanda écrit au sujet du TPIR : « Depuis peu, il existe deux écoles de pensée diamétralement opposées sur la question de savoir si la justice peut, au lendemain de crimes graves, conduire à la paix et la réconciliation nationale. La première école considère les tribunaux comme une menace à la paix et, par conséquent, soutient que la quête de justice et de punition pourrait gêner la réalisation de la paix et de la réconciliation. Quant à la seconde école, elle soutient que la justice est un préalable à la réconciliation et, par suite, elle plaide pour un tel lien entre la justice pénale internationale et la réconciliation nationale. »[807]

Monsieur Jean-Marie Kamatali ajoute : « En sus des deux thèses ci-dessus, une position intermédiaire qui reconnaît que, pendant qu'une certaine forme de justice peut être, sans doute, une dimension nécessaire à un processus de réconciliation, la justice en elle-même n'est pas suffisante pour faire naître la réconciliation aussi longtemps qu'elle n'est pas conjuguée avec un engagement partagé entre ceux-là mêmes qui sont divisés par l'inimitié pour aller de l'avant et oublier le passé, se développe. »[808]

Toutefois, pour le gouvernement congolais, prétendre qu'un tribunal pénal international ad hoc sur le Congo ne se justifie pas maintenant que le Statut de Rome a été signé… serait se méprendre dangereusement sur le caractère non rétroactif des dispositions de ce dernier et laisser impunis des crimes crapuleux qui choquent la conscience de l'humanité tout entière.[809]

Ainsi, pour le gouvernement congolais, tout en poursuivant l'instruction de sa requête contre la république du Rwanda, quant au fond, à la Cour internationale de Justice, il ne cessera de prôner et de réclamer la mise sur pied du tribunal pénal international pour le Congo afin que les acteurs des atrocités en RDC, dont ceux impliqués dans les événements de Kisangani, soient sanctionnés, la CPI ne pouvant valablement s'y pencher car n'ayant pas de compétence rétroactive à la date du 1er juillet 2002, date d'entrée en vigueur de son statut.[810]

Quel est l'avis de l'opinion internationale ?

---

806 Lwamba Katansi, Op.cit, page 141-142.
807 Idem, page 142.
808 Jean-Marie Kamatali, cité par Lwamba Katansi, Op.cit, page 142.
809 Lwamba Katansi, Op.cit, page 142.
810 Idem, page 143.

2.1.6.2. L'opinion internationale sur un éventuel tribunal international pour le Congo

Une opinion internationale au sujet d'un tribunal pénal international pour le Congo contenue dans le rapport intitulé « Balancing peace, Justice and Stability : A Special Tribunal in the Democratic Republic of the Congo », produit par un groupe de travail de la Woodrow Wilson School of Public and International Affairs, Princeton University, fait l'objet de deux phases : d'abord mettre sur pied une commission de justice régionale pour la région des Grands Lacs et, ensuite, instituer un tribunal spécial pour la RDC.[811]

- **Création préalable d'une commission de justice régionale des Grands Lacs**

Suivant le rapport du groupe de travail américain et en vue de faire progresser les objectifs de paix, de justice et de stabilité, les USA, l'Union européenne et d'autres membres de la communauté internationale devraient promouvoir l'établissement d'une commission régionale de justice pour les Grands Lacs qui faciliterait les efforts tendant à acheminer vers la justice ceux qui ont commis des crimes internationaux dans la région des Grands Lacs.[812]

Cette commission, composée des représentants de la RDC, de l'Ouganda, du Rwanda, du Burundi, de la République sud-africaine, ainsi que du Secrétaire général de l'ONU, jouerait un rôle clé de conseil dans le processus d'institution d'un tribunal spécial pour la RDC, susceptible par cela seul de garantir que les problèmes des pays des Grands Lacs sont pris en compte dès que le tribunal est institué. Le groupe de travail universitaire américain ajoute que la commission se porterait forte quant aux problèmes sensibles soulevés par le processus du tribunal tels que la nécessité éventuelle d'accéder aux moyens de preuve dans les pays voisins, etc.[813]

- **Le projet proprement dit d'un tribunal spécial pour la RDC**

Pour le groupe de travail de l'Université Princeton, en conjonction avec l'institution de la commission régionale de justice pour les Grands Lacs, l'Union européenne et les USA devraient assumer le coût de la formation d'un groupe d'experts des Nations-Unies qui devrait produire un projet pour la création d'un tribunal spécial pour la RDC en vue d'assurer la

[811] Ibidem.
[812] Lwamba Katansi, Op.cit, page 143-144.
[813] Idem, page 144.

poursuite des crimes de guerre, des crimes contre l'humanité et de génocide perpétrés en RDC entre le mois d'août 1996 et juillet 2003.[814]

Un tel tribunal, précisent les auteurs du projet, devrait achever son travail en 2010. Quasiment à la même date que le TPIR ! Enfin, quant à la question importante mais aussi récurrente de l'indépendance ou de l'impartialité de ce tribunal spécial pour la RDC, le rapport conclut qu'en vue de garantir l'impartialité du tribunal et la légitimité nationale, il devrait comporter des juges internationaux en majorité.[815]

Cependant, toutes les fonctions critiques du tribunal, depuis les enquêtes jusqu'au jugement, devraient être remplies avec la participation significative des juges et du personnel congolais, dans l'objectif d'assurer l'implication nationale, la formation et l'élévation des capacités.[816]

L'hypothèse de l'institution d'un tribunal international mixte pour la RDC aurait résolu le problème de la crise congolaise. Bien que moins coûteux et pouvant contribuer à la restauration de l'appareil judiciaire local, nous manifestons notre crainte pour l'installation d'un tel tribunal suite aux pressions politiques internes dont il pourra être l'objet.

Tout en partageant l'idée de l'institution d'un tribunal spécialisé prôné par le professeur Luzolo, nous ne manquons pas de retenir notre crainte à l'idée de la politisation d'un tel tribunal et proposons la participation des acteurs internationaux, non seulement ceux du domaine judiciaire mais aussi et surtout ceux du domaine de défense des droits humains.

Notre souci majeur étant que les auteurs de ces crimes odieux commis avant l'entrée en vigueur du Statut de Rome ne demeurent impunis, il faudra, ainsi :

- Maximiser la complémentarité entre le droit national et le droit international : en amenuisant les divergences ;
- Exercer l'effectivité de son imperium sur toute l'étendue de son territoire, intensifier le contrôle administratif et militaire de son territoire pour éradiquer des îlots de génocide, des crimes de guerre et des crimes contre l'humanité ;
- Identifier les criminels et saisir la CPI en temps réel, intensifier la cohésion nationale de manière à mettre au point des mécanismes internes de prévention et de règlement des conflits, avant leur exacerbation ou leur dégénérescence en guerre.

C'est dans ce cadre qu'en date du lundi 13 septembre 2010 que l'autorité suprême de la RDC en visite d'inspection à l'est du pays a décidé la suspension de toutes les activités minières dans cette partie du pays jusqu'à nouvel ordre.

---

814 Ibidem.

815 Lwamba Katansi, Op.cit, page 145.

816 Ibidem.

En effet, tous le savaient. Mais personne ne levait le ton pour le dénoncer. Parce que tous y trouvaient leur compte, du niveau local en passant par les provinces jusqu'au niveau central, c'est-à-dire à Kinshasa. Un scénario digne de « Les animaux malades de la peste » de La Fontaine.

En tournée d'inspection dans la partie est, le chef de l'État a réalisé l'étendue des dégâts. L'anarchie est telle que les trois provinces (Maniema, Nord et Sud-Kivu) du grand Kivu sont devenues un Far West, un « no man's land ». À ce sujet, le communiqué signé par le directeur de cabinet du ministre des Mines épingle sans circonlocutions les magnats de la chaîne d'alimentation et d'entretien de l'insécurité dans la partie orientale de la RDC. Le communiqué fait mention de « l'implication manifeste de certaines autorités locales, provinciales et centrales tant civiles que militaires dans l'exploitation illégale et le commerce illicite des substances minérales ».

La conséquence immédiate dans cet état de choses est que les opérations de stabilisation et de pacification menées à l'est se sont souvent soldées par des résultats en demi-teinte. Car, aussitôt des mesures prises, les exécutants sur le terrain se volatilisent ou se retranchent derrière des carapaces de titres et autres distinctions. Qui plus est, ils ont aménagé des passerelles pour entretenir leurs entreprises.

Parfois, ils s'attaquent aux éléments loyalistes. Et, quand il faut brouiller les pistes, ils mènent des opérations de représailles contre les populations civiles. Grâce à la complicité active des décideurs, le cycle se referme, tournant en dérision tous les efforts déployés.

Des morts qui se comptent par millions et de nombreux déplacés font le frais de l'appétit insatiable des décideurs à tous les niveaux de l'appareil de l'État. L'impunité étant garantie, personne n'ose se départir de cette propension à se faire de l'argent sur le sang de paisibles populations de l'Est.

De Goma, la décision est tombée. Joseph Kabila a franchi une nouvelle étape en décrétant l'interdiction de toute exploitation minière dans le Grand Kivu. Il a ainsi pris le taureau par les cornes. Le centre nerveux du système de déstabilisation de l'Est de la RDC qui s'alimente par des activités parallèles d'exploitation des minerais tels que la cassitérite et le coltan va prendre un coup.

L'heure n'est plus à la récitation de bonnes intentions. Il faut agir. Le gouvernement, qui a pris une sérieuse option de restaurer l'autorité de l'État, est invité à sévir contre ces personnes qui, des années durant, ont privilégié leurs propres intérêts au péril de la vie des populations et de l'existence de la république. « Avec de petits porteurs qui atterrissaient sur une route abandonnée (NDLR, Walikale), les FDLR, les militaires égarés, les Maï-Maï exportaient leurs produits illégalement », a confié à notre rédaction Janson Luneno, président de la société civile du Nord-Kivu.

En poussant sa logique jusqu'au bout, le chef de l'État aura cassé le cycle infernal qui mine cette partie de la république. Car, les groupes-cibles étant globalement identifiés, il faudra passer à la vitesse supérieure en actionnant la machine judiciaire. Les coupables doivent être traduits devant les cours et tribunaux afin d'être jugés et sanctionnés. Étant entendu que personne n'est censé être au-dessus de la loi.

Rien ne se fera si la justice en RDC reste dans sa situation actuelle. Sur le plan des textes, l'indépendance des juges est garantie. Mais en réalité, des pesanteurs persistent, notamment en ce qui concerne la dotation en moyens financiers et logistiques, d'une part, et pour ce qui est des immunités dont se prévalent certaines personnalités autant civiles que militaires, d'autre part. Pour mener jusqu'à un aboutissement heureux pareil processus, l'appareil judiciaire devra être mis à l'abri des pressions de tous genres. Des observateurs proposent la permutation des chefs militaires opérant dans tous les secteurs de l'Est. Une manière de limiter leur influence sur la marche des opérations militaires de pacification. Ainsi, la mauvaise herbe sera coupée à la racine.

La justice militaire devra être mise à contribution pour mener des investigations et aboutir à des sanctions éventuelles. Le règlement militaire est clair. Le comportement affiché, autrefois par l'ex-général Laurent Nkunda, doit absolument conduire devant une cour martiale. C'est l'unique voie pour que la décision présidentielle ne ressemble pas à un coup d'épée dans l'eau.

La mise hors d'état de nuire des présumés acteurs dans le drame de l'Est de la RDC passe par une justice réparatrice. Les victimes qui se comptent par millions ne demandent pas mieux qu'une réparation.[817]

- Création d'une brigade spéciale de recherches et d'investigations en matière de génocide, de crimes contre l'humanité et de crimes de guerre.

Cette proposition que nous faisons nôtre émane du professeur et avocat Jean-Pierre Fofe Djofia Malewa qui précise que cette brigade devra être composée de magistrats, civils et militaires, triés sur le volet et connus pour leur compétence en matière criminelle, leur efficacité dans le domaine d'enquêtes et d'instructions judiciaires, leur probité, leur souci d'équité, leur indépendance et leur neutralité politique. En plus des magistrats, cette brigade recrutera aussi, sur la base des mêmes critères que ceux ci-dessus, *mutatis mutandis*, des officiers de police judiciaire (OPJ) bien formés et à former davantage pour accroître leurs connaissances et leur faire acquérir les méthodes efficaces de recherches, d'investigations, d'exécutions des mandats de justice, notamment de perquisition, de saisie et d'arrestation.[818]

Aux officiers de police judiciaire, devront s'ajouter des agents de police judiciaire qui devront être bien entraînés à l'utilisation des moyens de force et de défense, en l'occurrence le maniement des armes, pour assurer la

---

[817] Journal « Le Potentiel », n° 5 026 du lundi 14 septembre 2010, page 2.
[818] Jean-Pierre Fofe Djofia Malewa, Op.cit, pp. 187-188.

protection des magistrats et des OPJ dans l'exécution de leurs missions judiciaires.[819]

Cette brigade devra bénéficier d'une aide internationale substantielle destinée à bien l'équiper, bien former ses agents, couvrir les frais de ses enquêtes et investigations... Il importe d'insister sur la nécessité d'une formation pour ces enquêteurs et d'un recyclage pour les magistrats appelés à travailler dans cette structure afin de leur faire acquérir une réelle maîtrise des méthodes d'enquêtes criminelles, de recueillement, classification et préservation des moyens de preuve, de traitement et protection des témoins et victimes des crimes, et de traitement approprié des problèmes spécifiques liés à la criminalité et la *victimité* sexuelle.[820]

Est également essentielle la dotation de cette brigade en moyens de mobilité lui permettant de déclencher immédiatement des enquêtes sur les atteintes graves aux droits humains, sur les crimes de guerre, sur les crimes contre l'humanité, perpétrés depuis le début de la crise en RDC en 1995 ; et d'opérer des descentes sur les différents sites où ces atrocités ont été réalisées.[821]

Cette brigade travaillera en étroite collaboration avec les équipes d'enquêteurs de la CPI à qui peuvent être destinés certains éléments de preuve découverts. Elle travaillera également en parfaite synergie avec les organisations nationales et internationales de défense des droits de l'homme qui œuvrent sur le terrain et détiennent des renseignements pertinents sur les crimes commis, sur les victimes et les témoins. Elle devra en réalité constituer le pilier du parquet près les chambres spécialisées à mettre sur pied.[822]

### 2.2. Sur le plan externe

A l'heure de la mondialisation, les motivations ne manquent pas pour justifier les convoitises occidentales à l'égard des richesses du continent africain. Parmi les arguments brandis, figurent, notamment, la théorie de la destination universelle des biens de la terre et l'idée de révision des frontières et des contours des États africains.

- La théorie de la destination universelle des biens de la terre table sur un constat : Dieu, en créant le monde, a mis à la disposition de l'homme des richesses naturelles pour son épanouissement ; inégalement réparties sur le globe, celles-ci sont inégalement exploitées par les habitants de la terre ; c'est ainsi que certaines régions dotées de richesses fabuleuses sont peuplées par des

[819] Idem, page 188.
[820] Jean-Pierre Fofe Djofia Malewa, Op.cit, page 188.
[821] Ibidem.
[822] Ibidem.

habitants oisifs, inaptes, peu ingénieux ; il incombe donc aux peuples civilisés, développés et puissants l'obligation d'exploiter ces richesses pour le bien-être de l'humanité ;[823]

- Le projet de révision de la carte politique de l'Afrique est clairement proposé par un courant *développementiste* qui invite l'Afrique à jouer entièrement le jeu de la modernité et de la globalisation. Il est clairement exprimé par la Camerounaise Axelle Kabou qui, dans son ouvrage intitulé *Et si l'Afrique refusait le Développement*, invite les Africains à changer de mentalités, à sortir de l'héritage de la colonisation.[824] La révision des frontières héritées de la colonisation est défendue avec plus de témérité par Bernard Lugan dans un ouvrage dédié au destin de l'Afrique centrale et des Grands Lacs. L'enseignant français qui a travaillé au Rwanda jusqu'à la veille du génocide de 1994 souligne scandaleusement que les peuples d'Afrique, rongés par le sida et diverses formes de misère, n'ont que faire des recettes comme la nation, la démocratie, les droits de l'homme, l'aide humanitaire...

Ce qu'il leur faut, c'est un bouleversement accéléré de l'histoire de l'Afrique, au besoin par la guerre. « L'histoire du monde est jalonnée de guerres et de massacres. Pourquoi l'Afrique devrait-elle en être préservée ? N'est-ce pas un passage historique obligé ? »[825]

Les nations africaines ne sont pas des États, mais des agrégats d'ethnies. C'est donc la dynamique, le jeu et les enjeux hégémoniques de celles-ci qu'il faut considérer en première ligne et non les entités nationales. « ... L'ethnisme est une chance pour l'Afrique. Peut-être sa dernière chance d'ailleurs. Il est donc urgent qu'on lui laisse la saisir pendant que le phénomène est encore déterminant. »[826]

Mais toutes les ethnies africaines ne se valent pas. Il y a d'une part des ethnies des seigneurs, dont la mission est de régner et de diriger, et, d'autre part, des ethnies inférieures qui doivent se soumettre. Au Rwanda par exemple, l'État-nation « est la création de la monarchie tutsie. Durant cinq à six siècles, les hommes de la vache et de la lance, c'est-à-dire les Tutsis, 20% de la population, y ont dominé ceux de la houe et de la glèbe, c'est-à-dire les Hutus, 80% de la population...[827]

---

823 Kaumba Lufuma, Vers une éthique globale. Mondialisation, balkanisation et destination universelle des biens de la République démocratique du Congo, Lubumbashi, 2002, page 11.

824 Axelle Kabou, cité par Christophe Muzungu, Op.cit, page 43.

825 Lugan B., *De la colonisation philanthropique à la recolonisation humanitaire*, Country (France), C. de Bartillat, 1994, page 150.

826 Idem, page 152.

827 Lugan B., Op.cit, page 128.

Au nom de la démocratie ou de la règle du grand nombre, le pouvoir a été remis aux Hutus. C'est aux yeux de Lugan une erreur.[828]

Ce qui vaut pour le Rwanda est applicable à plus d'un pays africain. « Qu'il s'agisse des Touaregs, des Goranes, de certains Peuls, des Tutsis, des Massaï, écrit Lugan, tous savent, à la différence de nos « africanistes » marxistes, tiers-mondistes ou libéraux, que les peuples dont les femmes ont le ventre le plus fécond ne sont forcément pas les plus doués pour diriger et administrer »[829]

On ne peut endiguer la dynamique des ethnies porteuses de la flamme de la domination dans le carcan des frontières des États artificiellement fixées par la Conférence de Berlin et le règne colonial. « Presque chaque État africain a son ou ses "Katanga", sa ou ses provinces sécessionnistes. Partout, des minorités régionalement fortes, cohérentes et héritières de réelles structures précoloniales sont prêtes à se soulever pour obtenir la partition des États artificiels dans lesquels les colonisateurs les englobèrent jadis ».[830]

Le corollaire de cette explosion est naturellement, aux yeux de Bernard Lugan, la révision ne fût-ce que partielle du tracé actuel des frontières des États africains.

L'auteur écrit avec témérité : « … il est possible de ne pas pousser l'Afrique à s'entêter dans l'erreur consistant à défendre « bec et ongles » les actuelles frontières internationalement reconnues. C'est pourquoi, face à l'évidence ethnique, il importe d'envisager sérieusement un redécoupage partiel de l'Afrique. Cette remise en question des frontières pourrait se faire en deux temps. Dans l'immédiat, c'est un redécoupage « à chaud » qui devrait être réalisé afin de tenter de mettre un terme à des conflits interminables (Angola, Soudan par exemple). Mais un redécoupage préventif devra également être envisagé afin d'empêcher l'embrasement des régions entières (Zaïre notamment…) »[831]

L'opération de révision des frontières des États africains aboutirait au démembrement du Libéria, à l'éclatement du Kenya en trois États, du Cameroun en trois États également, du Tchad en deux États et de la RD Congo en cinq États, à savoir :

- L'entité kongo, qui transcenderait les frontières du Congo-Brazzaville, de l'Angola et de la ville de Kinshasa ;
- L'entité lunda, qui engloberait les régions de la RD Congo, de la Zambie et de l'Angola ;
- Une entité zandé qui pourrait être intégrée au Sud-Soudan ;
- Une entité luba qui pourrait constituer un État autonome ;

[828] Ibidem.
[829] Idem, page 129.
[830] Lugan B., Op.cit, page 151.
[831] Idem, page 152.

- Une entité qui résulterait du rattachement du Kivu soit au Lubaland, soit à l'entité mongo-zandé, soit encore qui serait absorbé par l'impérialisme du Rwanda et du Burundi.[832]

Il est inutile de souligner que ce projet de démembrement des États africains et de révision des frontières héritées de la colonisation va à l'encontre de la charte de l'Union africaine. Il est superflu de démontrer qu'il va également à l'encontre du sentiment unanimement partagé par les peuples et les États africains qui n'entendent ni remettre en question, ni hypothéquer leur unité nationale. Valeur sacrée pour laquelle des nationalistes authentiques n'ont pas hésité à sacrifier leur vie.[833]

Il est aisé d'établir un lien direct entre la théorie de la destination universelle des biens de la terre et les justifications avancées en faveur du redécoupage de l'Afrique d'un côté, et les turbulences qui, depuis quelques années, secouent l'Afrique en général, et la RD Congo en particulier. Les guerres de l'Est du Congo trouvent leur intelligence dans le dessein d'une mondialisation qui a décidé de vampiriser la RDC et ses fabuleuses richesses.

Ainsi, pour éviter que la cohésion interne, la bonne gouvernance et la démocratie ne soient balayées par le rouleau compresseur de la mondialisation, il faudrait sur le plan externe que la RDC mise sur une coopération régionale africaine intensive. La Communauté des Pays des Grands Lacs (CPGL) tout comme la SADC doivent être les points de départ de la coalition contre toute tentative de déstabilisation du Congo à partir de l'extérieur.

Il importe donc à la RDC de promouvoir une politique volontariste de coopération régionale, et les États engagés dans la coopération régionale assureront à leurs nations et leurs populations les bénéfices incommensurables suivants :

- L'élargissement d'un espace vital régulé, favorisant des échanges, des mouvements contrôlés des populations, la circulation rationalisée des biens et des personnes ;
- La création des mécanismes de règlement commun du problème de nationalité transfrontalière ;
- La création d'un cadre de concertation pour la ratification des conventions et traités internationaux ;
- La promotion d'une politique de sécurité et de défense commune, de lutte coordonnée contre la contrebande, l'anarchie, la délinquance, la drogue, la criminalité… ;
- La création d'un vaste marché de l'emploi, des services et des biens ;
- La mise sur pied d'une politique commune de lutte contre les catastrophes, les endémies, la faim, la misère… ;

---

832 Lugan B., Op.cit, pp. 319-343.

833 Christophe Muzungu, Op.cit, page 47.

- L'instauration d'une collaboration rentable dans les domaines de l'éducation, de la promotion des sports, du combat de la femme, et des actions de la société civile ;
- La création des structures juridiques et judiciaires communes pour le jugement des crimes de guerre, du crime de génocide, des crimes contre l'humanité et la lutte contre le terrorisme ;
- L'élaboration commune des mécanismes de prévention, de médiation et de résolution des conflits.[834]

Par ailleurs, en ce qui concerne la coopération internationale, aucun pays du monde ne peut s'enfermer sur lui-même, prétendre se développer en vase clos, et de manière autarcique. La coopération extérieure est une donne essentielle dans la vie des États.[835]

La régulation de la vie intérieure des États par la dynamique de la vie internationale est une évidence incontestable. Aucun État n'est en effet à l'abri des effets de cette dynamique, dont l'épicentre est situé loin des banlieues de notre planète. Et depuis que le monde est monde, la coopération entre nations existe et module l'élan d'ouverture politique des États au monde, la rationalité des transactions financières, des échanges commerciaux et de la coopération culturelle.

La RD Congo doit donc creuser le sillon de l'ouverture internationale pour l'étendre vers tous les pays de bonne volonté, capables de respecter la dignité et les intérêts des Congolais. La diplomatie congolaise doit se réveiller, s'éveiller aux enjeux de la mondialisation et réajuster ses stratégies.

Henri Mova Sakanyi souligne : « … la diplomatie congolaise doit se rationaliser et être efficiente. Autant du point de vue des structures que celui du professionnalisme, il faudra une série de mesures pour orienter la politique étrangère sur les axes stratégiques jugés prioritaires. Il faut permettre à la diplomatie congolaise de s'associer aux actions d'autres acteurs étatiques ou non, nationaux ou non, pour relayer leurs actions, embrayer sur leurs prestations, inspirer leurs contacts. L'État ne pouvant plus faire, le diplomate devra, lui, au contraire, avoir plus d'espace, plus d'expression à l'étranger car devant traiter des affaires d'État et celles de la nation. Les prestations protocolaires ne seront plus prioritaires. L'intégration du Congo dans le flux et les réseaux devra passer au-devant des préoccupations. La dimension économique et culturelle sera privilégiée.[836]

L'ouverture au monde étant une donne incontournable, la RD Congo doit s'engager sur le chantier d'une vigoureuse coopération sud-sud, tout en

---

[834] Mutunda M., « Coopération régionale ou invasion des États voisins ? », in *Alternative*, n° 1, 1998, page 18.
[835] Christophe Muzungu, Op.cit, page 87.
[836] Mova Sakanyi H., *Vivement les élections ? Peuple, Libération et Démocratie*, Kinshasa, Éditions Safari, 2005, page 383.

s'ouvrant aux investisseurs du monde entier, pourvu que les intérêts congolais ne soient pas bafoués. À l'heure de la mondialisation juridique, une diplomatie offensive est appelée à devenir une arme de première utilité.

Après les dispositifs de promotion et de protection des droits de l'homme soutenus par un renforcement des capacités des juridictions internes, il faudrait, toujours dans les perspectives de l'avènement de l'État des droits de l'homme en RDC, penser aussi à la redynamisation des capacités de la CPI dans ce pays.

## 3. Consolidation de la coopération judiciaire entre la CPI et la RDC

Le 17 juillet 1998, la communauté internationale a adopté le Statut de Rome établissant la Cour pénale internationale. Après avoir été ratifié par 60 États, le Statut de Rome est entré en vigueur le 1er juillet 2002 annonçant une nouvelle aire de responsabilité pour les crimes les plus graves en droit international. Au cœur du Statut de Rome, l'affirmation du rôle central des victimes réclamant justice ; « au cours de ce siècle, des millions d'enfants, de femmes et d'hommes ont été victimes d'atrocités qui défient l'imagination et heurtent profondément la conscience humaine ».[837]

La CPI est donc une innovation, car elle a une fonction pas seulement punitive mais aussi réparatrice. La RD Congo a raison de compter sur la justice pénale internationale pour la gestion de sa crise. Cependant, la CPI ne pourra rencontrer les espoirs de la population congolaise qu'en adoptant une certaine attitude tant sur le plan interne (3.1) que sur le plan externe (3.2).

### 3.1. Sur le plan interne

Il n'y a de justice que d'hommes. On a beau élaborer des textes légaux, ceux-ci resteront lettres mortes s'ils ne sont pas effectivement déployés par les organes chargés de leur application. En ce qui concerne la CPI, ces organes sont constitués principalement de juges, du procureur et ses adjoints, du greffier et ses adjoints, et de tous les agents recrutés pour collaborer à l'accomplissement des missions confiées à ces organes qui forment les structures humaines.[838]

C'est donc de l'équation personnelle de ces hommes et femmes recrutés à la CPI que dépend l'efficacité de celle-ci. Voilà pourquoi le statut prévoit des conditions qui doivent être rigoureusement respectées pour leur engagement. Ainsi, par exemple, les juges doivent être « choisis parmi des personnes jouissant d'une haute considération morale, connues pour leur

---

[837] Préambule du Statut de Rome.

[838] Jean-Pierre Fofe Djofia Malewa, Op.cit, page 147.

impartialité et leur intégrité et réunissant les conditions requises dans leurs États respectifs pour l'exercice de plus hautes fonctions judiciaires ».[839]

Ils doivent :

« i) Avoir une compétence reconnue dans le domaine du droit pénal et de la procédure pénale ainsi que l'expérience nécessaire du procès pénal, que ce soit en qualité de juge, de procureur ou d'avocat, ou en toute autre qualité similaire ;

ii) Ou avoir une compétence reconnue dans des domaines pertinents du droit international, tels que le droit international humanitaire et les droits de l'homme, ainsi qu'une grande expérience dans une profession juridique qui présente un intérêt pour le travail judiciaire de la cour ».[840]

Ces critères de qualification, de compétence, d'expérience et d'intégrité morale président aussi à la désignation du procureur, des procureurs adjoints, du greffier et du greffier adjoint. En effet, « le procureur et les procureurs adjoints doivent jouir d'une haute considération morale et avoir de solides compétences et une grande expérience pratique en matière de poursuites ou de procès dans les affaires pénales ». De même, « le greffier et le greffier adjoint doivent être des personnes d'une haute moralité et d'une grande compétence ». Et « lorsqu'ils recrutent le personnel, le procureur et le greffier veillent à s'assurer les services de personnes possédant les plus hautes qualités d'efficacité, de compétence et d'intégrité… »[841]

Parmi les qualités d'efficacité, nous voudrions souligner particulièrement celles de courage et de rigueur. En effet, pour mettre en œuvre toutes les dispositions pertinentes du Statut de la CPI, il faut que les animateurs de celle-ci soient, non seulement compétents, expérimentés et moralement intègres, mais aussi rigoureux et courageux.[842]

L'indépendance prévue dans le texte, par exemple, ne peut être traduite par les faits que par ses bénéficiaires eux-mêmes. Il ne s'agit pas de se plaindre et d'attendre que cette indépendance soit octroyée par on ne sait quelle autorité ! Car cette indépendance est déjà accordée par le statut qui traduit la volonté des États. Il s'agit de la vivre dans le concret et de l'imposer par sa conduite courageuse et rigoureuse, rejetant toute pression ou toute tentative d'aliénation.[843]

L'administration de la justice exige ce courage. Car il est question de poursuivre des individus dont certains peuvent apparaître comme intouchables, pour établir les responsabilités pénales, sanctionner, faire

[839] Ibidem.
[840] Ibidem.
[841] Jean-Pierre Fofe Djofia Malewa, Op.cit, page 148.
[842] Ibidem.
[843] Ibidem.

exécuter les sentences prononcées, imposer les réparations des dommages subis par les victimes ou leur indemnisation.[844]

Il appartient donc à la CPI d'administrer la justice d'une manière équitable et égalitaire, sans discrimination pour la taille, le degré de puissance, l'appartenance régionale des pays coupables ou des individus justiciables.

La CPI devrait remonter suffisamment dans le temps, car les crimes, loin d'être des faits spontanés, font l'objet de préparatifs à court, moyen et long termes.

La CPI devrait éviter la sélection lente et limitée des affaires, car les victimes et les organisations communautaires sont déçues du fait du nombre limité de mandats d'arrêt délivrés jusqu'à présent et sont consternées du fait que certains officiels de haut rang n'aient pas été mentionnés. La politique du procureur en ce qui concerne la sélection des affaires n'est pas comprise par les victimes. Une question récurrente est : « Pourquoi tel criminel de guerre est-il inculpé alors que beaucoup d'autres restent en liberté ? »

La CPI devrait éviter la frustration, car en Ituri par exemple, où les premières affaires de la CPI sont pendantes, les victimes provenant des localités non couvertes par les charges ne comprennent pas pourquoi « les mêmes victimes qui ont subi les mêmes atrocités par les mêmes groupes n'ont pas été prises en compte par les enquêteurs créant ainsi une frustration ». Dans la région du Kivu, il est parfois su que la CPI conduit des enquêtes, mais les victimes et les organisations locales sont frustrées par les retards pris dans l'émission des mandats d'arrêt. Ceci montre la croyance des victimes selon laquelle la CPI est un important moyen d'obtenir justice. Toutefois, il y a une inquiétude que les crimes continuent à être commis et que la CPI ne prouve pas avoir l'effet dissuasif souhaité.[845]

La CPI devrait aussi réduire la distance entre la cour et les populations victimes.

En effet, de nombreuses Organisations non gouvernementales ont soulevé le problème de l'éloignement de la CPI et cet aspect est devenu de plus en plus important, particulièrement depuis que le premier procès a débuté. Après ces ONG, et nous partageons leur avis, il est encourageant que les audiences sur place « in situ » soient envisagées et qu'un bureau de liaison de la CPI à Addis-Abeba soit planifié. Elles soulignent, par ailleurs, que la CPI a un impact décroissant dû à son éloignement. Les procès sur place sont hautement recommandés afin d'apporter l'impact entier de la CPI là où il est le plus nécessaire. De plus, la différence entre les conditions de vie difficiles des victimes et les conditions de détention des accusés une fois

---

[844] Jean-Pierre Fofe Djofia Malewa, Op.cit, page 148.

[845] Rapport du groupe de travail pour les droits des victimes, « L'impact de la CPI sur les victimes et les communautés affectées », avril 2010, page 13.

transférés à La Haye, perçues comme luxueuses, a causé des ressentiments parmi les communautés.

Certaines ONG centrées sur les femmes en Ituri ont indiqué que « les victimes disent que ces criminels qui les ont plongées dans ces souffrances vivent à La Haye dans les meilleures conditions, au moment où elles croupissent dans la misère ».[846]

Enfin, la justice étant impartiale et impersonnelle, la CPI devra éviter des attitudes de partialité, car, tel que dénoncé par les victimes et communautés au Sud-Kivu, jusque-là, il n'y a pas d'impact concret de la CPI dans cette région étant donné que certains auteurs comme Laurent Nkunda et autres ne sont pas encore dans les rouages. D'autres ont dénoncé que « la CPI n'a pas d'impact au Sud-Kivu parce que les auteurs de crimes qu'elle recherche courent librement ». Ils ajoutent que « les actes de barbarie continuent, notamment les maisons brûlées, les tueries et les massacres de Kiwandja au Nord-Kivu, et jusque-là personne n'est arrêté ni jugé, et le jugement est une longue procédure », car on ne sait pas quand les coupables seront jugés.[847]

### 3.2. Sur le plan externe

Il est important de souligner qu'est pénalement responsable, non seulement l'auteur matériel du crime, mais aussi le commanditaire, l'incitateur, le donneur d'ordre, le complice par aide, assistance, encouragement, fourniture de moyens…, c'est ce qui ressort de l'article 25.3 du statut qui dispose : « Aux termes du présent statut, une personne est pénalement responsable et peut être punie pour un crime relevant de la compétence de la cour si :

a) elle commet un tel crime, que ce soit individuellement, conjointement avec une autre personne ou par l'intermédiaire d'une autre personne, que cette autre personne soit ou non pénalement responsable ;

b) elle ordonne, sollicite ou encourage la commission d'un tel crime, dès lors qu'il y a commission ou tentative de commission de ce crime ;

c) en vue de faciliter la commission d'un tel crime, elle apporte son aide, son concours ou toute autre forme d'assistance à la commission ou la tentative de commission de ce crime, y compris en fournissant le moyen de cette commission ;

d) elle contribue de toute autre manière à la commission ou à la tentative de commission d'un tel crime par un groupe de personnes agissant de concert. Cette contribution doit être intentionnelle et, selon le cas :

---

[846] Rapport du groupe de travail pour les droits des victimes, Op.cit, page 12.
[847] Idem, page 13.

i) viser à faciliter l'activité criminelle ou le dessein criminel du groupe, si cette activité ou ce dessein comporte l'exécution d'un crime relevant de la compétence de la cour ;

ii) ou être faite en pleine connaissance de l'intention du groupe de commettre ce crime.

e) s'agissant du crime de génocide, elle incite directement et publiquement autrui à le commettre ;

f) elle tente de commettre un tel crime par des actes qui, par leur caractère substantiel, constituent un commencement d'exécution mais sans que le crime ne soit accompli en raison de circonstances indépendantes de sa volonté. Toutefois, la personne qui abandonne l'effort tendant à commettre le crime ou en empêche de quelque autre façon l'achèvement ne peut être punie en vertu du présent statut pour sa tentative si elle a complètement et volontairement renoncé au dessein criminel.

Comme on peut s'en rendre compte, et pour prendre l'illustration des poursuites engagées pour des crimes perpétrés en RDC, l'application stricte de ces différentes dispositions permettra d'atteindre toutes les personnes physiques ou morales impliquées directement ou indirectement dans la réalisation de ces crimes, quel que soit leur rang hiérarchique ou leur puissance économique, que ces personnes se cachent dans un pays étranger ou qu'elles se trouvent à l'intérieur de la RDC au sein de son gouvernement, de son Parlement, de son Sénat, de son armée, de ses services de sécurité, de son administration territoriale…[848]

Commettre un crime, l'ordonner, le solliciter, en encourager la perpétration, y contribuer d'une façon ou d'une autre, telles sont les déclinaisons entérinées par l'article 25, conformes aux principes existants. Elles tiennent compte de la jurisprudence du TPY et du TPR.[849]

Les acteurs et entrepreneurs de la guerre en RDC ne peuvent donc pas espérer échapper à la répression pour des crimes qu'ils auraient commis, en se cachant derrière leurs positions actuelles dans les structures étatiques ou au sein des entreprises multinationales. Pour les atteindre tous, les organes de la CPI devront faire preuve d'indépendance, de neutralité, d'impartialité, de courage, d'intégrité et de rigueur dans le déploiement de toutes les dispositions du statut régissant la coopération et l'assistance des États, en résistant à toutes les formes de manipulation, de sollicitation, d'instrumentalisation et en s'appuyant sur les Organisations non gouvernementales de défense des droits de l'homme, de défense des intérêts des victimes autant que sur l'opinion nationale et internationale en général, de manière à assurer une réelle transparence dans la gestion de ce dossier.[850]

---

848 Jean-Pierre Fofe Djofia Malewa, Op.cit, page 158.

849 William Bourdon et Emmanuelle Duverger, Op.cit, page 115.

850 Jean-Pierre Fofe Djofia Malewa, Op.cit, page 158.

Bref, la justice passera grâce non seulement aux dispositions pertinentes du statut de la cour... mais aussi à l'équation personnelle de ses animateurs qui devront les mettre en œuvre sans faux-fuyant ni compromission et qui, pour un heureux accomplissement de leurs fonctions, devront également tenir compte de certaines leçons pertinentes tirées de l'expérience des tribunaux pénaux internationaux ad hoc, en l'occurrence le TPIR qui fonctionne dans la région.[851]

Ainsi, la CPI devra donc dans sa démarche externe pousser les poursuites jusqu'aux commanditaires du crime de génocide, des crimes de guerre et des crimes contre l'humanité au lieu de s'arrêter aux exécutants de ces crimes ou aux acteurs apparents tel que le rapport final de l'ONU sur les crimes commis en RDC entre 1993 et 2003 a semblé le faire. Rapport du reste très critiqué par le gouvernement congolais.

En effet, le ministre de la Justice et des Droits humains, réagissant au rapport mapping sur les crimes commis en RDC entre 1993 et 2003, a dénoncé les nombreuses omissions constatées dans le rapport final de l'ONU sur les crimes commis en RDC.[852]

Pour l'essentiel, le ministre Emmanuel Luzolo Bambi Lessa, qui a suivi de très près le dossier des enquêtes onusiennes, constate une certaine politique de deux poids deux mesures en raison du fait que le rapport omet de citer, par exemple, les auteurs intellectuels des crimes déplorés, à savoir des États occidentaux et des multinationales qui ont participé au financement des activités criminelles sur le sol congolais.[853]

Le ministre Luzolo dénonce surtout le fait que ce rapport a tendance à s'intéresser à un groupe spécifique de victimes étrangères (les Hutus rwandais, en l'occurrence) sans accorder aucune attention aux nombreuses victimes congolaises d'une guerre totalement étrangère à la RDC.[854]

Les pénalistes connaissent la notion de participation criminelle par concours idéal et la responsabilité internationale de la personne morale, a affirmé le patron de la justice congolaise avant de souligner que ces participations sont nombreuses.[855]

Le ministre a aussi stigmatisé la sélectivité systématique du rapport qui évoque certains événements et en omet d'autres, avant de déplorer également que les enquêteurs onusiens n'aient, manifestement, pas tenu compte de la documentation produite, en son temps, par le gouvernement congolais sur certaines situations telles que les massacres de Makobola, Kasika, etc. Sur la même lancée, le ministre fait voir que de nombreux cas de viol dont ont été auteurs les casques bleus de la MONUC n'ont pas, non

851 Jean-Pierre Fofe Djofia Malewa, Op.cit, page 158.
852 Lire le journal « Forum des As », n° 3707 du lundi 04 octobre 2010, page 2.
853 Ibidem.
854 Ibidem.
855 Lire le journal « Forum des As », n° 3707 du lundi 04 octobre 2010, page 2.

plus, été répertoriés, alors qu'en son temps, le Secrétaire général de l'ONU avait condamné ces actes.[856]

Monsieur Luzolo Bambi a aussi mis à nu les débordements du rapport mapping. Parmi ces débordements, il a cité l'inventaire de certains cas postérieurs à 2003, dont l'opération Kimia II, la rupture de l'identité sur les noms des personnes impliquées alors que tel n'est pas le mandat du mapping et le caractère du rapport qui se permet de parler d'enquêtes bâclées et douteuses, et de décisions judiciaires irrationnelles.[857]

La CPI devra donc tenir compte non seulement du rapport mapping afin de vérifier le lien de connexité qui existerait entre les criminels de l'après 2002 et les auteurs intellectuels des crimes déplorés dans le rapport mapping mais aussi contacter les sources internationales et locales fiables.

Diverses sources ont permis d'identifier trois types d'acteurs du drame humain qui se déroule dans la région africaine des Grands Lacs, particulièrement en RDC, à savoir :

**- Des acteurs apparents, parmi lesquels figurent les auteurs matériels des crimes perpétrés et dont certains se retrouvent au plus haut niveau de la hiérarchie des structures étatiques**

Plusieurs documents, élaborés à partir des renseignements recueillis sur le terrain, rapportent que des massacres des populations civiles, des viols à plusieurs de femmes et enfants, des pillages à grande échelle ont été commis à Kisangani en mai 2002 par les éléments du RCD-Goma dont les noms sont connus.[858]

L'équipe de recherche de HRW a établi que des militaires congolais et des membres de la police avaient tenté de se mutiner contre les éléments rwandais du RCD-Goma à Kisangani le 14 mai, avaient brièvement occupé le bâtiment de la station de radio locale et tué plusieurs personnes considérées comme rwandaises.[859]

La tentative de mutinerie a rapidement pris fin, mais le RCD-Goma a envoyé par avion de Goma ses officiers les plus gradés pour orchestrer une campagne de répression brutale. HRW a réuni les preuves d'assassinats de plusieurs dizaines de civils dans la commune de Mangobo à Kisangani ainsi que de nombreux viols, passages à tabac et pillages à grande échelle, perpétrés dans le cadre de cette répression. En outre, les éléments loyalistes du RCD-Goma ont exécuté de nombreux détenus, soldats et policiers,

---

856 Ibidem.

857 Ibidem.

858 Jean-Pierre Fofe Djofia Malewa, Op.cit, page 84.

859 HRW, cité par Jean-Pierre Fofe Djofia Malewa, Op.cit, page 84.

notamment sur le point de la rivière Tshopo et jeté leurs corps mutilés dans la rivière. Beaucoup de ces corps ont refait surface ultérieurement.[860]

Parmi les officiers directement impliqués dans les tueries se trouvaient :

- Gabriel Amisi, également connu sous le pseudonyme de Tango Fort, adjoint au chef d'état-major chargé de la logistique de l'armée du RCD-Goma ;
- Bernard Biamungu, commandant de la 5e Brigade basée à Goma ;
- Laurent Nkunda, commandant de la 7e Brigade basée à Kisangani, ainsi que plusieurs autres officiers de haut rang des 5e et 7e Brigades.

Biamungu a été vu donnant consigne à ses soldats de se rendre dans le quartier de Mangobo juste avant que les tueries des civils ne commencent là-bas et était présent sur les lieux de certaines tueries.[861]

Biamungu, Amisi et Nkunda ont tous trois été vus sur le pont de la Tshopo peu avant qu'il n'y soit perpétré des exécutions sommaires dans la nuit du 14 mai. HRW a cherché à savoir si la MONUC avait failli à son mandat d'assurer la protection des civils exposés à une menace imminente de violences physiques. La MONUC comptait plus d'un millier de soldats à Kisangani et était clairement informée des tueries...[862]

**- Des États africains, dont le Rwanda, l'Ouganda et le Burundi, qui ont soutenu les différents mouvements en conflit, les ont armés et manipulés et ont exploité les richesses de l'Est de la RDC**

Depuis 1998, la RDC s'est trouvée mêlée à l'une des guerres africaines les plus vastes, impliquant directement six autres pays. Les armées du Rwanda, de l'Ouganda et du Burundi aux côtés de groupes rebelles congolais se sont opposées au gouvernement de la RDC, soutenu par le Zimbabwe, l'Angola et la Namibie.[863]

Sous une pression internationale de plus en plus forte, le gros des armées étrangères s'était retiré du Congo. Mais ces armées ont laissé derrière elles de nombreux droits acquis et tout un réseau de liens économiques. L'exploitation illicite des ressources économiques se poursuivrait par l'intermédiaire des groupes armés liés aux pays voisins et des responsables gouvernementaux corrompus.[864]

Colette Braeckman avait révélé l'implication des puissances étatiques et des compagnies étrangères dans le phénomène criminel militaro-politico-affairiste qui a causé d'énormes pertes en vies humaines et

[860] Jean-Pierre Fofe Djofia Malewa, Op.cit, page 84.
[861] HRW, cité par Jean-Pierre Fofe Djofia Malewa, Op.cit, pp. 84-85.
[862] Ibidem.
[863] Jean-Pierre Fofe Djofia Malewa, Op.cit, page 93.
[864] Ibidem.

d'incommensurables dégâts physiques, matériels et économiques à l'est de la RDC lorsqu'elle écrit : « Les trois séries d'affrontements qui mirent aux prises Kigali avec Kampala pour le contrôle de Kisangani et de ses comptoirs de diamants, le rapport sur les violations des droits fondamentaux, les massacres, les luttes interethniques dans les régions contrôlées par la rébellion, le pillage des ressources naturelles congolaises ont fini par ébranler l'opinion internationale ».[865]

Le rapport de 57 pages, intitulé « Couvert de sang : violence ciblée sur certaines ethnies dans le Nord-est de la RDC », publié par HRW, apporte des preuves selon lesquelles les combattants dans la région d'Ituri, au nord-est de la RDC, ont massacré quelque 5 000 civils à cause de leur appartenance ethnique. Cependant, les combattants sont armés et reçoivent souvent leurs ordres des gouvernements de la RDC, du Rwanda et de l'Ouganda.[866]

L'Ouganda a occupé l'Ituri, une région riche en ressources minières et une importante réserve potentielle de pétrole, de 1998 à mai 2003, lorsqu'il a retiré ses troupes suite à de fortes pressions internationales. Au cours de cette occupation, les soldats ougandais ont fourni des armes et une formation militaire à différents groupes ethniques, favorisant la propagation d'une dispute initialement limitée, entre les Hema et les Lendu sur des questions foncières.[867]

Le Rwanda apporte son appui au RCD-Goma, un mouvement qui a fait scission du RCD/ML, qui fournit une aide à l'UPC, une milice hema qui avait le contrôle de la ville de Bunia en Ituri. Les combattants ont torturé et sommairement exécuté des opposants politiques et violé des femmes des groupes ethniques adverses. Ils se sont également livrés à des actes inhumains comme la mutilation de corps et le cannibalisme.[868]

**- Les grandes compagnies multinationales qui attisent le feu, voire l'initient, entretiennent le chaos et en tirent profit**[869]

Les raisons initialement invoquées pour mener la guerre contre la RDC se sont estompées au profit des véritables motivations des uns et des autres : exploiter, de manière éhontée, les richesses du Congo. Ainsi, au Kivu, dans l'Est du pays, l'achat du colombo tantalite (coltan), minerai précieux indispensable aux alliages utilisés pour les avions, les téléphones portables, les microprocesseurs, est réservé à la SOMIGL (Société minière des Grands Lacs).[870]

---

865 Colette Braeckman, citée par Jean-Pierre Fofe Djofia Malewa, Op.cit, page 94.
866 HRW, cité par Jean-Pierre Fofe Djofia Malewa, Op.cit, page 89.
867 Jean-Pierre Fofe Djofia Malewa, Op.cit, page 90.
868 Ibidem.
869 Idem, pp. 91-92.
870 Idem, page 95.

La SOMIGL exporte le minerai vers le Rwanda et, de là, vers l'Europe et les États-Unis par le biais de trois sociétés, AFRICOM, PROMECO et COGECOM, respectivement belge, rwandaise et sud-africaine.[871]

Enfin, dans un article sur l'impuissance de la MONUC au Kivu, Monique Mas cite un rapport d'Amnesty international établissant que des « vendeurs d'armes, des intermédiaires et des entreprises de transport de nombreux pays, notamment l'Albanie, la Bosnie-Herzégovine, la Croatie, la République tchèque, Israël, la Russie, la Serbie, l'Afrique du Sud, le Royaume-Uni et les États-Unis, composent la filière d'un négoce qui aboutit dans l'Est congolais, prodigue en or, diamant, bois et autres précieuses ressources naturelles. Dans cette filière, selon Amnesty, les gouvernements de la RDC, du Rwanda et de l'Ouganda tiennent lieu de semi-grossistes auprès des groupes armés et des milices de cette partie du pays, qui sont impliquées dans des atrocités, qui relèvent des crimes de guerre et des crimes contre l'humanité. Dans ces conditions, la MONUC ne peut guère faire mieux que compter les morts. Et, comme le souligne Amnesty, le processus de paix fragile va s'effondrer. »[872]

La CPI devra en principe engager des poursuites contre tous les auteurs intellectuels et matériels des crimes commis sur le territoire congolais.

### 3.3. Diplomatie et coopération régionale agissante

Les États, même en état de guerre, utilisent toujours des voies plurielles, parfois parallèles, pour arriver à la restauration de la paix. Saisir les instances de l'ONU est une voie indiquée, et la RD Congo l'a laborieusement empruntée.

Ce qu'il ne faut pas négliger, c'est d'exploiter les voies de la coopération régionale et internationale.

Appliquée à la géopolitique africaine, cette voie permet non seulement de battre en brèche les nombreux prétextes qui servent d'alibis fallacieux à la politique d'invasion et d'agression pratiquée par les États voisins évoquant constamment l'exiguïté de leurs territoires, la sécurisation de ceux-ci contre des rébellions armées opérant à partir des pays voisins, mais aussi d'instaurer une plate-forme de coopération favorable :

- au contrôle rationnel du flux migratoire et du mouvement des populations ;
- à une lutte commune contre le terrorisme et les tentatives de déstabilisation ;

[871] Jean-Pierre Fofe Djofia Malewa, Op.cit, page 95.

[872] Monique Mas, *République démocratique du Congo : La MONUC impuissante au Kivu*, citée par Jean-Pierre Fofe Djofia Malewa, Op.cit, page 97.

- à l'instauration d'un marché commun pour l'échange et le développement économiques ;
- à la mise sur pied des mécanismes de défense militaire commune, de lutte contre la famine, le sida, la drogue, le pillage des ressources minérales, la destruction de la faune et de la flore ;
- à l'exploitation commune des ressources naturelles ;
- à la construction d'infrastructures d'intérêt régional ;
- au développement d'un système synergétique d'éducation, de promotion de la culture, de promotion du rôle de la femme, de protection des droits de l'enfant ;
- etc.

Que retenir de ce qui précède ?

Nous venons d'examiner dans cette dernière partie de notre investigation les moyens par lesquels l'État de droit doit, en RD Congo, jeter les bases d'une justice réparatrice régénératrice de la société minée par de graves violations du droit international.

L'État de droit suppose en fait la consécration d'un régime de séparation des pouvoirs. En définissant la notion de « Constitution » par « la non-confusion » des pouvoirs, l'article 16 de la Déclaration française des droits de l'homme et du citoyen du 26 août 1789 ne désigne pas spécialement un type d'organisation particulier, celui de la « bonne Constitution », mais la liberté politique, laquelle exige la modération du pouvoir.[873]

Pour sa réalisation, l'État de droit substantiel garanti constitutionnellement a en effet besoin d'un environnement politique et culturel propice. La difficulté de la concrétisation de l'État de droit au Congo trouve son explication fondamentale dans le phénomène de concentration des pouvoirs au profit du chef de l'Exécutif, et ce, dès l'échec de la première république (1960).

Dans un État de droit, « deux types de garanties peuvent être considérés. Il s'agit d'abord des garanties de fond comme des conditions d'existence des droits fondamentaux sous forme d'une série d'instruments (application directe des normes constitutionnelles relatives aux droits fondamentaux, garanties légales des exigences constitutionnelles dans le respect du contenu essentiel des droits fondamentaux, le caractère exceptionnel et conditionné de suspension des garanties en cas de crise grave, mise en œuvre des pouvoirs exceptionnels) et, ensuite, des garanties juridictionnelles assurées par la justice constitutionnelle et la justice ordinaire par application directe des normes constitutionnelles, notamment par le juge administratif suprême ».[874]

---

[873] M. Troper, cité par Mboko D, Op.cit, page 844, 878 pages.
[874] Mboko D, Op.cit, pp. 846-847, 878 pages.

En ce qui concerne la matérialité de l'État des droits de l'homme, elle s'opère avec les concours de mise en place des mécanismes de promotion et de protection des droits humains, d'un système de renforcement des capacités des juridictions internes et de la redynamisation des capacités de la CPI en RDC.

Mais comme on peut l'imaginer, la gestion d'un État de droit exige une auto-domestication profonde des institutions, la consolidation du leadership, une grande capacité de contrôle et de défense du territoire et de la souveraineté nationale, et un consensus national basé sur une indestructible cohésion interne et sur un credo existentiel national inébranlable. La justice, la justice distributive et la sécurité des hommes et de leurs biens constituent dans un tel État des garanties d'un patriotisme efficace.

Les idées bellicistes germent et croissent dans la tête des hommes et n'attendent que de profiter des occasions favorables à leur explosion. Un État de droit doit éradiquer les velléités du bellicisme par la promotion en famille, à l'école, dans les églises, dans la cité, des principes, des comportements et des attitudes caractéristiques de la culture de la paix.

L'éducation à la citoyenneté participative doit éradiquer la corruption, les antivaleurs, et favoriser le comportement civique et la bonne gouvernance.

Certes, l'État doit garantir des conditions de plein épanouissement à la jeunesse, de bien-être aux travailleurs, de bonne santé aux citoyens, et d'accès aux biens de première nécessité aux consommateurs de manière à pousser chaque membre de la communauté à se poser spontanément la question : que puis-je faire pour mon pays ?

Mais un État, quelque grande que soit sa force, ne peut se passer d'une coopération régionale agissante et d'une coopération internationale active, qui sont des créneaux d'établissement des relations de bon voisinage, de résolution pacifique des conflits, de constitution de vastes espaces d'échanges commerciaux, de circulation contrôlée des personnes et des biens, de lutte concertée contre la contrebande, l'insécurité, les endémies, les catastrophes naturelles…

# Conclusion

Le sujet que nous avons abordé, à savoir *La Cour pénale internationale face à la crise congolaise. Étude critique et prospective*, est d'une étendue qui le rend presqu'inépuisable. Mais dans tout travail, il faut savoir faire le point, pour rendre compte du chemin parcouru. C'est le sens que nous donnons à cette conclusion qui n'est pas un terminus, mais un point culminant à partir duquel peuvent s'effectuer non seulement le dénombrement et la synthèse du parcours accompli, mais aussi une bonne appréciation des chantiers ouverts à la réflexion pour l'avenir.

Que peut-on retenir ?

Soumettre l'efficience et l'efficacité du Statut de Rome à l'épreuve des réalités aussi incandescentes que les violations graves du droit international qui ont élu la RD Congo comme champ d'expansion, tel est l'objectif que s'est fixé notre investigation.

Notre étude a, dans sa première partie, commencé par une découverte didactique de la genèse et de l'évolution de l'idée d'une justice capable de réprimer les crimes de génocide, les crimes de guerre et les crimes contre l'humanité, avant de pénétrer dans les méandres complexes de la Cour pénale internationale et de mettre à découvert les structures, les attributions, les compétences, les principes généraux, les modalités pratiques de la saisine, divers aspects pratiques liés à la conduite des procès…

Cet exercice était destiné à faciliter, dans la deuxième partie, l'intelligence des démarches que la RD Congo, pays traumatisé par des guerres et des crises à répétition, a entreprises auprès de la justice internationale pour obtenir la répression des violations commises sur son territoire au fil des guerres interminables de rébellion et d'agression.

La troisième partie s'est consacrée à dresser une sorte de bilan de l'action de la CPI.

Quelle que soit la teneur de ce bilan, l'indication fondamentale qui s'impose est que la justice internationale, à elle seule, ne peut pas résoudre tous les problèmes d'un État en turbulence comme la RD Congo ; une implication de celle-ci est impérieuse, aussi bien au niveau de la réforme de son système judiciaire national que de l'instauration des conditions de facilitation du travail de la CPI.

Cette indication, formulée sous forme d'hypothèse au début de notre étude, s'est solidifiée en thèse et s'est démontrée tout au long de notre investigation.

Le bilan n'est pas un oreiller sur lequel le chercheur doit poser la tête et s'assoupir. C'est au contraire un tremplin vers des perspectives d'une action conjuguée, plus efficiente et efficace, d'une synergie engageant les partenaires d'une initiative. La quatrième et dernière partie de notre étude s'est engagée dans cette entreprise prospective risquée, mettant en exergue surtout les efforts qui doivent être fournis par l'État congolais dans le sens de la promotion d'un état de droit, dont les tâches saillantes sont :

- la réforme de son système judiciaire ;
- l'activation d'une collaboration diligente et sincère avec les structures de la justice internationale ;
- l'auto-domestication sociopolitique ;
- la garantie des droits fondamentaux à la vie, à la liberté, à une justice équitable, à la santé, à la sécurité sociale ;
- l'assurance des conditions non discriminatoires d'accès du plus grand nombre au bien-être et au développement durable ;
- etc.

En ce qui concerne l'utilité de l'étude, l'articulation de l'analyse socio-historique des événements, de l'investigation juridique et de la réflexion critico-normative dans l'économie d'une approche dialectique aura, sur le plan scientifique, favorisé l'appréhension et une meilleure connaissance des péripéties d'une nation indépendante depuis un demi-siècle, mais qui s'est laissée devancer économiquement par la Chine, l'Inde, le Brésil, l'Afrique du Sud, ses colistiers des années soixante et pays dans lesquels la stabilité politique et la paix ont servi de levain à une émergence et un essor économique spectaculaires. Mais elle aura en même temps éclairé les missions et la dynamique fonctionnelle de la CPI, instrument de la volonté et de la détermination internationales de réprimer les violations graves du droit international !

Sur le plan pratique, l'étude aura opéré un important réajustement de vision : désormais, toute attente démesurée des populations et des gouvernements vis-à-vis de l'efficience et de l'efficacité de la CPI ne peut qu'être préjudiciable là où les États-parties ne font pas l'effort nécessaire dans la coopération avec la justice internationale et dans la mise en place des mécanismes judiciaires nationaux pour réprimer, en complémentarité avec la justice internationale, les crimes de génocide, de guerre et contre l'humanité.

La RD Congo, qui s'est ouverte à cette vision, a entrepris de réformer son système judiciaire, d'accélérer la mise en œuvre du Statut de Rome. Le projet d'instauration des tribunaux pénaux ad hoc, mixtes et spécialisés ayant capoté à cause du manque de moyens matériels et financiers, l'option gouvernementale s'est orientée vers la création des chambres spécialisées dans les cours d'appel, mesure destinée à allier la compétence et l'expertise du personnel judiciaire, tout en cassant l'omnipotence des juridictions militaires.

On peut donc exulter avec Urbain Mutuale Nkasa :

« La répression dans le cadre de la justice internationale s'affermit de plus en plus. Le boa de l'impunité dans le ventre duquel les officiels se réfugient pour se soustraire à la répression est en plein mouvement de leur vomissement avec bien évidemment l'épée que présente aujourd'hui l'institution de la Cour pénale internationale.

Le volcan au sommet duquel ils se couvraient de l'immunité, des privilèges, ces auteurs de la barbarie, est aujourd'hui en forte ébullition avec le principe de l'universalité de la compétence de la Cour pénale internationale.

L'institution de cet organe juridictionnel obligera désormais les États à revoir et à amender leurs législations nationales pour y incorporer les crimes de lèse-humanité relevant de la Cour pénale internationale. Il s'agira pour eux d'éliminer tout obstacle à la poursuite de ces crimes et de garantir aux personnes accusées et aux victimes un procès équitable.

La Cour pénale internationale en dépit de ses faiblesses expérimentales a néanmoins le mérite d'exister et de s'affermir sur l'échiquier international.

En somme, l'efficacité de cette cour dépendra tous azimuts de la qualité de la collaboration que lui prêteront les États et le Conseil de Sécurité des Nations-Unies… »[875]

Soulignons, pour terminer, un devoir d'espérance. L'idéal d'éradication de la barbarie, celui d'instauration d'une paix durable – pourquoi pas perpétuelle comme le dirait Kant – et celui d'érection d'une vie sociétale conviviale et digne ne perdront jamais leur noblesse, à cause de la sauvagerie humaine. Le devoir qui incombe à toute l'espèce humaine est d'œuvrer à son épanouissement, sous l'éclairage du principe de responsabilité qui impose à chaque habitant de la terre et à toute communauté l'impératif de laisser la planète dans un état habitable et vivable, c'est-à-dire tout simplement humain pour les générations à venir.[876]

Nous espérons, par les informations et les réflexions contenues dans cet ouvrage, contribuer, ne fût-ce que modestement, à intégrer cette idée mobilisatrice dans la vision congolaise de l'avenir.

---

[875] Urbain Mutuale Nkasa, op.cit., p. 173-174.
[876] Hans Jonas, *Le Principe de Responsabilité*.

# Bibliographie

## I. Ouvrages

1. KABUNGULU NGOY KA NGOY, *La transition démocratique au Zaïre*, Édition Ciedos, 1995.

2. KABUYA LUMUNA, *Histoire du Congo, les quatre Présidents*.

3. TSHIMANGA BAKADIABABU E., *La démocratie et ses blocages au Congo-Kinshasa de 1958 à nos jours*, Éd. L'Harmattan, Paris 2004.

4. MBWEBWA KALALA J. P., *Résolution des conflits armés et développement en Afrique*, Éd. Facultés catholiques de Kinshasa, 2003.

5. DELCOURT, J. De Mont, P (DIR), *Les défis de la globalisation. Babel ou pentecôte ?* Louvain-la-Neuve, Presses de l'Université de Louvain, 2001.

6. SAMIR A., *L'économie politique de l'Afrique et la mondialisation.*

7. ZIEGLER J., *Les nouveaux maîtres du monde et ceux qui leur résistent*, Paris, Gallimard, 2002.

8. KALINDJE BYANJIRA, D., *Introduction d'Éducation à la Citoyenneté en République démocratique du Congo-Kinshasa*, Éditions de l'Institut africain des Droits de l'Homme et de la Démocratie, 2005.

9. MOVA SAKANYI H., *Droit international humanitaire, protection des victimes de guerre ou droits d'ingérence humanitaires ?* Éd. Safari, 1998.

10. NTUMBA KAPAMBU V., in *Afrika Telema*, Éd. du Cerdaf, 2011.

11. BIYOYA MAKUTU P., *Pour un autre avenir congolais de paix. Le choix d'un modèle institutionnel*, Éditions CEDI, Kinshasa, 2002.

12. JULIEN, C. A., *Histoire de l'Afrique des origines à 1945*, Paris, A. Colin, 1989.

13. MUPAPA SAY M. A., *Le Congo et l'Afrique, à l'orée du 3e millénaire*, PUC, Kinshasa 2004.

14. ELIKYA MBOKOLO, *Conflits belgo-zaïrois, fondements historiques, politiques, économiques et culturels* (ouvrage collectif sous la direction d'Ibrahima BABA KAKE)

15. MOSHEJE L., *La pénétration américaine au Congo*, Éd. Remarques africaines.

16. LABRIQUE J., *Congo politique*, Léopoldville, Éd. de l'Avenir, 1957.

17. CHOME J., *Le gouvernement congolais et l'ONU, un paradoxe tragique*, Éd. Remarques congolaises.

18. TULLY A., CIA, *The Inside Story,* Éd. Remarques congolaises, 1962.

19. BRAECKMAN C., *Les nouveaux prédateurs*, Éd. Fayard, 2003.

21. BOURDON W., *La Cour pénale internationale*, Éd. Seuil, Paris.

22. GERARD C. et CAPITANT H., *Vocabulaire juridique*, Quadrige/PUF, juin 2009.

23. GARAPON A., *Des crimes qu'on ne peut ni punir ni pardonner*, Éd. ODILE Jacob, novembre 2002.

24. MABANGA MONGA MABANGA G., *La victime devant la Cour pénale internationale*, Éd. L'Harmattan, 2009.

25. CASSESE A. et DELMAS-MARTY M., *Juridictions nationales et crimes internationaux*, Éd. Presses universitaires de France, 2002.

26. ADOUKI Delphine Emmanuel, *Droit international public*, Tome II : Les sources, Éd. L'Harmattan, 2002.

27.NGOMA-BINDA, P. ; OTEMIKONGO MANDEFU YAHISULE ; MOSWA MOMBO L., *République démocratique du Congo. Démocratie et participation à la vie politique : une évolution des premiers pas dans la IIIe République*, Éd. Open Society Foundations, novembre 2010.

## II. THESES ET MEMOIRES

1. ESAMBO KANGASHE J. L., « La Constitution congolaise du 18 février à l'épreuve du constitutionnalisme », thèse de doctorat en droit public, Université Paris 1-Panthéon-Sorbonne, Université de Kinshasa, Faculté de droit, Tome I, 2009.

2. JACQUE J. P., « Droit constitutionnel et institutions politiques », Paris, Mémento DALLOZ, 5e Édition, 2003.

3. MUZUNGU KABEMBA C., « L'impérialisme capitaliste international face à la résistance patriotique », mémoire de DEA, Chaire UNESCO, Université de Kinshasa, 2006.

4. BAFUNYEMBAKA SEKAGANDA O., « La question de la répression des crimes de guerre, des crimes contre l'humanité et du crime de génocide commis en RDC de 1996-2008 », octobre 2009, Université protestante au Congo, Faculté de droit, mémoire de licence.

5. LUKODI MATONDO B., « De la répression internationale des crimes internationaux commis en République démocratique du Congo de 1996 à 2008 », Université de Kinshasa, Faculté de droit, mémoire de licence, 2007-2008.

6. LUAMBA KATANSI, « Crimes et châtiments dans la région des Grands Lacs, Cour pénale internationale, Tribunaux pénaux internationaux, Tribunaux pénaux nationaux », Éd. L'Harmattan, Paris, 2007, page 22, cité par MUYULU MAMBIKI, mémoire de licence, Université protestante, Faculté de droit, page 8.

7. ROUSSEAU, Ch., « Le droit international et l'idée de justice », in *Mélange Virally*, Paris PEDOME, 1991. Cité par MUYULU MAMBIKI, mémoire de licence, Université protestante, Faculté de droit.

8. « Procès des grands criminels de guerre devant le Tribunal militaire international » ; Nuremberg, 14 novembre 1945-1er octobre ; jugement ; Tome I. Cité par MAYULU MAMBIKI, mémoire de licence, Université protestante 2008-2009.

9. MUYULU MAMBIKI, « Lecture critique des actions de la justice pénale internationale en RDC : état de la question et perspectives d'avenir », Université protestante au Congo, Faculté de droit, 2008-2009.

10. MOPONDA SAIDI ALI B., « La problématique de la compétence des juridictions pénales congolaises face aux crimes internationaux prévus dans le Traité de Rome portant création de la CPI », travail de fin de 1er cycle, Faculté de droit, Université de Kinshasa, 2005-2006.

11. LUMPUNGU NSUKADI MUSENGO, « La justice pénale internationale dans la lutte contre l'impunité des crimes internationaux en RDC », mémoire de licence, Université protestante au Congo, Faculté de droit, 2008-2009.

12. LUZOLO BAMBI LESSA, « Le Statut de Rome instituant la Cour pénale internationale et le droit congolais », inédit, cité par MAYULU MAMBIKI, mémoire de licence en droit, Université protestante, 2008-2009.

13. BERKOVICZ Grégory, « La place de la Cour pénale internationale dans la société des États », thèse de doctorat, Université de Caen, Éd. L'Harmattan, 2005.

14. MAKAYA KIELA Serge, « La contribution de la justice pénale internationale au développement de la justice pénale congolaise », mémoire de DES, UNIKIN, Faculté de droit, 2005-2007.

15. UNYON VAKPA KATUMBA Innocent, « La construction de la paix durable en Ituri. Rôle des communautés de base », thèse de doctorat, UNIKIN, Chaire UNESCO, 2008-2010.

### III. COURS, DOSSIERS ET AUTRES PUBLICATIONS

1. WEISS F. H., Interview au Soft de Finance, du 26 novembre 1991.

2. Statut de Rome de la Cour pénale internationale.

3. *Dictionnaire universel*

4. Dictionnaire *Le nouveau Petit Robert*, Paris, Dictionnaires le Robert, 2002.

5. Bernard S., « L'alternative africaine », in *Les nouvelles rationalités africaines*, volume III, n° 12, juillet-octobre 1988.

6. BIBOMBE M. S., *Introduction à la théorie générale des droits de l'homme*, cité par Henri MOVA SAKANYI « Droit international humanitaire », Éd. Safari, Lubumbashi, 1998.

7. Centre pour les droits de l'homme, fiche d'info n° 13.

8. Recueils de la société internationale de droit pénal militaire et droit de la guerre, 9e congrès international, du 2 au 6/09/1982, Bruxelles, 1982.

9. Vivre sans peur, une étude réalisée au sein de la population sur la paix, la justice et la reconstruction sociale dans l'Est de la République démocratique du Congo par Human Rights Center (Université de Californie à Berkeley), Payson center for international development (l'Université de Tulane), Centre international pour la Justice transitionnelle (ICTJ), août 2008.

10. VUNDUAWE te PEMAKO, Cours du droit administratif et institutions administratives, 3e Graduat, Faculté de droit, UNIKIN, 2002-2003.

11. PIERRE J. et ROSINE L., « Les trusts au Congo », 1959.

12. HUMAN RIGHT WATCH, « Enquête de justice : poursuivre les auteurs des violences sexuelles pendant la guerre au Congo », mars 2005.

13. RD Congo, ministère des Droits humains, Livre blanc.

14. GARRETON R., « Rapport sur la situation des droits de l'homme en RDC », 20 septembre 2000.

15. Note du Secrétaire général de l'ONU.

16. VODIE VANGA F., « Cours de droit constitutionnel », Université d'Abidjan, 1ère année de DEUG, 1983-1984.

17. Lexique des termes juridiques, 17e édition, Dalloz, 2010.

18. Pape Paul VI, Lettre encyclique *Populorum progressio* (26 mars 1967).

19. Cour pénale internationale, « Mieux comprendre la Cour pénale internationale », République démocratique du Congo, 2008.

20. CEI, « Code de bonne conduite des parties politiques de la RDC », Kinshasa, mars 2005.

21. CENI, « Règlement d'ordre intérieur », Éd. LINELIT, Kinshasa, juillet 2011.

22. CENI, « Loi organique n° 10/013 du 28 juillet 2010 portant organisation et fonctionnement de la CENI, Éd. LINELIT, Kinshasa, juillet 2011.

23. CENI, « Rapport annuel », Kinshasa, mars 2012.

24. CENI, « Code de bonne conduite des partis politiques, des regroupements politiques et des candidats aux élections en RDC », Kinshasa, octobre 2011.

25. CENI, « Discours du vice-président de la CENI à l'Assemblée nationale », Kinshasa, 28 juin 2011.

26. CENI, « Réponse du vice-président de la CENI à l'Assemblée nationale », Kinshasa, 2011.

27. CENI, « Les élections présidentielles et législatives du 28 novembre 2011 en RDC. Défis, stratégies et résultats », Kinshasa, mars 2012.

28. CENI, « Atelier d'évaluation du processus électoral en RDC. Annexes au rapport général », Volume III, exposés des secrétaires exécutifs provinciaux, 19 avril 2012.

29. LINELIT, « Loi n° 11/003 du 25 juin 2011 modifiant la loi n° 006/006 du 09 mars 2006 portant organisation des élections présidentielle, législatives, provinciales, urbaines, municipales et locales », Éd. LINELIT, Kinshasa, octobre 2011.

30. LINELIT, « Constitution de la RDC », Éd. LINELIT, Kinshasa, octobre 2011.

## IV. WEBOGRAPHIE

1. http://fr.wikipedia.org/wiki/Guerre_froide

2. http://fr.wikipedia.org/wiki/Apartheid

3. http://www.communicating.justice.org

4. http://www.trial.sp.fr-le, Cambodge

5. http://www.un.org

6. http://www.icc-cpi.int

7. http://www.africa-union.org

## V. JOURNAUX

1. Journal « Essor du Congo », Léopoldville, 29 novembre 1956.

2. Journal « La cité », Léopoldville, le 4 février 1959.

3. Journal « L'Avenir », Léopoldville, 31 janvier 1959.

4. Journal « Le Potentiel », 13 juin 1994.

5. Journal « Le Potentiel », n° 43-47 ; « La MONUC confirme 100 morts dans la répression des adeptes de BDK », du lundi 16 juin 2008.

6. Journal « Forum des As », n° 36-24, du vendredi 4 juin 2010.

7. Journal « Observateur », n° 33-95, du lundi 14 juin 2010.

8. Journal « Le Phare ».

# TABLE DES MATIÈRES

# République démocratique du Congo aux éditions L'Harmattan

## *Dernières parutions*

**NGALIEMA (KINSHASA) COMMUNE DES PARADOXES**
*Kiaki Mayamba Niangi Jean-Baptiste*
Ce livre est destiné aux dirigeants et aux aspirants dirigeants des affaires publiques qui devraient connaître et savoir ce que sont et devraient être les infrastructures locales et nationales. L'auteur montre que la réalité de la commune de Ngaliema reflète celle de toutes les entités politico-administratives de la République démocratique du Congo.
*(Coll. Harmattan RDC, 38.50 euros, 386 p.)*
*ISBN : 978-2-343-05353-0, ISBN EBOOK : 978-2-336-36792-7*

**GUERRES CIVILES DANS LA RÉPUBLIQUE DÉMOCRATIQUE DU CONGO 1960-2010**
*Emizet Kisangani François*
Guerres de sécession, guerres ethniques, rébellions, mutineries et invasions par des Congolais ayant des sanctuaires en Angola caractérisent le paysage politique de la République Démocratique du Congo depuis que le pays devint indépendant en 1960. Pourquoi ? Que pouvons-nous apprendre de ce qui semble apparemment être d'interminables guerres internes ? L'auteur explore ces questions dans une analyse systématique et compréhensive.
*(Coll. Études africaines, 37.00 euros, 360 p.)*
*ISBN : 978-2-343-02198-0, ISBN EBOOK : 978-2-336-36790-3*

**ESSENTIEL (L') DE DROIT PUBLIC**
**Le cas de la République démocratique du Congo**
*Makengo Nkutu Alphonse*
Le droit public est souvent considéré comme le droit de l'État, de la société politique nationale mais également des collectivités infra-étatiques. Or l'État congolais évolue et le droit public est en pleine transformation. Cet ouvrage fait le point sur les analyses concernant les éléments essentiels de droit constitutionnel, l'organisation administrative, les notions et les finances publiques de la République démocratique du Congo.
*(Coll. Études africaines, 18.00 euros, 184 p.)*
*ISBN : 978-2-343-05224-3, ISBN EBOOK : 978-2-336-36565-7*

**UNE ÉCOLE POUR TOUS EN RÉPUBLIQUE DÉMOCRATIQUE DU CONGO**
*Kamba Eyanganunga Albert*
Ces deux dernières décennies, des efforts importants ont été consentis en faveur de l'universalisation de la scolarisation en RDC. Cet objectif semble encore assez éloigné à cause des disparités scolaires importantes selon les provinces, le genre et les niveaux d'enseignement. L'auteur a la conviction qu'il faut mobiliser davantage de ressources financières en faveur de l'école, s'engager dans une autonomisation de la gestion scolaire et adopter des politiques éducatives favorisant les provinces de l'Est, les filles, les milieux démunis.
*(Coll. Études africaines, 24.00 euros, 240 p.)*
*ISBN : 978-2-343-04503-0, ISBN EBOOK : 978-2-336-36650-0*

**COMBAT (LE) POLITIQUE DE LA SOCIÉTÉ CIVILE EN RÉPUBLIQUE DÉMOCRATIQUE DU CONGO (1991-2001)**
**Chronique d'une alternative populaire**
*Salumu Bertin - Préface d'Albert Kisonga Mazakala*
À la faveur de la libéralisation politique survenue en 1990 en RDC, la société civile s'organise à partir de Kinshasa. Sa participation à la Conférence nationale renforce l'opposition politique et influe sur les orientations du changement souhaitées par la population. Pris dans la tourmente du débat politique, certains acteurs de la société civile s'allient aux courants politiques au pouvoir et de l'opposition, entachant ainsi la crédibilité d'un mouvement apparu à son démarrage comme une alternative populaire.
*(Coll. Harmattan RDC, 24.00 euros, 228 p.)*
*ISBN : 978-2-343-05084-3, ISBN EBOOK : 978-2-336-36457-5*

**LÉGISLATION DU TRAVAIL ET SÉCURITÉ SOCIALE EN RÉPUBLIQUE DÉMOCRATIQUE DU CONGO**
*Muluma Munanga G.T. Albert*
*Avec la collaboration de Michel Manangama Mongo et Junior Gamayala Mulama Gama*
*Préface de Modeste Bahati Lukwebo*
On trouve dans ce livre l'historique du monde du travail, les généralités, les caractéristiques et les sources du droit du travail. La législation congolaise du travail y est examinée en profondeur avec des exemples concrets. La sécurité sociale congolaise a été esquissée en s'appuyant sur les expériences des autres. Des propositions concrètes sont faites pour juguler la déficience de ce régime en RDC.
*(Coll. Harmattan RDC, 34.00 euros, 330 p.)*
*ISBN : 978-2-343-05082-9, ISBN EBOOK : 978-2-336-36436-0*

**ET SI LE MÉRITE POUVAIT ENCORE SERVIR EN AFRIQUE ?**
**Récit de vie**
*Iyulu Jacques*
Tout se passe comme si la réussite dans la vie en République démocratique du Congo ne pouvait être rendue possible que par le favoritisme, le clientélisme, la corruption, le tribalisme et autres antivaleurs. Ainsi, le contexte actuel ne valorise guère la culture de l'excellence, la méritocratie. Et si le mérite pouvait encore servir pour la promotion personnelle, on éviterait certaines antivaleurs. En fait, Bwanya, le héros de ce récit de vie, va de simple enseignant à la magistrature suprême.
*(Coll. Harmattan RDC, 11.50 euros, 82 p.)*
*ISBN : 978-2-343-04910-6, ISBN EBOOK : 978-2-336-36314-1*

**CAUSES (LES) DES ACCIDENTS DE LA ROUTE EN DROIT DE LA RÉPUBLIQUE DÉMOCRATIQUE DU CONGO**
*Tshalufu Honoré-B. Lukasa - Préface de Katuala Kaba Kashala*
Ce livre est l'illustration des termes et causes de violation de la loi en matière de circulation routière en République Démocratique du Congo. C'est une contribution à l'amélioration de la qualité et de la capacité des animateurs de la police nationale congolaise, à l'émergence de la conscience professionnelle.
*(Coll. Harmattan RDC, 11.50 euros, 80 p.)*
*ISBN : 978-2-343-04909-0, ISBN EBOOK : 978-2-336-36303-5*

**OUI, LE CONGO TERRE D'AVENIR EST MENACÉ**
*Mfuadi Tshibasu*
La République démocratique du Congo est un vaste et riche pays d'Afrique centrale. Ses ressources sont convoitées par d'autres peuples du monde qui jurent par son éclatement en plusieurs entités nationales, en vue de mieux en tirer profit. Par égoïsme aveugle ou inconscience insoutenable, certains Congolais pactisent avec des forces étrangères, pour satisfaire leurs intérêts personnels. L'auteur appelle ses compatriotes à s'organiser face aux menaces guettant le Congo.
*(26.00 euros, 262 p.)*
*ISBN : 978-2-343-03452-2, ISBN EBOOK : 978-2-336-36010-2*

**CONFLITS IDENTITAIRES ET ENJEUX ÉCONOMIQUES INTERNATIONAUX DANS LA RÉGION DES GRANDS LACS**
*Esambu Matenda Jean-Bosco Germain - Préface d'Olivier Kahola Tabu*
Comment peut-on interpréter les conflits armés dans la région des Grands Lacs africains ? Pourquoi des guerres non spécifiées peuvent-elles engendrer des Missions internationales de maintien de la paix durant éternellement au sein des États et voir s'installer l'exploitation des richesses d'un État sans reconnaître l'intérêt du peuple ? Cet ouvrage permet une approche précise des enjeux culturels, politiques et géostratégiques dans la région des Grands Lacs.
*(Coll. Points de vue, 15.50 euros, 148 p.)*
*ISBN : 978-2-343-03830-8, ISBN EBOOK : 978-2-336-35979-3*

**PAPA WEMBA**
**La voix de la musique congolaise moderne – Contribution et odyssée**
*Etou Nianga Anicet*
Résolument avant-gardiste en même temps qu'il est attaché à la tradition musicale de son pays, Papa Wemba enrichit la musique congolaise moderne par des emprunts aux musiques des terroirs et par l'introduction d'instruments traditionnels tels le lokolé. Créant la rumba-rock, une fusion de rumba et de pop-rock, il sort la musique congolaise des sentiers battus et devient le porte-étendard de la culture congolaise sur la scène internationale.
*(Coll. Culture Africaine, série Études Musicales, 28.50 euros, 276 p.)*
*ISBN : 978-2-343-03074-6, ISBN EBOOK : 978-2-336-36122-2*

**GOUVERNANCE NORMATIVE DU RÉGIME GÉNÉRAL DE LA SÉCURITÉ SOCIALE EN RDC**
**Bilan analytique de 1908 à 2013**
*Loko Mantuono Glombert - Préface de Mwayila Tshiyembe*
Dans sa thèse doctorale, l'auteur a mis au point la théorie intégrée de la Gouvernance Systémique Tryptique (GST) de la sécurité sociale comme facteur de résilience contre la pauvreté des prestataires sociaux en RDC, une théorie assise sur les sous-concepts «Croissance, Emploi et Sécurité sociale». Il analyse trois dimensions de cette gouvernance : la normative, la managériale et la gouvernance de capacité de l'État Congolais.
*(Coll. Géopolitique mondiale, 12.50 euros, 114 p.)*
*ISBN : 978-2-343-04685-3, ISBN EBOOK : 978-2-336-36092-8*

**KINSHASA MA VILLE, MA CAPITALE**
*Bolia Ikoli Bienvenu – Préface de Léon de Saint Moulin*
Kinshasa est une ville fascinante, d'un dynamisme extraordinaire. Sa population, de l'ordre de 25 000 habitants en 1920, est en 2012 de l'ordre de 10 millions. Elle atteindra 25 millions d'habitants à l'horizon 2030. Ce texte, enrichi de photos en couleur, évoque les multiples facettes de la vie de Kinshasa : son histoire, son organisation, ses autorités, ses orchestres, ses équipes de sport et la multiplicité de ses Églises. L'ouvrage est constitué de 24 chapitres consacrés aux 24 communes de la capitale, illustrés d'une carte des quartiers pour chaque commune.
*(Coll. Dossiers, Etudes et Documents, 44.00 euros, 444 p.)*
*ISBN : 978-2-343-04257-2, ISBN EBOOK : 978-2-336-35863-5*

**POLITIQUE (LA) ÉTRANGÈRE DE JOSEPH KABILA**
**Les politiques étrangères des États menacés de décomposition**
*Sary Ngoy Blaise – Préface de Diur Katond*
Pillage, prédation, corruption, déficit démocratique entrent aujourd'hui dans la somme des facteurs internes qui expliquent les choix de la politique étrangère entreprise par Joseph Kabila. Son but est de recoller les morceaux de la carte du pays et de le replacer dans son contexte des rapports internationaux contemporains. L'auteur interroge les théories classiques de la politique étrangère et soutient que les «Petits États» ne sont pas capables de formuler leurs propres politiques étrangères autonomes et de les mettre en œuvre.
*(Coll. Notes de cours, 23.00 euros, 218 p.)*
*ISBN : 978-2-343-02991-7, ISBN EBOOK : 978-2-336-35831-4*

**PRIORITÉ (LA) AGRICOLE RD CONGO / AFRIQUE**
*Matamba Tumba Bob*
*Préface de Lye M. Yoka*
Dans ce livre qui scrute l'économie de l'agriculture de l'Afrique et du Congo, l'auteur insiste sur l'urgence de promouvoir le développement rural sur le même rythme du déploiement agricole. Ainsi donc le renouveau agricole pourrait progressivement freiner l'exode rural, redonner vie et qualité de vie aux villages et, à long terme, améliorer les recettes et les habitudes alimentaires.
*(Coll. Comptes Rendus, 24.00 euros, 204 p.)*
*ISBN : 978-2-343-04392-0, ISBN EBOOK : 978-2-336-35764-5*

**ENTRE CIEL ET TERRE**
**Confidences d'un pilote de ligne congolais**
*Diasolua Simon - Préface de Célestin Nguya-Ndila Malengana*
Ce récit, sorti de l'expérience de près de 40 ans d'un passionné d'aviation, explore les dédales de l'univers impitoyable du transport aérien, au travers de la guerre que se livrent les constructeurs, sur fond d'enjeux financiers de grande envergure. L'auteur a eu à convoyer des grands de ce monde : le roi Baudoin et la reine Fabiola de Belgique, le Pape Jean-Paul II, des chefs d'État de tous bords, mais aussi le boxeur Mohamed Ali.
*(Coll. Écrire l'Afrique, 19.00 euros, 196 p.)*
*ISBN : 978-2-343-02824-8, ISBN EBOOK : 978-2-336-35828-4*

**AUTRE (L') FACE DE L'EUROPE**
**Témoignage d'un migrant congolais en Italie**
*Bilo O.M. - Préface de Georges Ngal*
Au-delà des considérations socio-politiques qu'il épingle sans complaisance, l'auteur, lui-même immigré et nourri du sel de la critique littéraire, livre un récit migratoire où il convoque deux protagonistes : hôtes et migrants. Prenant appui sur la commune humanité qui lie les uns aux autres, il trace le schéma d'un village global national où il convie tous à ressusciter dans la seule race humaine.
*(Harmattan Italia, Coll. Harmattan Italia, 15.50 euros, 108 p.)*
*ISBN : 978-2-336-30704-6, ISBN EBOOK : 978-2-336-35937-3*

**QUALITÉ (LA) DE L'ÉDUCATION DANS LES ÉCOLES SECONDAIRES ET CENTRES PROFESSIONNELS SALÉSIENS DE LUBUMBASHI**
**Résultats d'une enquête**
*Mwamba Kalemba Titus - Préface de Guglielmo Malizia*
Un secteur de l'éducation dans lequel on trouve beaucoup de limites est celui de la qualité, qui touche : objectifs, contenus, méthodes et organisation de l'enseignement/apprentissage. A travers cette enquête sur le terrain, l'auteur montre qu'en RDC, l'école est une institution relativement jeune en plein développement mais confrontée à un ensemble de sérieuses problématiques. L'auteur préconise une réforme systématique de ces écoles salésiennes et de toutes celles de la RDC conditionnées par le même système éducatif en crise.
*(Coll. Études africaines, 31.00 euros, 296 p.)*
*ISBN : 978-2-343-04014-1, ISBN EBOOK : 978-2-336-35723-2*

**DE L'AFDL AU M23 EN RÉPUBLIQUE DÉMOCRATIQUE DU CONGO**
*Mbavu Muhindo Vincent Préface du Pr Vincent Muderhwa Barhatulirwa*
L'auteur situe la récente rébellion du M23 dans le contexte général d'un mouvement cache-sexe à la solde des principaux acteurs de la longue crise congolaise. Face à l'impotence de la Mission des Nations-Unies pour la Sécurisation du Congo, la Brigade onusienne est venue en appui aux commandos des FARDC, conduisant à la totale déconfiture des rebelles du M23. Les pourparlers de Kampala ont été boostés par cette victoire militaire et ont abouti à la signature des déclarations de Nairobi.
*(Coll. Études africaines, 24.00 euros, 234 p.)*
*ISBN : 978-2-343-04031-8, ISBN EBOOK : 978-2-336-35530-6*

**L'HARMATTAN ITALIA**
Via Degli Artisti 15; 10124 Torino

**L'HARMATTAN HONGRIE**
Könyvesbolt ; Kossuth L. u. 14-16
1053 Budapest

**L'HARMATTAN KINSHASA**
185, avenue Nyangwe
Commune de Lingwala
Kinshasa, R.D. Congo
(00243) 998697603 ou (00243) 999229662

**L'HARMATTAN CONGO**
67, av. E. P. Lumumba
Bât. – Congo Pharmacie (Bib. Nat.)
BP2874 Brazzaville
harmattan.congo@yahoo.fr

**L'HARMATTAN GUINÉE**
Almamya Rue KA 028, en face
du restaurant Le Cèdre
OKB agency BP 3470 Conakry
(00224) 657 20 85 08 / 664 28 91 96
harmattanguinee@yahoo.fr

**L'HARMATTAN MALI**
Rue 73, Porte 536, Niamakoro,
Cité Unicef, Bamako
Tél. 00 (223) 20205724 / +(223) 76378082
poudiougopaul@yahoo.fr
pp.harmattan@gmail.com

**L'HARMATTAN CAMEROUN**
BP 11486
Face à la SNI, immeuble Don Bosco
Yaoundé
(00237) 99 76 61 66
harmattancam@yahoo.fr

**L'HARMATTAN CÔTE D'IVOIRE**
Résidence Karl / cité des arts
Abidjan-Cocody 03 BP 1588 Abidjan 03
(00225) 05 77 87 31
etien_nda@yahoo.fr

**L'HARMATTAN BURKINA**
Penou Achille Some
Ouagadougou
(+226) 70 26 88 27

**L'HARMATTAN SÉNÉGAL**
10 VDN en face Mermoz, après le pont de Fann
BP 45034 Dakar Fann
33 825 98 58 / 33 860 9858
senharmattan@gmail.com / senlibraire@gmail.com
www.harmattansenegal.com

**L'HARMATTAN BÉNIN**
ISOR-BENIN
01 BP 359 COTONOU-RP
Quartier Gbèdjromèdé,
Rue Agbélenco, Lot 1247 I
Tél : 00 229 21 32 53 79
christian_dablaka123@yahoo.fr

Achevé d'imprimer par Corlet Numérique - 14110 Condé-sur-Noireau
N° d'Imprimeur : 122353 - Dépôt légal : octobre 2015 - *Imprimé en France*

www.ingramcontent.com/pod-product-compliance
Lightning Source LLC
LaVergne TN
LVHW011446061026
849535LV00004BA/981
* 9 7 8 2 3 4 3 0 5 3 6 1 5 *